·西北工业大学政策研究基金资助项目研究成果汇编·

高等教育改革与创新

（第八册）

主　编　陈小筑
副主编　支希哲

西北工業大學出版社

图书在版编目(CIP)数据

高等教育改革与创新. 第 8 册/陈小筑主编 . —西安:西北工业大学出版社,2015. 7

ISBN 978 - 7 - 5612 - 4440 - 1

Ⅰ. ①高… Ⅱ. ①陈… Ⅲ. ①高等教育—教育改革—中国—文集 Ⅳ. ①G649. 21 - 53

中国版本图书馆 CIP 数据核字(2015)第 158552 号

出版发行:西北工业大学出版社
通信地址:西安市友谊西路 127 号　　邮编:710072
电　　话:(029)88493844　　88491757
网　　址:www. nwpup. com
印 刷 者:陕西向阳印务有限公司
开　　本:727 mm×960 mm　1/16
印　　张:21. 375
字　　数:377 千字
版　　次:2015 年 8 月第 1 版　　2015 年 8 月第 1 次印刷
定　　价:50. 00 元

前　言

《高等教育改革与创新》第八册汇集了西北工业大学2012年度政策研究基金资助项目的优秀研究成果，共收录研究论文与研究报告45篇。

2012年共收到全校26个单位申报的西北工业大学政策研究基金项目59项，经原党委政策研究室组织校内外专家进行认真评审，共获准立项研究项目32项，约占申报项目总数的54.2%。其中重点项目5项，约占获准立项的15.6%；一般项目27项，约占获准立项的84.4%。

西北工业大学2012年度的政策研究基金项目围绕推动高校民主管理的体制与机制构建、发挥和完善教授治学功能、推动学院管理模式改革、大学文化建设的内涵及途径、促进大学生就业长效机制建设、提升高校学工干部工作效能的对策、高校辅导员的职业化、外国留学生文化培养策略、基于学院制的高校预算管理机制、维护高校安全稳定综合防控体系、提升国防特色高校创新服务能力、信息化建设管理机构及相关管理策略、优化人才成长软环境的政策与策略、提升高校科技创新能力的策略、理工科大学社会责任培育策略、符合我校实际的科研成果转化和产业化的政策与策略、大学生党员教育体系构建、基于产学研协同创新的研究生精英人才培养机制、国防高校固定资产投资管理、高校临时工用工管理政策等方面的相关问题，结合学校工作实际，开展了有益的理论研究和实证研究，取得了较为丰硕的研究成果，为推进我校教育事业的又好又快发展和各项工作的改革创新、提升水平提供了可资借鉴的理论依据和实践指导，很多研究论文都在国内有关核心期刊和重要会议上公开发表，很多研究成果也已经在实际工作中得到了应用和推广，发挥了积极的作用，取得了良好的成效。

本书汇编收录了西北工业大学2012年度政策研究基金项目的部分研究论文与研究报告，她的出版发行，一则展示了西北工业大学在高等教育改革与发展政策与策略研究方面的研究成果和研究水平，另则也为从不同层面扩大与提升西北工业大学的对外声誉和影响做出了些许贡献。

西北工业大学政策与战略研究室全体同志为基金项目的组织管理、研究成果的收集整理等付出了辛勤的劳动,西北工业大学出版社也为本书的出版给予了大力支持和帮助,在此深表感谢!

编　者

2015 年 7 月 2 日

目　录

马克思、恩格斯自然概念的多维度解读

王彦丽

摘　要　已有的对马克思、恩格斯的自然概念的解读要么只关注作为本体的自在自然，要么只强调自然的社会历史特性，并以此来强调马克思和恩格斯的自然概念的区别。这样的研究方法具有明显的简单化和片面性特征。其实，马克思和恩格斯的自然概念是相互一致的，并具有多层次、多维度的复杂性特征。优先存在的天然自然、人自身的自然、通过实践作用的人化自然乃是马克思和恩格斯自然概念的三个具体维度，并且，马克思和恩格斯认为，这三个具体的维度又具有历史发展的内在融合的统一性关系。

关键词　优先存在的天然自然　人自身的自然　人化自然　多维

一、已有对马克思、恩格斯自然概念解读的理论具有简单化、片面性特征

在我国传统教科书中有关马克思、恩格斯的自然的观念主要依据恩格斯在《自然辩证法》《反杜林论》和《路德维希·费尔巴哈和德国古典哲学的终结》中的有关自然的论述，以及苏联唯物主义的有关论述(如斯大林的观点)，这种马克思主义自然的观念可以归结为自然科学世界图景论，并且把自然概念简单地归结为物质，认为世界的统一性就在于它的物质性。这种自然科学世界图景论的自然观，在一定的时期被标榜为积极的绝对正确的自然观和世界观。然而这种趋势随着自然辩证法学科的最新进展已得到了部分修正，如在近年出版的《自然辩证法新编》中，邬焜教授就把人与自然的关系分为三重具体的内容：一是人将自然界的整体作为研究对象，并具体建构出相应自然图景的关系；二是人通过自然科学的具体研究行为与自然界发生的认识自然的关系；三是人通过技术工程的具体实施行为与自然界发生的改造自然的关系。

对于传统教科书中狭隘的马克思主义的自然观，除了从事自然辩证法研究的学者所做的积极努力外，早在1922年，卢卡奇就针对苏联对马克思的自然概念教条化的倾向给予了批判，他认为“自然是一个社会的范畴。也就是说，在社会发展的一定阶段上什么被看作自然，这种自然同人的关系是怎样

的,而且人对自然的阐明又是以何种形式进行的,因此自然按照形式、内容范围和对象性应意味着什么,这一切始终是受到社会制约的”。卢卡奇的思想确实是击中了传统马克思主义教科书中的自然理论的要害,促使人们重新认识马克思和恩格斯的思想,但是卢卡奇最终也成为马克思和恩格斯思想对立论的始作俑者。

在卢卡奇之后,出现了一批学者,也就是通常被认为的第一代西方马克思主义和第二代马克思主义以及存在主义的马克思主义的代表人物,这些流派的主要思想认为,自然界不存在辩证法,只有历史和社会的世界中才有辩证理性的问题,认为马克思的自然是以人的实践为中介的自然观,恩格斯误解了马克思的意思而陷入了形而上学的独断论。随着西方马克思主义的影响,国内学术界也越来越出现这样一种倾向:把马克思早期著作中关于自然的观点作为马克思自然概念的核心,并且为了强调马克思和恩格斯的自然概念的相同性,仅仅把恩格斯对自然观的系统、集中的阐述归结为恩格斯在《劳动在从猿到人转变过程中的作用》一文中的相关论述,并由此认为“恩格斯所系统阐发的是立足于生产劳动这一人类实践的最基本形式来阐明人与自然界的关系”。这是对传统的马克思主义自然理论矫枉过正的表现,从一个极端走入了另一个极端,这也表明了卢卡奇曾提出的问题依然没有得到确定的答案,即“今天对应该如何理解马克思主义的本质和持久的内容和永久性的方法还极不确定”,所以重温马克思和恩格斯的有关理论是必要的,这也是澄清马克思和恩格斯思想的唯一道路。

鉴于以往关于马克思和恩格斯自然概念异同的种种争论,本文认为概源于一种片面化、绝对化的简单性研究方法。而这样的一种研究方法恰恰是马克思早已批判过的。马克思曾经写道:“‘人的理智’来自‘生活深处’,并且不会因为任何哲学的或其他学术研究而破坏自己的天然习性。它的全部粗俗性格表现在,它成功地看出有差别的地方就看不见统一,而它看见有统一的地方就看不出差别。它在规定差别的定义时,这些定义就立即在它手下硬化为顽石,而它认为假如把这些僵化的概念相撞击而打出火花,那是最有害的诡辩。”

其实,马克思和恩格斯对自然概念的阐释,从来就是多层次和多维度的。在他们的相关论述中,曾经提出过诸如“优先地位的自然”“人本身的自然”“人化的自然界”“人的周围的自然”“自然物”“自然物质”“自然力”等多种说法。根据这些说法,我们可以将马克思和恩格斯的自然概念大致划归于三个不同的维度:天然自然、人自身的自然和人化自然。如果我们结合马克思和恩格斯的相关文本,对这三个不同维度的自然概念的差异性和统一性进行具体解读,那么我们便可以看到马克思和恩格斯所阐释的自然概念具有多层次、多维度、全面而辩证的复杂性特征。

二、马克思、恩格斯自然概念的基本理论

1. 天然自然——优先地位的自然界

在恩格斯那里，在存在论意义上，承认自然界的优先地位是不言而喻的。他在《反杜林论》《路德维希·费尔巴哈和德国古典哲学的终结》和《自然辩证法》等著述中都有明确的论述。在这些著述中，恩格斯还利用当时自然科学的相关成果把人看作是自然进化的产物，并具体论述了人从自然界中演化出来的过程。

与恩格斯不同，在马克思的著作中，直接承认自然界的优先地位的相关论述十分罕见，其相关的思想总是隐含在他对自然概念的历史性和社会性的具体阐述之中，这也是导致长期以来国内外一些学者认为马克思和恩格斯的自然概念具有实质性差异的原因。

但是我们不能因为缺乏直接承认性的论述，就断然否定这一维度的自然概念在马克思思想中的存在。其实，早在1841年，马克思在其博士论文中就曾讨论过希腊哲学家们对于天体的崇拜性问题。他写道："天体的崇敬已经成为所有希腊哲学家遵从的一种崇拜。天体的系统是现实理性之最初的、朴素的和为自然所规定的存在。希腊人的自我意识在精神的领域内也占有同样的地位。它是精神的太阳系。因此，希腊哲学家在天体崇拜之中崇拜了他们自己的精神。"我们可以看到马克思用自我意识在精神领域中的地位来和天体在自然中的地位进行类比，在强调自我意识的同时，也强调了自然的基础性地位。这在一定程度上表明马克思已经承认了自然界的优先地位。

在《1844年经济哲学手稿》中，马克思强调了自然界的重要地位。"没有自然界，没有感性的外部世界，工人就什么也不能创造。""自然界一方面在这样的意义上给劳动提供生活资料……另一方面，自然界也在更狭隘的意义上提供生活资料，即提供工人本身的肉体生存所需要的资料。""人靠自然界生活。""人是自然界的一部分。"马克思提到："人的感觉、激情等等不只是在狭隘的意义上的人本学的规定，而是对本质（自然）的本体论的肯定……"马克思的这种论述尽管没有明确地指出先于人类的自然界的存在，却始终暗含肯定着自然界相对于人的优先存在的本体论地位。在《德意志意识形态》中，马克思明确地提出了，关于优先地位的自然界的存在。在马克思批判费尔巴哈没有看到社会工业和商业对于自然界的巨大作用之后，马克思话锋一转，"当然，在这种情况下外部自然界的优先地位仍然保存着"。在马克思看来，自然界起初是与人们对立的，并且是"作为一种完全异己的、有无限威力的和不可制服的

力量”来和人对立，人起初就像动物威慑于自然一样，人同样要服从自然的权力，马克思把这种对自然最初的意识称为“是对自然界的一种纯粹动物式的意识(自然宗教)”。在这里，人淹没在自然存在里，人没有从自然中异化出来而独立存在，自然作为一个混沌体而存在。马克思这里并不是对人类史前的自然进行描绘，正如马克思所说：“…… 自然史，即所谓自然科学，我们在这里不谈；我们所需要研究的是人类史……”所以，从马克思的这种明确表述来看，如果从马克思的有关论述中来找关于自在自然的有关论述，是事倍功半的，因为这项任务是通过恩格斯的工作来得以开展的，这种否认在马克思那里存在本体论的自然概念的说法，其出发点就是站在把马克思和恩格斯的思想割裂开来的错误思想之上的。所以在具体论证了这种天然的自然在马克思那里是存在的这种观点之后，对于这种自然的认识，我们不得不回到恩格斯那里。

关于恩格斯对自然概念的论述存在着诸多批判，批判者认为，马克思是通过批判使一门科学，即经济学第一次达到能把它辩证地叙述出来的那种水平；而恩格斯则是借助辩证法的范畴去解释以既成形态存在的现代自然科学的各种成果。虽然恩格斯借用了当时的很多的自然科学成果，但却并不是一味地接受，恩格斯在《自然辩证法》手稿中明确地反对了两种倾向：一种是脱离自然科学的现实基础只凭主观臆断炮制自然哲学体系的做法，如黑格尔那样；另一种是蔑视一切自然哲学的经验主义、实证主义态度。恩格斯一方面认为：“随着唯心主义出发点的垮台，在这个出发点上构成的体系，从而特别是黑格尔的自然哲学，也就垮台了。但是在这里要记住，自然科学上反对黑格尔的论战，在对黑格尔有大致正确理解的范围内，仅仅针对以下两点：唯心主义的立脚点和不顾事实而任意编造体系。”另一方面，恩格斯清楚地看到蔑视理论思维的危害，“这里已经看得一清二楚，究竟什么是从自然科学走向神秘主义的最可靠的道路。这并不是自然哲学理论的过度滋蔓，而是蔑视一切理论、怀疑一切思维的最肤浅的经验论，证明神灵存在的并不是那种先验的必然性，而是华莱士先生、克鲁克斯先生之流的经验的观察。”所以恩格斯既重视经验自然科学，又注重理论思维。与其说恩格斯把精密的自然科学意义上的自然作为支持自己观点的支柱，不如说恩格斯只是把当时自然科学成果作为某些例证。恩格斯曾明确表述，“既然一位这样的专家可以而且不得不常常不揣冒昧地侵犯邻近的领域，既然在这些领域中他在表达上的笨拙之处和些许不确切之处可以得到有关专家的谅解，那我也就敢于放手来引用某些自然过程和自然规律，以作为我的一般理论观点的例证，并且可以指望得到同样的谅解。”在马克思的著作中也时常提到自然科学的某些成果，并且加以借用。所以在这一点上，恩格斯和马克思并无实质的不同。

对恩格斯的自然观的批判还在于恩格斯认为“唯物主义的自然观无非是对自然界本来面目的朴直的理解，不添加任何外来的东西”。从而这种自然观脱离了人类的实践而倒退成朴素的实在论。这种批判是不公允的，至少是误解了恩格斯的观点。恩格斯并未忽视人的实践活动对自然界的影响，恩格斯的确看到了生产对科学的影响。他曾说：“以前人们只夸耀生产应归功于科学的事实，但是科学应归功于生产的事实却多得数不胜数。”而且恩格斯还认为“自然观的这种变革只能随着研究工作提供相应的实证的认识材料而实现”。只是由于当时时代的局限，恩格斯无法掌握足够的材料来论述这种自然观的实现过程。这一维度的自然观本来就是人类试图解释人类史前的和外在的自然领域，所以表述这一自然观的方式必然是朴素的，它探究的对象是自然自身存在、运动、变化和发展的客观规律。当然即使对于天然自然自身存在、运动、变化和发展规律的研究，也离不开人的认识的中介，然而正如马克思所说“人也有自己的产生活动即历史，但历史是在人的意识中反映出来的，因而它作为产生活动是一种有意识地扬弃自身的产生活动。历史是人的真正的自然史”。自然科学技术活动也是人的产生活动，所以一旦这种产生活动得以完成，如恩格斯所说，一旦自然观随着研究工作提供相应的实证的认识材料而完成一种变革，那么作为认识成果的自然观必然扬弃人的认识的中介而成为自然界的自然界，而人的认识被认定为只是这个自然界进化的特定历史阶段上呈现出来的现象。

我们可以看到恩格斯虽然是从本体论的角度出发，并和自然科学的成果相结合来谈论自然的存在，但是恩格斯的自然概念绝不等同于精密自然科学的自然概念，恩格斯多次提到古希腊人的自然观的合理性，他只是借助于当时的自然科学成果来对我们赖以生存的、多质的自然界加以理论的描述。

我们从本节的讨论中可以看出在马克思和恩格斯关于自然的观念中，都存在着自在自然意义上的解释维度，而对这一维度的自然观念的系统的表述是通过恩格斯的工作来完成的。否认马克思的自然观念中存在本体论意义的优先地位的自然的解释维度，并以此作为割裂恩格斯和马克思思想的基础的任何企图都是很难站得住脚的。

2.人的自然关系的自然——人自身的自然

马克思论述最多的人自身的自然是在《1844年经济哲学手稿》中，在那里马克思直接指出：“人直接地是自然存在物。人作为自然存在物，而且作为有生命的自然存在物。一方面具有自然力、生命力，是能动的自然存在物；这些力量作为天赋和才能、作为欲望存在于人身上；另一方面，人作为自然的、肉体的、感性的、对象性的存在物，和动植物一样，是受动的、受制约的和受限制的存在物……”恩格斯也曾有过类似的表述“我们连同我们的肉、血和头脑都是属于自然界和存在于自然之中的”。

其实,最早体现马克思关于人自身的自然的思想的著作是马克思的博士论文。在那里马克思曾提到:“要使人作为人成为他自己的唯一实际的客体,那么他必须在他自身内打破他的相对的存在、欲望的力量和单纯自然的力量。”在马克思看来,人自身作为自然,始终存在着一种内在的矛盾,一方面,人直接就是自然存在物,人作为感性的、对象性的存在物是一种受动,另一方面,“人不仅仅是自然存在物,而且是人的自然存在物,也就是说,是自为地存在着的存在物,因而是类存在物。”这也可以说人可以感受到他是受动的,所以又是一个激情的存在物,正是这种激情、热情、欲望成为人追求自己对象的本质力量。所以人必须既在自己的存在中也在自己的知识中确证并表现自身。

马克思和恩格斯从三方面论证了人本身就是自然。第一,在马克思看来,处于最重要地位也是最基本的具体事实是“个人的肉体组织,以及受肉体组织制约的他们与自然界的关系”。马克思认为人们的自身的生理特性以及各种自然条件——如地质条件、地理条件、气候条件以及人们所遇到的其他的条件,不仅制约着“人们最初的、自然产生的肉体组织,特别是他们种族之间的差别,而且直到如今还制约着肉体组织的整个进一步发达或不发达”。而且马克思认为“任何历史记载都应当从这些自然基础以及它们在历史进程中由于人们的活动而发生的变更出发”。也就是说,个人是现实中的个人,这些个人是从事活动的,进行物质生产的,因而是在一定的物质的、不受他们任意支配的界限、前提和条件下能动地表现自己的。第二,马克思认为,现实的个人的存在总是受到一定的物质的、独立于人的界限、前提和条件所制约的,这不仅表现在肉体上,同样也表现在观念上。即“这些个人所产生的观念,是他们同自然界的关系,或者是关于他们之间的关系,或者是关于他们的肉体组织的观念”。所以从这里可以看出,不管是个人的肉体组织,还是人的观念,在一定的程度上都是受到一定的物质(自然)制约的。第三,马克思认为人的实践活动,即人的劳动是一种自然力,“我们把劳动力或劳动能力,理解为人的身体即活的人体中存在的、每当人生产某种使用价值时就运用的体力和智力的总和。”“劳动过程……是制造使用价值的有目的的活动,是为了人类的需要而占有自然物,使人和自然物之间的物质变换的一般条件,因此它不以人类生活的任何形式为转移,倒不如说,它是人类生活的一切社会形式所共有的。”马克思认为人的活动同样是一种自然的活动,所以“人在生产中只能像自然本身那样发挥作用,就是说,只能改变物质的形态”。

综上所述,在马克思和恩格斯看来,人作为一个自然存在物,不管是其肉体还是其观念以及劳动活动，都是属于自然的。“人本身是自然界的产物，是在自己所处的环境中并且和这个环境一起发展起来的。”在这一层含义上，“人同自然的关系直接就是人和人之间的关系，而人和人之间的关系直接就是人同自然的关系，就是他自己的自然的规定。”

3. 人所认识和改造了的自然——人化自然

一提到人化自然，以往的很多看法都把马克思关于人化自然的论述集中在人所认识和改造的自然，其实马克思对人化自然的论述是在两个方面上进行的。一方面，人对外界自然的认识和改变；另一方面，人自身的自然的改变。当然这两个方面并不是相互独立的，而是辩证的统一的。

我们首先来看人所认识和改造的自然——自然的社会化。正如马克思所说：“从理论领域说来，植物、动物、石头、空气、光等等，一方面作为自然科学的对象，一方面作为艺术的对象，都是人的意识的一部分，是人的精神的无机界，是人必须事先进行加工以便享用和消化的精神食粮；同样，从实践领域说来，这些东西也是人的生活和人的活动的一部分。”这样人与自然的关系既存在着理论上的关系，也存在着实践上的关系。在马克思看来，人与自然的关系首先是一种“实践的即以活动为基础的关系”，而不是首先是理论的关系。“人们绝不是首先‘处在这种对外界物的理论关系中’。正如任何动物一样，他们首先是要吃、喝等等，也就是说，并不‘处在’某一种关系中，而是积极地活动，通过活动来取得一定的外界物，从而满足自己的需要(因而，他们是从生产开始的)。出于这一过程的重复，这些物能使人们‘满足需要’这一属性，就铭记在他们的头脑中了，人和野兽也就学会‘从理论上’把能满足他们需要的外界物同一切其他的外界物区别开来。在进一步发展的一定水平上，在人们的需要和人们借以获得满足的活动形式增加了，同时又进一步发展了以后，人们就对这些根据经验已经同其他外界物区别开来的外界物，按照类别给以各个名称。这必然会发生，因为他们在生产过程中，即在占有这些物的过程中，经常相互之间和同这些物之间保持着劳动的联系，并且也很快必须为了这些物而同其他的人进行斗争。但是这种语言上的名称，只是作为概念反映出那种通过不断重复的活动变成经验的东西，也就是反映出，一定的外界物是为了满足已经生活在一定的社会联系中的人(这是从存在语言这一点必然得出的假设)的需要服务的。”从中可以看到，与其说马克思“把自己限定在被黑格尔的自然哲学称之为有限目的论的东西中”，不如说马克思很好地贯彻了黑格尔的“概念认识活动是理论态度和实践态度的统一”。事实上马克思始终都没有偏离这种思想而走向极端的唯心主义或朴素的唯物主义。所以马克思始终认为所有对自然的支配总是以有关于自然的各种联系和过程的知识为前提的，而反过来，这些知识又是从变革世界的实践中才得以产生的。马克思和黑格尔一样,认为人是能动性与规定性的统一。

由于人的自然规定性,人和动物一样不得不与自然界有着紧密的物质联系,然而人和动物又有所不同,“人是能够意识到自己的主体性的主体”,人的“劳动过程结束时得到的结果,在这个过程开始时就已经在劳动者的表象中存在着,即已经观念地存在着。它不仅使自然物发生形式变化,同时它还在自然物中实现自己的目的,这个目的是他所知道的,是作为规律决定着他的活动的方式和方法的”。由此看来,人类的物质生产起源于人的感性需要,自然最初作为未分化的混沌体出现,在与人反复的交往中,人不仅仅只停留在直接给予的物质关系之中,而且还规定了自然的性质,使自然成了人化自然,自然也就在人的实践过程中被认识、被改造,并且被打上社会历史的痕迹。由此可见,我们所把握认识的自然,永远是已经社会化了、人化了的自然,“这个自然已经由于这种把握而具有了某些它未被把握之前所不具有的新的质的规定性。”正如施密特所指出:“人在其实践中不是停留在眼前给予的直接性上,而是转向依靠更起中介作用的工业去占有自然一样,人也决不停留在知觉所能给予的感性的具体知识之上,而是进入概念知识,这就打开了现实的更深层次,从而显然比感性知识更为具体。”这样到了一定的时期人类从理论和实践的双重占有来征服自然。而这种人化自然逐渐扩大、进化,最终构成真正人的意义上的社会。

人自身的自然也是一种历史的产物。正如马克思所说,人使用自然力“作用于他身外的自然并改变自然时,也就同时改变它自身的自然”。首先人的感性是历史的产物。“人的感觉、感觉的人性,都只是由于它的对象的存在,由于人化的自然界,才产生出来的。五官感觉的形成是以往全部世界历史的产物。”所以,在人完成自然界的人化的同时,也完成了人的自然的社会化。马克思曾说拜物教徒的感性意识不同于希腊人的感性意识,因为他的感性存在还是不同于希腊人的感性存在。

人的理性的认识能力“是把直观和表象加工成概念”的能力,是历史的发现、变化的东西,是在变革自然的实践中产生出来的,而“绝不是处于直观和表象之外或驾于其上而思维着的、自我产生着的概念”。恩格斯也强调了这一点,“人在怎样的程度上学会改变自然界,人的智力就在怎样的程度上发展起来。”

综上所述,在马克思和恩格斯看来,人类社会通过人的异化劳动逐渐从自然中不断异化出来,并获得相对的独立性,但是,从总体上看,社会仍然是自然的一个部分,人类的活动则构成自然的一个片断。

三、自然与历史:三种自然概念内在融合的复杂统一性关系

优先地位的自然界、人自身的自然和人化自然在马克思和恩格斯那里不是各自孤立的,而是三者辩证统一在一起的,在人类历史的发展过程中三种意义的自然越来越呈现出内在融合的趋势,这一切都充分展示着马克思主义的自然概念所具有的多层次、多维度的内在统一的复杂性特征。

1. 人化自然和人自身自然的基础和前提——优先地位的自然界

没有自然的优先存在,人和人类社会就无从谈起。一些学者否认自然本体在马克思思想中的存在,认为自然从来就是社会化了的自然,而没有人的意识的产生,自然永远不会意识到自身,"自然在人那里达到自我意识。"这种观点恰恰忘记了人是自然的产物,而意识作为人的意识毫无疑问来源于自然,从这个意义上说,人通过自然达到自我意识,如果自然不存在,就谈不到意识的对象的存在,就连意识本身的存在也是不可能的,马克思和恩格斯都强调了自然界的重要而优先的地位,所以天然自然是最基本的存在,是人化自然和人自身自然的基础和前提。

2. 人的多维自然的综合

人作为一种自然的存在,是一种双重的自然的存在,既是主体的自然,又是客体的自然;既有生理的自然,又有心理的自然,还有行为的自然。人通过实践改造对象世界的自然,并在此同时又改造着自身的自然。人在其多维自然的统一综合中呈现出其类存在的本质,或者说把自身看作类的存在物。诚然,动物也生产。它也为自己营造适宜的生存环境,如马克思和恩格斯所指出的——"造巢穴或住所,如蜜蜂、海狸、蚂蚁等。"然而,马克思和恩格斯同时又指出:"动物只生产它自己或它的幼仔所直接需要的东西;动物的生产是片面的,而人的生产是全面的;动物只是在直接的肉体需要的支配下生产,而人甚至不受肉体需要的支配也进行生产,并且只有不受这种需要的支配时才进行真正的生产;动物只生产自身,而人再生产整个自然界。"自从人类产生以来,便进行着一种全面的、复杂的生产。马克思和恩格斯的关于人类生产的理论大体可以归结为物质生产、精神生产、人自身的生产和交往关系的生产。而且这四种生产活动处于互为基础和前提、相互渗透和映射、相互交织和贯通、相互制约和转化、相互为己为它的内在融合的普遍相互作用之中。而自然作为一种不依赖于人而独立存在的物质和各种生产如影随形般地结合在一起。所以从第一个人类的生产活动开始,就存在着人的自身的自然和人周围的自然的一种结合,就存在着自在自然向社会的自然的转化,存在着人、社会、自然的相互纠缠,这种关系一方面表现为自然关系,一方面表现为社会关系。

3. 人化自然的形成和扩大

首先人化自然,通常被称之为社会,具有自身的独特性。马克思和恩格斯明确地提出自然史和社会史有所不同:“如维科所说的那样,人类史同自然史的区别在于人类史是我们自己创造的,而自然史不是我们创造的。”恩格斯也提到:“社会发展史却有一点是和自然发展史根本不同的。在自然界中,(如果我们把人对自然界的反作用撇开不谈)全是没有意识的盲目的动力,这些动力彼此发生作用,而一般规律就表现在这些动力的相互作用中。”所以很多西方学者认为马克思和恩格斯完全把社会看作第二自然是完全没有道理的。由于人类的全部生产贯穿于人类社会之中,人类社会也呈现出越来越复杂的历史形态,人类在历史过程中,通过有创造性的劳动所改变的自然的形态也越来越多样化。如人类原始种族间的接触、新大陆的发现、向宇宙的探索,分子、原子、基本粒子、夸克等等物质结构层次的揭示,都表明了社会对自然进行的宏观和微观的不同层次的探索和占有。尽管马克思和恩格斯注意到了社会和自然的不同,但是这并不意味着社会在他们看来是超自然的。马克思和恩格斯坚持认为“社会经济形态的发展是一种自然历史过程。不管个人在主观上怎样超脱各种关系,他在社会意义上总是这些关系的产物”。不管人类如何改变自然的物质形态,“总还剩有一种不借人力而天然存在的物质基质。”

4. 自然和历史的统一

在马克思和恩格斯看来,要理清众多自然概念之间的关系,必须用历史的考察方法。正如马克思和恩格斯指出的那样:“我们仅仅知道一门唯一的学科,即历史科学。历史可以从两方面来考察,可以把它划分为自然史和人类史,但这两方面是密切联系的;只要有人存在,自然史和人类史就彼此互相制约。”马克思批判了以往的历史观,强调了自然和历史的统一。

马克思认为过去的一切历史观总是把现实的生活描述成某种史前的东西,而历史的东西则被说成是某种脱离日常生活的东西,某种处于世界之外和超乎世界之上的东西。马克思认为这种忽视现实关系的历史观是极其荒谬的。这是因为,作为全部历史的真正发源地和舞台的市民社会,是和生产力纠缠在一起的,既受生产力的制约又制约着生产力。所以,正确的历史观就在于,从直接的物质生产出发来考察现实的生产过程,并把与该生产方式相联系的、它所产生的交往形式,即各个不同阶段上的市民社会,理解为整个历史的基础。这样人与自然的关系自历史开始之时便如影随形地和历史纠缠在一起,便也不存在历史和自然的对立了。

马克思和恩格斯对人与自然关系的考察,并不仅仅停留在表面的关系,即人与自然的直接关系,他们的目光深入到了人与人之间的关系。马克思曾经注到："到现在为止，我们只是主要考察了人类活动的一个方面——人们对自然的作用。另一方面，是人对人的作用国家的起源和国家同市民社会的关系。"马克思的思想是深刻的，他敏锐地看到了工业和商业在人与自然、人与人之间关系中的重要地位。"大工业首次开创了世界历史，因为它使每个文明国家以及这些国家中的每一个人的需要的满足都依赖于整个世界，因为他消灭了以往自然形成的各国的孤立状态。它使自然科学从属于资本，并使分工丧失了自然性质的最后一点痕迹。它把自然形成的关系一概消灭掉（只要这一点在劳动范围内可能做到的话）；它把这些关系变成金钱的关系。"正如上面提到的那样，人们对自然界的关系制约着他们之间的狭隘的关系，而他们之间的关系又制约着他们对自然界的狭隘的关系，社会作为人类改造自然的产物，在一定程度上又制约着人与自然的关系。马克思看到，人与自然的关系、人与人的关系总是纠缠在一起的，我们不应该仅仅局限于人与自然的直接关系，随着历史的发展，人与人之间的关系直接决定着人与自然的关系，我们理清了人与人的关系，和谐了人与人的关系，也就理清了人与自然的关系。所以马克思后期转入人与人关系的深刻批判，也是呼应了他早期的人同自然的关系直接就是人和人之间的关系，而人和人之间的关系直接就是人同自然的关系，就是他自己的自然的规定的观点。

马克思和恩格斯看到，天然自然、人自身的自然和人化自然是彼此制约、相互作用地交织在一起的，缺少任何一种自然，要么陷入唯心主义的臆想，要么会走向直观的自然主义的路线。从马克思和恩格斯的新的历史观看来，自从第一批人类产生以来，自然总是历史的自然，人类的第一个历史活动的开始，也便是自然向人生成的历史的开始；历史也是自然的历史，人类历史的前提——有生命的个人是自然界的产物，全部历史的来源及舞台都建立在人与自然的关系之上。所以自然在马克思和恩格斯的哲学思想中是最根本的，人只有通过自然，经过对自然进行理论和实践的双重把握，才能够达到自我意识。天然自然、人自身的自然和人化自然随着历史形成的演进，无论在内容上还是在形式上都呈现出越来越复杂化、多样化的趋势。马克思和恩格斯的自然概念的思想为我们厘清这种复杂的关系提供了某种辩证而综合的认识方法。

参考文献

[1] 邬焜，霍有光，陈九龙．自然辩证法新编[M]．西安：西安交通大学出版社，2003.

[2] 卢卡奇．历史与阶级意识[M]．北京：商务印书馆，1995.

[3] 汪信砚.论恩格斯的自然观[J].哲学研究,2006(7):10-14.
[4] 道德化的批判与批判化的道德[A].马克思恩格斯全集:第4卷[C].北京:人民出版社,1958.
[5] 施密特,欧力同,吴仲昉.马克思的自然概念[M].北京:商务出版社,1988.
[6] 马克思,恩格斯.马克思恩格斯选集:第4卷[M].北京:人民出版社,1995.
[7] 马克思,恩格斯.马克思恩格斯选集:第3卷[M].人民出版社,1995.
[8] 黑格尔.自然哲学[M].北京:商务出版社,1980.
[9] 黑格尔.法哲学原理[M].北京:商务出版社,1962.
[10] 邬焜,李琦.哲学信息导论[M].西安:陕西人民出版社,1987.
[11] 邬焜.论马克思和恩格斯"全面生产"理论的复杂性特征[J].中国人民大学学报,2006(6):86-92.
[12] 路德维希·费尔巴哈和德国古典哲学的终结[A].马克思恩格斯选集:第4卷[C].北京:人民出版社,1995.
[13] JAMES MILLER. Merleau—Ponty's Marxism: Between Phenomenology and Hegelian Absolute[J]. History and Theory, 1976, 05, 15(2):109-132.

(原文发表于《社会科学家》2012年第2期)

从神圣到世俗
——马克思历史观的建构路径探析及现时代意义

王彦丽

摘　要　马克思一生的大部分精力都在探讨历史哲学的发展，马克思在批判以往历史哲学的神学色彩的基础上，把历史科学建构成关于人的科学，把人从以往神圣世界拉回世俗世界，实现了曾被隔离的人与自然关系的和解，并把关于自然的知识赋予人类社会历史的发展，把人类历史的发展归结为自然历史过程，从而把历史科学建基于人类的世俗活动的基础之上，这不仅加速了人类世俗化的进程，而且也用一种积极和变革的观念代替了以往陈旧的沉思，建立起一种科学的历史观。即使在所谓的返魅、后世俗的时代，马克思的这种被称为“世俗”性的历史观依然有着十分重要的意义。

关键词　人类史　人的科学　神圣　世俗

“什么是历史”或者“历史是什么”，一直在哲学领域占有一席之地，并且对这一问题答案的寻求成为历史哲学的永恒主题。马克思更是把一生的精力倾注于历史领域的科学建构。在马克思恩格斯看来，“我们仅仅知道一门唯一的科学，即历史科学。历史可以从两方面来考察，可以把它划分为自然史和人类史。”尽管马克思恩格斯认为自然史和人类史在某种程度上存在着区别，但也不是水火不容的、决然对立的两极。在马克思看来，以往的历史哲学之所以是唯心的、抽象的以及充满神学色彩的，就在于过于强调自然史和人类史的区别和对立，从而使得历史领域从来就存在世俗世界和神圣世界的平行发展。马克思恩格斯完成了自然史和人类史的结合，完成了从神圣世界到世俗世界的转变，从而把历史科学建构为关于现实的人的科学，实现了历史科学与人文科学的融合和统一，彻底清除了以往历史哲学的神学色彩，并从标志着人与自然的关系的劳动范畴出发，把历史科学建基于人类的世俗活动的基础之上。马克思的这种历史观不仅加快了人类世俗化的进程，而且为人类社会的发展提供了完整的实现人类文明现代化的行动议程。随着现代化进程出现的问题日益增多，有些观点把现代化随之而来的问题归结为世俗化，认为人类社会已步入到后世俗社会，以此批判和否定马克思的世俗历史观，然而现实的状况依然证明了马克思历史观的重要意义。

一、马克思对神圣的历史(德国古典唯心史观)的批判

在马克思看来,以往割裂自然史和人类史的关系的观点都是非批判的,这是“因为工艺学会揭示出人对自然的能动关系,人的生活的直接生产过程,以及人的社会生活条件和由此产生的精神观念的直接生产过程。甚至所有抽象掉这个物质基础的宗教史都是非批判的。事实上,通过分析来寻找宗教幻象的世俗核心,比反过来从当时的现实生活关系中引出它的天国形式要容易得多。后面这种方法是唯一的唯物主义方法,因而也是唯一科学的方法。那种排出历史过程、抽象的自然科学的唯物主义的缺点,每当它的代表越出自己的专业范围时,就在他们的抽象的和唯心主义的观念中立刻显露出来”。在马克思看来,存在着对自然的理论态度、审美直观的考察,也存在着对人类历史领域的习俗、礼仪、文化、宗教、法律甚至是国家的考察,但是这些都没有触及整个历史的世俗基础,都在一定程度上脱离了现实的人的生存,由此“抽象掉物质基础的宗教史”和“排除历史过程的、抽象的自然科学的唯物主义”都有着根本的缺陷。而基于自然与历史分离前提的历史哲学更是表现为一部“抽象掉物质基础的宗教史”。其实马克思的这种批判不无道理,历史哲学作为一种独立的学科产生以来,就受到犹太基督历史观的影响。即在上帝至高无上的前提下的自然和历史的二元世界,世俗的历史与神灵的历史平行进行。探求自然知识的模式(自然科学)虽然一直是“欧洲特有的探险和技术能动性的联合表现构成的中介层”,“标志欧洲特殊本性的深层原动力”,却一直被视为一种世俗的探索,从而与作为神圣的人类历史事件始终处于一种相互分离的状态。对于人类史的研究,则是注重内省、反思和直接面向上帝,走向神圣的历史。由此,人与自然被隔离,人历史的开启和基督捆绑在一起,人类的历史也就成为与自然的知识相分离的“关于人类学的一种符号学、一种历史观和一种政治权力理论”。而这种在中世纪建立的人类史的传统一直得到延续。即使到了19世纪几乎已建立了历史科学的德国哲学家那里,也是如此。“德国唯心主义哲学家们已经在一定程度内为文化科学提供了一些基本概念”,尤其是在黑格尔的思想中,已经“充分意识到把世界观建立在历史生活之上的意义”。尽管德国古典哲学家在某些程度上建立了有关历史科学的知识,但是他们保守的哲学立场使得他们的历史观只局限于凌驾于世俗世界之上的宗教观念的历史,即使在黑格尔那里,已经洞察到了社会历史发展的具体,即资本主义现实经济,但最终通过神秘的辩证逻辑走向哲学的抽象,走向带有神学色彩的“理性的狡计”,最终“在历史的基础上,集中了在一系列叙述中说话的一种声音

(lelogos)的一切补充的宗教神话”(阿尔都赛语)。由此,马克思批判到,从斯特劳斯到施蒂纳的整个德国古典哲学都局限于对宗教观念的批判,而对于宗教的世俗社会根源却视而不见。在想象中占统治地位的形而上学的、政治的、法律的、道德的以及其他的观念被归入宗教观念或神学观念的领域;政治的、法律的、道德的意识被宣布为宗教的或神学的意识;政治的、法律的、道德的人,总而言之“一般人”,则被宣布为宗教的人。宗教统治被当成了前提。一切占统治地位的关系逐渐被宣布为宗教的关系,继而转化为迷信——对法的迷信,对国家的迷信等等。世界在愈来愈大的规模上被圣化了,直到最后可尊敬的圣麦克斯(完全地,彻头彻尾地)把它宣布为圣物,从而一劳永逸地把它葬送为止。在马克思看来,以往一切哲学的批判“所能达到的唯一结果,就是从宗教史上对基督教做一些说明”,而决不会反对“现实的、现存的世界”。由此,在马克思看来,以往“几乎整个意识形态不是曲解人类史,就是完全撇开人类史”。马克思认为要真正理解人类史,所要做的就是建立观念和现实之间的联系,所批判的对象与它们自身的物质环境之间的联系问题,自然知识和历史知识的融合与统一。

二、马克思、恩格斯对世俗的历史的建构

在马克思看来,现实的人不再是与上帝共享精神的那个原罪的承担者,而是为了自己的衣、食、住、行不停地在现实中劳作、繁衍的、活生生的世俗人,而精神在现实的人那里不再面向上帝,而是积极地参与到现实生活的劳作,而在不断的生产劳动中成为历史发展的驱动者。优先存在的自然首要的就是人类得以生存的前提和基础,是养护人和规约人的自然存在。由于人摆脱掉凌驾于自身的上帝,摆脱掉了原罪的折磨,劳动就成为人的本质或本性得以实现的途径,是人生命活动的原初体现,“劳动是劳动者的直接的生活来源,但同时也是他的个人存在的积极实现。”劳动是“自由的生命表现”,是“生活的乐趣”。在劳动中,人的活动、劳动本身的行动对人来说,既是个人的自我享受,也是他的才华禀赋和精神目的的实现。而一旦人的劳动加入了人类的才华禀赋和精神目的,“劳动也就甩掉了‘最初的本能形式’,有意识,有目的的生产出场了,它代替了专门以肉体器官为中介的对自然的素朴的利用”,而转向通过多种工具的中介作用于自然。随着科学技术的发展,以现代科学技术为工具的工业,就必然打破了人与自然的原始统一,再度建立起被中介了的统一。这种依靠工具所中介了的人与自然的高度统一,马克思称之为工业。马克思认为,“工业是自然界同人之间,因而也是自然科学同人之间的现实的历史关系。因此,如果把工业看成人的本质力量的公开的展示,那么,自然界的人的本质,或者

人的自然的本质,也就是可以理解了。因此,自然科学将失去它的抽象物质的或不如说是唯心主义的方向,并且将成为人的科学的基础,正像它现在——尽管以异化的形式——成了真正人的生活的基础一样;至于说生活有它的一种基础,科学有它的另一种基础——这根本就是谎言。在人类历史中即在人类社会的产生过程中形成的自然界是人的现实的自然界。因此,通过工业——尽管以异化的形式——形成的自然界,是真正的、人类学的自然界。……全部历史是为了使'人'成为感性认识的对象和'使人作为人'的需要成为[自然的、感性的]需要而作准备的发展史。历史本身是自然史的即自然界成为人这一过程的一个现实部分。自然科学往后将包括关于人的科学,正像关于人的科学包括自然科学一样:这将是一门科学。人是自然科学的直接对象。"由此,马克思和恩格斯恰恰是通过工业来展开对历史的考察,可以说以工业为主的生产活动把自然知识发挥到极致,从而实现自然的社会化,使自然的发展进程和人类的发展进程史无前例地结合起来。由此,通过这条路径,尽管在马克思和恩格斯那里,认为"人也有自己的产生活动即历史,但历史是在人的意识中反映出来的,因而它作为产生活动是一种有意识地扬弃自身的产生活动。历史是人的真正的自然史"。

在马克思看来,人类历史把自然生活过程转化为社会化的人的有意识、有计划的行动,就是要消除那对人产生异化的虚假的意识的存在方式,就是去凌驾于人类之上的神圣因素。神话和意识形态被马克思看作两种根本的形式。神话是和尚未被理解的外在自然相对应的。"任何神话都是用想象和借助想象以征服自然,支配自然力,把自然加以形象化,因而,随着这些自然力实际上被支配,神话也就消失了。"在神话中,表现为被支配的物理的自然的强制性,在意识形态的各种形式中,则反映着人的各种关系的异化,反映着这些关系被物化而成为难以看清的支配人的命运的阴暗的力量,"正像人在宗教中受他自己头脑的产物支配一样,人在资本主义生产中受他自己双手的产物的支配。"由此可以看出,马克思认为,宗教所钳制的不过是人的精神思考,而资本主义所制造出来的神秘则牵制着人的整个生存方式,是更为根本的东西。由此,马克思期望着通过社会主义的社会组织来解放人,不仅是从头脑上,更从整个生存方式上,马克思认为"只有当日常生活的关系,在人们面前表现为人与人之间和人与自然之间的极为明白合理的关系的时候,现实世界的宗教反映才会消失。只有当社会生活过程即物质生产过程的形态,作为自由结合的人的产物,处于人的有意识有计划的控制之下的时候,才会把自己的神秘的纱幕揭掉。"阿尔都塞曾经这样评价道:"马克思之所以成为马克思就是因为他建立了历史理论以及意识形态和科学之间的历史差别的哲学,而这一切归根结底是在破除阅读的宗教神话的过程中完成的。”马克思和恩格斯建构历史科学的过程，就是去除神话的人类的世俗化的过程。在马克思看来，以往被看作卑下的、始终被遮蔽的那个世俗的领域，才是历史发展的真正动力，在那里才能找到历史苦难的根源，才能最终找到全面解放人类的途径。因此，马克思恩格斯强调自然知识与人类历史发展的结合，只有这样才能消除一切虚假意识形态的对人类的压迫。一方面，自然科学提供关于宇宙本性的基本真理的自然知识，人类通过这种客观的、得到论证的真理以取代以前所有的神学及其虚假的天启学说。而另一方面，政治经济学则说明了作为人与自然的中介的资本主义工业如何能够如同黑洞一般把自然以及劳动者吸收到自身的发展中来，由此造成人世间的贫穷和奢侈、痛苦和灾难。也正是基于对人与自然关系的中介——工业的分析，人类历史的命运不再受“看不见的手”或“理性的狡计”的支配，而是有着现实的物质基础。在此基础上，马克思希望通过无产阶级来打破资本逻辑支配下的工业所带来的物化现象，通过建立共产主义来使人获得全面的解放，这种共产主义不再是充满神学色彩的天国，而是一种来自客观物质条件的实在存在。毫无疑问，马克思建构的历史科学就是人类的世俗的历史，这种历史的世俗性可做以下理解，其自认为是非宗教的，而“是对优良的实践和智慧整合的结果”，是“从科学、道德规范和哲学中得出其基本原理和道德规范价值”。然而随着现代化的进程中的种种问题，马克思所建构的世俗的历史却也面临种种责难。

三、马克思的世俗历史观的现实意义

世俗化被认为是现代化进程的一个方面，已是一个共识，然而对于现代化是否必然伴随着世俗化、去魅化这一问题却提出了疑问，世俗化也被狭隘地理解为功利化。由此，马克思的世俗历史观也面临着种种责难。世俗世界与神圣世界的划分被看作是“社会人类学的重大发现”。然而世俗世界往往被贴上以功利性的占有为存在尺度的标签，而神圣世界则被看作是以无用性的排泄为尺度的宗教事实。世俗的世界同时又被看作是一个物化了的同质性的世界，一个物性的世界，在这里，物质生产与再生产被置于基始的地位，傲慢地成为衡量世界万物的唯一尺度。这个世俗的、物化了的世界也就被当作马克思历史唯物主义的逻辑起点。这样，无怪乎马克思的历史唯物主义被解读为这样一种哲学，“这种哲学主张人的物质利益、人对不断增加自己的物质福利和使生活日益舒适的愿望是他的主要动力。”由此，马克思的世俗历史观也成为人们分析现代性问题的一个罪魁祸首。由于把世俗化等同于功利化，就出现了挽救神圣世界，重建我们的信仰的呼声，认为只有用宗教的神圣来不断遏制流俗化的唯利生存取向,才能恢复人之为人的灵性和睿智。还有的学者试图把儒家文化作为一种儒教来作为中国人所信奉的宗教。由此,也出现了所谓后世俗社会的说法,人们希望到宗教中来躲避这个似乎到现在还是充满着不幸和苦难的世俗世界。当然,在主张多元并存、平等对话的现时代,我们不能主张马克思一元论,但是也绝不能让马克思的世俗历史观成为时代的替罪羊而被弃之如履。我们在主张多元文化共存在的同时不能忽略马克思所建构的世俗历史观在人类历史发展过程中的作用。

首先,马克思的世俗化不等同于功利化。在马克思看来,世俗化并不是庸俗化,并不是不顾一切美德而不择手段的攫取和维护自身的利益。世俗化不过是要去除宗教的虚幻,还原生活的真实。由此,马克思果断地认为,既然宗教不过是人创造出来的虚幻,那么我们就没有必要花费更多的精力停留于宗教领域的批判,而应该从宗教领域寻根到世俗的人的领域或人的世俗的领域。也就是说,对于人类自身问题的探究,必须回归到人类所生存的世俗世界。马克思确信彼岸世界的真理消失以后,历史的任务就是确立此岸世界的真理。人的自我异化的神圣形象被揭穿以后,揭露非神圣形象中的自我异化,就成为了历史服务的哲学的迫切任务。对于天国的批判就变成对于尘世的批判,对宗教的批判就变成对法的批判,对神学的批判就变成对政治的批判。马克思所做的不过是在世俗的生活原则中把捉到关联着历史运动的更为深刻的东西。马克思一旦发现了那个"作为全部历史的真正发源地和舞台",是历史的"世俗基础"的市民社会,马克思就不遗余力地对"市民社会"的进行解剖,以完成探究历史运动的责任。马克思的知性真诚使得他不仅对这个被资本扭曲的世界痛加鞭挞,而且为人能摆脱经济决定论的枷锁,使得人的完整的人性得到恢复,最终实现人与自然的和谐统一的可能性进行了客观的分析和论证。马克思的学说并不认为人的主要动机就是获得物质财富;不仅如此,马克思的目标恰恰是使人从经济需要的压迫下解脱出来,以便他能够成为具有充分人性的人;马克思主要关心的事情是使人作为个人得到解放,克服异化,恢复人使他自己与别人以及与自然界密切联系的能力。马克思不是希望人不爱上帝而爱金钱,而是要求人不爱上帝,而爱他人,爱同我们一样在这世界上生存劳碌的活生生的人,尤其是那些需要我们爱护的弱者。"马克思对资本主义的批判在本质上就是《圣经》提出的要关心寡妇和孤儿的教导,只不过去除了它的神学基础并将其运用到现代性环境。"由此可见,马克思的世俗化历史的建构的目的不过是把以往虚幻的历史真实地还原,把人类所不愿意面对的现实活生生地摆到人类的面前,真正改变人类自身的问题,不可能在天国中找到答案,而只能在人的肉身所处的世俗世界。

其次，宗教并不是一副医治现代病症良药。不管宗教在所谓的后世俗社会看起来多么繁荣，不可否认的是宗教已被排除在现代政治的舞台而留守于人类的私人领域，这是宗教自身的特性使然。一方面，宗教往往依赖于虔诚的信仰而不是公共理性，也正是由于此，宗教也往往是彼此独立的，甚至成为人类公共生活的冲突的根源。即使基督教以多种形式在西方一些社会不同程度地复兴，这都不能成为我们追捧宗教的理由，即使在美国存在着对宗教的高度热情，也并不意味在其他社会也存在着同样适合的土壤，我们必须清楚地看到，不同历史、不同社会、不同的利害关系，就会有不同的宗教态度。由此，在基于多种宗教文化共存的前提下，我们必须坚持马克思、恩格斯的人类学思想，即从"对优良的实践和智慧整合的结果"中，从"科学、道德规范和哲学中得出其基本原理和道德规范价值"，从而提出完整的实现人类文明现代化的行动议程，而不是仅靠一种宗教来实现现代化过程中出现的问题的拯救。

最后，不管人类历史如何发展，人类都无法摆脱其自然性，这种自然性恰恰是马克思整个历史观的出发点。以往西方的历史观延承了中世纪这样一种观念，即相信人类的历史自身的目标是追求一种精神性的存在并且受控于理性。宇宙和人类历史都开始于创世纪，经过天堂、降临、复活，最后随着万物的复归而达致死而复活的基督，从而把人提升到作为一种精神性的存在，这种神学传统为人类高于自然性的优越性提供了道德基础，也使得人以高姿态征服自然成为长期以来一个约定俗成的目标。然而，如果我们不是把理性仅停留于自我内省的沉思领域，而更为理性地看待长期以来处于宗教边缘地带的这种人与自然的关系，我们就可以看出，人类的自然性存在依然是人类最基本的生存条件。尽管有的观点通过"形容其他物种呆滞、缺乏任何精神维度"，从而造成"人与自然界万物之间的彻底决裂"，然而我们人类的肉身时刻提醒着我们不过是自然万物之中的一部分。其实人类不仅从求生存的角度受到自然的制约，而且人类自古就存在着从"每一个物种身上看到与社会中的人有关的特性"，以试图期望"动物能够为人类自我描述提供类型"。然而随着现代以来，人与自然的关系也随着人与神性的结合而变得疏离，恐怕解决自现代所遗留下来的人与自然关系的困境，不能逃避基于这种关系的实践，而到抽象、沉思的宗教王国寻找人类的精神家园，更为可行的是以更为理性、积极的态度来面对人与自然的关系，并在此基础上回顾过去、体验当下并展望未来的人类的整个历史过程。这恰恰就是马克思恩格斯建构历史的科学性、特殊性以及世俗性之所在。也正是马克思的历史科学是面向我们丰富多彩的世俗生活世界，由此马克思所建立的历史科学是“永远向新理论体系的可能性敞开着”,“从它公理确立的那一刻便开放自身,从而在历史运动中发展自身;它的公理总是即时的,因为历史是一个变化、修正和发展的领域,它的目的是开放的。”

参考文献

[1] 马克思,恩格斯.马克思恩格斯全集:第3卷[M].北京:人民出版社,1960.

[2] 马克思,恩格斯.马克思恩格斯全集:第23卷[M].北京:人民出版社.1972.

[3] 布莱,尼古拉依迪斯.科学的欧洲[M].高熠,译.北京:人民大学出版社,2007.

[4] 李凯尔特.文化科学和自然科学[M].涂纪亮,译.北京:商务印书馆,2000.

[5] 阿尔都赛.读《资本论》[M].李其庆,冯文光,译.北京:中央编译出版社,2001.

[6] 马克思,恩格斯.马克思恩格斯全集:第42卷[M].北京:人民出版社.1979.

[7] 施密特.马克思的自然概念[M].欧力同,吴仲昉,译.北京:商务出版社,1988.

[8] 马克思,恩格斯.马克思恩格斯全集:第46卷[M].北京:人民出版社,1979.

[9] 马克思,恩格斯.马克思恩格斯全集:第23卷[M].北京:人民出版社.1972.

[10] 库尔茨.世俗人文主义概述(一)[J].任事平,编译.国际视窗,2008(2).

[11] 张一兵.青年鲍德里亚与莫斯-巴塔耶的草根浪漫主义[M]//启蒙的自反与幽灵式的在场.哈尔滨:黑龙江大学出版社,2007.

[12] 西方学者论《1844年经济学-哲学手稿》[M].上海:复旦大学出版社,1983.

[13] 荆学民.神圣我们该怎么拥有[J].人文杂志,2008(1).

[14] 马克思,恩格斯.马克思恩格斯全集:第1卷[M].北京:人民出版社,1972.

[15] 韦斯特法尔.解释学、现象学于宗教哲学——世俗哲学与宗教信仰的对

话[M]. 郝长樨,选编. 北京:中国社会科学出版社,2005.
[16] Mark S Cladis. Painting Landscapes of Religionin America: Four Models of Religion in Democracy[J]. Journal of the American Academy of Religion, 2008,76(4):874-904.
[17] 托马斯. 人类与自然世界[M]. 宋丽丽,译. 北京:译林出版社,2009.
[18] Ryan M. Maxism and Deconstruction, Baltimore and London,1982.

(原文发表于《西北工业大学学报(社会科学版)》2012 年 6 月第 2 期)

从"历史路标"看社会主义核心价值体系的时代蕴意

王彦丽　郑永安

摘　要　马克思的"历史路标"的提出为我们进行理论研究提供了科学的方法,"历史路标"概念的引入,使得中国化马克思主义的研究更趋规范化和科学化。社会主义核心价值体系是社会主义意识形态的本质体现,体现着中国社会主义现代化道路的选择路向及其伦理价值观的建构。本文从中国化马克思主义的"历史路标"探索的角度,研究社会主义核心价值体系的时代境遇、时代传承和时代使命。

关键词　历史路标　中国化马克思主义　社会主义核心价值体系

顾海良教授在《马克思主义中国化"历史路标"的探索》一文中提出长期被学术界忽略的马克思的"历史路标"的概念,凸显出马克思研究的科学方法,即对于理论体系的研究必须解决好两个问题:一是理论本身的发展问题,也就是理论进程的问题;二是理论发展在历史视野中的再现问题,即理论"以怎样的历史路标的形式"被揭示出来并得到进一步发展的问题,也就是历史进程的问题。事实上,在马克思主义中国化理论形成的过程中始终存在着两条路径:一是马克思主义中国化的理论体系以一定的形式实现"自行批判"的方式构建自身的理论框架;另一个就是每一次的自行批判必然都伴随理论发展在具体历史发展过程中的结合和再现的实践过程。因此马克思主义中国化的过程是理论与实践、历史与逻辑的统一。作为中国特色社会主义理论体系重要内容的社会主义核心价值体系的形成和发展,也是中国共产党在把握国情、世情的特定时代背景对历史性变迁时期所遇到的现实问题的回应,有着自身的境遇和历史传承,更承担着重要的历史使命。

一、社会主义核心价值体系形成的时代境遇

"马克思主义中国化的'历史路标',是以 20 世纪初以来中国社会现实的发展为基础,是以 90 年来中国共产党团结带领全国各族人民不懈斗争,克服各种艰难险阻,使中国社会相继实现一系列历史性转变为时代和社会背景

的。”被卷入整个世界现代化历史潮流中的现代中国，其近百年来的发展都在进行艰难的探索，而且也经历了远比西方资本主义国家更为复杂的历史过程。从中国共产党为了争取民族国家的主权独立而进行的革命斗争到为捍卫社会主义国家主权稳定的社会改造运动，从探索社会主义的发展模式到逐渐形成社会主义的中国模式，其中所经历的动荡和变迁，在每一个生活在中国这片热土的中国人身上都产生了深刻的影响。在这一历史变迁中，显性的、可观的、可量化的物质生活发生着巨大的变化，然而更重要的是在这一切发展和变迁的背后的中华民族精神的传承和中国人民的时代价值取向，也构成中国化马克思主义一个主要的主题。“无论一场革命的起源是什么，除非它已经深入大众的灵魂，否则它就不会取得任何丰富的成果。”

一方面，从中国发展的现实现状看，随着经济、政治、文化领域的改革和开放，与经济的突飞猛进形成鲜明对比的是，牺牲个人利益服从集体利益的高尚品德日渐式微。经过从计划体制经济到市场经济体制的社会转型，“公”的权威和影响随着私有化的成分的增多而逐渐淡漠，自国家对人民的生老病死的管理从“公家”领域逐渐转向个人领域，公共利益已不再被人们认为和自身有着紧密的联系，一旦“公德”意识淡漠，那么个人私欲就会恶性膨胀，如果市场经济中的个人利益的驱动从实践上得不到法律规约，在理论没有可以精神引导的路径，基于市场经济的个人主义、虚无主义、功利主义、实用主义等社会思潮必然会充斥社会的文化领域，在这些思潮的影响之下，必然会出现社会价值取向偏差，道德水平下降，严重地削弱了社会的凝聚力。而社会主义核心价值体系的提出就是对中国这一现实状况的回应。

另一方面，从世界的视野看，社会主义核心价值体系的提出也是对西方某些理论的回应。经济增长下的世界日趋表现出全球化与国际化，技术进步不仅拉近了空间的距离，也缩短了时间，在某种意义上，资本、劳动、交往都开始超越出民族的地域限制而在全球视域流动。因此西方主流观点认为，科学技术作为一种新兴的意识形态开始成为社会交往、全球交往的媒介，而政治意识形态如同“宗教、法律和经济或多或少像语言一样”开始局限于单个社会。甚至有的学者提出“历史终结论”“意识形态终结论”等这样的观点。西方消费意识形态凭借其强势的经济和文化，逐渐通过经济文化和消费文化的传播和渗透，宣扬蕴含在物质产品与文化产品中的西方消费价值观，把“拜物教”式的物质感官刺激的价值需求作为样本向中国传播，以此来达到消解中国社会主义价值观的目的。而这种物质至上、安于享乐、自我满足的消费主义价值观已逐渐侵蚀和松动中国倡导的创新进取精神、艰苦朴素崇高理想等的价值导向。甚至有的西方学者认为，在中国虽然出现了一大批具有独立经济人格的劳动者群体(先富者),然而由于种种原因这部分群体并没有形成一个独立的、系统的、具有影响力的伦理话语体系,逐渐形成的是经济高速运转的中国模式,在这一运作模式之下,不仅这些社会经济运作的中坚力量,连一般的普通百姓,甚至“大多数教授和学生在一定程度上并不清楚他们公共利益或对于社会应承担的责任”,认为中国更多的还在坚持“贫穷不是社会主义”“落后就要挨打”的这样一种具有迫切性的发展伦理价值导向。

因此,在中国经济展现出巨大的潜力的同时需要有效的社会调控机制和具有实现性的价值导向的“文化软实力”,同时需要回应中外学者的质疑,社会主义核心价值体系的明确提出和加强,有着特定的时代境遇和时代需求,也是“加强社会主义意识形态的凝聚力和吸引力,巩固全党全国各族人民团结奋斗的共同思想基础”的需要。然而社会主义核心价值体系作为时代的产物,也并不是一蹴而就的,它是马克思主义和中国特殊历史发展的过程中时代传承的历史产物。

二、社会主义核心价值体系的时代传承

“离开中国特色社会主义道路和中国特色社会主义理论体系,就不可能形成社会主义核心价值体系,建设社会主义核心价值体系也就失去了实际意义。”“马克思主义中国化的历史路标,是以 20 世纪初以来中国现实社会的发展为基础的,是以 90 年来中国共产党团结带领全国各族人民不懈奋斗,克服各种艰难险阻,使中国相继实现一系列历史性转变为时代和社会背景的。”社会主义核心价值体系的内容,坚持了马克思主义中国化的一脉相承与与时俱进。

马克思主义经典作家主张无产阶级应该在具体的历史条件下建立社会主义价值体系,同时在批判资本主义价值导向的过程中确立了未来理想社会的基本价值、共同规范和共同目标,并且为无产阶级塑造了共同目标和理想社会。而社会主义核心价值体系正是中国经济、政治、文化、社会等领域具体条件下,逐步探索和构建马克思主义经典作家所提出的相应的核心价值和基本价值的理论成果。马克思主义中国化第一次理论飞跃的毛泽东思想就是马克思主义理论和中国具体实践相结合的产物。在毛泽东思想中,坚持马克思主义价值导向的实践性,用具体的价值导向来反驳西方基于抽象人性论的所谓的“普世价值”。毛泽东和彭德怀同志谈论中国民主时就提到:“谈话从民主、自由、平等、博爱等的定义出发,而不从当前抗日斗争的政治需要出发。不强调民主视为抗日,而强调反封建。”集会、出版自由是从“思想自由的原则”出发而不是为着“发动人民的抗日胜利和人民政治经济权力”这些都是不妥的。后

来延安的《解放日报》发表了这样一个社论，“当大地主大资产阶级中的政治代表企图提倡法西斯主义以毒害我民族的时候，为了使抗战胜利，建国成功，我国文化界就有一个极其严重的任务。……民主教育，主要的应是为着动员抗战胜利……”由此，毛泽东思想掌握了马克思主义伦理价值导向的实践向度，马克思主义在人民群众中的普及，鼓舞了中国人民的革命斗志和革命的热情，为中国革命取得胜利发挥重要的作用，也使得马克思主义所普及的对象具有一种强烈的革命意识和政治伦理。

在后来的社会主义建设初期，思想教育和体力劳动成为社会主义新人道德形成的主要途径。这种道德价值的型塑的对象坚持把农民作为历史发展的主体。各种基于教育与生产劳动相结合的规划被描绘成用来培养“具有社会主义精神”的有文化的劳动者，保证他们在德智体方面全面发展，成为共产主义新人的规划。以农民为主体的劳动群体的价值取向，使得中国新生的历史主体普遍树立了一种正确的劳动价值观，即节俭和艰苦奋斗精神。从之前的为了生计而不得不劳动的态度转变为为社会主义事业而工作是一种道德责任，这在一定程度上树立了新的劳动价值观。

随着中国社会主义建设道路的不断前进和整个世界环境的不断变换，战争与革命悄然退出世界的舞台，和平与发展逐渐成为世界舞台上的主角，邓小平同志顺应特定的历史时代背景，在及时地实现“自行批判”式的反思追问“什么是社会主义”“社会主义的本质”的同时确立了新的时代的价值导向。“贫穷不是社会主义”，社会主义中每一个人也都应该有一定的自身的物质利益，但必须在有益于国家、集体和别人的基础之上，通过辛勤劳动来达到富裕的目的。提倡“一部分人先富起来”，在一定程度上为个人物质利益的追求留有一定的空间，提出“劳动致富”的价值导向，激发了劳动者的生产激情，实现从政府本位向劳动者本位的逐步过渡。培养劳动者的独立的经济人格、独立的社会人格、独立的思想人格，从而使得劳动者具有寻找和确认个人对于社会共同体的认同的能力，从而实现劳动者个人利益的追求与社会全体利益实现保持一致，形成一个个人与社会良好互动的有机体。

另一方面，邓小平不止一次地指出，“要批判和反对崇拜资本主义、主张资产阶级自由化的倾向，批判和反对资产阶级损人利己、唯利是图、‘一切向钱看’的腐朽思想。”“我们从来主张，在社会主义社会中，国家、集体和个人的利益在根本上是一致的，如果有矛盾，个人利益要服从国家和集体的利益。为了国家和集体的利益，为了人民群众的利益，一切有革命觉悟的先进分子必要时都应当牺牲自己的利益。我们要向全体人民、全体青少年努力宣传这种高尚的道德。”“先富帮后富，在全社会发扬光大大公无私的精神，并且一切先进分子必须实践这种共产主义精神。"这种社会主义集体伦理道德区别于资本主义生产方式下的追求个人私利的原子式的个人主义伦理,在一定程度上缓解了市场经济所带来的人际关系的异化和紧张,增强了社会主义国家的凝聚力。

在毛泽东思想、邓小平理论的基础上,后来又提出科学发展观、社会主义核心价值体系,无不是对马克思主义、毛泽东思想、邓小平理论的继承和发展。从提出"政治工作是一切经济工作的生命线",到改革开放以来大力提倡"国家和集体利益"的价值导向,再到"建设社会主义核心价值体系"的确立,表明我们党在思想文化领域内的建设与管理,逐步由以往"政党的强势主张""政治层面的倡导"乃至"意识形态化的规定"的方式,过渡到现在寻求"全社会共同的价值认同",这是一个巨大的飞跃,因此社会主义核心价值体系的明确提出是我们党对人类认识、思想发展的客观规律的遵循,也是"以人为本"的科学发展观在思想文化领域内的具体表现,并且承担着重要的历史使命。

三、社会主义核心价值体系的时代使命

"要以我国改革开放和现代化建设的实际问题、以我们正在做的事情为中心,着眼于马克思主义理论的运用,着眼于对实际理论思考,着眼于新的实践和新的发展。"马克思主义的重要品质是与时俱进,社会主义核心价值体系无疑是继"三个代表"重要思想之后,成为世纪之交马克思主义中国化的新的"历史路标"。

社会主义核心价值体系作为历史路标,首要的是回应现代化的进程所形成的主体性文化形态所带来的强有力的冲击力。现代转型的社会倾向于追求经济增长,追求明确的理性真理,追求功利主义的实用知识,在这样一种新的时代境遇下,主体发展的可能性具有了多面向度。"拜物教"式的消费文化、贫乏的爱国主义、貌似合理化的基于市场经济的自由主义,都在一定程度上冲激了社会主义集体主义的价值导向。共同理想和目标、共同规范与现实之间的差距使得"主体性与认同的问题再一次成了重要的问题"。

如果缺乏共同目标,共同规范和共同的理想的社会情境,创造一个统一与整合的社会是极其困难的。然而认同往往是社会的生产,是多样的、矛盾的和偶然的。它是在真实的地方情境中建构生成的,并且通常与强权话语的制造和表达方式相连。社会主义核心价值体系坚持马克思主义指导思想,不仅仅是因为马克思主义为我们提供了科学的世界观和方法论,决定着社会主义核心价值体系的性质和方向,更为重要的是马克思主义是我们执政党的话语体系表达的方式,是和现代中国发展之历程交融在一起的,和中国的政治话语体系有着无法隔断的联系。

其次，坚持中国特色社会主义共同理想，是马克思主义理想社会的具体化，为现代中国的转型提供了发展方向和明确目标。既坚持马克思主义理想社会中物质的极大丰富，满足日益增长的人民的物质需求，又要体现出中国的可持续发展，在求发展的过程中协调好人与自然、人与社会、人与人之间的关系，以构建和谐社会为目标，把马克思主义理想社会的核心价值落到实处，贯彻了马克思主义伦理的实践向度。

再次，社会主义核心价值体系弘扬以爱国主义为核心的民族精神和以改革创新为核心的时代精神，不仅是对西方市场经济主导下的自由主义、消费主义、虚无主义的一种抨击，也是要为主体及其身份具体化提供一个重要途径。"在个人身份的形成过程中，多数个体也获得团体的忠诚感或团体特征，比如宗教、性别、阶层、种族性和民族性，这有助于主体及其身份感具体化。""国际化的倾向越强烈，特殊群体、种族集团或社会阶层就越要重申他们的差异性，越依赖于他们所处的位置。"列宁认为，爱国主义是千百年来巩固起来的对自己祖国的一种最深厚的感情。中国近年来的历史实践证明，"爱国主义从来就是动员和鼓舞人民团结奋斗的一面旗帜，是各族人民共同的精神支柱，在维护祖国统一和民族团结、抵御外来侵略和推动社会进步中，发挥了重大作用。

最后，社会主义核心价值体系第一次明确提出社会主义荣辱观，为现代中国的历史主体的道德认同提供了明确的指向。中国传统文化中所蕴含的传统美德尽管经历了风雨飘摇年代，这种在我们的血液中流淌的东西或许一度被遮蔽，但却不可能消失，我们曾经为之自豪和尊奉了五千年的传统文化价值，也不可能一无是处。"不论短期内是如何的看不清楚，人们很难相信社会理论的伟大传统和儒家学派的政治理想主义能够湮漠无闻。人们也不会怀疑，有着良好意识的中国人一定能够以他们丰富的历史经验，找到一种适当的途径，来应付他们民族生活中的新的、富有挑战性的问题。"建设社会主义核心价值体系，就是要把公民的基本道德要求融入国民教育和精神文明建设的全过程，融入经济、政治、文化、社会建设的各个领域文化发展，在中国特色社会主义核心价值观的主导下，成为凝聚社会思想共识、遵守社会公共规范、激发民族活力的精神力量。

综上所述，从"历史路标"的视角，看社会主义核心价值体系构建与发展，体现出马克思主义中国化价值维度的构建始终坚持了"中国化"、时代化与大众化的有机统一，它符合马克思主义百年来的传统，又符合新的时代需求，同时始终和人民群众结合在一起。社会主义核心价值体系作为一种主流意识形态，不仅背负中华民族命运和前途的历史重担，承担着社会主义现代化道路的选择和建设的现代性启蒙及其伦理价值观的建构，而且"是能够指导人们认识世界和改造世界的思想飞越和理论形态”,它不仅蕴含了中国时代变迁下的厚重历史,而且能够引领历史发展的潮流。

参考文献

[1] 顾海良.马克思主义中国化“历史路标”的探索[J].思想理论教育导刊,2011(6):4,11,17.

[2] 古斯塔夫勒庞.革命心理学[M].佟德志,等,译.长春:吉林人民出版社,2004.

[3] 莫斯.技术、技艺与文明[M].北京:世界图书出版公司,2010.

[4] Maria Hsia Chang. The Thought of Deng Xiaoping[J]. Communirr and Post — Communist Srufies,1996,29(4):371-394.

[5] 袁贵仁.建设社会主义核心价值体系[J].中国社会科学,2008(1):6.

[6] 何定.彭德怀和毛泽东对民主的不同看法[J].炎黄春秋,2011(2):43-48.

[7] 陈葆华.国外毛泽东思想研究评述[M].西安:陕西人民出版社,1993.

[8] 赵学增.劳动与资本[M].北京:经济科学出版社,2009.

[9] 邓小平.邓小平文选:第2卷[M].北京:人民出版社,2006.

[10] 孙中民.以社会主义核心价值体系引领多样化社会思潮[J].决策导刊,2009.

[11] 拉伦.意识形态与文化身份:现代性与第三世界的在场[M].戴从容,译.上海:上海教育出版社,2005.

[12] 列宁.列宁选集:第三卷[M].北京:人民出版社,1985.

[13] 石约翰.中国革命的历史透视[M].王国良,译.上海:东方出版中心,1998.

(原文发表于《求索》2012年第4期)

论胡锦涛对中国传统和谐思想的继承与超越

蒲传新　樊明方

摘　要　中国传统和谐思想蕴含着丰富的和谐资源与和谐智慧，中国传统和谐思想与马克思主义和谐思想有着国情化的互通联系，马克思主义中国化问题其实就是中国传统思想尤其是儒家思想现代化的问题。胡锦涛将中国传统和谐思想与中国实际相结合，提出新时期和谐发展的理念，这是胡锦涛同志对中国传统文化的扬弃，是一个连续性的过程。

关键字　胡锦涛　和谐思想　马克思主义中国化

和谐是中国传统文化的基调，也是中华文化的精髓，构成了中华几千年文化的基本精神和致思趋向。中国传统和谐思想蕴含着丰富的和谐资源与和谐智慧，这不仅是中国历史上各个朝代发展的内在思想动力，特别是中国传统和谐思想与马克思主义和谐思想有着国情化的互通联系，马克思主义中国化问题其实就是中国传统思想尤其是儒家思想现代化的问题。所以，我们要弘扬中国传统和谐思想，努力体现其时代特征和时代要求，取其精华、去其糟粕、古为今用、推陈出新，这是我们今天构建社会主义和谐社会、和谐世界的宝贵文化资源。

一、中国传统和谐思想概述

"和"这一观念由来已久，同时和谐思想也伴随着"和"的观念一起源远流长数千年。在远古早期，对于农耕文化的物质文明的实践过程中，中华文明的先人也逐步形成了人与自然界的群族和谐感。这种和谐感构成最重的是整体群居之间内部的和谐，这也是中国传统和谐思想的最基本组成因子，也开拓了中国传统文化和谐思想的先河。

"和"字最早出现在商代时期的甲骨文和金文当中。在甲骨文中，"和"即是龢。很多古文学家参考了大量的仰韶文化与古龙山文化，运用古文字学象形字义法分析"龢"字，从字体的结构上，表达的是一幅夏、商时代的农业社会氏族村落中耕田的景观图，图景中是有篱墙、房屋及庄稼几部分组成的。从这可充分说明,我国人民追求“和”的思想由可追溯到数千年以前了。同时有关“和”这一概念,也在很早以前就出现在中国古代经典的典籍之中了。例如许慎在《说文解字》中曾提出:“和”的解释为“调”“相应”;这也可以表述为,“和”应当解释为“和顺”“调和”的意思。而在《广雅·释话三》书中提到的“和”与“谐”二者的意思是比较相近的,即可认定为同义词,“和,谐也”,在这里可认为“和”与“谐”是可互相解释、互相代替的。同时在《尚书》中也有过“和”的论述,即“和”也可放在天下、国家、家庭等诸多领域中加以解释,来描述其国家内部治理良好,并兼顾着上下协调妥当的状态。

春秋时期的《吕氏春秋》里提到过一句话,“正六律,和五声,达八音,养耳道也”,就实际也是说明解释了“和”的含义,是说人自身是很奇怪的,不愿意听到单一的或者没有节奏的杂乱音律,而是非常喜欢听到不同的音乐在一起混合演奏,这样才会让人感觉到舒服、开心。而“谐”本意是和谐之意,强调各个单体之间要配合得恰到好处。这与在《周礼》书中所说“掌司万民之难而谐和之”,这里的“谐和”二字都是指各事物之间的各个组成部分都要相互协调配合,并恰到好处地有机地联系在一起。这样把“和”与“谐”两个字有机地联系在一起,即是“和谐”一词,就是指存在个体差异的、存在统一体多样性的各种因素或各种事物相互协调好单方面的关系而统一地联系在一起,“和谐”不仅是儒家、道家等各家各派所追求的人与人之间沟通的关系,也是人与社会之间的总体发展的理想目标。社会中在保持着完美的和谐关系过程中,万事万物就能够顺利向前发展,这表示只有保持社会的普遍和谐,社会才能真正地快速发展。在我国古代诸多典籍中提到的“和谐”两字,实际上只是对其简单解释,但是它还只是停留在一种朴素的、原始的、片面的、非客观的观点上的评述,但它的提出又推动了人类文明前进的发展方向。

和谐又是一种关系,在这个里面所涉及的对象就不能是单一的,而是要有两个或两个以上。首先,和谐是离不开每个单体之间的差异,没有差异就考虑不了两者或更多的关系之间是否是和谐的。而同与异两者之间又是相依并存、缺一不可、不可分割的关系。因此,和谐本身也离不开“同”,但并不是说共同关系就等于和谐关系,差异之间的问题就不等于说不和谐关系。为了能达到两种或多种事物之间的和谐共生关系,就要既不能单独排斥异,也不能单独排斥同,这就是古人所提出的“和而不同”的意思。中华文化上古至今以来都提倡的是“以和为贵”“以和为善”“以和为美”的众多和谐文化,它的哲学思想根基就是“和而不同”,这个词的含义中包含着矛盾性、差异性等不同在内的多样性的统一。充分协调单体之间的差异,以求统一体的和谐,才是和谐思想的宗旨所在。

目前国内外学术界对于“和谐”一词的理解也都是相差无几。大部分学者普遍认为,“和谐是指事物内部各个组成部分之间以及事物之间的相互协同、合作、相互协调的互相适应的一种关系”。国外一些马克思主义思想理论学者提出:“和谐不仅是马克思主义经典作家为人类的生存发展所勾画的美好图景,而且还是马克思主义指导社会实践的一个目标归宿。”从这两种提法用哲学思想进行评价可表述为,“和谐思想是矛盾的统一体的重要表现形式之一,也可归结为各种事物向前发展过程中的一致性、协调性、平衡性、完整性和合乎规律性的哲学范畴。”和谐思想在当代高速发展的中国,仍然将释放着无比巨大的能量,将为我国构建和谐社会、构建和谐中国提供丰富的思想内涵和理论依据。胡锦涛同志2006年4月在美国耶鲁大学演讲的时候指出:“中华文明历来注重社会和谐,强调团结互助,中国人早就提出了‘和为贵’的思想,追求天人和谐、人际和谐、身和谐,向往‘人人相亲,人人平等,天下为公’的理想社会。”

二、胡锦涛文化思想与中国传统和谐文化的区别

胡锦涛的文化思想与中国传统文化虽然都是以和谐作为核心理念,但也具有显著的差别。其区别既源自社会存在的差别,也包含了胡锦涛同志对于古今思考后对传统文化的理性批判。

第一,二者产生的经济基础不同。胡锦涛的文化思想建立在公有制为主体、多种所有制经济共同发展的社会主义基本经济制度之上。而传统文化则建立在生产资料私有制的自给自足的小农自然经济基础上,这样的经济制度中存在着剥削,人与人之间的关系是不平等的。小农经济先天规模小、水平低,经不起天灾人祸的侵袭。这种经济模式主要靠“天”吃饭,人们也就自然产生一种循乎天命的心理。同时,人们除了对天地有着强烈的依赖之外,也非常重视社会的和谐与安定,几乎每个学派都提出和谐的社会理想。因此,也可以说是小农经济引发了传统文化寻求和谐的发展方向。

第二,二者形成的政治基础不同。胡锦涛的文化思想所依赖的是工人阶级领导的、以工农联盟为基础的人民民主专政的中国特色社会主义制度,这是人民能够当家做主、并享有广泛民主权利的政治制度。而传统文化则是建立在封建君主专制的制度之上,存在着等级制度与特权阶层。因而传统文化中有许多和谐思想是阶级统治的工具。例如墨子的“天下尚同于天子,天子尚同于天”。孔子的“知和而和,不以礼节之,亦不可行业”。这都是用封建礼教维护阶级统治的表现。在这样的制度之下,统治者也就希望通过一种求和谐的文化来影响民众的思想,形成一种百姓相安无事和乐的气象。这与现当代的

和谐文化,力图真正地达到人与人的和谐、人民安居乐业是有根本性不同的。

第三,二者依赖的哲学基础不同。胡锦涛同志对中国传统文化的和谐思想有所继承,但其哲学基础是不同的。胡锦涛以辩证唯物主义与历史唯物主义为其文化思想的世界观和方法论。而传统文化则建立在古代朴素唯物主义甚至唯心主义的基础之上,这就导致其包含许多不科学的成分在内。此外,传统的平均主义思想也是形成中国传统文化和谐思想的一个重要因素。孔子说,"丘也闻有国有家者,不患寡而患不均,不患贫而患不安。盖均无贫,和无寡,安无倾。"老子也提出,"天之道,损有余而补不足;人之道则不然,损不足以奉有余。"这都体现出中国古代的平均主义的经济思想,因而就生成了"天下大同"的社会理想,从而形成了和谐的文化。

三、胡锦涛对于中国传统和谐文化的继承与发展

第一,对传统的和谐理念加以创新。要使传统和谐文化有新的发展,重点是在思想认识和价值观念上加以创新,其中和谐的内涵和价值取向是创新的关键。胡锦涛同志对于和谐文化的理解与践行,是与当前中国社会实际情况相结合的,并没有停留于传统文化对和谐的理解。其首要表现就是超越了传统和谐理念的伦理性质和封建基础,为和谐思想注入了更为先进、科学、合理的内涵。改革开放以来,我国的现代化建设,就是一个不断解放思想、更新观念的进程。胡锦涛的文化思想中,以现代的社会主义市场经济观念取代落后的小农意识,以依法治国的法治文化取代传统的宗法制度,以科教兴国的科学观念取代蒙昧与迷信,等等。这样带有时代气息的和谐文化,体现出文化的现代转型,使人民群众开始树立主体意识、市场意识、法律意识和科学意识。

第二,将传统文化融入社会主义核心价值体系之中。胡锦涛同志对于传统文化的理解和发展主要都体现在社会主义核心价值体系之中。核心价值体系中的以爱国主义为核心的民族精神和以改革创新为核心的时代精神,社会主义荣辱观都渗透着中国传统文化的思想精髓。任何社会都有自己的核心价值体系,以此引领人们的思想和行为。中国传统文化中儒家思想在一定程度上可以称作是中国封建社会的核心价值体系。其中虽然包括封建糟粕,但更多是闪耀着中国先贤的智慧。胡锦涛同志就吸收了其中精髓之处,尤其是其中求和谐、致中和的理念,这是被中国历史证明了的能够增强社会凝聚力的文化内核。胡锦涛同志将其发展,使之成为适合于当今国情的价值体系,这也是对传统文化的一种升华。

第三,发展了传统文化中的民族精神。和谐是中国传统文化中的核心理念,这一理念使中华文化能够代代相传,中华民族生生不息。而这一理念主导

的部分就是传统文化中的民族精神。它使传统文化能够始终保持着强大的生命力和凝聚力，兼容并包，在外来文化侵蚀的过程中能保持自己的独立性。党的十七大报告说："在五千多年的发展中，中华民族形成了以爱国主义为核心的团结统一、爱好和平、勤劳勇敢、自强不息的伟大民族精神。"这是胡锦涛同志对传统文化思想精髓的提炼，即以爱国主义为核心的民族精神。在新的历史实践中，用马克思主义的立场、观点和方法从中国传统文化中提炼出自强不息的人生态度，振兴中华的爱国主义情感，对于不同文化的理解宽容而生成的兼容并蓄、对外开放的博大胸怀，对外来文化的开放和包容，等等。

第四，为传统的荣辱观赋予实践意义。中国传统和谐文化中蕴含着丰富的关于个人荣辱观的阐述，指出通过"明理知荣辱"而达成与他人、与自身的和谐。但传统文化中更多强调的是做什么，而缺少如何去做。但社会主义荣辱观提出了具体的实施措施，推动全社会形成知荣辱、讲正气、树新风的文明道德风尚；尤其是十分重视未成年人思想道德建设和大学生思想政治教育，这种全社会关注青少年成长的环境是中国古代社会所不具备的；并且颁布了《公民道德建设实施纲要》，这都使公民在行为中有了一个正面依据。这对于抵制各种错误和腐朽思想的影响、促进良好社会风尚与和谐人际关系的形成具有重要的实践意义。

四、结论

中国传统文化是目前世界四大古文化体系中唯一没有中断的文化体系，其中"和"的思想不仅集中体现了中华民族的智慧，而且是中国传统文化独有的特质。对于这一点，英国著名历史学家汤因比有过精辟的论述。他以哥伦布发现新大陆所带来的是战争和利益争夺，而郑和下西洋所传播的却是友好和平与文化交流为佐证，指出中国文化在本质上是一种崇尚和平的文化。事实上，中国文化的"和"不仅有爱好和平的意思，还有和谐、和合之意。所以，胡锦涛的思想也必然会深深烙上中国传统文化中和谐思想的印记。

胡锦涛同志对中国传统文化的扬弃和发展是一个连续性的过程，任何文化都是在继承发扬已有的文化传统的基础上发展起来的。科学发展观是胡锦涛同志提出的关于人与社会和谐发展的理论："科学发展观第一要义是发展，核心是以人为本，基本要求是全面协调可持续，根本方法是统筹兼顾。"自2003年中国共产党"科学发展观"的战略思想提出以来，"以人为本""和谐发展"的理念受到重视。"科学发展观"的科学理念与毛泽东思想、邓小平理论、"三个代表"重要思想构成一脉相承的科学理论体系。这显示出胡锦涛同志对于传统文化的重视，以及对和谐思想的倡导。这使他在形成自己的文化思想时充分借鉴了中国传统文化的精髓,同时他也摒弃了传统文化中的消极因素,加入了当代社会的现实特征。这是胡锦涛同志对于中国传统文化的继承与超越。

参考文献

[1] Benjamin I. Schwartz: The World of Thought in Ancient China[M]. Cambridge University Press, 2002:41.

[2] Brookfield. Limits to Sustainable Use of Resource From Local Effects to Global Change Defining and Measuring Sustainability[M]. The Noonaday Press, 1996:57 - 64.

[3] 钟青林,胡丰顺.儒学的现代意义及其传承[J].武汉大学学报,2006(2):163 - 167.

[4] 中共中央文献研究室编.十六大以来重要文献选编:下[M].北京:中央文献出版社,2006.

[5] 胡锦涛.高举中国特色社会主义伟大旗帜为夺取全面建设小康社会新胜利而奋斗——在中国共产党第十七次全国代表大会上的报告[M]//中国共产党第十七次全国代表大会文件汇编.北京:人民出版社,2007.

[6] 胡锦涛.在省部级主要领导干部提高构建社会主义和谐社会能力专题研讨班上的讲话[N].人民日报,2005 - 06 - 27(1).

(原文发表于《西北工业大学学报(社会科学版)》2013 年第 4 期)

系统理论视野下的突发事件信息传播与干预机制分析

闫育周　樊　琳　寇晓东　蒲传新

摘　要　信息传播对于群体性突发事件的性质演化、影响广泛程度具有十分重要的推动作用。本文将信息传播的过程划分为三个阶段:"传言"阶段——群体意识唤醒时期、"流言"阶段——群体意识形成时期、"谣言"阶段——群体应激行为时期等,其作用机理为媒介传播、群体关注、政府介入等相互推进与相互协作。同时,基于系统的整体性、非线性和自组织性,提出预警、干预和评价等三种突发事件中信息传播的有效干预机制。

关键词　系统理论　突发事件　信息传播

近年来,我国的突发事件不断发生,发生在政治、经济、文化、外交、军事等各个领域,呈现出突发、多发趋势,对我国经济社会发展产生了重大影响。如2008年贵州瓮安群体性事件,2009年湖北石首群体性事件,2012年宁波PX项目事件,2012年什邡群体事件等等。在群体性事件的发生、发展、激化与平息的整个过程中,群体信息传播具有非常重要的作用。信息传播的渠道是神经,参与的群体是神经节点,它感染、激化、控制他们的情绪,激发他们的动机,并构建群体意识、群体规范,引导、决定群体行为的规模、走向。突发事件具有突发性、严重性和影响广泛性的特点,这就要求在研究突发事件传播时,我们有必要引入系统论的观点。本文正是针对现代突发事件的系统性这一特质,在系统理论的视野下,尝试寻找能够有效干预现代突发事件应对的干预机制。

一、群体性突发事件中信息传播的基本过程

1."传言"阶段——群体意识唤醒时期

我国学者时蓉华在其著作《社会心理学》中指出,"传言是指提不出任何信得过的依据,而人们相互传播的一种特定的信息"。群体的关注焦点集中于对突发性事件本身的议论,口口相传。突发事件发生时,现场群众是偶然"碰见",为自发的聚集。由于此类事件多为相当惨烈或者强弱势力分明,大多数旁观者本能地会出现对受害者的同情、对加害者的义愤等"常态反应",相互间

交流、询问、议论,信息传播进入轨道。这个过程可长可短,决定于事件的严重程度、关键信息源出现的早晚和可信度、民众积怨的深浅及对相关权力部门的信任度。尤其是受害者的受害程度和加害者的态度,往往成为事件升级的催化剂。

2."流言"阶段——群体意识形成时期

群体出现对事件之外相关关系的联想,开始聚集现场,出现了演讲等舆论动员的信息传播方式,情绪转为激愤。所谓流言,是传言的升级版,是指一种信源不明、无法确认的消息或言论,多为口头的、非正式的、非官方的传播。流言是传言的一种,流言与传言的不同在于它们所传播信息真实性的不同:传言中的信息可能是正确或不正确的,有依据或无依据的,流言则是指基本不正确、无依据的信息。这是群体意识形成与定型的阶段。在这一时期,核心信息形成,信息领袖控制信息源,在口头、文字等多种方式传播下,个体群众相互认知、相互吸引、相互作用,达成群体共识、群体意识,形成同质性的关系网络。"以讹制讹,越传越走样"成为这个时期信息传播的主要特点。

美国社会心理学家G.奥尔波特认为,流言一般发生在和人们有重大关系的问题上,其发生与流传决定于三个条件:①在缺乏可靠信息的情况下,最容易产生传播流言;②在不安和忧虑的情况下,会促使流言的产生和传播;③在社会处于危机状态下,如战争、地震、灾荒时,人们容易产生恐怖感和紧张感,流言容易传播。

3."谣言"阶段——群体应激行为时期

群体关注的重点由对事件本身真相的追究转移、集中到权力体系与当局,情绪激化,冲动、暴力行为发生。

谣言,是指为了某个目的主观臆测或故意制造的传言。按照Allport和Postman的研究,谣言=(事件的)重要性×(事件的)模糊性,就是说谣言的产生同事件的重要性和模糊性成正比关系,事件越重要越模糊,谣言产生的效应也就越大;当重要性或模糊性趋向零时,谣言也就不会产生了。谣言的传播与一般信息传播的规律相同,先由发布者进行首次传播,这可以通过秘密的如匿名的方式,也可以是公开的告诉或演讲;再是成员相互间传播;最终由第三方对谣言本身进行纰漏的补充、论证,使之成为确定的信息。谣言一旦形成,进入公共场合尤其是骚动的人群,传播就处于一种"循环反应"的异常状态,这种循环相互刺激,导致群体情绪越来越激烈,越来越难以控制。

综上所述,一般情况下,群体事件中信息传播的基本过程可以用"三阶段"模型(见图1)来表示。三个阶段代表了信息传播的三个基本过程,群体性突发事件发生时,往往是群体意识先被唤醒,然后群体意识逐渐形成,从而导致群体应激行为的出现。当然,受其他因素影响和激化,也有一部分群体性突发事件是在信息传播的第一阶段或者第二阶段之后爆发的。

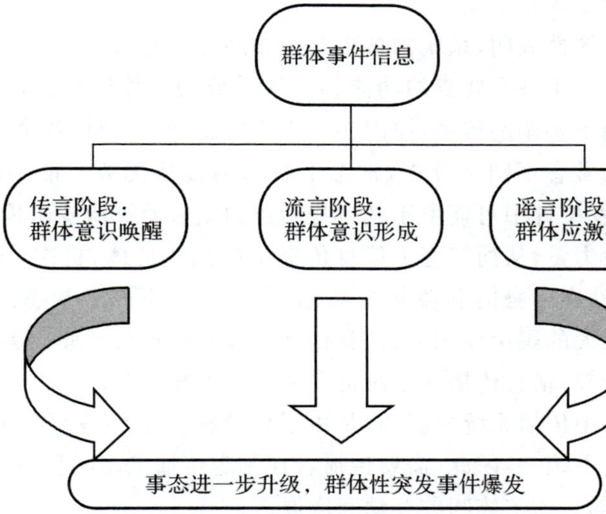

图 1　突发事件中信息传播过程的“三阶段”模型

二、群体性突发事件中信息传播的作用机理

群体性突发事件中信息传播的作用机理是指舆情信息由发生、发展、平息所经历的一系列相互作用、相互影响的过程。其内容主要包括产生应激性信息、信息传播不断扩大、社会反响越来越大等三个阶段。

第一阶段,伴随着突发事件而产生的应激性信息。据统计,最受群体关注的突发事件类型依次为政府管理、突发事件安全事故、社会道德、教育、官员言行、文化娱乐体育、经济民生、司法以及名人舆情等。当事人或者其他群体在网上将针对某突发事件进行披露,引起他人的关注与讨论,事件将开始在网络上迅速传播。

第二阶段,信息传播不断扩大。突发事件经网络传播不断放大,群体情绪、意见不断高涨,影响力越来越大,形成公共事件,政府开始介入,虽然一定程度上披露了事件的相关信息,但网络舆论并不因此平息,并大量链接同类案例,追溯类似事件根源。

第三阶段,社会反响愈来愈大。事件引起社会普遍关注,政府甚至高层领导深度干预,相关部门高调解决,事件络渐趋平息。

三、突发事件信息传播的系统分析

1. 系统的整体性

系统的整体性表明,系统内各个要素之间存在非线性的相互作用,使得系统的整体功能大于各个要素的功能和。从系统的整体性来看,突发事件中信息传播发展为不协调的传播,原因在于当危机变量介入时,各个要素之间的相互作用明显与常态不同。首先,常态下组织的传播优势可能不那么明显;其次,群体在突发事件中可能由于其自身利益的损害而被激发出愤怒和反抗,最后汇聚成一股力量,从而转变为信息传播中的强势群体;再次,承载信息传播的各类媒介,站在自身的利益和立场,形成了明显不同于常态的信息传播语境;最后,在强大的舆论作用下,信息传播的效果的评价会倾向另一边,信息传播的链条会断裂,信息传播的系统也会因此而不复存在。

突发事件中传播系统的脆弱,是由于传播链条上的各个环节间的相互作用关系出现了不统一,因此,需要传播者在制定传播策略时积极发挥主观能动性,建立起不同行为主体间的互动和沟通。

2. 系统的非线性

系统内各要素间的非线性关系能产生混沌行为,从而导致系统的不确定性。混沌行为可以描述为一个原以为可以忽略不计的微小变化,也可能对系统造成至关重要的作用,而这种非线性带来的不确定性又在突发事件信息传播中十分常见。

在非线性学中,一个开放的自组织系统往往能通过混沌的不确定性过渡向一种新的稳定状态,并最终创造出新的结构形态。因此,在突发事件传播中,就要求传播者必须打破传统的思维定式,为避免陷入被动而对这种不确定性做出主动积极的应对,使组织能够对充满不确定性的传播环境做出及时有效的应对。

3. 系统的自组织性

系统的自组织性指的是系统的运动是自发的,不受特定外来干预地进行的,并在这个过程中形成稳定、有序的结构的过程。系统的他组织与自组织相反,是在特定的条件下进行的,在突发事件发生的紧急情况下,一般组织都会比较及时地启动突发事件应对预案。然而,预案往往与实际所发生的突发事件有一定距离,不能完全准确地应对突发事件的每个细节。而且其形成虽然是为了防患于未然,但是始终隶属于系统的他组织的决策机制。因此,很有必要在突发事件信息传播中建立一个能够针对外部和内部环境变化的自主决策体系,作为系统自组织进化的机制,增强自主性,做到防患于未然。

四、群体性突发事件中信息传播的有效干预机制分析

群体性突发事件中的信息传播具有周期短、系统化、速度快等特点，因此需要针对整个传播过程进行信息的应急管理，而信息的预警、干预和评价对于信息传播的干预具有十分显著的作用。

1. 信息传播的预警

预警机制是指预先发布警告的制度，通过及时提供警示的机构、制度、网络、举措等构成的预警系统，实现信息的超前反馈，为及时布置、防风险于未然奠定基础。对群体性突发事件来说，重点是要第一时间准确掌握相关的舆情信息，这是预警机制的第一步。一是要充分借助现代网络技术，建立滚动的信息监测体系。在大量的舆情信息中，发掘与群体性突发事件相关的有用信息，掌控其实时动态，预警其关键的几个节点，尤其是爆发点。二是要建立定期、不定期的检查工作制度，对 QQ,BBS 论坛、微信、互动论坛等媒介的信息传播的形态进行排查，及时发现与群体性突发事件相关的舆情信息。

2. 信息传播的干预

突发事件发生后，一般由于缺少严格的筛查，各类舆情信息参差不齐，其中不乏一些恐慌性、煽动性的谣言。因此，在群体性突发事件发生的过程中，对相关的舆情信息进行科学有效的干预显得尤为重要。第一，在舆情信息预警机制的基础上，通过多种渠道对一些重要的信息进行科学研究与及时求证，迅速甄别其信息的真实性，为决策者提供参考。第二，召开官方媒体新闻发布会、有关部门负责人现场答记者问、网站媒体上实名回复等多种方式进行权威发布，最大限度减少信息传播的误导作用。

3. 信息传播的评价

在对群体性突发事件中信息的预警、干预之后，接着应该对群体性突发事件进行整体评价，形成突发事件信息传播的科学评价，制定周详的舆情引导和监控方案，做到对突发事件中的信息及时研判，对处置结果进行评估，以及制定相关的应急管理措施。其主要内容为对上一环节的工作进行总结和反思，对下一阶段工作的预测和研判，进而提出建议和对策等，最终实现预警和干预机制的逐渐完善，并为有关部门处理群体性突发事件中舆情的信息传播提供科学参考。

参考文献

[1] 时蓉华. 社会心理学[M]. 上海：上海人民出版社，1987.

[2] 中国大百科全书总编辑委员会《心理学》编辑委员会，中国大百科全书出

版社编辑部.中国大百科全书:心理学[M].北京:中国大百科全书出版社,1991.
[3] 奥尔波特.谣言心理学[M].刘水平,等,译.沈阳:辽宁教育出版社,2003.
[4] 曹英.群体性事件中的信息传播流程、节点与心理接受机制[J].河南社会科学,2009(1):133-138.
[5] 刘玉梅.论传言、流言与谣言心理[J].内蒙古农业大学学报:社会科学版,2009(4):289-290.
[6] 张一文,齐佳音,方滨兴,等.非常规突发事件网络舆情热度评价指标体系构建[J].情报杂志,2010,29(11):71-74.
[7] 刘海龙.大众传播理论:范式与流派[M].北京:中国人民大学出版社,2008.
[8] 徐敬宏,李欲晓,刘颖.非常规突发事件中网络舆情的生成与管理[J].当代传播,2010(4):41-43.

(原文发表于《西北工业大学学报(社会科学报)》2013年第2期)

我国高校网络舆情管理机制研究

闫育周　蒲传新　宋　强　樊　琳

摘　要　高校是网民大量聚集的场所，高校网络舆情是指在高校校园发生的、主要由高校师生参与或话题与高校有关的网络舆情，它对高校乃至全社会的稳定和发展具有重大影响。目前我国高校网络舆情管理方面还存在着诸多问题，如干部和教师对其重要性认识不足、管理体制不够健全、对网络舆情缺乏主动引导和化解等。需要在加强高校网络舆情管理工作机制和制度建设、加强信息公开、加强高校网络舆情监控等方面开展工作，促进高校网络舆情管理工作水平的提升。

关键词　网络舆情　高校　大学生　舆情管理

网络，被称为“第四媒体”，与传统媒体相比，能够迅速、便捷地传播海量信息，其信息互动的特点更是为信息的传播带来了革命性的变化，使得信息的发布者和接受者之间的界限变得模糊。截至2012年6月，我国网民数量达5.38亿，互联网在我国居民的经济、社会、文化生活中发挥着重要的影响。

据中国互联网络信息中心(CNNIC)2012年1月统计，学生占全体网民总数的30.2%，大专及以上学历人群中互联网使用率在2011年已达96.1%。大学生知识水平高、思想活跃、对公共事件的参与热情高，作为网络社会最为重要和活跃的参与者，深刻地影响着网络舆论的发展。同时，大学生的思想和行为也深刻地受网络的影响。因此，高校成为网络舆情事件重点转播区域，甚至是发源地。

一、高校网络舆情

舆情，是指在一定的社会空间内，围绕中介性社会事项的发生、发展和变化，作为主体的民众对作为客体的国家管理者产生和持有的社会政治态度。如果把中间的一些定语省略，舆情就是民众的社会政治态度。

网络舆情是通过互联网表达和传播的各种不同情绪、态度和意见交错的总和。“网络舆情”也是源于现实，只是人们将表达和传播舆情的场所渠道拓展到了互联网上。

而高校网络舆情,是指在高校校园发生的、主要由高校师生参与或话题与高校有关的网络舆情。高校网络舆情发生的主要场所为各类校园网站、校园论坛,人人网、开心网等SNS社交网站,微博、博客、个人主页等自媒体,QQ、MSN、飞信、微信等即时通信工具以及大学生关注程度较高的其他社会网站。

从国际政治、国内热点到学校的管理、日常校园生活等,都会引发大学生在网络上的热烈反响和激烈辩论,并形成强大的舆论,对校园安全、社会稳定、师生权益、学校声誉、管理决策等方面造成影响。近年来,高校网络舆情事件此起彼伏。2009年,浙江大学学生被撞的"七十码"事件;2010年,河北大学的"我爸是李刚"事件、西安音乐学院的药家鑫案等,都是在网络上发酵传播,不仅在高校,更是在全社会引起了极大地震动。

二、高校网络舆情管理工作的现状

有关各方都在加强工作,争取在校园网络舆情管理工作方面取得进展。各地教育管理部门和高校以"积极发展、加强管理、趋利避害、为我所用"方针为指导,做了大量的工作,取得了一定的成效,有效推进了高校校园网络的管理、建设和发展。但是,高校网络舆情管理工作仍处于起步阶段,缺乏完善的理论研究和实践经验,面对纷繁复杂且迅猛发展的网络舆情形势,目前还存在诸多问题,需要加以研究和克服。

1.干部和教师对高校网络舆情管理工作的重要性认识不足

从意识和态度上来说,一是相关人员对网络舆情怀着轻视和漠视的态度,对舆情反应迟钝,只有当网络舆情发展、事态严重、引起重大后果时,才引起重视;二是对网络舆情怀着畏惧和敌视的态度,不敢直面、害怕承担责任、一味放任网络舆情发展,秉持"少做少错,不做不错"的观点;三是信息公开意识不足,不能及时和完全地把真相告知公众,只要真相暴露在阳光之下,不怀好意的煽动就能被驱散。

另外,相关人员知识结构老化,缺乏网络舆情管理的专业知识,不能适应互联网时代信息传播新形势的要求。

这种落后的观念和知识的不足,使得高校应对网络舆情反应迟钝,难以把握舆论的主导权,放弃了网络舆情事件的描述权、评论权、引导权。

2.管理体制不够健全

缺少完整的组织保障体制,缺乏健全的管理制度和办法规范高校网络行为。没有专门的机构统一管理,处于"九龙治水"的处境,党办、校办、党委宣传部、学生处、网络技术中心(或其他负责校园网维护的部门)等均牵扯其中,职责划分不明确,既存在相互重叠又存在空白和漏洞,各部门缺乏信息共享和互动。校内网站的管理，一般实行“谁建网站谁管理、谁负责”的制度，学生网站通常由学生工作部门的人员兼职管理，未建立专门的网络舆情管理机构。管理主体不明确将直接导致高校网络舆情监控不到位、分析研究不深入、引导不及时和应急措施不力，致使网络舆情危机，后果不堪设想。

3.对网络舆情缺乏主动引导和化解，工作陷于被动地疲劳应付

相对于普通舆论，网络舆情有着惊人的传播速度和巨大的传播范围，具有极强的渗透性和集群效应；同时，网络虚拟性和开放性的特点，使得网络舆情具备了直接性、突发性的特点，一些不当的、虚假的言论很容易在网络世界里快速流传。

一旦校园网络舆情发展到一定程度，便极难再去控制，容易造成群体事件或恶性事件。因此，必须建立相应的监督和预警机制，一经发现可疑点，即展开研判和预测，主动进行引导和化解，将事故消灭于萌芽状态，做到防患于未然，提高应对舆情突发事件的能力，保障校园安全。

三、加强高校网络舆情管理工作的对策

高校网络舆情关系到和谐校园的建设，关系到高校的发展，一旦处理不好，甚至会引起群体性事件或舆论危机，进而影响到整个社会的稳定。中央外宣办也要求地方政府主管部门处理突发事件时，要改变对互联网“不理、不用、不管”的现象，尽早讲、持续讲、准确讲、反复讲，提高舆论引导水平，在多元中立主导，在多样中求共识，在多变中谋和谐。因此，研究和掌握校园舆情的发展规律，采取相应的措施加强高校网络舆情管理工作，成为当前高校管理者和教育工作者的迫切任务之一。

1.加强高校网络舆情管理工作机制和制度建设

首先，在思想上高度重视网络舆情管理工作，做好应对网络舆情危机的思想保证，改变过去保守老套的管理理念，直面危机。只有首先在思想上重视网络舆情，在认识上了解网络舆情，在应对网络舆情危机的过程中才不会“后知后觉”、错失良机；只有具备勇于面对的理念，正确处理的概念，在引导网络舆情的过程中才不会处于被动地位，被汹涌的网络舆情浪潮所吞噬；只有提高了相关人员应对网络舆情危机的思想素养，对网络舆情的引导工作才能切实开展。

其次，制度上加紧完善，建立高校网络舆情信息领导协调制度、监控预警制度、队伍建设制度、应急处置制度、追究问责制度等，制定各种规章制度规范网络行为。

再次，组织上提供保障，确保长效机制作用的发挥与应急管理的统筹。只有确立了组织上的保证，各自分工合作，协调统筹，高校才能牢牢掌握网络舆

情的局势。要明确领导机构,要明确相关部门的责任和职权,明确各部门的分工协作关系,把网络舆情管理工作放到学校发展全局工作的高度上来制订相应的处置计划。

还应该加强队伍建设,建立网络政工队伍。除专职队伍外,还应该组建一支以辅导员、思想政治理论课教师、团学干部为主的,政治可靠、思想素质过关、熟悉校园生活、熟悉网络语言和规则的兼职网络政工队伍,从事网络舆情信息的日常监测和引导。

另外,还应该加强网络舆情安全方面的技术研发,开发和应用科技产品,在校内网站和论坛里屏蔽特定不文明的关键词、删除含有虚假信息的特定网贴,采用网上热点问题自动采集分析等技术,"人防"与"技防"相结合,提升网络舆情管理工作的水平。

2.加强信息公开,畅通交流管道

在现代网络条件下,公开、快速、全面的信息发布是引导网络舆情的重要途径。

高校各部门应建立功能齐全、内容全面的信息发布网站,并及时发布和更新师生关心的相关信息,尤其是针对学校的一些重大事件或热点问题要及时发布信息。在信息发布上,要遵循"高容量、低密度"的原则。"高容量",指的是发布的每则信息都要尽量周到全面,把相关细节描述清楚,这样可以最大程度地压缩网民质疑的空间;"低密度"指减少信息披露的次数,每一次的信息披露都有可能激起新的一轮网络炒作。信息发布的内容可以包括学生关注的社会热点焦点问题,学校发展的规划政策、重大事项,学校开展的各类重大学术活动、校园文化活动,学校招生、考试,奖学金评比发放,助学金和助学贷款、学生违纪处理,学校物业、后勤、电信服务等方面的信息。

可以设置网络新闻发言人制度,就重大事件、热点事件及时发布信息。网络新闻发言人制度与传统的新闻发言人制度从本质上说是一样的,只是发布信息渠道的变换,通过网络新闻发言人,达到表达学校立场观点、澄清事实真相、引导网上舆论、疏导师生情绪、塑造学校官方形象的目的。

可以设置领导或部门投诉信箱、留言板,针对学生反映的问题,及时、细致、周详、诚恳地予以回复,回复时切忌千篇一律、生硬搪塞。要为舆情表达提供一个畅通的渠道,一方面反映问题,表达意见,另一方面也使师生找到不满情绪宣泄的途径。社会学家科塞在《社会冲突的功能》一书中,提出了社会安全阀理论,认为敌对情绪的发泄具有安全阀的作用,给敌对情绪一个宣泄的管道,有利于社会的稳定。而如果没有发泄情绪和发表不同意见的渠道,群体成员就会感到不堪重负,也许会用逃避的手段做出反应。安全阀制度提供敌对情绪的替代目标以及发泄的手段,通过阻止其他方面可能的冲突或通过减轻其破坏性的影响，去维护这个系统。

3. 加强高校网络舆情监控，主动应对，引领舆情发展

要制定有效地舆情监控机制，及时发现事故苗头，进行科学研判和跟踪，主动应对和引领舆论走向，化"危"为"机"。

要由相应部门牵头，建立起一支由相关部门工作人员、思政课教师、学生工作干部、学生党团员骨干组成的舆情监测队伍，并从制度、资金等方面给予保障。他们熟悉学生工作、熟悉网络文化、政治素质强，能够密切关注校内重点网站、论坛以及本校学生聚集的社交网站，对这些开放的网上交流平台进行监控，一旦发现有不利于校园和社会稳定的不良舆情，要及时反馈到相关部门，相关部门组织专家进行研判，提出应对策略。

要培养一批"校园意见领袖"，他们活跃在本校学生聚集的网络论坛和社区，他们在"人人"等 SNS 网络或者微博上有众多的粉丝，通过他们影响舆论走向，倡导符合主流价值观念的舆论导向。

根据国家有关互联网管理的有关法规，切实做好校园网站和网络用户的登记、备案工作，实行用户实名登记制度，规范管理，准确掌握信息源。

与社会相比，学校有一些优势，学生聚集且容易组织，可以通过课堂教育、校内媒体传播等方式进行思想政治教育，也可以有针对性地对某些学生群体和个体进行辅导，利用网上和网下的手段开展"双轨式"教育。

四、结语

对高校网络舆情必须保持高度的敏感和重视，否则将影响高校乃至整个社会的稳定和发展。目前我国高校网络舆情管理工作方面还存在相当多的问题，必须主动应对，积极探索，研究其规律，科学有效地开展工作，保证和谐社会的建设和大学生成长成才。

参考文献

[1] 梅中玲. 基于 Web 信息挖掘的网络舆情分析技术[J]. 中国人民公安大学学报：自然科学版，2007(4)：85.

[2] 刘毅. 网络舆情研究概论[M]. 天津：天津人民出版社，2007.

[3] 高晔. 高校网络舆情管理对策研究[D]. 上海：上海交通大学，2010.

[4] 祝华信，等. 2007 互联网舆情分析报告[J]. 今媒体，2008(2)：31.

[5] 郭志伟. 高校网络舆情的现状与引导[D]. 长沙：中南大学，2010.

[6] 科塞. 社会冲突的功能[M]. 北京：华夏出版社，1989.

（原文发表于《西安电子科技大学学报（社会科学版）》2013 年第 4 期）

论新媒体环境下青年社会责任教育的伦理向度

刘咏芳　员智凯

摘　要　在新媒体环境下，青年社会责任教育具有多重伦理向度，文章通过对不同学派社会责任教育伦理的梳理和考察，分析媒介素养教育和新媒体政治社会化的教育实践，提出青年社会责任教育必须坚持自由与责任相统一、权利与义务相统一、价值导向一元化与价值取向多元化相统一、社会认同与批判意识相统一四重伦理向度。

关键词　新媒体　青年　社会责任教育　伦理

一、研究背景和目的

20世纪90年代以来，以互联网为代表的新媒体迅速发展，伴随新媒体的涌现，形成了纷繁复杂的媒介场域、社会空间、文化生活方式和价值取向，新媒体已成为当代青年重要的信息传播、人际互动和形成社群认同的媒介载体和社会情景。新媒体所呈现的自媒体、去中心化、社群属性、裂变式传播的特点，极大地影响着人们的生产方式、交往方式、信息传播方式、思维方式和生活方式，深刻地改变了德育教育的场域环境。这种新媒体形成的空间场域和青年现实空间场域具有交互性，因此，新媒体的发展对社会文化的影响、渗透日益广泛深刻，也使得德育教育空间得以拓展。

另一方面，在新媒体多元价值观的影响下，当代青年社会责任淡漠、价值观呈现功利化倾向，也对德育教育提出严峻挑战。新媒体具有公共性、泛娱乐化、消费主义倾向和快餐文化品格，在新媒体空间，不同的意识形态相互激荡。基于资本对利润的追逐，新媒体传播空间被作为资本空间迅速生产，消费主义、利己主义随之形成市场向社会文化侵蚀，因此，在新媒体的信息洪流中，夹杂大量的信息噪声，以消费主义和娱乐至死的精神，消解着道德、责任等基本的社会概念，在一定程度上瓦解了现实社会的道德规范和关系纽带。特别是新媒体环境下成长起来的“数字一代”，崇尚自我实现，一部分青年疏离社会责任、对社会责任边界认知模糊，这些现实对德育教育提出严峻的挑战。

在人类社会现代性转向过程中，对于如何促进青年道德社会化、成为具有合格资质的公民，不同学派提出不同观点：以罗尔斯为代表的自由主义以弘扬公民自由、保障公民权利诉求为核心，其社会责任观主张通过对公民权利意识的培养，形成权力制衡，形成边界有限的社会责任边界；以麦金泰尔为代表的社群主义以公共善为核心理念，在实践哲学的学术传统下，提出培养公民的德行和能力，进而培养公民的责任意识和爱国心，通过强化公民之间的社会责任，促进共同体的社会认同感和归属感。不同学派虽然对社会责任的层级和边界有不同的看法，但是都把社会责任教育看作是公民素质教育的基本范畴。

新媒体的出现改变了公众话语的内容和意义，甚至在消解公共话语体系，任何公共事务领域的内容，包括社会责任都不可避免地被新媒体的表达方式重新定义，并成为一种文化精神。正如塞尔托所述，当今时代是一个视觉史诗时代，文本的多媒体形式交互呈现，使传统的教育语言表征、话语体系结构都被纳入到被重新解构的媒介空间运动过程中。新媒体的广泛应用使得教育主体、教育对象和教育过程处于新的空间转向之下，客观上要求德育教育需要在新媒体环境下实现新的进路演进。青年作为未来社会主义建设的中坚力量，其社会责任意识和担当，对其世界观、价值观以及今后的人生道路具有重要的影响；社会责任教育是应对道德资源匮乏的重要教育内容，社会责任教育把世界观、人生观、价值观教育和生存生活教育有机地结合起来，通过新媒体教育空间实现社会责任教育，增强了道德教育的时效性，对于推进社会主义核心价值观的社会认同、促进和谐社会发展具有重要意义。

二、相关研究概述

社会责任乃是整个社会希望其履行义务的总和。社会责任正在成为学术界跨学科的共同关怀，社会责任教育是时代精神丰富的承载者，研究新媒体空间中的社会责任教育，是德育教育时代发展和理论拓展的需要，因此，新媒体空间下的社会责任教育是德育教育应成为当下具有理论自觉的研究对象。

我国古代思想家对社会责任有诸多论述，其中以儒家思想为代表，儒家思想的入世情怀形成儒家伦理的社会责任，这一责任伦理源于《礼记·大学》："古之欲明明德于天下者，先治其国；欲治其国者，先齐其家；欲齐其家者，先修其身；欲修其身者，先正其心；欲正其心者，先诚其意；欲诚其意者，先致其知；致知在格物。物格而后知至，知至而后意诚，意诚而后心正，心正而后身修，身修而后家齐，家齐而后国治，国治而后天下平。"北宋大儒张横渠名言："为天地立心，为生民立命，为往圣继绝学，为万世开太平。"儒家传统中的精神要素，如忧患意识的责任伦理、天下为公的道德情怀以及修身正己的自律意识等成为儒家思想社会重要的文化资源,一方面强调修身,另一方面强调“以天下为己任”,并形成一种层级式的社会责任。

西方思想界关于社会责任有两个文化渊源:古希腊城邦制条件下的社会责任以及基于基督教传统的社会责任。古希腊哲学思想中,关于社会责任的界定具有分层性质,柏拉图在《理想国》中描述了具有古希腊传统的责任等级,伊壁鸠鲁和亚里士多德等进一步阐述了责任与行为后果的关系,这一思想脉络成为共和主义和社群主义的历史渊源。而基督教的社会责任源自圣经,起初强调作为教徒的特殊责任,随着基督教的广泛传播,特别是《米兰敕令》之后,圣经中的社会责任逐渐成为世俗社会的基本框架。在《新约圣经》中,善行与永生的联系,促使社会责任成为规约化的普遍责任。文艺复兴时期,随着人文主义思想的传播,思想界和世俗社会开始重新审视社会责任的外延与内涵,圣经传统下的社会责任面临哲学意义上的祛魅。

20 世纪以来,国外对于社会责任的理论探讨和分析框架的重心集中在组织社会责任层面,1924 年谢尔顿首次提出基于企业的社会责任概念,而针对青少年学生的社会责任教育多包含在公民教育中。关于社会责任,其道德伦理思想以柯尔伯格为代表的道德发展阶段论演绎出的正义伦理和吉利根的关怀伦理思想为基础。古丁(Goodin)在前人研究的基础上,分析了道德责任和义务的层次,从特殊责任和一般责任,积极责任和消极责任四个维度界定了社会责任层级概念框架,并以社会正义和人文关怀为契机,建构社会责任的理论基础,提出具有广泛意义的社会责任层次模型。

西方思想界的社会责任教育观主要有下述四大流派:①自由主义社会责任教育观。以罗尔斯、帕森斯、麦柏等为代表的自由主义社会责任观以弘扬自由为核心,热衷于权利的诉求,强调对公民权利意识的培养。在教育中立原则的基础上,自由主义学者认为,通过社会责任的培育,公民有能力实现自我管理、有能力在权力制衡的框架下参与公共生活。②共和主义社会责任教育观。以普莱特、约翰·波考克、昆廷·斯金纳为代表的共和主义的社会责任观以公共善为核心理念,强调通过实践来培养公民德行和能力,注重培养公民的责任意识和爱国心。③社群主义社会责任教育观。以麦金泰尔、泰勒为代表的社群主义社会责任观认为国家政府在社会责任的实施过程中担负着重要责任,主张社会责任的内容应以合法性为基础、以社会公共利益为衡量标准,旨在强化公民的社会认同感和归属感,培养有道德的公民。④多元文化主义社会责任教育观。以艾丽斯·杨为代表的多元文化主义社会责任观认为前三者的社会责任观都预设了“同质性”的逻辑,杨则提出了“异质性”的概念,以保障弱势族群的文化,因此他的社会责任观更多地侧重于强调公民对异质文化的相互尊重，有能力积极地面对与解决不同文化冲突。

进入21世纪，各国都把培养“责任公民”作为德育教育乃至政治社会化的核心内容。西方国家青年社会责任教育多通过培养“责任公民”来实现。其中，媒体教育功能的发挥，对于促进“责任公民”的传播具有重要意义。传播中信息的构建具有诠释性，媒体的教育功能通过对实践活动有意识的建构与传播开展潜移默化的道德教育，使大众体会到人与人之间、人与社会之间、人与自然之间的各种责任关系，并引导社会成员成为责任公民。

三、新媒体环境下的社会责任教育建构

（一）新媒体对于社会文化新伦理的影响

最早提出新媒体概念的是麦克卢汉，1959年，麦克卢汉出席全美高等教育学会在芝加哥举办的会议，并做了题目为“电子革命：新媒体的革命影响”的演讲，首次阐述新媒体概念。在他看来，新媒体是一个历时性概念，他甚至敏锐指出，随着电子时代的来临，各种媒介的并存是人类解放的手段，使人们从被媒介支配的过程中解放出来。麦克卢汉给予新媒体一种以历史眼光和普遍联系的洞见。

虽然目前学界对于新媒体的认知角度各有不同，但普遍认为，划分媒体的新旧不能基于时间，而应从技术特性或媒体特性角度考察。弗兰西斯·巴尔和杰拉尔·埃梅里指出“重要的不是技术发明，而是社会革新”。可见，新媒体的研究价值在于它对社会、文化、生活方式乃至价值观的全面影响。

当今时代的新媒体特性，与之前的纸质媒体、电视媒体都有所不同，一方面，新媒体的自媒体特征给了个人更多表达的空间，个人依据其兴趣取向选择新媒体的适用性，从这一角度实践着人的解放，但是，个人通过网络的虚拟性和自由度的放大，却最终导致陷入自我声音之中，而不是一个更加民主和自由的状态。桑斯坦通过考察网络上的定制服务和个性化设计，探讨网络空间中民主与自由议题，并提出群体极化现象。新媒体的局限性与它的社会化特性密切勾连，如果用简单的两分法来考量新媒体特征很难真正理解把握。因此，新媒体研究往往带有批判审视的目光，去反思这些特性中蕴含的局限性，可以说，新媒体的社会化特性及其局限性彼此嵌入，形成相互观照的存在。

从技术层面思考新媒体，则可以看到新媒体绝非单纯的媒介技术，它是人类社会生活以及交往方式的演进。波斯特从后现代视角探讨新的媒介样态所带来的社会影响，特别是人的主体性的得失，符号交流结构随着媒介的变化而变化带来一系列问题。莫斯可所指出，在新媒体空间中，人类不仅经历着迷思的重构变迁，同时还发生了话语权力关系的转移。新媒体对人类生活和交往

方式的嵌入,影响并改变着人类的生存方式。

(二)新媒体的教育伦理

教育功能一直被学者认为是媒体的基本传播功能。拉扎斯菲尔德指出,传播具有授予社会地位、促进社会准则的实行、麻痹精神的社会功能,前两种为正功能,后一种为负功能,促进社会准则的实行是传播教育功能的体现。拉斯韦尔归纳了媒体的三种社会功能:监视社会环境、协调社会关系、传衍社会遗产。换而言之,传播媒体应是环境的瞭望者,政策的塑造者,知识的传播者,进一步构建了传播的教育功能。查尔斯·赖特在拉斯韦尔的三功能说基础上补充了提供娱乐功能。威尔伯·施拉姆将传播功能总结为雷达功能、控制功能、教育功能、娱乐功能。施拉姆的"四功能说"已成为媒体传播功能学说的代表,也意味着教育功能被学界视为媒体传播的基本功能。

与传统媒体不同的是,新媒体强化了其作为大众传播手段的教育功能,首先表现为基于共同知识生产特征,新媒体拥有巨大的教育价值,通过持续不断的信息多级传播积聚知识。贝尔纳·瓦耶纳认为新媒体作为大众传播工具"是一种扩大器,可以使教育者的作用超越传统媒体"。其次,正是因为大众传播媒介有着如此强大的教育功能,才逼迫教育系统逐步放弃对教育的垄断,并开始思考如何合理而科学地运用新媒体辅助教育的正向传播,并研究新媒体对文化深远而广泛的影响。

需要指出的是"传播功能"与"传播效果"从不同角度、不同层面观照、审视传播活动现象,从社会角度和受传者层面考察传播活动所产生的教育作用,以及媒介所释放的能量,则属于"教育功能"的发挥;如果从传播者和媒介自身的角度来认识传播活动所造成的后果,以及受众因此产生的反应,则属于"教育效果"范畴。传播的教育功能从受者角度看待传播的有用性;而传播教育效果从传者角度出发,考察传者利用媒介进行教育的有用性。

基于资本主义对商业利益的角逐,人们从实用主义出发,注重对不同媒体传播效果的考察。但是,新媒体环境下多级传播模型的确立、受者即传者的传播实践以及共同知识生产的特征,使传播中人的价值和受众地位不断提高,可见,新媒体在一定意义上彰显了人文精神,需要教育工作者深入探讨新媒体教育功能的研究。

(三)新媒体环境下青年社会责任教育实践

1. 国外新媒体社会责任教育实践

在自由主义盛行的时代,新媒体所呈现出的个性化、反权威性、话语权转移的特征,对基于传统范式的教育伦理提出挑战。从社群主义角度考察,新媒体的娱乐至死的精神、马赛克化的多元主义并不利于社群整合，从公民教育理念出发，20 世纪五六十年代开始的媒介素养教育理论和近年来新媒体政治社会化实践，对于促进青年社会参与，强化青年社会责任意识起到一定的作用。

国外媒介素养教育最先起源于英国，主要内涵包括媒体讯息甄别、隐形文化研究、解密意识形态、媒介批判素养等内容，在超越保护主义理念之后，媒介素养的价值取向更多关注学生的媒介选择自主性，同时给予媒介甄别指导，或鼓励学生增强媒介批判素养。近年来，随着新媒体狂飙突进，教育者开始强调培养学生的媒体批判精神，以抵御过于商业化的消费主义媒体传播。目前，西方大多数国家的媒介素养教育都已纳入教育主流，成为全国性的学校正规教育课程。

媒介素养教育的起源是基于父爱主义的关怀伦理，力求通过媒介素养教育，使学生免受媒介所传播的不良文化、道德观念的侵蚀。然而，这种模式往往与学生的媒介体验相对立，这种基于保护主义教育立场下的防御型模式越来越受到挑战。现在，更为积极的媒介素养教育鼓励学生乃至家长运用新媒体实现社会整合，从这个角度讲，媒介素养教育不再被界定为一种甄别或洞察隐蔽意识形态的方法。强调开放的、提倡多元的媒介素养教育是媒介素养教育未来的发展方向，培养好学生的媒体素养，应当结合学校教育和媒体教育的引导，让学生参与到媒体世界中自我发展、积极体验，培养学生对媒体认知，以此进一步加强学生社会参与意识和社会责任感。

美国的新媒体环境下政治社会化实践，其基础在于美国新媒体教育的广泛实施，已经有了较多的实践经验和理论探索。基于新媒体教育的广泛实施，奥巴马成功地运用新媒体技术实现政治动员，通过建立官方网站、购买搜索引擎关键词、植入网络游戏、在 Facebook，MySpace，YouTube，Twitter 等新媒体社交平台与选民互动，针对青年选民的选举冷漠，鼓励青年参与选举，将青年人的政治表达视为其应承担的社会责任，因此奥巴马获得各个阶层民众特别是广大青年的支持，新媒体助其成功当选美国总统。新媒体在政治社会化实践中的成功应用，积极运用新媒体手段实现社会责任教育，给予教育者提供了行动的方向。

2. 我国新媒体环境中的社会责任教育实践

早在鸦片战争之后，我国开始现代性转型，面临民族危亡的困境，在探求国家富强的道路上，启蒙运动领袖就开始运用当时的新媒体——报纸和杂志——向广大民众特别是青年学生灌输爱国主义思想和国民观念，对于培养青年社会责任意识和促进国家认同具有积极意义。五四运动的爆发，为青年学生履行国民社会责任提供了广阔的历史舞台，众多优秀青年如毛泽东、周恩来、邓小平等在五四精神的鼓舞下探索中国之出路，并接受了马克思主义。中国共产党成立之后，党的宣传部门充分运用报纸、杂志、广播等舆论武器，将马克思主义与中国革命实践相结合，鼓舞和动员了大批青年学生投身民族救亡和反对国民党反动派的民主解放斗争。新中国成立后，青年社会责任教育成为思想政治工作一项重要内容。

进入21世纪，德育教育愈来愈重视以互联网为主要载体的新媒体运用，目前关于借助新媒体环境进行社会责任教育的实践，概而观之，可以分为下述三类：一是以思想政治教育进网络为主，采用微博、网站、论坛等各种形式占领新媒体高地，取得新媒体时代的话语权；二是针对青年学生群体特点展开媒介素养教育，主要包括技术媒介的使用培训，目前此类媒介素养教育已成为学校教育必修课，但是对于媒介甄别、批判意识培养，还主要停留在理论研讨和小范围实验阶段；三是基于保护主义立场，在学校禁止或限制学生上网，将个别青年的网络成瘾视为一种病态，缺乏对青年网络依恋症候群的社会结构分析，同时教育者对于教育效果也缺乏自我检视。

虽然多数教育机构都建立了内容丰富的网站以吸引青年网民访问，事实上这些新媒体空间访问量非常有限。哈贝马斯指出，公共领域的机制是以“平等相适应的社会取代等级礼仪”，以“尚未被质疑的一般问题为前提”。在教育领域话语权的不对称分布，使教育者的权力弥撒在整个新媒体空间，由于缺乏对话的平等性，承载着教育功能的新媒体空间鲜有访问者。事实上，话语权的转移并不会削弱德育教育的有效性，哈贝马斯的交往理论告诉我们，在公共领域内，公众通过对话和交往，也达到自我启蒙的目的。因此，应借助新媒体力量，开展有效的社会责任教育。必须从新媒体技术特点、传播特点和传播要素出发，与青年成长环境相契合，提高青年媒体素养，加强德育教育。

四、新媒体环境下社会责任教育的伦理向度

基于道德实践的时代诉求，开辟一个开展社会责任教育研究的理论领域，拓展社会责任教育的研究视角，明确其应有的伦理向度，对我国新媒体时代社会责任的合理建构与发展尤为重要，因此，需要坚持以下几方面的伦理向度。

(一)自由与责任相统一

在社会转型的当代社会，重建道德责任是德育教育最基本的价值取向。加强社会责任教育不仅是教育的本质使然，更是各国教育面临的大趋势。同时，青年社会责任教育必须尊重青年的自主性。社会联结的基础是个体间的联结，人在社会联结中承担着多重角色，而人的社会角色担当是以责任意识和责任能力为前提的。另一方面，人类的理想目标是达到自由王国，责任教育过

程中必须尊重青年的思想自由和独立思考,引导其将自由与责任相统一。日本《教育基本法》中明确了教育的责任是“培养有强烈责任感和充满独立精神的人”;联合国教科文组织所倡导的教育主题是“学会关心”和“学会负责”。我国于2001年颁布《公民道德建设实施纲要》,明确指出,要“坚持尊重个人合法权益与承担社会责任相统一”“引导每个公民……积极承担自己应尽的社会责任”。可以说,自由与责任相统一的教育伦理建构是时代呼声,更是具有国际理念的教育实践。

(二)权利与义务相统一

社会责任体现为公民应尽的义务。义务总和构成了公民社会责任层级,青年在承担各种义务的同时,具有相应的权利。在德沃金看来,没有无权利的义务,二者总是相对应的。新闻自由委员会就明确指出:“公众的表达自由这一精神权利并非是无条件的,既然权利的要求出自于某人对公众福祉以及对他的思想的义务,那么当这一种义务受到忽视或者遭到拒斥时,权利的基础也就不复存在了。没有公认的道德义务就没有精神权利。”权利与义务之间并非对峙、抗衡的关系,而是相互统一、相伴而生。在新媒体环境下,传者与受者的不确定性要求我们更加重视话语权向青年转移,在明确权利的同时,引导青年理解社会义务是其权利的基础,并自觉承担应尽的义务。

(三)价值导向一元化与价值取向多元化相统一

进入21世纪,人类社会在技术发展的影响下发生了深刻的变化。新媒体作为青年最重要的信息传播形态,具有建构公共话语、传播价值理念的重要功能,以新媒体为载体强化社会责任教育,一方面要强调伦理价值的导向性,另一方面,还要理解并尊重青年亚文化与主流文化的差异,在一元价值导向和多元化价值取向之间寻求平衡点。社会主义价值导向是以社会主义事业的总体目标为内容,在社会主义核心价值体系中,又表现为不同方面、具有层次性的价值系统。肯定价值导向的一元性,但应允许青年依据自身特点,采用多样性层次化的实践形式,实现特定的价值追求,即价值导向一元化和价值实现方式上多元化相统一。一元主导多元并存,有助于在新媒体环境下,全面发挥德育教育工作的育人功能,把握这一伦理向度是德育教育理论研究的重要课题。

(四)社会认同与批判意识相统一

新媒体对于新世纪青年而言,是其感知世界、传播思想、形成社群认同的主要空间场域,也是集理想信念教育、人生观教育和职业教育于一体的德育教育新平台,在纷繁复杂的多元化新媒体场域中,一方面,需要引导学生具有媒介批判素养,同时,要通过责任教育实现社会整合,促进社会认同的形成,这一伦理向度具有现实性和迫切性。媒体批判素养源自批判教育理论,马克思主义现实批判精神可构成批判教育理论的基本学术旨趣。当今新媒体中多元价值并存,特别是消费主义的兴起、泛商品化的风尚,工具理性和物质化生存,使人类进入自我迷失,因而,批判精神作为一种文化品格,旨在培养青年独立思考、认知世界的能力,在新媒体环境下具有重要意义。另一方面,媒体批判素养并不意味着必然形成碎片化视角,积极的媒体批判素养,应以促进社会认同为伦理价值取向,估计青年更为积极的社会参与而非社会疏离,实现社会认同与批判意识的统一。

综上所述,在新媒体环境下,青年社会责任教育面临多重机遇与挑战。正因为新媒体的影响正在渗透到青年日常生活的方方面面,所以必须重视在新媒体这一平台下构建青年社会责任教育,并及时反思新媒体教育功能的各种作用。把握好社会责任教育的伦理向度,坚持在新媒体环境下四个统一的结合,有助于积极拓展德育教育在传播领域的研究与实践,实现青年的全面发展。

参考文献

[1] 塞尔托.书写历史[M].北京:中国人民大学出版社,2012.

[2] 柏拉图.理想国[M].吴寿彭,译.北京:商务印书馆,1986.

[3] Fortman E J. Everlasting Life After Death. by the Society of St. Paul, 2187 Victory Boulevard, Staten Island, NewYork,1976.

[4] 古丁.保护弱势:社会责任的再分析[M].北京:中国人民大学出版社,2008.

[5] 麦克卢汉.麦克卢汉如是说[M].何道宽,译.北京:中国人民大学出版社,2006.

[6] 廖祥忠.何为新媒体?[J].现代传播,2008(5).

[7] 巴尔,埃梅里.新媒体[M].张学信,译.北京:商务印书馆,2005.

[8] 桑斯坦.网络共和国:网络社会中的民主问题[M].上海:上海人民出版社,2003.

[9] 波斯特.第二媒介时代[M].南京:南京大学出版社,2005.

[10] 莫斯可.数字化崇拜:迷思、权力与赛博空间.黄典林,译.北京:北京大学出版社,2010.

[11] 帕金翰,宋小卫.英国的媒介素养教育:超越保护主义[J].新闻与传播研究,2000.

[12] 支运波.媒介空间与公共理性[J].福建论坛:人文社会科学版,2011.

[13] 李华玲. 回归责任:当代大学生道德教育的转向[J]. 江苏高教,2012.
[14] 新闻自由委员会. 一个自由而负责的新闻界[M]. 展江,王涛,王征,译. 北京:中国人民大学出版社,2004.
[15] 邓名瑛. 当代中国大众传媒的伦理向度[J]. 道德与文明,2011.
[16] 阎光才. 批判教育研究的学术脉络与时代境遇[J]. 教育研究,2007.

(原文发表于《福建论坛(人文与社会科学版)》2013 年 1 月第 1 期)

西南联大管理文化对当代大学的启示

范乃强

摘　要　西南联大在八年抗战的极端艰苦条件下，培养出一大批享誉世界的优秀人才，被誉为“中国教育史上的奇迹”。西南联大坚持通识教育、学术独立的管理价值追求，坚持和谐团结、沟通合作的管理思维和开放多元、宽容忍让的管理心态，营造了科学高效的管理文化，促使西南联大在人才培养和科学研究方面取得了杰出的成就。深入研究西南联大的管理文化，从管理文化的成因、背景、影响等方面去借鉴吸取优秀经验，是建设高水平世界一流大学的重要途径。

关键词　大学文化　西南联大　管理文化　中国梦

在高等教育由精英教育向大众教育的转变过程中，中国的高等教育实现了一次次历史性的跨越，我国高等教育总规模已跃居世界第一，成为名副其实的高等教育大国。在取得杰出成就的同时，高校管理中仍然存在一些不可忽视的问题，例如人才培养问题、科学研究问题始终是大学管理中的重中之重，是管理文化中的核心问题，如何营造良好的管理文化，推动人才培养和科学研究向前发展，是高校管理者必须面对的问题和挑战。当问题出现之时，很多学者都把目光投向了国外，习惯采用他山之石。不容否认，借鉴国外好的管理制度和措施是必要的，但是，国外的制度并不一定就适合中国的国情，我们应该先立足本土，汲取优秀经验。

国立西南联合大学由国立北京大学、国立清华大学和私立南开大学联合组成，简称西南联大，从 1938 年至 1946 年，西南联大办学历史前后共计 8 年时间。西南联大在战时状态下创造了杰出的文化教育成就，不仅培养了杨振宁、李政道等大批自然科学家，同时还培养了一批优秀的人文学者，她在过去的历史阶段所达到的高度和取得的成就，都将是今后我国高等教育发展的阶梯。根据有关统计，从 1938 年至 1946 年，先后在西南联大就读的学生约 8 000人，毕业生约 3 000 人。其中，有 1 000 多人先后成为国内外诸多领域知名度颇高的研究人员、人文工作者、政府高级官员等。截至 1996 年，西南联大的毕业生中，先后有 80 人被评为中国科学院院士和中国工程院院士，有 6 人被选为台湾中央研究院院士。另外,还有5名西南联大的毕业生后来成为美国文理科学院院士和美国工程师学院院士。当年,西南联大师生栖身茅屋,食不果腹,甚至有时还要躲避日寇飞机轰炸,在如此恶劣的战争环境下,西南联大仍然能培养出众多杰出的人才,这引起了人们的思索。美国弗吉尼亚大学历史学教授约翰·依色雷尔说:"西南联大是中国历史上最有意思的一所大学,在最艰苦的条件下,保存了最好的教育方式,培养了最优秀的人才,最值得人们研究。"

一、通识教育与学术独立的管理价值追求

通识教育是西南联大管理文化中最重要的价值追求。通识教育的思想,源远流长。《易经》中主张"君子多识前言往行",《中庸》中主张"博学之,审问之,慎思之,明辨之,笃行之"。古人一贯认为博学多识可达到出神入化,融会贯通。通识教育可以培养通才,即博览群书,知自然人文,知古今之事,博学多识,通权达变,通情达理,兼备多种才能的人。通识教育重在"育"而非"教",因为通识教育没有专业的硬性划分,是一种人文教育,它超越了功利性与实用性,提供多样化的选择,学生通过多样化的选择,得到了自由的、顺其自然的成长。西南联大之所以人才辈出,与其推行通识教育的培养模式有极大的关系。梅贻琦在《大学一解》中明确提出"通才教育"的思想,这一思想以孔子教学思想为基础,融合中外教学理念而成。他认为,大学教育与儒家《大学》中提出的"大学之道,在明明德,在新民,在止于至善"殊途同归,"窃以为大学期内,通专虽应兼顾,而重心所寄,应在通而不在专"。这种博学多能的学生在战时是很需要的,能很方便地找到出路。也就是说实行通才教育可以达到社会和学生的双赢。

国民政府教育部在《抗战建国纲领》中主张"抗战"与"建国"并举,实行专才教育,重理轻文,抑制文法。1938年高校招生,理工科2 943人,而文法科只1 427人。联大的师生坚决反对国民政府教育部急功近利的做法。梅贻琦先生指出:"窃以为大学期内,通专虽应兼顾,而重心所寄,应在通而不在专;换言之,即须一反目前重视专科之倾向,方足以语于新民之效。"他认为教育部的这种短见行为对人才培养毫无益处,并给予批驳。梅贻琦主张通专并重,但核心是强调大学教育应以通识教育为主。大学教育固然重要,但并非一个人所受教育的全部,来自个人、家庭乃至社会的教育都是不可忽视的,因此大学教育要成为这诸多教育的黏合剂,只有这样,才能凸显大学教育的作用。我国自1952年实行院系调整以来,学习苏联办学经验,适应经济建设的迫切需要,以专才教育代替通才教育,发展到现在,连中学里也是文理分科。或许说,专才

教育对于当时经济发展的迫切需求是有益的,对当时的社会经济环境是适应的。但是,从我国高等教育的长远发展来看,不利于培养高素质杰出人才,无法培养出闻名世界的大师级人才。

学术独立自由是西南联大管理文化的精髓所在。能否保持学术的独立与自由,办学思想不受过多的行政干涉,是高水平大学的重要特征之一。1939年3月,陈立夫就任国民政府教育部部长后,采取集中考试、统一教材的方式,对大学事务横加干涉,企图加强对大学的控制。这种做法遭到西南联大全体在校师生的反对和抵制,联大还为此专门召开教务会议,讨论并反对教育部的这一做法,并致函教育部转述教授们的意见。文中说:"拂大学为最高学府,包罗万象,岂可以刻板文章,勒令从同。世界各著名大学之课程表,未有千篇一律者,即同一课程各大学教授之内容亦未有一成不变者。""教育部为有权者,大学为有能者,权、能分职,事乃以治。""本校承北大、清华、南开三校之旧,一切设施均有成规,行之有年,纵不敢谓极有成绩,亦可谓为当无流弊,似不必轻易更张。"

这份著名的《教务会议呈常委会函》,在我国教育史上占有十分突出的地位。它以文字的形式表明了西南联大的办学意向,即在国家框架下的独立自主,强调了学术独立与自由。处在抗战的特定时期,西南联大在继承和发扬北大、清华、南开三校"五四""一二·九"优良传统的基础上,崇尚民主之风,追求学术独立和自由。易社强认为,西南联大是一种象征,代表近代中国自由与学术独立的顶峰;同时,这座高等学府的"民主堡垒",为抵挡国民党想在大学插足的百般攻势,保持相对独立的教学环境,做出了不懈努力,取得了突出成绩。北师大郑敏先生回忆说:"那时,教务处对老师也放手,不要求他教这个教那个。师生间都是探讨的,教师和学生都享有极大的自由,没有人来检查这个那个的。"武汉大学的刘绪贻先生回忆说:"西南联大教师上课,一般不用统一教材,而是阐发各自学术见解。任何见解,不论古今中外,不论左中右,都可以在课堂讲授,也可以在课外做讲演。"

通过西南联大的管理文化可以看出,通识教育和学术独立是最重要的管理价值追求。通识教育使得西南联大在最为艰难的时期仍然培养了大批杰出人才;学术独立为不同思潮提供了可以展示的舞台,为学术交流提供便捷,并有力促进了大学教育向纵深发展,正是因为能够保持学术独立,西南联大才能够出色完成历史使命,取得举世瞩目的成就。

二、和谐团结与沟通合作的管理思维

西南联大管理文化中的和谐团结思维和沟通合作思维是办学成功的源泉

之一。正是基于管理者之间的和谐团结，管理者与教授之间沟通合作，在大学内部营造了良好的和谐团结、沟通合作的管理文化，这种文化影响了每一个西南联大人，从而使得西南联大自始至终保持良好的发展态势。

营造和谐团结的文化氛围。西南联大很好地继承了北大、清华、南开三所名校的办学理念和治校精神。西南联大汇集了一大批国内外知名学者，众多的教授代表着不同流派，有着截然不同的思维和观点，经常为一个学术问题争得面红耳赤，但在学校和谐思维的影响下，教授们都能求同存异，共同发展。在管理文化中，西南联大坚决反对官本位，始终发扬民主，实行校院系三级组织结构，并设置各种委员会参与学校的管理工作，实行民主化的多级管理制度。西南联大认为，学校不是官场，只有在自由、和谐的氛围中才能教书育人，坚决反对当时国民党教育部把学校当作下属，把教授当作科员的做法，以此抵制官场腐糜之风对大学的侵扰。

打造沟通合作的人际关系。西南联大是三校联合的组织模式，不设校长，只设三个常务委员，即清华大学的校长梅贻琦，北京大学的校长蒋梦麟和南开大学的校长张伯苓。整个抗战期间，西南联大能够不间断地向前发展，得益于三位校长的真诚合作。由于蒋梦麟和张伯苓在政府都担任职务，因此他们共同推举年富力强的梅贻琦主持联大日常事务，这种信任正是基于他们识大体、够大局，相互间的沟通和亲密合作。而身为西南联大校务主持人梅贻琦能够深入三校教授学生之中，广泛听取各方面的意见，并在办学中实际融合运用，正是这种沟通合作思维让西南联大成为联合办学的典范。现代的大学管理者应该更加具备和教师的合作之心，大学管理者只有和教师站在平等的地位，认清大学的教学科研的真正执行者、落实者是教师，辩证地理解领导与被领导关系，把教师当成工作中不可缺少的合作伙伴，注意培养、维护教师的主动性和自我管理能力，真正把教师培养成工作的盟友，才能有助于绩效水平的提高，才能赢得良好的人际关系和工作氛围，创造一个齐心协力、众志成城的团队，顺利并出色地完成各项教学和科研任务。

西南联大能够自始至终遵循大学发展的客观规律，坚持学术独立和自由，以和谐的管理文化给各学术流派提供生存空间和发展土壤，以民主的原则，实行教授对学校的自主管理，从而能够吸引多方面优秀人才的长期驻留，在营造人事和谐、师生团结的大学氛围中，保证了教学质量，培养了大批杰出人才，突出体现西南联大的和谐团结与沟通合作的管理思维。

三、开放多元与宽容忍让的管理心态

开放多元的心态。大学是教书育人、科学研究、传承文化的神圣殿堂，她所担当的社会责任需要管理者具备开放的心态,宽广的胸襟,能够包容多元文化、多种思维和多种观点;高等教育的管理者,一定要始终以“教育要面向现代化、面向世界、面向未来”的战略思想为指导,在本土化、中国特色的基础上加快实现国际化,汲取全世界一切优秀文明成果和多元文化,提高大学的全球意识和国际竞争力,加快世界一流大学和高水平大学的建设步伐。

宽容忍让的心态。高校的管理者面对的是各种性格的教授,多种学科、多种文化的代表,因此需要以宽阔的胸襟,宽容忍让的心态去处理事务。管理者应能够对人宽容,甘于忍让,善于考虑教师的难处和利益,善于承上启下,协调各种资源。小肚鸡肠、心胸狭隘的人很难在高校中做好管理工作。只有宽容忍让,懂得尊重,才能激发教师教学、科研的积极性和主动性,才能让一些才华横溢、能力非凡但言行偏激、不拘小节的优秀人才脱颖而出。宽容忍让,让管理者增强人格魅力和影响力,使自己的理念能够传达并影响每一个人,从而以影响力和威信开展工作,以更加科学化、人性化的管理使得高校各项工作不断向前推进。

四、结束语

在战火硝烟中,西南联大应运而生。作为一个文化与教育实体,它的丰富蕴藉,不在于它拥有一大批文化名人,更在于她浓缩了中国文化史、民族史、教育史,作为特殊时期的产物,西南联大完成了其历史使命。今天看来,西南联大在管理文化的价值追求上,强调通识教育和学术独立,秉持和谐团结、沟通合作的管理思维,坚持开放多元、宽容忍让的心态,使得联大取得了举世瞩目的成就。我们在建设高水平大学的过程中,在处理大学内部各种矛盾的时候,需要深刻领会西南联大管理文化的背景、结构、成因和影响,并结合中华民族伟大复兴的中国梦赋予高等教育的新使命,以科学化、人性化的管理,在高校内部创造良好的管理文化,不断提升高校管理水平,构建中国大学的大学文化,建设高水平世界一流大学,从而实现教育强国梦。

参考文献

[1] 西南联合大学北京校友会.国立西南联合大学校史——一九三七至一九四六年的北大、清华、南开[M].修订版.北京:北京大学出版社,2006.

[2] 吴树青.为什么我们没有培养出文科大师[J].中国大学教学,1997(1).

[3] 罗能勤,朱继洲.西南联大的办学经验对创建高水平大学的借鉴意义[J].江苏高教,2002(5).

(原文发表于《教育教学论坛》2014 年第 28 期)

西南联大精神对当代大学文化建设的启示

范乃强　陈立怡　支希哲

摘　要　西南联大是一所在抗日战争初期由北京大学、清华大学和南开大学南迁云南联合而成的当时全国规模最大、成就显著的高等学府。在八年抗战的极端艰苦条件下，西南联大培养出一大批享誉世界的优秀人才，被誉为“中国教育史上的奇迹”。本文从大学精神、大学制度文化、大学行为文化等方面探析了西南联大的理念，对当代大学文化建设具有积极的借鉴价值，有利于国内大学形成特色鲜明的大学文化，有利于推动高校走内涵式发展道路。

关键词　西南联大　大学精神　大学文化

进入21世纪，中国高等教育得到了迅猛发展，成就斐然，高等教育办学规模已位居世界前列，高等教育从精英教育阶段进入了大众化教育阶段，极大地满足了广大人民接受高等教育的需求。但是我们也应该看到，高等教育仍然隐藏着一些深层次的矛盾和问题，整体办学质量和水平与发达国家相比还有较大的差距，主要集中表现在高层次创新人才培养的匮乏，多年来诞生不出在国内外有重大影响的大师级学者。究其原因，就在于国内高校过于强调物质环境的建设，过分强调豪华的校园大楼等硬件条件建设，而大学文化建设始终未获得足够的重视，至今仍然停留在理论研究层面，没有发挥大学文化在人才培养方面强大的推动力量。大学文化建设的滞后，阻碍了大学的内涵式发展，严重制约了高层次创新型人才的培养。

在探索大学文化建设的过程中，很多学者都把目光投向了国外，希望借鉴国外一些大学在建设大学文化中的经验和成果。但是，我们应该清楚地看到，国外一些好的文化和制度，并不一定适合中国国情。因此，我们应该先立足本土，汲取中华文化中的优秀经验，而在1938年至1946年期间临时成立的西南联合大学就是我国高等教育发展史中的一朵奇葩。国立西南联合大学由国立北京大学、国立清华大学和私立南开大学联合组成，简称西南联大，是与中国的抗战共始终的一所著名大学，先后共8年历史。西南联大在战时状态下创造了杰出的文化教育成就，不仅培养了杨振宁、李政道等大批自然科学家，同时还培养了一大批优秀的人文学者。根据统计,从1938年至1946年,在西南联大就读的学生约8 000人,毕业生约3 000人。其中,有1 000多人先后成为国内外诸多领域知名度颇高的研究人员、人文工作者、政府高级官员等。截至1996年,西南联大的毕业生中,先后有80人被评为中国科学院院士和中国工程院院士,有6人被选为台湾中央研究院院士。另外,还有5名西南联大的毕业生后来成为美国文理科学院院士和美国工程师学院院士。西南联大在过去的历史阶段所达到的高度和取得的成就,都将是今后我国高等教育发展的阶梯。今天我们的大学在办学条件等多方面比西南联大要优越得多,但是我们培养的人才却远远不如西南联大那么优秀杰出。西南联大只有短短8年的历史,她所倡导的办学理念、大学精神形成了推动其发展的强大力量,即西南联大独特的大学文化,至今仍然值得当代大学参考和借鉴。

一、敬业爱国、刚毅坚卓的大学精神是大学文化的核心

大学精神是大学文化建设的核心命题。西南联大的领导者在抗战的特定时期,在联合办学遇到极度困难的时候,表现出识大体、顾大局、团结忍让的高尚素质,它们团结西南联大全校师生,克服一切不利因素,始终将联大坚持办下去,体现了崇高的民族使命感,体现了强烈的爱国主义情怀,体现了追求真理的强烈愿望。敬业爱国是我们一切精神力量的源泉,只有具有强烈的爱国主义情怀,才能心系国家,心怀人民,甘于奉献。西南联大师生栖身茅屋,食不果腹,甚至有时还要躲避日寇飞机轰炸,在如此恶劣的战争环境下,西南联大仍然能培养出众多杰出的人才,归根结底就是因为西南联大从校长、教师到每一个学生,都有一颗刚毅坚卓的心,这种巨大的精神品格保证了西南联大在最为艰难的时期向前发展,成为支撑联大培养大批优秀人才的强大精神力量。敬业爱国、刚毅坚卓是当代每一个大学人必须具备的素质,它是我们克服困难,勇往直前的强大精神力量,是中华民族最优秀的文化基因,大学作为文化传承的载体,必定要把这一优秀文化基因传承并发扬光大。

二、严谨务实、科学高效的制度文化是大学文化的基石

制度文化是精神理念的转化和固化,是大学在发展过程中一系列权利、义务及责任的综合。制度文化主要体现为大学的各项规章制度和运行机制,具有导向、约束和规范作用。建设一流的大学需要严谨务实、科学高效的制度文化做保障,制度文化是大学文化的基石。好的制度文化有利于发挥大学的办学生产能力,有力推动大学各项工作的开展。西南联大在办学过程中,制定了一系列有效的制度,保证了各项工作有条不紊地进行,形成了独特的制度文化。其中,民主化的多级管理制度、以通识教育为核心的人才培养制度、名师上讲堂制度、以人为本的学术自由制度非常值得当代大学借鉴。

(1)民主化的多级管理制度。西南联大实行校院系三级组织结构,并设置各种委员会参与学校的管理工作,实行民主化的多级管理制度。这些委员会主要有常务委员会、校务委员会、教授会。“常务委员会”是联大最高行政领导机构,由三校校长(蒋梦麟、张伯苓、梅贻琦)组成。“校务委员会”由常委主席召集工作,由常务委员、秘书主任、教务长、总务长、训导长、各学院院长及教授代表12人组成。其主要职能是共同为了学校更好的发展、教育和学术政策顺利运行、维护员工及学生切身利益等问题提出好的建议并制订具体办法。“教授会”由全校教授、副教授组成,是教师的代表机构,如果学校有大的方针决策都会向教授会进行咨询讨论,教师提出对学校发展建设的基本主张。“教授会”在积极参与学校管理、维护教师权益等方面起着关键作用。校院系三级管理体制将各种教学权利适时地下放到各个管理部门当中,使每个人、每个机构都体现出自身最大的价值,都为联大全力以赴做出自身的贡献。联大这种纵向权力结构的调整,使管理重心下移,管理权责下放,健全校、院、系级三个层面的教学管理组织机构,确立各部门的教学管理主体地位。充分发挥各级从事教学管理人员的主观能动性。这种上下疏通的三级教学管理体制,有效保障了学校教学管理人员和其他组织人员相互协作、相互支持、共同发挥效能的良性循环,使之协调、有序、稳定地发展和进步。

(2)名师上讲堂制度。名师上讲台、名教授上基础课的制度是联系学术研究与人才培养的重要途径。知名教授具有很高学术造诣,工作在当代科学的前沿,掌握该领域的发展动态,有利于形成教书育人的浓厚氛围。名师执教的最大优势在于他们融科学研究和教学为一体,集学术水平、教学水平于一身,能创造性地从事教学工作。他们的教学,“不仅传授一般的科学知识和科学方法,更是一种哲学,是思维方式,他们能够紧密联系学科发展及经济社会发展走向,赋予教学与训练方法以科学研究特色,在探索和研究的教学过程中激发学生的求知欲、好奇心和学习兴趣,潜移默化中培养学生的研究意识与研究能力,培养批判性思维与探索的精神。”学高为师,德高为范。知名教授令人钦佩的不仅仅是其渊博的学识,更重要的是他们的人格。他们往往有引领、前瞻的思想高度,有兼容科学与人文的深厚底蕴,有较高的声望和社会感召力。名师上讲台,通过学术的交流、感情的沟通,使得初涉科学的学生能够亲耳聆听教授的治学之道,亲身感受他们的魅力风范,感悟为人为学之真谛,能让他们受益终身。

西南联大在八年中,知名教授除搞好科研外,上讲堂授课成为一种教学制度。在校教师常年稳定在350人左右,却能开出1 600多门不重复的课程,这是一个相当了不起的数字,在这些课程中,很多具有相当高的质量和学术水准。国学大师陈寅恪教授讲授隋唐史时对学生宣布:“前人讲的,我不讲;近人讲过的,我不讲;外国人讲过的,我不讲;我自己讲过的,也不讲;现在只讲未曾有人讲过的。”正是这种名师、大师亲自上讲堂授课的制度文化,才培养出了一大批杰出的通才学生。

(3)以通识教育为核心的人才培养制度。19世纪初叶,随着工业革命的兴起和自然科学技术的迅猛发展,高等教育逐渐演变为在完成高中教育基础上实施的一种专门教育,以培养社会所要求的高级专门人才为目标。新中国成立后,我国大学在专业划分上全面照搬苏联模式,教育目标是培养一个行业的专门人才,这种培养模式下导致专业划分过细过窄,高等教育问题和弊端逐渐显现,严重制约了高素质综合性人才的培养,因此,重新倡导通识教育,具有重要的现实意义。理工交叉,文理渗透,多学科并举,多种文化相互交融,是高水平大学的基本特征。西南联大实行以通识教育为核心的人才培养目标和相关配套的教学制度,充分体现了以上高水平大学的几个特征。正是在通才教育制度的实施下,才使得西南联大培养出大批具备了广泛知识基础,在科学研究方面做出突出贡献的著名学者,正是由于他们有着融通自然科学、社会科学和人文科学的素养,同时进行着跨越学科边界的贯通性研究,才取得了杰出的成就。

(4)以人为本的学术自由制度。现代中国大学制度必须体现以人为本的思想,给学术研究以更自由的空间。以人为本,就是要尊重教师,尊重学者,给他们权利,给他们民主,给他们学术自由,学术自由是学术和科学创新必不可少的条件。因此,尊重学术自由,尊重教师是中国现代大学制度文化的核心命题。西南联大在其艰苦卓绝的环境中仍保持着浓厚的学术自由风气,正如余英时先生所说:“当时的政治中心是重庆,而思想和文化的中心则在昆明的西南联大。”西南联大的各种学术观点和见解通过各种形式公之于众,使大家各抒己见,各种学术观点相互交锋,但大家都和而不同,争而不怒,互相尊重,畅所欲言。这种学术自由的民主环境,正是造就高层次人才所必需的。

在今天我们建设大学制度文化中,必须少一些行政命令,淡化官本位意识,多一些协商,多一些民主,多一些尊重,把学术权力还给教授和学者,让大学教师真正充当大学的主人,给学术研究和科学探索以更广阔的自由空间。

三、高尚谦逊、和合包容的行为文化是大学文化的特质

在中华民族的传统文化中,最讲伦理道德和个人修为,高尚谦虚、和合包

容是中华文化的精髓。高尚谦逊是良好个人修为的重要前提，和合包容是个人修为所追求的重要目标。西南联大之所以能够取得成功，不容忽视的一条是以良好的人际关系作为基础，而良好的人际关系必须以较好的个人修为做前提。当每一个大学人养成了良好的个人修为，则大学作为众多大学人的集体也就形成了独特的行为文化，这种行为文化将会形成大学的独特气质，形成强大的力量推动大学在科学研究和人才培养等方面做出重要贡献和杰出成就。

（1）每一个大学人应具有和合思维。西南联大的行为文化中，最为重要的就是“和合”思维。“和合”就是指自然、社会、人际、心灵、文明中诸多要素相互融合，在融合的动态过程中各要素和合为新结构方式、新事物、新生命的总和。我们的文化就倡导“和为贵”的思想，要求多元发展，求同存异，百家争鸣。“和合”思维在社会进步与发展中逐渐表现出强大的生命力和影响力，越来越为社会所重视，并为越来越多的人所接受。每一个大学人都应该具有和合思维，以“和”“合”的方式去思考问题，解决问题，提升自身的修养和素质，妥善处理大学内部的各种矛盾，以自身行动促使大学行为文化的形成，推动大学的发展和进步。

（2）每一个大学人应具有尊重包容之心。尊重是一切社会活动的基础，尊重别人就是尊重自己，不懂得尊重别人的人，同样得不到别人的尊重。每一个大学人都应该尊重包容身边所有的人，作为每一名教师，只有尊重包容，才能让自己获得良好的支持，从而获取更好的发展空间。而同时，作为大学管理者的尊重包容，将会使更多的人发挥自身的才能，调动每个人的主观能动性，激发教师的教学、科研积极性和主动性，增强集体凝聚力。宽容团队中性格张扬、才华卓越的人的不拘小节的做法，不要以一种模式去规范和指责那些才华横溢的人的行为方式，尊重差异，包容多样，鼓励创新，给他们宽阔自由的发展空间，以宽容换取意想不到的成果。

（3）每一个大学人应具有沟通合作之心。当今社会，单打独斗的个人英雄主义时代已经过去，团队协作，集团作战的模式已成为走向成功、获得杰出成就的必要条件，这就需要每一个大学人都要有沟通合作意识。作为大学教师，需要尽快融入教学或科研团队，尽快融入集体，把自身的发展与集体、团队的发展结合起来。作为大学管理者，应学会与每一个人的沟通，必须放弃领导与被领导的官本位做法，和教师站在平等的地位上，把教师当成工作中的合作伙伴，营造良好的人际关系和工作氛围，帮助教学团队和科研团队创造一个齐心协力、众志成城的氛围，与每一个大学人合作，共同营造一个关爱互助、积极和谐的大学文化氛围。

四、结束语

西南联大能够遵循大学发展的客观规律,始终坚持学术自由,以和谐包容给各学术流派提供发展的土壤,以民主的原则,实行教授对学校的自主管理,从而能够吸引各方面的人才的长期驻留,在保证教学质量的同时,也造就了人事和谐、师生和谐的良好氛围,突出体现西南联大的和谐思维,在8年的办学过程中,形成了独特的西南联大文化,而这正是当代大学所缺乏的要素。在建设世界一流大学过程中,大学文化建设是核心要素,吸收和借鉴世界大学建设和发展过程中的先进经验,尤其是借鉴我国近代具有成功办学经验的大学文化,发挥大学在人才培养、科学研究、社会服务和文化传承创新四个方面的重要作用,推动大学走内涵式发展道路。

参考文献

[1] 西南联合大学北京校友会.国立西南联合大学校史——一九三七至一九四六年的北大、清华、南开[M].修订版.北京:北京大学出版社,2006.
[2] 洪德铭.西南联大的精神和办学特色[J].高等教育研究,1997(1/2).
[3] 汪劲松.名师上讲台制度化营造教书育人浓厚氛围[J].中国高等教育,2005(1).
[4] 封海清.西南联大的文化选择与文化精神[M].昆明:云南人民出版社,2006.
[5] 王冀生.大学文化哲学[M].广州:中山大学出版社,2012.

新时期理工科大学文化建设的路径选择
——以西北工业大学为例

李 辉 王 青

摘 要 加强高校文化建设对提高大学文化影响力，提升文化软实力具有重要意义。但目前我国理工科高校文化建设中存在着思想认识不到位、缺乏鲜明个性、结构失调等现实困境。西北工业大学在文化建设方面采取的措施主要是，坚持科学的文化建设指导理论，建立健全文化建设保障体系和多元化的文化载体，统筹兼顾、突出特色、推动发展等。

关键词 理工科高校 西北工业大学 文化建设 意义 困境 路径选择

文化是一个民族最深层次的精神积淀，也是一个国家最鲜明的精神旗帜。大学是传承优秀文化的重要载体，也是推动文化创新的重要源泉。党的十八大报告中指出，“全面建成小康社会，实现中华民族伟大复兴，必须推动社会主义文化大发展大繁荣，兴起社会主义文化建设新高潮，提高国家文化软实力，发挥文化引领风尚、教育人民、服务社会、推动发展的作用。”这为我国文化建设指明了发展方向，也对新时期理工科高校发展大学文化提出了更高的要求。大学文化建设是社会主义文化建设的重要组成部分，也是大学建设的重要内容之一。作为高等教育的重要组成部分，理工科高校担负着为我国现代化建设培养自然科学和工程技术专业人才的重任，是加强科技创新、推动科学发展、推进科技强国战略的重要动力和源泉，也是社会文明的载体和社会和谐的基础。加强理工科高校文化建设、全面提高教育办学质量、提升学校核心竞争力、推动高等教育科学发展已成为理工科高校重要的发展课题。文章试以西北工业大学为例，分析新时期理工科大学文化建设的重要意义、现实困境及突破思路。

一、理工科高校文化建设的意义

大学文化就是指，“大学在长期办学实践的基础上积淀和形成的物质文化、精神文化、制度文化和行为文化的总和，是相辅相成、辩证统一的有机整体。”大学文化是大学的灵魂和精髓，是大学的核心竞争力，它以潜移默化的方式影响着全校师生员工的思想态度、价值观念、行为实践以及大学未来的发展方向，是提升其办学水平和支撑其特色发展的内在动力，同时也是社会文化发展的方向标。文化的发展及其现实作用的实现，不能离开文化建设的支撑而孤立存在。新时期理工科高校积极开展大学文化建设，特别是开展具有自己特色的文化建设，对于全面贯彻党的教育方针、弘扬先进文化、促进师生自由而全面的发展、提高学校核心竞争力、提升国家文化软实力具有重大的理论意义和现实意义，也是先进生产力发展的重要推动因素。

1. 扩大大学文化影响力

大学文化影响力在一定程度上是指大学师生、管理者及其他社会成员对学校内外部公众在思想态度、行为习惯及价值观念等方面有意识、有目标的引导或无意识辐射的能力。当代中国的大学文化影响力是通过不同类型的大学发挥各自特长优势，在大学内外部公众群体共同作用下完成的。加强理工科高校文化建设，推动其物质文化、精神文化、制度文化和行为文化的协调统一发展，一方面能够推动人才培养模式的变革，提高学生自身综合素质(扎实的理论知识、丰富的实践技能、健全的人格品质等)，培育更多的适应社会发展需求的创新型人才。另一方面，不仅有利于学校规模、学科设置、师资力量、资金保障等硬实力的大幅度提升，也有利于办学理念、学术发展、科研实力、校园人文景观、制度文化等软实力在更高层次上得以发展，从而增强全校师生员工的凝聚力、向心力，提高对外吸引力，扩大对社会的文化辐射能力。《西北工业大学中长期文化发展规划(2010－2020)》确定了“三步走”的发展战略，将“向世界一流大学目标奋进”作为提升对外文化影响力的重要目标，从而坚持文化铸校，激发西工大师生文化自觉和文化自信，充分发挥大学对内文化影响力的积极作用。

2. 提升大学文化软实力

文化软实力是软实力的重要内容，主要借助文化生产、文化交流、文化教育和信息传播等手段，使本国所倡导和奉行的价值理念被国内外受众所认可，借以赢得国际声誉与影响力，其核心是思想、观念、原则等价值理念。有效开展高等教育建设特别是理工科高校文化建设，是国家文化软实力建设的重要组成部分，也是建设社会主义文化强国的重中之重。要使文化这种概念性事物转化为推动社会发展的现实性力量，关键在于人，特别是那些优秀人才。理工科高校是培养高精尖人才的基地，是孕育复合型、现代型人才的摇篮，文化建设的内容始终贯穿于其人才培育、科学研究和人员队伍建设的全过程，渗透到教学内容、社会实践、课程设置、日常管理、学生社团建设等各个环节。西北工业大学通过师生之间有效的教与学，使文化知识、工作技能、文化信念、文化价值观念得以持续传递和有效提升，培育学生创新精神，提高创新能力，创新文化精神，从而为中国特色社会主义事业特别是航空、航天、航海事业输送了大批合格的建设者和可靠的接班人，同时也为大学软实力发展奠定了坚实的文化基础和人才保障。

二、理工科高校文化建设的现实困境

随着高等教育大众化深入推进，理工科高校发展开始由单纯的规模化扩张向内涵式发展转变，大学文化建设因此越来越受到重视并取得一定成效。但由于种种原因，理工科高校在文化建设方面尚存在一些“硬伤”，主要表现在下述几方面。

1. 思想认识不到位

目前，虽然不少学者、教育家以及政府官员一再强调大学文化建设是大学实现可持续发展的核心竞争力，是提升国家文化软实力的重要组成部分，但是关于如何有效开展大学文化建设这一复杂的系统工程，主要还是停留在思想意识和理论探讨层面，缺乏具体的操作流程、实践范围以及主导性的文化构建。另外，由于大学文化建设是一个长期发展的过程，短期内很难获得明显收益，加之文化建设绩效评估未被政府部门纳入大学实力的考核范围，因而对于大学文化建设的重要性、紧迫性还未被大多数理工科高校的“大学人”所充分认识，特别是学校的高层管理者，导致在大学文化建设方面未采取切实有效的行动。

2. 缺乏鲜明个性

大学文化建设在体现一定共性的同时，更应该追逐其在历史背景、学校结构、发展定位、人才培养等自身建设方面应有的个性。鲜明的个性特征，使大学文化建设具有无限的生命力和强大的影响力，对学校成员具有巨大的感召力和号召力。随着我国高等教育的快速发展以及扩招政策导向的影响，许多理工科高校也经历了并校更名、建设新校区、师资重组等变化。在着力应对和解决校区兼并以及生源扩招所带来的诸多困难和问题时，多数理工科高校没有将文化建设较好地融入这一过程中，特别是对学校的文化特色研究不足，从而使学校发展缺乏鲜明的个性，降低了其竞争力。主要体现：在处理多校传统文化的传承与融合、新老校区文化的移植与对接等问题时，未能充分重视挖掘和培育能够体现学校历史传承、学科特点和办学特色的文化精神，对学校传统精神的凝聚、培育和弘扬不够，缺乏个性特色的校园文化，从而妨碍学校的办学理念与办学定位的整合，影响大学文化在学校发展中的引领、激励、导向、凝聚等作用的充分发挥;在高等教育大众化趋势下大学盲目发展带来了一系列问题,特别是在目标定位、专业设置、人才培养模式、校区大规模建设等方面趋同化或同质化现象比较严重,不仅导致了教育资源的严重浪费,还限制了大学文化建设的个性化和可持续发展,使其在未来的发展过程中处于被动局面。

3.文化建设结构失调

大学文化建设是一项复杂的系统工程,涉及高校工作的各个方面,校园建筑风格、校园环境、教学活动、日常管理等都处处体现着大学文化,因而需要整体规划、统筹协调、分工协作,形成合力。但是从目前情况来看,理工科高校在推进大学文化建设过程中尚未建立起包括统筹协调各部门、发动师生共同参与的决策机制、绩效评估机制和激励机制在内的长效发展机制,也缺少明确的大学文化发展规划,使大学文化建设难以形成整体合力和科学的发展路径,从而导致了价值选择偏失以及结构失调问题,主要表现为,过于单纯地重视物质文化建设,如增加学科专业和课程内容、扩大教师队伍、加强基础设施建设、美化校园环境等外在的、收效快的硬件建设,而对在校师生影响更加深远的制度文化以及包括思想意识、价值观念、心理素质等在内的精神文化和行为文化则缺乏有效的关注,从而使大学的物质文化与制度文化、精神文化、行为文化割裂开来,妨碍了大学文化的全面协调可持续发展;没有将文化建设放在整体办学方向和人才培养目标的大背景下来操作和实施,把大学文化建设等同于学生思想政治教育或者等同于对学生业余生活的管理方法和手段,忽视了全体师生在大学文化建设中的作用,从而使大学文化建设与学校的专业设置、师资配备、课程开设相脱节,极大限制了大学文化功能的发挥;受“重理轻文”教育观念以及学科设置的影响,理工科高校普遍存在的人文学科建设滞后、过于强调学生专业知识技能的学习而忽视人文素养的提高等问题成为大学文化建设活动深入开展的障碍,同时这种狭隘的教育价值观也严重影响了学生综合素质的发展,使学校丧失持久的生命力。

三、西北工业大学文化建设的路径选择

为了全面贯彻党的教育方针、促进全校师生员工自由而全面的发展、增强学校核心竞争力和国际影响力,西北工业大学在“三步走”发展战略和建设世界一流大学目标的指导下,积极开展大学文化建设,并制定了《西北工业大学中长期文化发展规划(2010—2020)》(以下简称规划),将文化建设纳入学校整体建设发展规划,强化文化发展的长期性、全局性和计划性,这对于有效摆脱理工科高校文化建设的现实困境、提高大学文化影响力和提升国家文化软实力具有重要的指导意义。

1. 坚持科学的文化建设指导理论

在文化建设过程中，西北工业大学把“高举中国特色社会主义伟大旗帜，以邓小平理论和‘三个代表’重要思想为指导，深入贯彻落实科学发展观，以社会主义核心价值体系建设为先导，以服务于高素质人才培养和引领社会文化发展为出发点和落脚点，激发师生的文化自觉和文化自信”作为指导思想，坚持“为师生服务、为学校发展服务；育人为本；继承和创新相统一；统筹规划与分步实施相统一；以我为主、共建共享”的原则，并明确提出了文化建设的目标：“社会主义核心价值体系深入人心，师生文明素质不断提高；学校办学理念明晰，西工大精神内核得到高度认同；形成崇尚真理、学术自由、求实创新的学术风气，形成以人为本、科学规范的制度体系，形成师德高尚、教书育人的教师风范，形成诚信进取、严谨求实的学生风尚，形成品位高雅、文化多元、开放包容的文化氛围。具有‘三航特色、爱国奉献、求真务实、人文关怀’的西工大文化得到彰显，成为师生具有高度认同感和自豪感的精神家园，并对社会文化建设发挥重要引领和辐射作用。”

2. 建立健全文化建设保障体系

在组织保障上：健全学校文化建设领导体制，成立由学校主要领导为组长、相关职能部门参加、校内外知名专家学者参与的大学文化建设委员会来统筹协调大学文化建设；在坚持“系统规划、分步实施、齐抓共管、重在落实”的原则前提下，健全文化建设工作机制，加强对学校文化建设工作的组织领导、规划实施。一方面，由学校聘请校内外专家学者组成文化建设工作咨询委员会，为学校文化建设提供积极的智力支持。另一方面，成立大学文化建设办公室，承担校园文化建设日常管理工作，全面协调学校文化建设的各项工作。同时，明确学院和职能部门文化建设工作负责人，按照规划制定本单位实施方案和计划。

在制度保障上：推进建立并完善大学文化建设的规划、计划、执行及检查评估等制度，形成文化建设制度保障体系；加强对文化建设工作的检查评估，将各学院和职能部处文化建设工作列入年度工作考核，通过检查督促，确保完成文化建设各项任务。

在人员保障上：大力培育并建设一支敬业奉献，专兼职结合的文化建设工作和管理队伍，提升对文化建设的协调、管理能力，提升国际文化传播交流能力；建设一支热心文化事业、业有专攻的顾问团队；支持鼓励学生志愿团队建设；广泛发动全校师生参与学校文化建设，充分发挥校工会、共青团、学生会、研究生会、教职工和学生社团、校友会、老年大学等组织的积极作用。

在经费保障上：重点文化建设项目纳入学校建设规划，学校年度财务预算要设立日常运行保障经费,明确规定各学院每年要有一定经费用于学院文化建设;主张通过与政府和社会资源结合、民间赞助、社会(校友)捐赠等多种途径为学校文化建设筹措经费。

3. 建立多元化的文化载体

大学文化特别是精神文化是一种比较抽象的事物,对其进行继承、借鉴、创新都需要借助于一定的物质载体。物质载体是文化发展的依托,是推进大学文化建设、繁荣校园文化生活的必要条件。

加强校园网、校报、电视、广播、电子屏等传媒能力建设,加强中、英文主页建设,提升二级网站建设水平,推出一批文化特色专题网站,积极建设网上"三航博物馆";推动人人网个人主页、三航四方 BBS 等网络社区建设,重视新媒体应用,丰富网络文化活动;加强学术出版物建设,形成学术出版品牌;加强图书馆藏书资源和服务资源建设,加强数字档案馆建设,提升信息资源管理水平,强化图书和档案的文化传承及教育服务功能;建设以校史馆、学生创新文化馆、艺术馆为核心,具有讲座、交流和创作功能的文化艺术中心,成为学校文化艺术学习、交流和实践的主阵地;有针对性地扶持一批以文学、哲学、心理、法学、艺术为代表的人文社团,鼓励建立群众性文娱、体育等兴趣团体,建设好社团活动基地,贴近群众、贴近生活,突出特色,扩大影响;按照教育部"积极参与公共文化服务体系建设,在文化科技创新体系中发挥积极作用"的要求,充分发挥学校"三航"学科优势,建设"三航博物馆",成为凸显学校军工文化特色、传承大学精神、开展国防教育的阵地。

4. 统筹兼顾、突出特色,推动西工大文化建设的科学发展

其一,加强精神文化建设。大学精神文化主要包括办学理念、大学精神、校训、校风、教风、学风等。大学精神是大学之魂,西北工业大学不断总结、凝练西工大核心价值观,明晰西工大精神及教风、学风内涵表述,与校训、校风、校歌等有机融合,有效发挥大学精神的凝聚、激励、导向作用,明晰了办学理念,弘扬了大学精神。同时深化师德师风建设,深入开展了"三育人"先进、"最满意教师"、"优秀青年教师"、"师德标兵"等评选活动,宣传优秀教师,汇编典型事迹,促进师德师风品牌建设;不断推进学风建设,弘扬"公诚勇毅"校训、"三实一新"校风。将西工大精神融入学生血液,增强大学生公民意识、学习意识、奉献意识和责任意识。此外,加强校史校志编纂,建设好校史馆,发挥校史教育在文化传承创新中的积极作用;开展"三航"特色军工文化研究,开展西工大老一辈学术大师教育思想和教育理论研究,彰显大学精神文化的气质和境界,推进校史研究转化为文化实践活动。

其二,促进制度文化建设。制度文化是大学教育得以顺利进行的基本保

证。要全面建设理工科高校大学文化，就要使大学文化建设同理工科高校的人才培养、科学研究、社会服务等有机地融为一体，实现理工科高校文化建设的制度化、规范化、科学化、常规化。要达到这一目标，必须要处理好以下几个方面的问题：第一，在人才培养方面，要重视人文通识教育课程设计。促进人文通识教育的长远发展，必须把人文通识教育课程纳入学校正规课程体系，并配以充分的师资力量。此外，定期聘请校内外知名专家学者为理工科高校师生做关于人文学科方面的高端讲座，并以此为契机，建立理工科高校制度化的常态人文素质高端论坛，如西北工业大学的"翱翔名家讲坛"便是实现这一目标的重要平台。第二，在科学研究方面，结合理工科高校的办学特色和学科优势，建立理工科高校常态的学生社会实践激励机制，如加学分制、奖学金制等，有充足的资金保障制度的发展与完善；第三，在社会服务方面，丰富学生业余文化生活，用常规化制度组织、鼓励和引导学生社团实践活动和青年志愿服务活动，增强理工科大学生分析解决问题的能力，提升社会责任感和服务意识。通过有效的制度创建公平有序、平等竞争、统筹兼顾、协调发展的文化平台，营造优秀人才不断发展的良好环境。

其三，倡导素质文化建设。大学作为一种文化现象，必须有自己独特的文化品位，展现良好的内外部形象。大学形象是公众对大学客观现实的整体印象与评价，是大学在长期办学实践中办学行为、育人质量和学术成就等方面历史累积而成的声誉。其中，师生的素质文化是影响社会公众对理工科大学形象认知的重要因素。素质文化通过师生在工作、学习、生活中的精神品质和气质面貌得以体现。因此，理工科高校要积极倡导理性、宽容、高效的大学素质文化，要注重加强师生的社会主义核心价值观教育，尤其是爱国、敬业、诚信、友善、自律、勤俭等道德规范教育，提升师生行为的文明程度和人际关系的和谐；要引导各类群体从学校发展的共同利益和实际需要出发，培养良好的团队精神，增强凝聚力和向心力；通过校园环境如雕塑、标语、路名、墙画等物质载体展现理工科高校的文化气息，烘托文化氛围，激发理工科学生关注文化的热情、丰富其素质文化内涵；此外，通过课程优化设计、榜样事迹宣传等方式也能够提升素质文化的建设，营造百家争鸣、百花齐放、兼容并蓄、学术自由的学术氛围，形成教书育人、尊师重教、追求卓越、勤学求实的育人环境，最大限度地实现文化导向功能和陶冶功能，不断提升大学文化品味。总之，要充分发展素质文化，塑造良好的形象，就要充分体现时代精神、创新理念以及国际眼光，使新时期大学文化真正成为社会主义先进文化建设的引领者和创造者。

其四，重视行政文化建设。在理工科高校大学文化建设宏观层面上，可以依托党委宣传部作为大学文化建设的主要管理机构，联合学生处、各学院、团委等职能部门进行综合管理，这不仅有利于整合大学文化资源，而且可以全面有效地应对可能出现的偶发事件或者消极影响，更好地为大学文化建设服务。从组织行为角度讲，建立规范高效的大学行政文化成为大学文化建设的必要条件。首先理工科高校主要管理部门应按照大学文化自身发展规律和学校办学实际，对大学文化建设的指导思想、实施方案、工作方法、成效评价、信息反馈、改进机制等各环节进行深入研究，制定科学的大学文化发展规划，与师资发展规划、学科发展规划、学生课程规划等一起纳入学校事业发展总体规划，纳入学校党委、行政工作议事日程，总体推进，共同发展；制定大学文化建设及管理的实施考核办法，明确专项活动和实施计划的职能分工和责任对象，并用约束与激励机制支撑和巩固行政管理的执行效果。同时，逐步建立起学校党政齐抓共管、群团组织团结协作、职能部门和全校师生共同参与的大学行政文化建设工作体制，从组织架构、人才资源和权利职责等方面为行政文化的发展提供完善保障，形成全校上下重视、关心、支持和参与大学文化建设的良好局面。

四、结语

理工科高校文化建设是一项复杂化的系统工程，内容涉及范围较广，文化建设的途径也丰富多样、没有固定统一模式。各高校应积极探讨各种途径之间的关系，整合学校文化建设的资源，使其形成一个统一的有机体，产生最大效应。党的十八大报告中指出要推动高等教育“内涵式发展”，强调高等教育发展的同时，更加注重质量和效益的提升，这对当前我国大学文化建设和影响力提升既是机遇也是挑战。理工科高校要顺应新形势，针对新情况，制定符合本校特色的文化发展规划，明确文化建设主体，积聚文化建设力量，从实质上提升文化建设的质量和效益。

参考文献

[1] 张维迎. 大学的逻辑[M]. 北京：北京大学出版社，2004.

[2] 李梁. 理工科高校大学文化建设的意义及路径研究[J]. 中国科教创新导刊，2010(29).

(原文发表于《新西部》2014 年第 14 期)

构建特色航空文化体系
培育航空领军人才

赵洪章　陆　风　高　敏

“航空报国，追求卓越”是航空文化的精神追求和时代灵魂。长期以来，西北工业大学以“航空报国”精神为主题，着力弘扬特色航空文化，发挥文化引领作用，深入推进教育教学改革，构建创新教育体系，培育卓越航空领军人才，实现了文化育人、环境育人的总目标。

一、卓尔不群，特色独运：航空文化思路定位清晰

西北工业大学是全国唯一一所以航空、航天、航海工程教育和科学研究为特色的国防重点大学。航空文化作为学校文化建设的有机组成部分，构成了学校文化建设的主体并得以系统推进。

学校抓住“国防大加强”和“航空大发展”的机遇，整合资源，深入挖掘和拓展航空文化的内涵和外延，提出了“继承优良传统，传播航空文化，培养航空领军人才，服务国防建设”的基本思路，依托航空学院，开展航空文化教育，提升服务社会能力，全面实现航空高素质人才培养的总体目标。

二、薪火传承，弦歌不辍：航空文化内涵不断丰富

航空文化的形成与发展同学校的建立、成长、壮大过程紧密联系在一起，从战火纷飞中一路走来，几经磨砺，形成了学校特有的文化宝库。在学校航空文化发展史上，“热爱祖国、顾全大局、艰苦创业、献身航空”的“西迁精神”和哈军工“严格、严谨、严密”的治校作风汇聚于此，形成了航空文化的基本元素。航空文化在西工大“三实一新”校风和“公诚勇毅”校训的熏染和洗礼下，不断丰富和完善。“投身航空、献身使命”是学校弘扬航空精神的本质，“爱国、爱校、爱学，兼容、奉献、创新”是构建航空文化的基础，“诚实守信、忠诚尽责”是航空文化建设的道德力量。航空文化已经同校风、校训的核心价值体系一脉相承，成为校训、校风所代表的核心价值体系的重要组成部分。

育人为本，文化为根。要建设特色鲜明、品位高尚的特色航空文化，就是要在继承优良传统的基础上，大胆创新，寻求一种传统精神和时代气息相融合

的校园文化。多年来,学校积极探索文化育人模式,创新文化育人载体,提升校园文化育人品质,逐步形成了行之有效的工作思路,即“一种理念、二个面向、三项引导、四个注重”的“一二三四”航空文化育人模式。

三、筑台引凤,兴文强校:航空文化建设深入推进

“一二三四”航空文化育人模式作为有效推进航空文化发展、丰富航空文化内涵的新思路,已经成为学校文化育人的有力抓手。

(一)秉承一种理念

西工大的前身可以追溯到1938年成立的国立西北工学院,国立西北工学院、华航和哈军工均为国防科技高校,形成了极具特色,历久弥新的航空文化。学校秉承“培养未来航空领军人才”理念,在航空高层次创新人才培养、航空科学与技术的知识创新及社会服务方面发挥了巨大的作用。西工大参与了我国几乎所有的航空航天重大型号研制,是型号研制中攻坚克难的重要力量。特别是由学校教师和研究生组成的科研团队在大客、大运、新一代战机等新概念飞行器研制中发挥了生力军作用,在行业中产生了重要影响。

(二)服务二个面向

1.面向精英人才培养,打造成长育人平台

学校不断深化教育教学改革,启动了本科教育“六大体系、十大工程”,研究生教育“九大体系、六大工程”建设,投入上亿元资金,加大硬件条件建设,注重打牢学生基础;建立了多个国家和部级教学实验中心,利用国家和省部级重点实验室、工程中心,培养大学生科技创新和工程实践能力。实施了“翱翔名家讲堂”工程,一大批航空领军人物走进学校与学生零距离交流。举办了十多届航空主题学术年会。2011年,由中国航空学会主办的首届国际航空工程进展高峰论坛在西工大举行。论坛邀请了数十位航空领域的院士、总设计师和总工程师与学校师生就国际航空技术研发和趋势等前沿问题进行了深入研讨。

2.面向大学生和青少年,开展科普宣传教育

大学生和中小学生是航空科普宣传教育的主要对象。学校每年举办各类航空科普知识竞赛,活跃了校园航空文化氛围。作为学校最具航空科普教育性质的知识竞赛,“飞豹杯”航空知识竞赛先后吸引了包括省内其他高校学生在内的近2万人次参加。“蓝色学堂”志愿者服务队广泛开展以“学航空爱航空”为主题的科普活动,自2001年成立以来,共开展活动112次,受益学生达34 000余人。中央电视台、陕西卫视、西安电视台、陕西日报、西安晚报等媒体均进行了报道。

(三)实施三项引导

1. 以传播文化精神为核心,引导学生热爱航空

学校坚持以传播航空文化精神为特色文化核心,将校风、校训、校歌的深刻内涵同构建航空育人环境结合起来,化作激发学生热爱航空、强我国防的不竭动力。学校每年组织全体新生聆听解读校风、校训内涵及精神的报告会并学唱校歌;组织学生参观西安航空馆、校史馆。形式多样、内容丰富的活动引导航空学子逐步了解航空、热爱航空。

2. 以建设优良学风为抓手,引导学生学习航空

学风建设是校园特色航空文化的重要组成部分。学校将搭建培育平台、完善激励体制作为工作重点,促进优良学风养成。从 2005 年起,学校坚持开展以"创先争先"为主要内容的学风建设导向工程。航空学院启动了以高素质航空人才培养为目标的"三驾马车"工程,即"典型引路""勤学 40 天""优才惠生"3 项特色活动,营造出"比学赶帮超"的良好氛围,涌现出一批先进集体和优秀个人。

3. 以构建精神文化为重点,引导学生献身航空

精神文化对大学生身心发展有着教育、导向、凝聚的作用。学校通过系列国防教育宣传以及内容丰富、形式多样的活动,对学生进行航空报国教育,增强学生献身祖国航空和国防事业的责任感和使命感。不少毕业生立志国防、献身航空,不少学生积极报名,志愿到艰苦边远地区的航空企事业单位去,为振兴国防贡献自己的智慧和力量。

(四)践行四个注重

1. 注重理想信念教育

航空工业作为国家的战略性产业,关系到国防安全。学校按照"育人为本、德育为先、立德树人"的指导方针,始终坚持把加强和改进学生思想政治教育放在人才培养的首要位置,注重加强航空类专业学生理想信念教育。引导学生形成正确的世界观、人生观、价值观,加强对学生进行航空传统文化和航空报国为核心的精神教育。

2. 注重科技创新教育

学校形成了具有自身特色的航空创新教育体系,设立专门经费资助航空相关专业重大创新项目和竞赛。依托国家"航空科技复合型人才培养创新实验区"和国家级重点实验室的资源与开放政策,建立航空特色创新基地。基地实行"自行设计、自由探索、自己动手、自主创新"的"四自"管理模式,激发大学生创新思维。

3.注重团队精神教育

团队精神培养是特色航空文化建设的重要组成部分,从课堂教学到社会实践,渗透到一系列形式多样的育人环节中。学校紧密结合大飞机和新一代战机等重大专项,设立了27个设计团队,学生以团队形式完成飞机设计全过程,实现了知识综合运用和团队协作的训练。

4.注重工程实践教育

学校通过增加实践课比例,增设现场课教学、综合设计讨论课等特色教学手段,建立起具有理论与实践相结合、动脑与动手相结合、学懂与会用相结合等特点的综合运用能力培养模式;通过巩固拓展实践基地、强化实践环节,将毕业设计与科研及企事业单位科研生产相结合,构建工程实践能力的培养平台。学校每年暑期要组织上千名学生深入到航空主机厂所开展生产实习,使同学们在实践中掌握知识本领,学会技术要领。

四、沐风栉雨,春华秋实:航空文化育人硕果压枝

与文化音符合拍,追寻春色满园;与莘莘学子同步,描绘蓝天星辰。承航空文化底蕴、袭特色办学传统的西北工业大学,沿着特色文化育人的历史轨迹承先启后,继往开来,持续发展,快速前进,在领军人才培养道路上谱写了一幅幅华丽的篇章。

1.人才培养硕果飘香

学校校友领军人才辈出,一大批学子承担国家重点项目,形成了在“三航”军工领域备受瞩目的“西工大现象”,引起了全社会的广泛关注。2011年为纪念新中国航空工业创建60周年,中航工业隆重表彰10位“航空报国特等金奖”获得者,有6位为西工大校友。在国家“歼10工程”表彰的30位功臣中,有13位为西工大校友。

据不完全统计,20世纪80年代以来,学校培养的毕业生中,有40多人担任航空航天主要厂所和部队科研基地的所长/总师/文职将军等以上职务,150多人担任副所长和副总师等以上职务。

经对中航集团第一飞机设计研究院、成都飞机设计研究所等8家航空航天企事业单位的调查,学校本科毕业生受满意程度均在95%以上,普遍认为毕业生“总体素质非常优秀,政治思想先进,实践能力出色;再学习能力强,不仅具有很强的理论联系工程实践能力,而且具备创新意识和应变能力”。

2.专业竞赛独领风骚

学校通过开展校园航空文化活动,对广大航空学子专业兴趣的培养产生了积极的推动作用。2008年,人民网冠誉西工大为“创新杯”全国未来飞行器设计大赛“专业组最大赢家”;2010 年,学校不仅保持此项殊荣,更是成为全国唯一同时荣获专业组和业余组一等奖的高校,其中全国 9 项一等奖中有 5 项出自西工大。全国航空航天模型锦标赛是国内航空航天模型顶级赛事,学校获得团体奖 3 项,个人奖 3 项,在全国同类高校中保持领先位置。2011 年,在“中航工业杯”首届国际无人飞行器创新大奖赛中,西工大技压群芳,独领风骚,赢取了 6 个大奖中的 3 个,独占半壁江山,获得空军司令许其亮以及国内外航空领域专家的赞许。

3. 班风学风建设成效显著

通过营造航空特色文化氛围,努力建设优良班风、树立良好学风。在全校范围内开展“航空科技文化月”“航空文化嘉年华”等品牌活动,逐步形成了班风正、学风浓的校园文化氛围。航空学院 01010502 班于 2010 年获得“全国先进班集体”称号。

五、足音铿锵,砥砺奋进:航空文化发展体会意谈

在航空特色文化建设的探索和实践过程中,推行“一二三四”育人模式,回顾、总结开展航空文化教育活动的过程,有下述三点体会。

1. 明确思路,形成长效机制

学校开展文化教育活动必须要突出办学特色,把育人摆在突出地位,必须为深化教育教学改革服务,为提高人才培养质量服务。学校把航空文化作为文化根脉摆在重要位置,并通过建立长效机制使航空文化薪火相传,生生不息。

2. 注重内涵,打造特色文化活动载体

加强特色文化载体建设,开展航空主题创建活动,打造文化育人活动精品,是加强校园特色航空文化建设的有效途径。学校打造航空校园文化载体是以航空学院为主体,调动航空类相关学院的主动性,在内涵建设上以航空文化的核心价值体系为根本,以培养航空高素质人才为目标。

3. 广泛动员,调动师生参与热情

文化建设的价值是能把学生、教师、家长积极性调动起来,使大家参与到特色活动中,达成深度共识。随着特色文化的长久发展,将继续促使校园文化的建设和发展沿着既定目标向前推进。

寒来暑往,躬耕于勤;春风化雨,润物无声。如今的西工大,航空文化氛围浓郁,学校管理精致和谐,素质教育异彩纷呈,教学相长成绩斐然。回首过去,壮怀万里;展望未来,云路千程。今后,学校仍将不断继承和弘扬航空文化,不断创新航空高素质人才培养的体制机制,推进校园文化建设进一步发展。

文化自觉视域下高校校园文化创新研究

陆　风　蒲传新　陆宇鹏

摘　要　党的十七届六中全会和党的十八大报告相继提出文化自觉与文化自信，并对推进社会主义文化强国建设这一任务进行了深入阐述。高校校园文化作为社会主义文化的一方面，如何发挥其育人功能并培养大学生的文化自觉是高校思想政治工作必须面对的一大课题。本文首先分析了发展繁荣社会主义文化与校园文化建设的关系，重点解析了高校校园文化建设的有效性如何依赖于文化自觉，并在此基础上对高校校园文化育人功能的困境进行了文化反思，最后提出了高校校园文化创新的路径。

关键词　校园文化　文化自觉　育人功能　文化反思　路径

《中共中央关于深化文化体制改革推动社会主义文化大发展大繁荣若干重大问题的决定》(以下简称《决定》)中首次明确提出"发展面向现代化、面向世界、面向未来的，民族的科学的大众的社会主义文化，培养高度的文化自觉和文化自信，提高全民族文明素质，增强国家文化软实力，弘扬中华文化，努力建设社会主义文化强国"这一目标，党的十八大报告进一步提出"扎实推进社会主义文化强国建设"这一任务和目标。高校校园文化作为社会主义文化的一大方面，也应做出相应思考和创新。

一、发展繁荣社会主义文化与校园文化建设的关系

社会主义文化建设与高校校园文化有没有关系？是一种怎样的关系？究竟从什么层面上认识它们的关系？这些问题需要我们进行深入探讨和说明。承担高校校园文化建设任务的工作者若不弄清楚这些问题，就很难在工作实践中取得成效。

文化作为一个外延宽泛的概念，学者对其概念的阐释也相对较多。然而，谈到社会主义文化建设，很少想到校园文化建设。这样的认识需要加以纠偏和改变。充分认识校园文化建设的极端重要性，是党中央推动社会主义文化大发展大繁荣的一项重要任务。第一，建设社会主义文化强国的目标要求提高大学生文明素质，高校校园文化建设是培育和提高大学生文明素质的重要

阵地。第二,大学生社会主义核心价值观的培育与践行必须以高校校园文化建设为载体。将社会主义核心价值观融入校园文化建设全过程,加强高校校园文化建设便成为必要环节。第三,促进大学生的自由全面发展,使其成为有理想、有道德、有文化、有纪律的社会主义合格建设者和可靠接班人,要求校园文化建设以辅之。

认识高校校园文化建设与社会主义文化建设的关系,必须纠正关于文化认识和建设中的一些误区。首先,文化功能的理解较为片面,一味追求文化的经济效益。一些地方高校和相关领导人员热衷于“文化搭台,经济唱戏”,以文化建设为幌子,乱搞项目,导致文化资源滥用和文化取向扭曲。其次,将文化建设仅仅视为一种物质承担,最终文化品位降低到寻求感官刺激的低俗层次。社会认识和普通大众对高校的这两种现象早已发出批判的声音,但要真正克服还需要努力。对此,党中央也保持了坚定的立场并提出明确观点。作为国家综合国力的主要组成部分,“软实力”的文化“是民族的血脉,是人民的精神家园”,“没有文化的积极引领,没有人民精神世界的极大丰富,没有全民族精神力量的充分发挥,一个国家、一个民族不可能屹立于世界民族之林”。因此,文化建设最本质的体现应该是精神建设。高校校园文化建设的主要任务是,在校园物质文化、精神文化、制度文化和行为文化协同发展过程中,围绕精神文化建设,以理想信念教育、爱国主义教育、基本道德规范教育为重点,对大学生进行正确的世界观、人生观和价值观、民族精神和公民道德教育,促进大学生全面自由发展。这些主要任务涉及的都是精神层面的建设,是文化最本质的体现。校园文化建设必须从社会主义文化建设的高度着眼,以党中央推动文化大发展大繁荣的战略决策和建设社会主义文化强国的目标要求为动力,深刻认识校园文化建设的价值和意义。

二、高校校园文化建设的有效性依赖文化自觉

长期以来,高校校园文化对大学生思想政治教育所发挥的有效性如何,是否真正意义上促进了大学生全面自由发展,这方面质疑颇多。党中央对高校校园文化建设高度重视,颁发专门的文件加以强调和落实,很多措施对推进高校校园文化建设起到提纲挈领的建设作用,学校相关领导和工作人员也在为高校校园文化建设辛勤耕耘,但效果并不十分理想。这一问题值得深思。

有一种大众化的观点认为校园文化发挥作用的有效性受到社会大环境的制约,社会大环境的净化程度决定高校校园文化育人功能的发挥。高校校园文化正面育人功能的发挥确实受到一些社会消极因素的负面冲击,但这并不构成解释的正当理由。改革开放和社会转型必然导致大学生价值取向的更新

和改变,大学生的思想道德观念、价值取向、行为标准等方面的调整和修复存在着矛盾和博弈的方面。同时,当代中国发展中问题呈现、矛盾凸显,这些问题和矛盾导致的负面消极影响不可忽视。这些负面影响在一定程度上对大学校园文化育人功能的发挥造成不良影响,但当代大学生倾向主流积极、健康向上的思想政治状况,这为高校开展校园文化建设以及校园文化育人功能的发挥提供了正向的能量。这一客观理想的判断,为校园文化建设和育人功能的发挥提供了重要事实根据。其实,任何社会任何时候都存在光明与黑暗的对立,都会有主流与非主流、先进与落后的冲撞,关键是立什么为示范、树什么为主导。如果因为一些负面的影响而放弃对校园文化建设和育人功能的落实,或者不去积极主动改变校园文化育人功能有效性不足的局面,那么,思想混乱、善恶不明就会成为现实,大学生将会因迷失精神家园而导致行为出轨。在现实条件下,校园文化育人功能能不能有效,答案显然是肯定的。从经验表现上看,提高校园文化育人功能的有效性,不仅需要有反映教育目的、基本立场以及工作态度等方面的正确理念,而且需要反映技术手段、教育资源、引导艺术等方面的科学方式。因此,高校校园文化育人功能的发挥并落到实处实则不易。

在领会文化大发展大繁荣与提高校园文化育人功能的关系过程中,最重要的是对党中央提出的高度的文化自觉要求有深切的理解和感悟。所谓“文化自觉”,就是要觉悟文化发展的历史方位,觉悟文化发展的艰难使命,觉悟文化发展的战略价值,觉悟文化发展的现实任务,为建设社会主义文化强国而不懈奋斗。将这样的文化自觉与校园文化建设相联系,我们能得到什么样的启发呢?第一,觉悟校园文化能够服务于文化建设,为实现社会主义文化大发展大繁荣作积极贡献。第二,觉悟校园文化面对的挑战,自觉地担负起用社会主义核心价值观引领社会发展的职责。第三,对校园文化有利的条件和基础有十足的信心,从而增强提高校园文化有效性建设和育人功能的有效性。第四,相信校园文化符合大学生的需要,有利于特色校园文化建设和中国特色社会主义建设的发展。

三、高校校园文化育人功能的困境与文化反思

新中国成立以来,我国高校就开始建立校园文化育人模式。经过改革开放,这一模式在市场经济以及现代化建设的推动下而得以加强,但也突出表现出技术化、功利化和实用主义倾向。在校园文化建设中,“也存在重物质、轻精神,重硬件、轻软件的现象,热衷于扩大校园规模,建大楼,提升办学层次,工作重心放在提升学校的社会效应上,在日常工作中也突出量化和标准化指标。”这一思路只是在一定的空想层面提供“社会所想”而不是“社会所需”,因此这

样的校园文化建设对其育人功能的发挥仅仅停留在表面层次。这种技术化、功利化和实用主义的趋向偏离了校园文化的育人本质，学生在某种程度是被作为“人工机器”来培养，这必然导致学生失去思想和精神的家园。其培养弊端表现为：一是学生普遍存在异化，人被物化成技术、机器、市场的奴隶，离开电脑、网络、游戏将无法适应，其人生的价值与意义扭曲，难以追寻与发现生活中的真、善、美；二是过于标准化与统一化的校园文化风格严重遏制了大学生的想象力和创造力，学生的个性被淹没；三是在文化全球化的背景下，西方强势的价值观对大学生形成巨大冲击而无法应对，对于本土文化可能一无所知，对民族、国家和社会存在偏离的认识，导致情感和心理上的疏离与背叛，这很可能导致民族精神危机和人自身存在危机的双重局面。

因此，大学校园文化建设必须回归到其根本的文化育人功能，培养当代中国大学生的文化自觉。我们应该很清楚地认识到大学只有自觉地植根于本民族文化的深处才能保持旺盛的生命力。国外很多大学都在此路上不断摸索和发展。例如，美国的现代大学在深刻反思校园文化建设过于技术化、功利化而造成负面的影响后，在 20 世纪初，美国多数大学便开始倡导大学校园文化建设应回归大学文化育人功能的理念，这一理念和相应举措在美国高等教育史上影响深远。“哈钦斯认为，美国的高等教育已经完全走入歧途，充满功利主义、实用主义、专业主义、唯技术主义、唯市场取向的庸俗化方向，大学日益成为就业培训所，这样下去将根本丧失大学之道。他提出，大学应该作为现代社会的头脑领着社会走，而不是成为市场的奴隶被动地跟着社会走。”这在一定程度上也体现了美国校园文化建设的现状。在这样的批判和反思下，美国各高校实行了以学习西方文化为主导的通识教育并积极地融入到校园文化建设中。正是通过这种融合，美国的各大学校园文化建设开始走向多元并注重其育人功能的发挥。

美国大学校园文化发展的历程给予我国大学很大启示：校园文化建设不仅仅是外显层面的富有，而谋强、谋德、培养学生文化自觉才是当前大学校园文化建设的重点所在。正如学者衣俊卿所说：“文化启蒙的宗旨是破除传统的自然主义和经验主义的文化模式对人之自由和社会之创造性的束缚，确立以理性、契约、自由、主体性、创造性为本质内涵的现代理性主义和人本主义文化精神，使人从自在自发的传统的生存状态进入到自由自觉的创造性的生存状态。”谋强是要通过校园文化与众多学科的融合，使学生不局限于狭窄的专业知识中，从而将科学技术学科与人文社会学科相结合，最终学生得以全面发展。谋德则是要通过校园文化对学生潜移默化的教育，使学生将人文基础内化为道德心理和道德思维，形成道德规范并外化为道德行为。所谓文化自觉，就是在提升学生的精神面貌,塑造学生的完美人格基础上,重构大学生对中华文化的人文理性,形成正确的社会价值观,从而增强民族凝聚力、达到文化自觉。

四、高校校园文化创新的路径探究

(一)培养和形成校园文化建设者高度的文化自觉意识

长期以来,部分校园文化建设者对校园文化建设的功能和本质缺乏正确的领悟,对校园文化功能发挥有效性问题感到迷惑,对自己承担校园文化建设者角色没有清晰的认识和履行。因此当各种思潮和声音对高校校园文化进行冲击并形成威胁时,高校校园文化建设者往往处于被动局面。在这种情况下,高校校园文化建设者急切需要培养和形成文化自觉意识,这样才能正确地将社会主义核心价值观融入校园文化建设中从而传递给当代大学生。

高校校园文化建设者应该以高度的文化自觉建立对校园文化建设意义的自觉,要对自己所从事的工作有深入的认知和理解,对自身所进行的工作进行现实的建构和思考,使自己具备能够将社会主义核心价值观融入校园文化建设工作中去的能力,并且让大学生能深切地感受到这种正面的引导,从而帮助大学生培养解决现实问题的能力,让每一位大学生都深切感受到校园文化的精神建构功能。

(二)以文化自觉充实校园文化

1. 以文化自觉构筑高校网络文化阵地

网络技术的迅猛发展已经把我们每一个人都卷入了信息化的大潮之中。虽然广播、电视以及报纸等传播媒介还占领着一定市场,但网络的便捷、经济、自由等特点已经使其他传播媒介显得没有竞争力。大学生作为一个思想活跃的群体更是成为互联网的忠实粉丝,他们的思想与行为方式也就广泛而深入地受到其影响。同时,在信息化时代,网络文化已经对大学生正确价值观的形成带了很多负面的影响。因此,高校需要以高度的文化自觉积极占领校园网络文化阵地,积极有力发展大学网络文化,加强对校园网络文化的主导权,把校园网络作为校园文化建设的主阵地之一。“在校园网络中传播先进理论,创新文化,引导大学生的思想行为,陶冶大学生的道德情操,提升大学生分析和解决现实问题的能力。”高校校园文化要充分利用 MSN,QQ,BBS、博客、微博等通信工具与学生进行平等互动的对话,广泛而深入地了解学生对传统文化的见解,清楚地把握学生的思想脉络,并针对性地对一些问题进行解决。这样不仅让学生感觉到自己的主人翁地位,而不是单纯的你讲我听、你打我通,而且更能提高学生的参与度。

2.实现中华优秀传统文化与校园文化的结合

学校文化作为环境的一种特殊形式更是以它独有的属性影响着大学生的世界观、人生观与价值观。优雅的校园文化能够潜移默化地打动大学生的心灵,并帮助大学生形成良好的精神面貌并养成社会主义要求的心理素质。中华优秀传统文化作为加强大学生文化自觉的重要资源与校园文化进行有机结合从而使校园文化得以丰富和完善,其对大学生的塑造功能便能充分地展现出来。具体而言,校园文化应积极主动利用中国优秀传统文化来丰富和完善自身,学校应为学生创造主动思考、领悟、认同、内化和践行中国优秀传统文化的平台,通过演讲、辩论、知识竞赛等多种形式去把传统文化渗透到大学生的日常生活与学习之中。同时学校应在校训、校风、建筑以及绿化等方面适当地彰显传统文化的色调。大学生长期处在这样校园文化的熏陶下,这种熏陶会润物细无声地内化为大学生的行为并久而久之成为一种行为习惯与行为定势,对大学生人文素养的提升、道德情操的陶冶、文化基础的积淀、文化内涵的增强等有着非常重要的意义。

3.用社会主义核心价值观点引领社会思潮

文化自觉中所谓的文化,归根到底就是我们所倡导的社会主义核心价值观。在全球化的境遇下,面对思想文化领域的交流和碰撞以及一些国家对他国的文化侵略和攻击,很多社会思潮被人为放大和扭曲,从而给当代大学生的价值观的形成与践行带来许多负面的影响。因此,在文化大繁荣大发展的大旗下,校园文化建设要积极接受社会主义核心价值观的引导和塑造,在校园文化建设中处处体现社会主义核心价值观的思想和元素,从而用社会主义核心价值观帮助学生分析社会思潮和热点,在了解学生真实想法的基础上对其进行积极的引导,扫清学生的文化自卑和自弃心理,增强大学生的文化自信心和自豪感。

(三)以文化自觉创建实践课堂

“实践是检验真理的唯一标准”这一原理告诉我们,高校传统文化教育要注重实践这一最有效的方法。社会实践可以让大学生身临其境地感受乡情、国情与世情,从而自己的主观认识与客观实际进行互动、冲突并最终达成统一。这样不仅可以让大学生脑海中的理想色彩得以贴近实际,而且有益于大学生从校园这一世外桃源中走出来而接近社会、体验人生。这样大学生在社会实践中不仅可以审度自己的人生价值,而且还能够树立更高的更符合实际的人生目标。所以,高校传统文化教育要积极主动地引导大学生参加一些相关的社会实践。比如,带领大学生参观一些古迹,让大学生在古迹的参观中回到过去,与古人对话;让大学生去进行宣传传统文化的公益活动,在宣传之中会有很多更深的体会。

1. 创建"知行课堂",提升学生文化自育能力

"实践是检验真理的唯一标准"这一原理告诉我们,若要让学生真正对校园文化所宣传和传达的积极正面的信息和理论进行吸收和践行,最终还是要通过实践去培养和检验。因此在校园文化建设中要积极创建"知行课堂",为学生提供一个理论与实践相互契合的平台。大学可以利用产学研合作教育平台。在学生在科技园和相关企业进行实践和培训时,为学生提供自主开展党建活动、主题班会等实践活动的机会,培养学生以马克思主义基本原理和社会主义核心价值观等解决现实问题的能力,调动学生主动发现、主动思考和主动参与的热情,提升学生的文化自育能力。

2. 引导学生积极参与学校文化创建

校园文化建设者要积极主动引导学生主动参与学校文化创建。校园文化应"为学生营造尊重学者、崇尚学术的文化氛围,营造兼容并蓄、学术自由的学术环境,发挥学生的创新能力,让学生在此过程中感受到文化自强的力量"。另外,要积极鼓励学生进行文化艺术创作,从而推动学校文化的发展,最终培养学生的文化创造意识。

3. 帮助学生主动参与大学文化软环境的建设

以文化自觉建设校园文化,应该特别加强大学文化软环境的育人作用,积极引导大学生参与大学文化软环境的创建活动。大学中的教风、学风、治学态度以及治学行为等作为大学文化软环境的重要组成部分,校园文化要积极地对其进行合理宣传,帮助大学生树立优良学风,端正治学态度和学术行为,让学生主动参与到学校的廉政制度建设、自我服务和管理中。

参考文献

[1] 齐卫平. 基于文化自觉和文化自信的思想政治教育反省[J]. 思想理论教育,2012(1):21.

[2] 傅义强. 大学生文化自觉的构建与高校思想政治教育的使命[J]. 学术论坛,2010(6):195.

[3] 甘阳,陈来,苏力. 中国大学的人文教育[M]. 北京:生活·读书·新知三联书店,2006:12.

[4] 衣俊卿. 文化哲学十五讲[M]. 北京:北京大学出版社,2004:306.

[5] 赵梦影,徐玉莲. 简论文化自觉自信的大学生思想政治教育路径[J]. 教育探索,2013(3):113.

(原文发表于《科学经济社会》2013 年第 3 期)

学院教授委员会制度的实践与思考

宣建林　徐　澄

摘　要　随着高等学校管理重心逐渐向学院一级下移，学院管理模式的转变变得至关重要。根据学院管理的特性，建立教授委员会，充分发挥高层次人力资源的智慧，激发教授治学的积极性，完善更加民主、高效的学院管理决策一执行体系，是实践学院现代管理模式的途径之一。

关键词　教授治学　教授委员会　学院管理模式

完善内部治理结构，已成为当前高等学校管理改革的重点，学术管理是高校管理之根本，在高校管理中加强学术性是高校发展的必然要求。我国大部分高等学校实行了校院两级管理模式，随着管理自主权的下移，学院呈现出人才培养多层次化、科研活动扩大化与多重化和服务社会职能多样化等特征。建立教授委员会，发挥和完善教授治学功能，进行学院内部管理改革是高校发展的内在要求。东北师范大学 2000 年在国内率先成立了教授委员会，从部属高校到地方高校，从“985”高校到普通高校，从东部高校到西部高校，都开始在学院层级成立教授委员会。由于当前高校管理中学校权力基本集中于行政系统，加上教授委员会本身制度不健全，权责不明晰，而国外高校详细规定校院两级教授委员会的职责、权力和办事章程，因此，我国高校教授委员会制度实际上仍处在摸索阶段。理清学术权力与行政权力的关系，整合学院内部各管理要素的功能，构建科学、高效的二级学院管理模式，已成为建设现代大学极为重要的基础性工作。

一、高等学校学院管理的特性与存在的问题

学院作为高等学校内部组织，属于高等教育组织范畴，具有与一般企事业和政府组织不同的管理特性。

(一)学院管理者的特殊性

本文所描述的学院管理者主要指院系领导层次。学院管理者起着承上启下的作用，其主要职责是正确领会学校的整体发展思路以及具体工作的安排，

结合学院和学科的实际，独立而创新地领导教职员工开展科学研究、人才培养、学科建设和社会服务等工作，并有效指挥落实学校的日常管理事务。

我国高等学校院系领导层级的管理者基本上都是“学而优则仕”，管理者的学历和职称层次高，一般都是各学科的拔尖人才，基本上没有接受过系统的管理学教育和培训。以笔者所在高校为例，100％的院长是学科带头人，25％的院长是长江学者，90％的副院长是所在院系各学科的教授(极个别的是副教授)；除管理学院外，92％的院系领导都没有管理学或者教育学的系统学习经历。众多研究者对高校管理者的胜任能力进行了系统研究，认为学院管理者不仅要具有扎实深厚的专业才能和学术素质，同时也需要具备一定的管理才能，包括组织、决策、沟通、创新、用人等能力。

随着高校管理工作趋于专业化，学院管理者不仅仅是学术发展的领导者，更多的应该是高等学校教育政策的执行者，卓越的学识才能对于学院行政领导尤其是院长而言固然十分重要，但如果缺乏高人一等的管理才能，在学院管理决策和执行中常常会陷于缺乏管理专业素养的窘境，虽然具有足够的工作热情和经验，制定和执行决策过程中，时有偏颇之处，缺乏大局观和灵活应变的操控能力，导致学院有可能缺乏组织凝聚力与执行力，难以落实国家和学校的教育政策。

(二)学院被管理者的特殊性

学院管理主要是对学院中的人、财、物、时间、空间、信息等资源的有机组合与合理配置，其中最核心的是对人的管理。高校学院的被管理者有教职工群体和学生群体两类，本文主要研究教职工群体的特殊性。

高校教师属于高素质、高层次人才，是思想最活跃的群体，尤其是在研究型大学，教师的博士率很高，有很大一部分教师有过出国经历，他们有着不同文化背景和教育经历，他们的思维方式、思想方法都不尽相同。在管理特性上突出表现为思想较为独立和开放，更加注重民主，崇尚自由，自我意识较为强烈，不喜欢被约束，对灵活的工作场所和时间有强烈的要求，期望有更为宽松的组织环境，渴望有发挥贡献的渠道；具有鲜明的个性和强烈的自尊心，具有较强的自我评价和自我教育能力，更多地强调自我引导；对自我职业发展有较为明晰的规划，追求完美的人格特征，渴望得到社会、领导、同行和学生的尊重与承认。另外，由于高校越来越注重教学与科研团队的建设，教师组成的小团队具有独立管理自己科研与教学工作的方向、内容、进程、经费和人员的使用等权力。

目前，我国高校学院的人力资源管理虽然做了很多有益的改革，但还没有达到真正意义上的现代人力资源管理水平，还存在管理认识不到位、管理观念落伍、管理规划不够科学合理、绩效考评和激励体制片面和管理环境不佳等问题。

(三)管理方式的特殊性

高校学院与企业、政府等组织的最大不同主要体现在管理方式方面。20世纪70年代,迈克尔·科恩(Michael Cohen)和詹姆斯·马奇(James March)将高校的特点描述为“有组织的无政府状态”,“在大学无政府状态中,每个人都被看作是独立的决策者。教师们决定是否讲授,何时讲授什么,既无协调,也无控制。”具体说来,主要体现在下述三方面。

第一,管理目标具有不确定性。学科建设、人才培养以及科学研究的目标难以直接转变为具体的行动方案,成效周期长,考核指标难以明确,考核很难,不能有效调动和激发管理对象的积极性。比如作为学院根本目标之一的人才培养,其最佳方案是“因材施教”。

第二,工作方式不确定。高校是知识探索创新和教书育人的场所,教师开展科学研究和人才培养的方式多种多样,从实质上讲并无优劣之分,比如课程教学过程中,课堂教学、现场实践课、实验教学等方式,没有绝对的是非优劣之分。

第三,大学管理要追求多元文化和多元价值观念。大学是由众多精英组成的学术共同体,不同的思想、价值观念、理想追求会互相碰撞;大学的办学层次、类型也存在着多样性,随着国际化和社会发展的加速,还会有新的办学模式。

我国高校学院传统管理模式的实质是科层式的行政管理,遵循下级服从上级的组织原则。随着大学自身规模的膨胀和内部事物的日益增多,管理的复杂程度大大提高,学院管理出现一些问题。譬如,知名教授游离于学院之外甚至是学院之上,管理者和管理对象之间缺乏有效沟通渠道,行政权力与学术权力产生冲突与失衡,常常出现政令不通、执行不力、执行拖沓等情况;整体团队协同能力较弱,缺乏有效的凝聚机制;以院长为核心的行政体系的管理水平直接影响着学院运行机制的有效性,若管理者的管理素质和领导水平存在任何形式的欠缺,就可能影响运行机制的有效性。

二、充分发挥教授作用,创新并实践学院现代管理模式

高校学院管理就是要根据独有的管理特性,厘清学院学术权力和行政权力关系,更好地发挥学院管理者和被管理者的优势,扬长避短,科学决策,探索合理、高效的学院管理机制,提升学院整体执行力。《国家中长期教育改革和发展规划纲要(2010—2020年)》明确指出,“探索教授治学的有效途径,充分

发挥教授在教学、学术研究和学校管理中的作用。”高校的本质是传承、研究、融合和创新高深学问,人才培养和科学研究是大学的两大主要任务,其基础都在学科或专业,而在各学科、专业领域拥有权威发言权的只能是各学科、专业有专门修养的教授、专家等学者。有研究者调查表明,79.4%的被调查者认为高校有必要设立教授委员会让教授行使学术权力。

我国高校成立学院教授委员会是深化高等学校体制改革,建立现代大学制度的客观需要,也是坚持以人为本,充分行使学术权力,促进学术发展的客观要求。各学院建立教授委员会的努力,有利于发挥教授在学科建设、人才引进、科研工作和学术交流等方面的作用,有利于促进学术权力与行政权力的适当分离,有利于推动民主管理和科学决策,理顺学院内部管理体制和运行机制。

笔者所在学院自 2009 年 6 月成立了教授委员会,经过 4 年多的实践,教授们在办学治院中的作用得到了很好的发挥,学院现代管理模式初步形成。

(一)理清“政治权力”“行政权力”与“学术权力”的关系,建立科学合理的学院管理权力体系

我国高校在管理中,行政意志、部门意志过于突出,忽视了高校的学术特点,学术权力得不到应有的重视,基本从属于行政权力,学者和学术组织机构在高校管理中的作用得不到发挥,进而影响了高校整体目标功能的发挥。二级学院在学科建设、师资队伍、教学管理、科研管理和学生管理等方面具有较大程度的决策权,这些方面的决策最终都落脚到为学院教师开展人才培养和科研创新提供有利条件,因此整合学院内部各管理要素的功能,构建政治权力、行政权力、学术权力三者有机结合的管理模式是我国高校内部管理正面临改革重点。

笔者所在学院试行学术重大事项由教授委员会集体决策的机制,这种方式有利于教授委员会和党政联席会运用好学术权力和行政权力,能根据学院的使命和目标各得其所、各显其长、各尽其能、各司其职,以达到各种力量推动学院协调发展的目的。

学院党委是学院的政治核心,认真履行《中国共产党普通高等学校基层组织工作条例》所规定的职责,受校党委的委托,负责保证监督党和国家的方针、政策及学校的各项决定在学院的贯彻执行,并支持院长在其职责范围内开展工作。党委书记为教授委员会当然委员,参与讨论和决定学院教学科研行政管理中的重要事项。

教授委员会和党政联席会实行“权力渗透”的模式。建立由全体教授和学院领导组成的教授委员会,由院长或者知名教授担任主任。成立学科与师资队伍建设、本科生教学、研究生教育和科学研究、学术交流等分委员会,聘请知名教授担任分委员会主任，分管相关工作的院领导作为委员参加分委员会。赋予教授委员会在学科建设、人才培养、科学研究、学术交流等方面的决策权力。一方面，学院制定发展规划、出台新的政策与改革措施、引进人才、修订教学方案等关系学院发展的重要事项，要提请专门的分委员会或者教授委员会全会讨论，讨论通过后才能付诸实施。另一方面，教授委员会及其分会也可以提出相关改革建议，由学院党政联席会议讨论通过后付诸实施；教授委员会对管理的结果享有监督权。日常行政管理则由党政联席会议领导的党政体系负责。

学院行政班子行使对学院的行政工作的行政管理权；教授委员会做出的决策，院长负责贯彻落实及组织实施；教授委员会对院长执行决策情况进行督促和检查。教授委员会和党政联席会均要将涉及全体教师利益的重大事项和重大改革措施交由教代会讨论，院长和教授委员会主任要向教代会报告工作情况。

（二）通过教授委员会集聚智慧，完善学院管理决策机制

发挥学术民主和教授的活力，是现代大学保持知识创新优势、充满生命活力的重要原因。建立教代会、教授委员会和党政联席会三者既分层次又有机结合的决策机制，院长为核心的行政系统负责执行，党委系统提供有力的组织保障和思想动员，这样的制度能够较好地解决学院日常重大事项管理中的决策、执行、监督的相互协调问题，既符合了现代管理科学决策理论的发展趋势，又使决策更加科学化与民主化，体现了专家治院的思想。

高校学院的传统决策机制是以党政联席会为核心的单极模式，加之学院领导基本没有系统的管理教育经历，在重大事项的决策上容易出现失误，会出现办学定位不准确、教学方案不科学等问题。利用教授委员会，充分调动教授群体的积极性、主动性和创造性，发挥他们的智力优势，群策群力，在重大事项上由集权决策向民主决策转变，从“拍脑袋”到“调研分析、有理有据”，从而避免了少数人决策、缺乏权威性的状况，通过深入交流、平等协商做出的决策，更加科学和客观，有利于降低决策风险和错误决策付出的代价。学院教授委员会是学院管理发扬学术民主、健全自主发展和自我完善机制的组织形式，可以主要拥有咨询审议、商讨决策的功能，咨询审议功能主要体现在对学院重大事项拥有咨询、审议和监督的权力，商讨决策功能主要体现在对学术事务和学院重大事项上的决策功能。

在推行教授委员会集体决策的同时，学院行政管理系统则探索建立科学高效的资源配置机制，对学院各类资源加强宏观结构性调控和管理，以考核评价制度为杠杆，以促进竞争发展为原则，探索并实践师资队伍、学科建设、科学研究与人才培养等全方位的激励机制，激发和调动教师的主动性和积极性，提高了学院管理体系的能动性和应变能力，促进了学院的可持续发展。

(三)充分发挥教授委员会的凝聚作用,提升学院整体执行力和凝聚力

教授委员会的建立使得管理者和管理对象之间有了沟通的平台,增强了学院整体执行力和凝聚力。组建学院的基本目标之一就是破除原有相关学科间的壁垒,促进相关学科融合,形成学科优势,培养大批适应社会需要的宽口径、厚基础的高素质人才。教授委员会制度不仅使教授从被管理者的意识过渡到了管理者的自觉意识上来,而且还加强了教授之间的沟通与交流,加深了教授之间的了解与联系,促进了科研与教学等方面的合作,增强了学院承担重大科研项目和联合攻关的能力,加速了学院不同学科之间的交叉与融合,打破了学院不同学科之间的学术壁垒,加快了凝练新学科方向和产生新的学科增长点的速度,无形中推动了学院学科建设、人才培养和科学研究的发展。

教授委员会制度让教授治学、教授治院有了平台,院系党政体系更多的是要做好日常行政管理与服务工作。因此,在实践教授委员会制度的同时,可以推行系级领导班子年轻化。选拔一批有责任心、公益心和管理能力的年轻教师担任系主任和党支部书记,一方面有利于锻炼和培养青年教师,让教授们有更多精力来从事科学研究和人才培养,另一方面也有利于提高学院党政体系的执行力和战斗力。

教授委员会制度的实践,不仅有利于保障学院管理中的科学决策,还有利于保障决策的执行落实。我国高校,特别是研究型大学纷纷鼓励建设以知名教授为核心的研究团队,遴选研究团队负责人进入教授委员会,积极参与谋划学院人才培养、科学研究、学科建设和队伍建设,参与学院政策制度探讨、沟通、权衡和出台的过程,在学院政策制度的执行过程中就能减少了误解,使得执行更加顺畅,大大提升学院的执行力和凝聚力。

(四)制定措施,保障教授委员会的良好运行

学院管理者必须要有一种开放、包容与协商的理念,必须要牢固树立起“管理就是服务”的意识,才能真正发挥好教授委员会的作用。在管理方式上,管理者要实行协商制度而不是简单的令行禁止,要积极主动地去沟通交流,要通过精心的服务,为教授委员会提供良好的运行环境。

首先,学院党政领导要转变观念,主动发挥教授委员会的智力,认真落实教授委员会讨论通过的事项。从国内几所高校的院级教授委员的实践效果来看,教授委员会制度的有效执行和落实很大程度上依赖于学院院长对教授委员会的认知程度和支持态度。双肩挑的学院行政领导,兼有学术领导和行政管理的双重身份,在党政联席会和教授委员会中属于不同的角色,能否做好向委员们宣传校院两级政策制度和发展规划的内在要求,能否引导和激发委员们的责任意识和参与意识,能否主动问计于教授,决定着教授委员会作用的有效发挥。因此,学院行政领导的办学理念和角色定位是关键。

其次,要为教授委员会的活动提供人员和财政保障。在党政办公室设教授委员会秘书岗,聘任专人负责日常协调管理工作;行政体系提供充足的经费,充分利用发放工作津贴等物质和精神激励手段,调动教授积极主动地参与学院管理。

最后,要加强教授委员会的制度建设。教授委员会章程要随着学校、学院和学科的发展不断完善。完善教授委员会委员的遴选程序,并制定科学的监督与评价机制。要建立教授委员会会议制度,每学期至少召开 1～2 次全会,各分委员会每学期至少召开 2～3 次会议,规范议事规则,完善工作程序。在实践中发现教师普遍存在参与管理的意识不强、积极性不高、效率不高等问题,因此需要开展教授参与意识的教育培训,增强教师的学术职责和参与意识。

总之,随着高校办学规模的扩大和内部事务的日益增多,高校内部管理模式的变革需求越来越强烈,作为高校次级管理实体的学院,深化教授治学,建立教授委员会制度,发挥好教授委员会的作用,才能激发教职员工的工作积极性与创造性,构建起有共同战略目标、有一致核心价值观、有高效执行力的学院管理模式。

参考文献

[1] 杨恕,安应民. 高等学校内部管理体制改革中的院级职能探讨[J]. 中国高教研究,2000(2):30.

[2] 杜英芳. 当前高校二级学院管理中存在的问题与对策[J]. 教育探索,2010(12):99.

[3] 罗伯特·欧文斯. 教育组织行为学[M]. 孙绵涛,等,译. 武汉:华中师范大学出版社,1987:25.

[4] 张红峰,靳希斌. 美、英、德三国大学学院制组织模式的多视角比较[J]. 比较教育研究,2008(3):62.

[5] 许德章. 高校二级管理模式下学院管理体制和运行模式的构建[J],科技创新导报,2010(29):198.

[6] 张意忠. 教授治学的调查与思考[J],江苏高教,2006(4):86-89.

[7] 刘冲,高校学院运行机制研究——英国的行动与启示[D]. 成都:四川师范大学,2007.

(原文发表于《科技经济社会》2014 年第 1 期)

我国高校二级学院教授委员会章程比较

宣建林

摘　要　随着高等学校管理重心逐渐向学院一级下移，建立教授委员会制度成为高校二级学院实践现代管理模式的途径之一。文章从设立学院教授委员会的目的与功能定位、委员遴选制度、组织机构、职责、议事制度和与学院党政管理的关系等6个方面对浙江大学医学院、中南大学政治学院等6个高校二级学院教授委员会的章程进行了对比研究，旨在考察我国高校二级学院教授委员会的运行现状，为进一步完善我国高校内部管理体制改革提供经验借鉴。

关键词　高校二级学院　教授委员会　功能定位　职责

教授委员会制度可追溯到中世纪巴黎大学的“教师行会”，主要负责选聘教师、招生和培养方案制定等事务。随着现代大学的不断发展，“教授治学、教授治校”的理念已被普遍接受，教授委员会制度成为世界高等教育的管理模式之一。东北师范大学在2000年在国内首倡建立教授委员会，随后全国大部分高校在不同层面、不同层次推行了教授委员会制度。本文拟对浙江大学医学院、上海交通大学医学院、哈尔滨工业大学土木工程学院、中南大学政治学院、北京师范大学生命科学学院和西北工业大学航空学院6所大学的二级学院教授委员会章程进行比较，考察我国高校二级学院教授委员会的运行现状，以便进一步完善我国高校二级学院管理体制。

一、学院教授委员会的建设目的和功能定位比较

我国高校二级学院建设教授委员会制度，必须要坚持社会主义办学方向和坚持党委领导的原则。在教授委员会章程中，中南大学政治学院和北京师范大学生命科学学院明确以《中华人民共和国教育法》《中华人民共和国教师法》《中华人民共和国高等教育法》和《中国共产党普通高等学校基层组织工作条例》为依据，其他4个虽然没有明确章程制定依据，但均提及“在党委(领导)指导下”开展工作。

在学院教授委员会的建设目的方面，6个学院都致力于发挥教授在学科

建设、人才引进、科研工作和学术交流等方面的作用，致力于推动民主管理和科学决策，致力于落实深化学院管理体制改革，理顺学院内部管理体制和运行机制。此外，浙江大学医学院和哈尔滨工业大学土木工程学院还将落实“教授治学、教授治院”的治院理念作为建设教授委员会的目的之一。

科学合理地定位教授委员会的功能，有利于保障其有效运行。学院教授委员会是学院发扬学术民主、健全自主发展和自我完善机制的组织形式，主要拥有咨询审议、商讨决策的功能，咨询审议功能主要体现在对学院重大事项拥有咨询、审议和监督的权力，商讨决策功能主要体现在对学术事务和学院重大事项上的决策功能。6个学院的教授委员会章程中均明确了教授委员会的功能定位，但有所区别，大致可以分为以下三类。

(1)咨询机构。浙江大学医学院和上海交通大学医学院规定教授委员会仅作为重要的咨询机构，在学院重大事项上行使审议权和建议权，为学院党政管理机构的最终决策建言献策。

(2)学术决策＋咨询机构。中南大学政治学院则规定教授委员会在学术民主的基础上，对有关学术问题有决策权；同时对学院发展过程中的重大问题有审议权，为学院党委、行政的决策提供依据及咨询。

(3)决策机构。哈尔滨工业大学土木工程学院、北京师范大学生命科学学院和西北工业大学航空学院则均明确规定教授委员会不仅是学术问题的咨询和决策机构，也是研究和决定学院改革建设与发展中重大事项的决策机构。北京师范大学生命科学学院明确试行重大事项教授委员会集体决策基础上的院长负责制。

二、学院教授委员会的委员遴选制度比较

要发挥好教授委员会的作用，委员的遴选至关重要，委员的提名人数、任职条件与程序都要有一定的标准。6个学院教授委员会章程均对委员的遴选做了规定。学院教授委员会一般由全体教授或有代表性的教授、院长、学科带头人及具有教授职务的党政领导组成。

从委员人数上看，中南大学政治学院最为明确，规定为7～9人；浙江大学医学院通过限定特定人选来确定委员人数；上海交通大学医学院和哈尔滨工业大学土木工程学院则以学院教授的总人数按比例确定委员人数，分别为教授总人数的20％和60％；北京师范大学生命科学学院和西北工业大学航空学院则规定教授委员会委员为学院全体正教授，后者还规定全体院级党政领导也是当然委员。

从任职年限上看，主要有三种模式。一是规定明确任期。上海交通大学

医学院规定任期为3年,中南大学政治学院规定任期为3~4年。二是参照其他任期。浙江大学医学院规定任期与学校的聘岗工作保持同步,哈尔滨工业大学土木工程学院规定任期与学院领导班子任期相同。三是任期不做规定。因为规定所有正教授均为当然委员,北京师范大学生命科学学院和西北工业大学航空学院也就没有对委员任期和遴选方式做规定。

从任职条件和遴选程序上看,浙江大学医学院规定仅学院院长、常务副院长、院士、长江学者、九级教授、国家重点学科负责人和各学科主任为教授委员会委员。哈尔滨工业大学土木工程学院规定院士、国家教学名师、长江学者、党委书记、正副院长、各学科组主任为当然委员,此外按教授总人数的60%,经各学科提名,由全体教授投票产生委员,另设列席代表(无投票权),包括院党委副书记、2名学院建设监督委员和2名青年科协代表。上海交通大学医学院和中南大学政治学院则规定委员为学术造诣较深,思想政治素质较高,热爱和关心学院发展的教授代表,在遴选方式上略有不同,前者规定由各附属单位按比例推荐产生,后者规定由学院全体教授投票选举产生。

三、学院教授委员会的组织机构比较

学院教授委员会的作用发挥与主任委员和内部组织机构有着重要的关系。6个学院教授委员会均设主任委员1人,浙江大学医学院、上海交通大学医学院、哈尔滨工业大学土木工程学院、北京师范大学生命科学学院和西北工业大学航空学院教授委员会均设有副主任。哈尔滨工业大学土木工程学院和西北工业大学航空学院规定主任委员由院长担任,浙江大学医学院、上海交通大学医学院、中南大学政治学院、上海大学法学院和北京师范大学生命科学学院规定主任委员由全体委员推举产生,但上海大学法学院将人选范围限定为院长或其他学科带头人。6个学院教授委员会均设秘书,浙江大学医学院和上海交通大学医学院教授委员会还设有秘书处,中南大学政治学院规定秘书由主任提名,经全体委员同意产生。

浙江大学医学院、北京师范大学生命科学学院和西北工业大学航空学院教授委员会都下设了专门委员会。其中,浙江大学医学院教授委员会按一级学科设学科教授委员会;北京师范大学生命科学学院和西北工业大学航空学院教授委员会则是按不同功能下设专门委员会,前者设学术与学位授予、教学指导、人才引进与职称评定和实验室建设与管理4个专门委员会;后者设学科建设与师资队伍、本科生教学与培养指导、研究生教育与培养指导和学术交流4个分委员会。

四、学院教授委员会的职责(职权)比较

章程规定的职责(职权)是教授委员会开展工作的依据和保障。6个学院教授委员会章程都明确规定了教授委员会的职责,西北工业大学航空学院还明确了各专门委员会的职责。根据前文所描述的教授委员会功能定位,各个学院对教授委员会的职权范围也有所不同。

浙江大学医学院教授委员会的职权:①审议学院及各学科建设规划、科研工作规划,评议学院重大建设项目和科研项目,对涉及重要学术问题的其他事项进行论证和咨询。②评议学院师资队伍建设计划,评议拟引进的优秀人才,推荐国内外重要的学术组织的任职人选。③教授委员会对学院学科建设经费的分配有建议和督促权。对资助的领域、方向及重点项目进行评审,并监督项目的实施。④在职称晋升工作和硕、博研究生导师资格的评审中,负责对本学科申报人员的学术水平和任职条件进行资格审查和评议,并提出排序推荐名单,供学院职务评审委员会参考。⑤在聘岗工作中,各级学科教授委员会负责对本学科申报人员的业绩进行审议,提出建议岗级供学院聘岗委员会参考。⑥在学院与国内外院校的校际交流中,各级学科教授委员会负责相应专业范围的交流人员的评议、推荐。⑦评审申报各类奖励的科研成果。⑧指导、组织学院及各学科的学术交流活动。

上海交通大学医学院教授委员会的主要职责:①对正高级专业技术职务岗位聘任人选进行学术评议。②对重大发展规划,包括学院定位、发展方向、招生规模、学科专业设置和师资队伍建设等提出建设性建议。对学院重大教学科研及学科建设立项进行论证和咨询,为决策提供依据。③对拟引进人才进行评议。④对重要的国内外学术交流和合作办学计划提出咨询意见。

哈尔滨工业大学土木工程学院规定教授委员会具有以下职责:①讨论、审议学院发展规划及执行情况。②听取、审议院长的年度工作计划和年度工作总结。③讨论、审议学院学科建设、专业建设和师资队伍建设等方面的重大事项的规划和执行情况。④审议学院人员聘任工作中的岗位设置方案,对岗位受聘人员进行考核,提出岗位聘用建议人选并报学校人力资源委员会审批。⑤对拟引进人才、选留任教人员进行考核并表决。⑥审议学院的财务预、决算。⑦讨论和表决需要由教授委员会通过的其他重大事项。

中南大学政治学院教授委员会的主要职责:①审议院(系)中长期发展规划、年度工作计划和总结。②审议本单位学科建设规划,推荐本单位学科带头人、学科建设项目负责人,确定本单位重点学科的申请、重点学科建设项目的立项。③审议本单位研究生专业建设发展规划及研究生培养方案。④审议本

单位本科专业建设发展规划,确定本单位本科专业调整、教学计划制定及修改、教学改革立项、教材建设和人才培养培养方案。⑤审议本单位科研工作规划,确定本单位重点科研方向、基地建设申请、科研奖励政策和重大学术交流事宜,推荐本单位校级以上科研立项、科研成果报奖、申请资助出版著作和优秀科研人员。⑥审议本单位师资队伍建设规划;审议本单位教师业务考核标准、办法,确定考核结果;审议本单位教师职务岗位聘任办法,确定本单位教师职务晋升的初步人选。⑦推荐本单位引进教师、科研人员的初步人选,人才引进考核工作。⑧讨论院长、院务委员会或教授委员会主任委员提请议的与学术相关的其他重大原则问题或重要事项。⑨负责监督本单位学术性和专业性有关政策的落实情况。

北京师范大学生命科学学院规定教授委员会担负下列职责:①决定学院的建设与发展规划。②决定学院的教学与科研的组织形式。③决定学科建设专业建设和教师队伍建设方面的重要事项。④决定教师和其他系列专业技术人员的聘任资格的审定。⑤决定学院实验室的建设与管理等方面的重要事项。⑥决定学院自主支配经费的使用原则。⑦讨论学院院长及行政班子认为有必要提交决定的其他事项。

西北工业大学航空学院则详细规定了各专门委员会的职责:①学科建设与师资队伍建设领导小组审议和指导学院学科建设、“985”工程与“211”工程建设项目的规划立项、重点学科与专业申报和优势学科创新平台的论证等工作;对实验室建设规划提出建议;青年教师的选留审查和研究方向的确定;对学院教师专业技术职务任职资格的评审。②本科生教学与培养指导分会提出本科生教学改革与发展的建设性意见;对本科生培养模式、教学工作的总体思路、专业设置与改造等有关教学改革及人才培养方案的重大举措进行论证和审议。③研究生教育与培养指导分会提出学院研究生教育改革与发展的建设性意见;对研究生培养模式总体思路、教学改革及培养方案、专业设置、学科点发展规划等进行论证和审议。④学术交流分会:积极组织和指导学院教授、青年教师、研究生开展学术交流活动;积极组织国内国际学术会议、国内外专家讲学、留学回国人员学术报告会、著名校友学术报告会等学术交流活动。

从6个学院教授委员会的职责不难看出,无论教授委员会的定位是咨询审议机构还是决策机构,其参与范围已经不再局限于学术领域,其审议或者决策的事项不仅包括了人才培养、科学研究、学术交流、学术评议等,还包括了学院发展规划、师资队伍建设、学科规划、学院工作计划和重大事项等。个别学院的教授委员会还有独立议案权,可以提出各方面的改革措施,由行政系统负责实施。

五、学院教授委员会的议事制度比较

学院教授委员会主要通过会议来落实其职责，因此，6个学院教授委员会章程或多或少都对议事制度做了规定。议事制度包括会议次数、议题提出、召集人、参会人数、表决制度等。比较一致的是，6个学院都规定教授委员会主任为会议召集人和主持人，会议必须达到应到人数的三分之二方可开会。

在会议次数上，浙江大学医学院教授委员会实行例会制，每月召开1次会议；上海大学法学院和西北工业大学航空学院规定教授委员会会议每学期至少召开1次，必要时可随时召开；上海交通大学医学院、哈尔滨工业大学土木工程学院和中南大学政治学院教授委员会则根据需要不定期召开会议。

在议题提出上，哈尔滨工业大学土木工程学院教授委员会议题由院务会或有不少于3名教授成员联合提出。北京师范大学生命科学学院教授委员会所讨论和决定的议题主要由副主任委员和行政班子收集，主任委员提出；教授委员会有五分之二以上的委员就其职权范围内的问题提出举行会议，主任委员应须召集会议进行讨论；在教授委员会职权范围内所讨论和决定的事项，要先由院行政班子提出方案，再提交教授委员会讨论决定。上海大学法学院教授委员会会议议题由教授委员会主任根据院长或委员的提议确定，并应提出初步意见或方案。西北工业大学航空学院教授委员会会议议题主要由各级教授委员会主任委员和行政班子提出。

在表决制度上，虽然都实行集体决策制度，采用表决制通过议案，执行少数服从多数原则，但具体规则略有不同。上海交通大学医学院和哈尔滨工业大学土木工程学院规定表决时超过到会人数的三分之二以上赞成为通过，其他4个学院规定所做出的决策要在实到会人数一半以上的成员表示赞成的情况下方为有效。此外，哈尔滨工业大学土木工程学院、中南大学政治学院和北京师范大学生命科学学院还规定，教授委员会对所讨论的议题要充分酝酿，如对重要问题产生严重分歧，难以决定时，除特殊情况须做出决定外，应暂缓做出决定，在继续深入调查研究和交换意见的情况下，再次召开会议表决。

北京师范大学生命科学学院还规定，教授委员会通过的决议，主任委员如有异议，可行使一次否决权，被主任委员否决的决议要再次通过，须有到会人数的三分之二（含三分之二）以上的成员赞成。

六、学院教授委员会与学院党政管理机构的关系比较

有效发挥好教授委员会的作用，关键是要理清教授委员会与学院行政班子、学院党组织的关系，整合学院内部各管理要素的功能，构建政治权力、行政

权力、学术权力三者有机结合的管理模式。在学院教授委员会与学院党政管理机构的关系方面,北京师范大学生命科学学院教授委员会章程中用五个条款做了详细阐述,其他学院主要在院领导是否为教授委员会委员并是否兼任主任委员、院领导是否有权提出议题等问题上做了规定,没有深入涉及学院教授委员会与学院党政管理机构的关系。

北京师范大学生命科学学院规定学院试行重大事项教授委员会集体决策基础上的院长负责制,院长对学校党委和校长负责。教授委员会行使对学院改革建设与发展中的重大事项的决策权;学院行政班子行使对学院的行政工作的行政管理权;教授委员会做出的决策,院长负责贯彻落实及组织实施;教授委员会对院长执行决策情况进行督促和检查。学院党委是学院的政治核心,认真履行《中国共产党普通高等学校基层组织工作条例》所规定的职责,负责保证监督党和国家的方针、政策及学校的各项决定在学院的贯彻执行,并支持院长在其职责范围内开展工作。党委书记为教授委员会当然委员,参与讨论和决定学院教学科研行政管理中的重要事项

七、小结

(1)教授委员会在我国高校二级学院中正在逐步推行。从部属高校到地方高校,从“985”高校、“211”高校到普通高校,都开始在学院层级成立教授委员会。有研究者调查表明,79.4%的被调查者认为高校有必要设立教授委员会让教授行使学术权力。我国高校成立教授委员会是深化高等学校体制改革,建立现代大学制度的客观需要,也是坚持以人为本,充分行使学术权力,促进学术发展的客观要求。各学院建立教授委员会的努力,有利于发挥教授在学科建设、人才引进、科研工作和学术交流等方面的作用,有利于促进学术权力与行政权力的适当分离,有利于推动民主管理和科学决策,理顺学院内部管理体制和运行机制。

(2)各个学院对教授委员会的功能定位有分歧。这些分歧的存在,从一个侧面体现了高校办学的自主性,但另一方面看,说明教授委员会制度在我国高校还处于探索实践阶段,管理者和参与者都还没有对其功能定位有统一的认识和理解,尚需要在实践中不断摸索和改进完善。

(3)如何理顺教授委员会和党政管理体系的关系还是一个有待探索的问题。6 个学院中只有一个学院较为明晰地阐述了“教授委员会和党政管理体系的关系”,其他学院则没有涉及这一方面的内容。笔者认为,高校学院教授委员会制度尚处于尝试阶段,还不十分成熟,还需要在实践中不断探索从校院系三级纵向管理之间、学术与行政权力横向之间划分权力的模式,理清教授委

员会与学院行政班子、学院分党委的关系，整合学院内部各管理要素的功能，积极构建政治权力、行政权力、学术权力三者有机结合的管理模式。

参考文献

[1] 张献勇.我国高校教授委员会规章比较[J].黑龙江高教研究，2007(12)：31.

[2] 张意忠.教授治学的调查与思考[J].江苏高教，2006(4)：86－89.

（原文发表于《教育界》2013年第27期）

公共部门临时工的身份冲突
——对88份文本的实证分析

杨云霞　黄亚利

摘　要　本文通过对88份公共部门的临时工管理办法的文本分析，发现临时工作为社会转型时期就业中的一个特殊群体，面临着身份与角色的冲突，表现在临时工身份与非临时性岗位的冲突、短期性合约与长期性用工的冲突、编制内与编制外用工的冲突、临时用工的长期性与无法转正之间的冲突、临时工身份与公务员岗位之间的冲突。究其实质，是一种劳动力市场的体制性分割以及由这种分割而引发的就业歧视。

关键词　公共部门　临时工　身份冲突　体制性分割

近些年，在公共部门，临时工为中国社会转型时期出现的一个特殊的社会群体，面临着诸多的歧视，在各类媒体中频频出现的“临时工二等公民”“临时工是替罪羊”“犯错的为什么总是临时工”等字眼已充分显现了临时工在公共部门的尴尬处境。而这一切，主要源于公共部门临时工的身份与角色的冲突。

本文通过抽样调查的方法，选取了1998—2011年中国24个省、直辖市、自治区的公共部门的88份临时工管理办法，包括政府机关及直属事业单位35份、高等院校41份、中小学12份。这里的临时工管理办法，包括两类，一类是政府部门发布的行政性规范，在其行政管辖区域范围内发挥着规范性文件的作用；另一类是用人单位的内部劳动管理规章，又被称为土政策，在法律法规之外在劳动关系中发挥着主要的劳动管理和规范作用。

一、临时工所面临的身份冲突

（一）临时工身份与非临时性岗位的冲突

根据1989年国务院出台的《全民所有制企业临时工管理暂行规定》（已废止），临时工是指使用期限不超过一年的临时性、季节性用工。从这一概念可以看出，“临时工”的工作岗位具有临时性或季节性，即某些工作属于临时性的任务需要临时性的用工；某些工作具有季节性特点，随着季节性的变化而出现或消失，所以用工也具有季节性。在88份公共部门的临时工管理办法中，有35份使用了这一界定方法。

但从文本中的公共部门的临时性用工来看，尽管对这一种用工方式冠以临时工的名义，但是已经偏离了临时工的这一本质特点。

临时工的岗位分布大致包括四类：一是行政管理类岗位的临时工，这一群体主要是指基层政府临时工，他们是协助基层政府开展公共事务服务管理而没有正式编制的群体，主要从事公共秩序类、行政执法类、党群工作类的工作。二是事业单位管理类岗位临时工，这一群体主要是指在直属事业单位及高校等机构从事管理工作的临时工，同第一类一样，不占正式编制，与用人单位签订劳动合同，不属于人事管理范畴。三是专业技术岗位临时工，这一群体是指从事专业技术工作的临时工，尽管教育背景、能力、技能等不亚于正式工，但由于各种原因（如户籍、社会关系、机遇等）进入临时工队伍，如政府的技术服务和技术支持人员、高校等事业单位的技术人员、中小学的代课教师和聘用制教师等。第四类是工勤岗位临时工，这一群体是指从事简单体力工作或一般技术工种的岗位上的临时工，比如技术工人、水电工、司机、通信员、打字员、门卫等。这一类岗位中包含了正式工不愿做而由临时工来承担的"苦脏累险"的岗位。在上述四类岗位中除了个别岗位是因为临时性工作需要而招聘用工之外，绝大多数为常年性的岗位。

（二）短期性合约与长期性用工的冲突

从上述概念可以看出，临时工属于短期性用工，这些工作的临时性和季节性特点，决定了用工期限具有短期性，法律规定用工期限不超过1年。由于这一概念限定了用工期限不超过1年，所以很多用人单位为了达到这一要求，纷纷借用了短期合同的形式。如有4个管理办法规定劳动合同一学期签订一次，有43个管理办法规定一年一签，在此基础上，都规定可以续签。这就意味着即使是借用了短期劳动合同的形式，但用工关系和劳动关系长期存在的事实，已经突破了临时性用工这一本质属性。更有甚者，在这一概念之下规定劳动合同2年、3年或5年签订一次，在文本中出现了自相矛盾。在2008年《中华人民共和国劳动合同法》实施之后，情况有所变化，针对"连续两次签订固定期限劳动合同，第三次则需签订无固定期限劳动合同"的规定，用人单位的普遍做法是只签订两次，然后予以解聘，这就导致临时工劳动关系的短期化。

（三）编制内与编制外用工的冲突

所谓编制，是指国家行政机关和事业编制的组织机构、人员定额、职务名称、工作量、工资标准、经费额度等的总称。编制内聘用人员，包括签订聘用合同的编制内聘用人员和无须签订聘用合同的编制内聘用人员；而编制外人员，包括档案内部管理的编外人员和档案外部管理的编外人员，编外人员一般实行企业化管理，与机关事业单位签订劳动合同。近些年，随着公共部门用工灵活化，出现了大量的劳务派遣人员，其实质也是编制外用工的一种新形式。

在88份文本中有27份文本使用这一界定方法。如《东营市市直机关事业单位临时工作人员管理办法》中规定，本办法所称临时工作人员是指机关事业单位因工作需要临时使用，不纳入机构编制实名制管理的工作人员。在这一界定方式中，不占机关事业单位的编制就成为界定临时工身份的一个绝对条件，使得临时工成为与“正式工”相对应的一个概念。在这个意义上，公共部门的临时工已非传统意义上的临时性用工，将其称为“编制外聘用人员”更准确些。

之所以出现这一用工方式，主要是基于以下两种情况：一是机关事业单位的核定编制已满。目前事业单位编制都是多年前核定的，编制基数多年不变，不能满足机关事业单位不断发展的需要。在编制满额的情况下，各单位只好大量扩充编制外人员和其他人员，这就出现了临时工。在一些管理办法中，分别规定了行政机关、全额拨款事业单位和差额拨款事业单位的编制内外用工的比例，从1:0.1到1:0.3不等。二是尽管机关事业单位仍有编制，但基于各种原因(如降低用工成本、为更合适的人员保留编制等)不占用其剩余编制，只是招用计划外用工来承担这一编制内岗位应承担的职责。在一些管理办法中，甚至提出在缺编单位，一个正式编制可以雇佣两名临时工。

(四)临时用工的长期性与无法转正之间的冲突

在西方国家已有的研究中，很多学者提出临时工是固定工的一个踏板，临时性工作是临时工向固定工转变的一个入口。在很多国家如英国，临时工群体有向固定工转变的机会，研究者通过数据分析，提出70%的临时工都可以转变为固定工，其中，男性需要3年，女性需要3年半。在实现身份转变后，起初工资水平会有差异，但很快会实现平等。关于影响转变的因素，Alison等人通过对英国临时工的研究提出，在转变中，根据临时工的合同类型(如季节性临时工还是固定期限合同)和性别的不同，其实现临时工向固定工转变的时间从1.5～3.5年不等。Stefano Gagliarducci认为，影响临时工向固定工转变的因素在于固定期限合同的期限以及临时性工作中断期限。在临时工向固定工的身份转变中，无论其可能性大小及时间长短，在已有的研究中，没人认为存在制度性障碍。

在我国，无论是短期性临时工还是编制外临时工，其身份是否可以转变为长期工或正式工呢？在计划经济时期，国家曾通过制度的形式规定在某些条件下“临时工可以转为正式工”。但是，在当前，除非借助于公务员考试、事业单位招考等形式，否则不会随着工作期限的延长而自动实现这种转变。也正因为此，才会出现二三十年工龄的永久的临时工。此外，从88份文本中，也很难看到临时工职业发展的规定，除了考核优秀可以获得很少数额的物质奖励之外，并无其他的职业晋升、职业培训、转为正式工的任何规定。正式基于此，在有些文件中将其称为“计划外长期临时工”。

（五）临时工身份与公务员岗位之间的冲突

综上所述，在临时工群体中，有一类是从事协助行政管理与协助行政执法的临时工，他们在这四类临时工中，有着明显的群体优势。在行政权力主导的中国，行政管理类岗位的临时工的社会地位甚至超越了其他单位的正式工。尽管他们不占用行政编制、不具有行政职务、行政权力较少，是基层政府的二等公民，并且在人事任用和管理方式上与正式编制人员有很大不同，几乎不可能实现自己的政治前途。但另一方面，他们却拥有一定程度的行政管理权或行政执法权，如城管人员中的临时工、交警队伍中的协警、公安队伍中的联防队员等，处于社会分层中的较高阶层。当然，这一群体的社会角色冲突导致一些人暴力执法、滥用执法权，其结果造成部分临时工面临着被辞退并承担民事赔偿甚至刑事责任，在一些事件中还往往充当替罪羊角色。事实上，在很多年前，在安徽等省份已经提出“禁止临时工行使行政执法权”。2011年6月颁布的《中华人民共和国行政强制法》第十七条对此进一步做了明确的规定，“行政强制措施由法律、法规规定的行政机关在法定职权范围内实施。行政强制措施权不得委托。……行政强制措施应当由行政机关具备资格的行政执法人员实施，其他人员不得实施。”但是只要临时工存在，执法经济的怪圈不破除，这一现象就会长期存在或以变形的形式出现。

二、身份冲突的实质：体制性分割与歧视

在临时工身上所表现出的上述身份冲突，只是一种表象，究其实质，是一种劳动力市场的体制性分割以及由这种分割而引发的就业歧视。

我国当前劳动力市场从大类划分，存在着体制内劳动力市场和体制外劳动力市场的二元结构。体制内劳动力市场与体制外劳动力市场，是计划经济向市场经济转变过程中所形成的劳动力市场结构，只要计划经济体制还没有彻底瓦解，市场经济体制还没有完全建立，也就是说，市场经济体制还没有完全取代计划经济体制，就必然同时存在着体制内劳动力市场与体制外劳动力市场。

应当这样看，即体制内劳动力市场与体制外劳动力市场的差别在很大程

度上不是表现为资源配置方式的差别,而是表现为体制内与体制外的制度性壁垒。正如"新结构主义"社会学家皮奥里(Michael J. Piore)所提出的,两种劳动力市场的区分并不是纯技术性的,第一劳动力市场更多地受到制度性的保护,如工会力量、劳动保障制度和最低工资法等。而与此相反,对于临时工却设置了层层行政制度壁垒。主要表现在以下几个方面:一是基于户籍制度而设定的就业限制,使得部分不具有户籍优势的劳动力在职业进入时被排除在第一劳动力市场之外,而落入次级劳动力市场从事临时性工作。即使从事临时工工作,也同样存在着户籍制度下的歧视,如临时工招用中的"禁止招用农民工""先本地后外地""仅限本市户口"就是一个表现。二是人事管理制度中的编制制度,导致以编制为依托对人群进行划分,这实际上就是对职业和身份的贴标签,从职业进入一直持续到职业退出,编制制度始终在发挥作用,占或不占编制,实际上就是刻在劳动者脸上的一个标签,是伴随职业始终的,除非临时工通过公务员招考、事业单位招考等方式实现了鲤鱼跳龙门而转化为正式工,如果仅仅凭借劳动年限的不断延长和工作业绩,是不可能获得转变为正式工的机会的。所以说,以编制为基础形成了基于身份的差别待遇。与此同时,僵化的编制制度也抑制了劳动力市场的进一步发育,从而阻碍了临时工借助于市场机制的向上流动。三是职业进入中的政策壁垒(包括国家行政政策和单位内部的土政策),如一些临时工管理办法中,规定如果没有获得政府人事管理部门或单位主管部门的审批,则该用工属于非法用工,由用人单位予以清退;还有的办法规定,临时工在劳动合同签订之后,如果没有履行相关手续,如未办理工作证,则被认定为非法用工;此外,很多用工单位作为用人单位的二级部门,如大学的院系,雇佣临时工并签订劳动合同,使得该劳动合同因为签订主体的不适格导致成为非法用工。这些政策壁垒的存在,限制了部分劳动者在劳动力市场的自由流动,形成了制度性的流动障碍。

体制性分割的结果,导致了正式工与临时工之间的社会分层,并出现了美国社会学家帕金(F. Parkin)所提出的在社会分层问题上的"集体排他"现象,也就是将某一个社会群体整体排斥在一种体制之外,使他们丧失向上流动的机会。帕金认为,任何社会都会建立一套程序和规范体系,使得资源和机会为社会上某些人享有而排斥其他的人。临时工现象正是集体排他的结果。社会通过户籍制度限制了一部分人进入第一劳动力市场,被迫落入第二劳动力市场;然后通过编制制度,使得这一部分人永远贴上临时工的标签,失去了向正式工晋升的空间。在用工双轨制下,歧视成为其重要的特征之一,也是巩固这一体制的重要力量,歧视的结果使得这一群体更为弱势化和边缘化。立法双轨制的存在,运用法律的手段进一步巩固了用工双轨制,加大了消除临时工现象的难度。

三、结语

本文通过分析,发现我国公共部门的临时工现象有其自身的特殊性:临时工并非临时,而具有长期性;临时工身份不完全由工种或工作年限决定,也可以由编制决定;临时工遭受多重歧视;临时工缺乏职业晋升空间;临时工群体内部也有明显的差异性。这一现象的形成,从表象来看,是用工双轨制的结果。而究其实质,是体制性的劳动力市场分割的结果,临时工被纳入体制外的劳动力市场,并被体制内的各项制度如户籍、编制制度所排斥,这种集体排他的结果必然表现为临时工受到歧视。

对这一问题的关注和研究,目的不仅仅在于揭示法律与现实的冲突以及公共部门临时工的角色冲突,更在于彰显公共部门劳动用工的价值理念:公共部门在劳动关系中应发挥楷模作用,消除人事管理制度改革的滞后状态;公共部门应妥善处理用工中公平与效率的冲突,应以实现公平就业和机会均等为其价值理念,而不是将降低用工成本放在重要位置,率先实施灵活化用工。

参考文献

[1] 钟玉明.协管员壮大之谜[J].瞭望新闻周刊,2007(34):12.

[2] 蔡益堂.贯彻实施《劳动法》不要忘了临时工[J].劳动保障世界,1995(8):14.

[3] 李豪.机关事业单位"临时工"法律问题研究与探讨[EB/OL].http://www.tianzelaw.com.cn/Showwy.asp? ID=223.

[4] Bertil Holmlund, Donald Storrie. Temporary Workin Turbulent Times: The Swedish Experience[J]. The Economic Journal, 2002(6): 265.

[5] Alison L, Booth, Marco Francesconi, Jeff Frank. Temporary Jobs: Stepping Stonesor Dead Ends [J]. The Economic Journal, 2002(6):F202.

[6] Alison L,Booth Marco Francesconi, Jeff Frank. Temporaryjobs: who gets them, what are they worth, and do they lead anywhere[EB/OL]. http://staff. bath. ac. uk/ecsjgs/Research/Fixed% 20Term% 20Contracts/ILLR/booth. pdf.

[7] Stefano Gagliarducci. What is really bad in temporary employment [EB/OL]. http://www. aiel. it/bacheca/MODENA/PAPERS/Gagli-

arducci1.pdf.
[8] 熊林,周万琴.新时期基层政府临时工角色失调及定位研究[J].辽宁行政学院学报,2011(4):37.
[9] 许经勇.论我国体制内外二元劳动力市场[J].天津行政学院学报,2009(3):59.
[10] 李强.中国城市中的二元劳动力市场与底层精英问题[J].清华社会学评论,2000(1):152.
[11] 覃双凌.二元劳动力市场与城市农民工社会保障缺失[EB/OL].http://ccce.dahe.cn/s1/voice/t20091120_1697208.htm.

(原文发表于《西南民族大学学报(人文社会科学版)》2012年第12期)

中美就业反向歧视的存在基础比较及借鉴

杨云霞

摘　要　在美国，就业反向歧视案件大量存在，尽管对其持有不同的观点，但司法中已认可了反向歧视的存在。其原因在于其具备了认可就业反向歧视的法律基础、理论基础和社会基础。而在当前的中国，就业反向歧视案件仍未浮出水面，究其原因，在于无论是法律制度还是社会环境均没有提供这类案件存在的基础。对中美两国反向歧视存在基础的比较分析对于中国纠正就业歧视理论研究中的偏差、确立合理的平等就业权提供了新的研究视角，对于制定合理的暂行特别措施、消除就业歧视具有一定的借鉴价值。

关键词　就业反向歧视　肯定性行动计划　暂行特别措施　就业歧视

对于反向歧视一词，界定众多，根据《美国传统英语词典》(The American Heritage Dictionary of the English Language)，对反向歧视这样界定：是对占主导地位或多数人群体的一种歧视，尤其指产生于为纠正对少数族裔群体或处于不利地位的群体的歧视而制定的政策中的歧视。美国1964年颁布的《民权法案》第七章(Title VII of the Civil Rights Act of 1964，以下简称Title VII)的初衷旨在消除职场对特定群体如少数族裔(minorities)和妇女的歧视，在其实施后的数年中，雇主们相继采取了法院授权的肯定性行动(court-mandated affirmative action programs)、自愿性肯定性行动(voluntary affirmative action)或非自愿性肯定性行动(involuntary affirmative action)给予少数族裔群体优惠待遇以消除歧视。然而，在20世纪70年代起，白人男性基于此提起了第一例就业反向歧视的诉讼并得到了法院的认可，至今已有大量的诉讼案件出现，相当一部分反向歧视的诉求已得到法院的支持。而在中国，尽管也有反向歧视的媒体报道，但真正的反向歧视案件并未出现。究其原因，在于中美两国在这一方面的法律基础及社会条件存在差异。从已有的研究来看，主要关注肯定性行动这一问题，反向歧视被作为肯定性行动的一个结果加以研究。而对于作为一种独立问题存在的反向歧视来讲，对其存在基础的研究是纠正就业歧视的根本所在。本文通过对两个国家的比较分析，试图对我国纠正就业歧视、完善反歧视立法提供一点思路。

一、美国司法中认可反向歧视的基础

今天,为数不少的反向歧视案件之所以能够存在并获得法院的认可,是因为美国的社会已具备了下述条件。

(一)法律基础

(1)法律并不认为肯定性行动是必然合法的。目前,美国对于《1958 年消除就业和职业歧视公约》(111 号公约)等均没有加入,这些公约中所包含的暂行特别措施自然不是美国的法律渊源之一。而且,从美国政府或雇主现已采取的肯定性行动措施来看,无论是政府合同还是雇主实施的法院授权的肯定性行动、自愿的或非自愿的肯定性行动计划,有很多是以行政命令的形式出现的,如 1941 年罗斯福的 8802 号行政命令、1961 年肯尼迪的 10925 号行政命令、1967 年约翰逊总统的 11375 号行政命令等,而非根据国际公约或国内成文法或判例法授权的。所以,肯定性行动计划的合法性问题成为一个颇受争议的话题,对于因为采取肯定性行动计划等平权措施而产生的反向歧视之诉,自然无法借法律授权或合法性依据之名义来驳回其诉讼。

(2)民权法等法律提供了认可反向歧视的空间。在某些法案下,不存在认可反向歧视的可能,如 1990 年的《身心障碍法案》或称《美国残疾人法》(The American swith Disabilities Act,简称 ADA),因为对于普通人,无法证明自己因为非残疾而受到反向歧视。但在 1964 年《民权法案》第七章和 1967 年《反对就业年龄歧视法》(The Age Discrimination in Employment Act,以下简称 ADEA)下则存在认可反向歧视的法律空间。Title VII 旨在保护所有的人免受歧视,无论其种族、性别,这其中包含的意思必然是白人男性同样受到反歧视的保护。在法院审理 McDonald 诉 Santa Fe Trail Transportation Company 案时,就是援引了 Title VII 而认定雇主构成反向歧视。继该案之后,任何人基于种族或性别而遭受歧视均可依据 Title VII 主张其权利。在 ADEA 中,规定了受保护的群体是 40 岁及以上的人。但在各州的成文法中则不尽然,有大约 29 个州的立法中没有界定受保护的年龄,或界定为实际年龄(chronological age)或 18 岁及以上。所以,在这些成文法下,反向歧视的主张极有可能成立,事实上,有些原告的确胜诉了。

(3)大量的司法判例确认了反向歧视的违法性。由于美国各个法院对反向歧视的界定不完全相同,所以使得就业反向歧视案件的类型也呈现出多样化:第一类是由于雇主或国家采取了肯定性行动,而导致了原有的多数人群体认为被反向歧视,大多数的案件属此类;第二类是由于原有的多数人群体没有被纳入到反歧视立法保护范围中,所以认为被反向歧视,这其中不存在肯定性行动,如 McDonald 案中,白人认为自己被解雇而黑人受到 Title VII 的保护没有被解雇,法院认可了反向歧视的存在;第三类是认为由于雇主的宗教信仰而导致非同一教派的雇员遭受歧视,由于这不同于传统的由于雇员的宗教信仰而被雇主歧视,所以也被称为反向歧视,如 Noyes 诉 Kelly Services 案中,原告诉称公司的主管只提拔和主管自己属于同一个宗教组织的同事,而不提拔她,所以她认为对自己构成了反向歧视。本文主要研究与肯定性行动有关的就业反向歧视案件。

从美国已有的司法判例来看,与肯定性行动相关的反向歧视案件出现在下列三种情况下:一是白人(或男性)雇员或应聘人诉称:少数族裔(或女性)雇员或应聘人依照自愿的肯定性行动基于其种族或性别得到了优惠待遇,而自己因此被歧视;二是白人(或男性)雇员对非自愿的肯定性行动提出质疑:对于司法上证明了的歧视,法院授权的救济导致了用优惠待遇来补偿少数族裔(或女性)雇员。这在就业中是很典型的。在上述两种情况下,雇主基于种族或性别而做出决策是没有争议的,所以说,反向歧视的诉求很多时候是对肯定性行动计划的一大挑战。第三种情况是,提出申诉的白人(或男性)雇员诉称:只有少数族裔(或女性)获得优惠待遇,并认为肯定性行动计划甚至"良性"动议都是没有必要的。

在上述诸多类型的案件司法判决中,已认定了多起反向歧视原告胜诉,这些判例的存在,使得反向歧视具有了判例法意义上的法律依据。根据美国劳工部(DOL)的报告显示,1990—1994 年间,在 3 000 例以上的就业歧视案件中,有约 100 例反向歧视诉讼,尽管这一数字很小,但很多案件的判决成为处理该类案件的重要参考和依据。如从已有的案件及裁判结果来看,目前法院已认定了反向种族歧视、反向性别歧视,而对于反向年龄歧视仍存在争议。

(二)理论基础

在美国,反向歧视诉讼之所以被认可并频繁出现,其理论的支撑作用也是必不可少的。其中最有影响的便是歧视的肤色色盲理论(colorblindness theory)。这一理论可以追溯到 1883 年,在 Pless 诉 Ferguson 案中,美国联邦最高法院大法官哈伦(John Marshall Harlan)力排众议,在这一著名的民权案件中,写下了美国宪法史上的一句名言:"美国宪法是色盲,它既不知道,也不容忍在公民中划分等级。在享有民权方面,所有公民在法律面前一律平等,卑贱者和高尚者,都一视同仁。当涉及由国家最高法律保障的民权时,法律只论人,不考虑他的背景或肤色。今天,肤色色盲理论日臻完善,它的含义源自公平概念,它很少甚至根本不涉及历史或社会条件。在该理论下,Title VII 被认为是“完全地禁止就业中的种族歧视,当雇主在做就业决策时,禁止其考虑种族因素,无论是白人或黑人。”事实上,在严格的肤色色盲假设下,偏袒传统上处于不利地位的种族少数族裔的法律也将被视为不公平。该理论认为,对白人男性的歧视和对少数族裔以及妇女的歧视一样严重。所以,该理论禁止采取任何形式的肯定性行动,相应的,它完全认可反向歧视的存在。

当然,并非所有理论都支持反向歧视,歧视的被保护阶层理论(protected class theory)则与肤色色盲理论针锋相对。该理论的含义源自歧视的现实世界的状况(包括历史的和现代的),源自相关法规的历史承接性。例如,该理论认为 Title VII 的根本目的在于“确保雇佣机会的均等并减少歧视性的实践及策略,因为这导致了职业环境的种族分层,对少数族裔产生了不利”。该理论认为对少数族裔的歧视比对白人男性的歧视更严重。所以它完全认可肯定性行动而排斥绝大多数的反向歧视诉求。

事实上,这两个相对立的理论并非仅仅是针对反向歧视而言的,它们之间存在着本质上的差别——理论目标的不同,即是让某些目标群体获得结果的平等还是形式上的平等,是实现社会领域中各群体之间长期的动态的平等还是短期的静态的平等。

(三)社会基础

在美国,就业中的反向歧视案件之所以数量较多,与其历史环境及社会现实状况有着密不可分的关系。美国漫长的种族歧视历史,造成了种族间的极度不平等以及发展的严重不平衡,而且造就了社会多数人群体和少数族裔群体的分层。因此,在世界范围内美国政府最早倡导实施肯定性行动。20 世纪 30 年代,美国首次使用了肯定性行动,对早期的工会成员、工会领导者、退伍老兵和残疾人长期在劳动力市场上受到的不公平待遇进行干预,把他们优先安排纳入劳动力市场。尽管如此,对于缺乏福利国家价值观念的美国,自由竞争的意识形态、个人主义和形式上平等始终占据着意识形态的主流。尽管在 20 世纪 60 年代开始大范围实施纠正种族歧视的肯定性行动,但由于多数人群体已经习惯了固有的优势地位及获取优势资源,而肯定性行动本身就是对这一优势地位观念的颠覆与重建,因而在实施肯定性行动不久后的 70 年代便出现了第一例反向歧视诉讼,进而出现了反对纠正种族歧视的浪潮。如 1996 年底加州政府通过公投,决定政府不再基于种族、性别等歧视或优待任何个人或团体;1997 年,加州大学公开宣布废除肯定性行动政策;2006 年,密歇根州也通过了“全面废除肯定性行动”的提案。这实质上是政治化的种族、性别问题在法律领域的反映。

二、中国不存在反向歧视的基础

在中国,却有着不同于美国的政治、经济意识传统和立法理念:认可并强调国家在社会管理中的主导作用,主张政府应具有更强的力量来干涉公共资源的再分配,在法律领域注重弱者保护,在反歧视立法中强调形式平等,逐步开始运用暂行措施调整就业制度层面的不平等。目前。无论是在立法层面还是司法实践层面,反向歧视都仍缺乏存在基础。

一是我国法律确认了特殊措施的合法性,导致基于特殊措施的行为很难被认定为反向歧视。这里的特殊措施包括两类,一类是暂行特别措施,另一类是特殊保护措施。首先来分析暂行特别措施的合法性。目前,我国已经加入了《经济、社会和文化权利国际公约》《消除一切形式种族歧视公约》《消除一切形式妇女歧视公约》《男女工人同工同酬公约》《就业与职业歧视公约》《就业政策公约》等,这些公约中或多或少都对暂行特别措施做了规定。一方面,公约规定了对所采取的暂行特别措施不得视为歧视;另一方面,国际公约作为我国的法律渊源之一,为暂行特别措施的合法性提供了法律依据。此外,我国现存的为数不多的暂行特别措施也都是以国内法为其合法性的依据。基于此,暂行特别措施的实施不会引发反向歧视的诉讼。其次分析特殊保护措施的合法性。基于对弱势群体的保护,我国分别针对妇女、未成年人、老年人、残疾人制定了相应的保护法。此外,在《中华人民共和国劳动法》中对于妇女这一弱势群体的劳动权益专门做了特殊保护。所以说,就业中特殊保护制度在中国的合法化,使得基于特殊保护而提出的反向歧视的诉求难以成立。

二是我国暂行特别措施的实施很有限。主要体现在现有的《中华人民共和国就业促进法》中,如第 17,18 条中对于安置残疾人的企业、残疾人自办的企业、失业人员自办企业等给予税收优惠、经营场地等方面给予照顾、免除行政事业性收费等;第 28 条中的“用人单位招用人员,应当依法对少数民族劳动者给予适当照顾”。第 52 条中的“各级人民政府建立健全就业援助制度,采取税费减免、贷款贴息、社会保险补贴、岗位补贴等办法,通过公益性岗位安置等途径,对就业困难人员实行优先扶持和重点帮助”。但对基于性别、民族、种族、社会出身等的就业歧视,无论是政府或是企业所采取的暂行特别措施仍是空白。即使是实施上述措施,也只是在很小的领域中惠及极少数的群体,尚未在意识层面构成对原有强势群体反向歧视的冲击,目前对女性、农民工等群体的歧视仍是就业问题的主流。所以基于此社会现状不可能提出反向歧视诉讼。此外,就业歧视案件进入诉讼的障碍也是反向歧视案件尚未出现的原因之一。

三、研究该问题对于中国的本土借鉴

尽管中国尚欠缺反向歧视的存在基础,但是,对于这一问题的研究无论是从理论层面还是立法实践都有着借鉴价值。

(一)纠正理论研究中的偏差

目前,国际上对反向歧视的定性尚不统一,如有人认为只是一种偏见,有的认为已构成歧视,而有的认为并不构成歧视;在反向歧视与肯定性行动的关系中,也有不同的观点:有人认为肯定性行动的结果造成了反向歧视,也有人认为肯定性行动和其他优惠措施本身就对多数人群体构成了反向歧视,还有人认为肯定性行动并不产生反向歧视,而是一种补偿性正义(compensatory justice)。而且,到目前为止,国际上对于推进不歧视的方式在名称上尚未形成统一的认识,不同的国家使用不同的名称,即使在同一国家支持者和反对者在其名称的使用上也存在争议。在英文名称中就有很多,如 compensatory justice(补偿性正义),differential treatment(不同待遇),employment equity(公平就业),positive action(积极行动),positive discrimination(积极歧视),positive measures(积极措施),preferential policies(优惠政策),reverse discrimination(反向歧视),special measures(特别措施),temporary specialmeasures(暂行特别措施),affirmative action(肯定性行动)等。在这诸多的名词中,如何选择使用,笔者认为,应使用符合本国语言习惯以及语境的词汇,从积极的正面制定及实施反歧视制度,这样更有利于纠正歧视而非制造新的歧视或产生歧义。此外,当前研究中还存在着一些界定错误,如有人提出了应“建立反向歧视法律制度以实现不同社会群体之间的平等,消除歧视”,这里将间接歧视(indirect discrimination)与反向歧视混为一谈等。所以,对反向歧视的研究对于纠正理论研究上的偏差具有重要的意义。

(二)为合理的暂行特别措施的出台提供反向借鉴

暂行特别措施之所以从起始之初就不断地遭到反对,其中一个原因在于它缺乏一套完整的评定机制,如怎样合理地判断和证明弱势群体、措施实施的社会效果、措施应终止的时间节点等。即使从美国的立法和司法实践来看,也缺乏统一的标准。所以,反向歧视的诉讼活动提供了一个完善暂行特别措施的机会。

在美国,法院通过对反向歧视案件的研究以及司法实践,逐渐总结出了一系列的完善肯定性行动或自愿性计划的指导方针,如在 United Steel workers of America 诉 Weber 案中,法院创设了私营部门的自愿性计划的指导方针:

①计划必须反映成文法的目的,即计划必须给少数族裔开启就业机会,以打破种族隔离的旧有模式;②计划不能不必要地妨碍其他雇员的利益;③计划必须是暂时性的,它应有一个明确的终点:即一个劳动力市场大体上实现了多数人和少数族裔之间的种族平衡时。在 Johnson 诉 Transportation 案中,法院进一步对肯定性行动提出了指导方针:①肯定性计划的设计,旨在减少机构中因传统职业种族隔离而导致的劳动力不平衡;②计划不能妨碍男性雇员的权利或给他们的就业设置绝对的障碍;③不能侵犯一个工作的"绝对的授权或法定期待"(No"absolute entitlement or legitimate expectation"to ajob should be violated.);④肯定性计划的目的是达到劳动力的平衡,而不是维持这一平衡。此外,在对自愿的肯定性行动计划的审查中,司法中形成了两种标准:一是宪法标准:采用严格审查制(stricts crutiny),二是 Title VII 标准:采用中间审查制(intermediate scrutiny)。这些指导方针及审查制度比《消除一切形式种族歧视国际公约》和《消除对妇女一切形式歧视公约》中所规定的"此等措施的后果不致在不同种族团体间保持个别行使的权利,且此等措施不得于所定目的达成后继续实行"和"不得因此导致维持不平等的标准或另立标准;这些措施应在男女机会和待遇平等的目的达到之后,停止使用"更为具体,也更有可操作性。

当然,美国救济歧视的措施中也有一些反面的教训是值得借鉴的,如关于肯定性行动中配额制(quota),在使用的过程中不断受到违宪的质疑,如在 Bakke 案中,最高法院认为苛刻的僵化的种族配额制(strict and rigid racial quota)是违宪的。而临时的"量身定做"的配额制(temporaryand "narrow-lytailored" quota systems)则是允许的,例如,在 Paradise 案中,美国阿拉巴马州警衔晋升中的"每提升一名白人警官也相应地提升一名黑人警官"(one black for one white)的配额制则被判定是合法的。

目前,我国针对特殊群体所采取的暂行特别措施或其他措施还较少,但是,这并不是说反向歧视问题的研究在我国没有必要或说是个伪命题,因为政府在履行其国际公约义务的过程中,会随着经济社会的发展而适时推出一些措施救济歧视。这就必然涉及其合理性问题,以及是否存在引发反向歧视的不恰当因素,所以上述肯定性计划的指导性原则或标准对于我国制定合理的暂行特别措施以纠正歧视同样具有重要的借鉴价值。

(三)为就业平等权的研究提供新的视角

对就业反向歧视的认可或反对实际上集中反映了这样一个问题:如何看待平等就业权中的平等,它是一种起点的平等、规则的平等还是结果的平等?如果认可反向歧视,在群体层面上,实际上就是对历史上本已处于弱势地位被边缘化的少数群体的进一步边缘化,因为修正已有歧视的暂行特别措施必然带有差别待遇的成分以补偿历史上对这一群体的"亏欠",对反向歧视的认可必然引发对暂行特别措施的干预与调整。在个体层面上,如果不认可反向歧视,承认暂行特别措施的合法性,则必然面临着强势群体中的个体的平等权受侵犯的问题,正如反向歧视的支持者所强调的"不能以牺牲现实世界的个体的平等权为代价来弥补历史上的不平等,这无疑会制造新的不平等;由现实生活中的并未歧视他人的白人个体来偿还历史上对黑人群体的欠债,这对白人显然是不公平的"。所以,基于这一两难困境,对平等就业权的合理解释则极为必要。本文认为,平等不是绝对化的平等,应是抽象平等与具体平等的统一,是绝对平等与相对平等的统一,是机会平等与结果平等的统一,是历史平等与现实平等的统一,是动态平等与静态平等的统一。只有基于这一思路,才能彻底纠正业已存在的就业歧视并真正保护弱势群体的利益,这一点对于我国反对就业歧视制度的建立及其实施极为必要。

四、结论

反向歧视问题的出现,一方面反映了已经从强制执行禁止歧视的消极义务的法律转向规定防止歧视并促进平等的积极义务的法律。另一方面,就业反向歧视作为肯定性行动计划实施中所出现的社会现象,是纠正和消除旧有的就业歧视模式过程中社会主导地位群体对从属地位群体的一种反击和自卫,是对恢复原有的自我优势地位的梦想与追逐。借着公平的理念以及肤色色盲论的支持,拒绝打破旧有不平等的模式。所以,在制定纠正就业歧视的暂行特别措施以及实施该措施的过程中,适当兼顾多数人群体的利益,设置合理的救济措施,确立判定歧视的合理标准,是极为必要的。

参考文献

[1] Editors of the American Heritage Dictionaries. The American Heritage Dictionary of the English Language, 4th edition. Houghton Mifflin Harcourt Publishing Company,2000.

[2] William Corbett etc. Decisions of the Supreme Court's 2003 Term: State Sovereign Immunity, Disparate Impact and Reverse Age Discrimination, Labor Law Journal, 2004:279.

[3] Arrington, Paul L. Not Always Protected: Reverse Age Discrimination and the Supreme Court's Decisionin General Dynamics Land Systems, Inc. v. Cline. UMKC Law Review,73 no 3543 - 80 Spr 2005.

[4] McDonald v. Santa Fe Trail Transp. Co., 427 U. S. 273(1976).

[5] Mary-Kathryn Zachary. Reverse Religious Discrimination. Supervision, 69 no 422-5 Ap, 2008.

[6] David S. Schwartz. The Case of the Vanishing Protected Class: Reflectionson Reverse Discrimination, Affirmative Action, and Racial Balancing. Wisconsin Law Review, 2000 no 3 657 - 892 000.

[7] Robert L. Brady, Reverse Discrimination: Lawsuits Are Rare, HR Focus, v72 19Ag'95。

[8] Keith E. Sealing, The Myth of A Color-Blind Constitution, Journal of Urban and Contemporary Law, Vol. 54:1998,161.

[9] David S. Schwartz, The Case of the Vanishing Protected Class: Reflectionson Reverse Discrimination, Affirmative Action, and Racial Balancing, 2000Wis. L. REV. 664,665.

[10] 李薇薇,Lisa Stearns. 禁止就业歧视:国际标准和国内实践[M]. 法律出版社,2006:140.

[11] 张霞,刘勇. 建立我国反向就业歧视制度的思考[J]. 重庆工商大学学报(西部论坛). 2009(3):100.

[12] 李薇薇,Lisa Stearns. 禁止就业歧视:国际标准和国内实践[M]. 法律出版社,2006:51.

[13] 余海云. 反向歧视[J]. 知识经济,2009(12),40。

[14] Dr. Carlos Ray Gullett. Reverse Discrimination and Remedial Affirmative Actionin Employment Dealing With the Paradox of Nondiscrimination. Public Personnel Management. 29 no 1107 - 18. Spr 2000.

[15] Dr. Carlos Ray Gullett. Reverse Discrimination and Remedial Affirmative Actionin Employment Dealing With the Paradox of Nondiscrimination. Public Personnel Management. 29 no 1107 - 18 Spr 2000.

[16] Walt Zeboski. Does affirmative action punish whites? http://www. msnbc. msn. com/id/30462129/,2009 - 4 - 28。

[17] United Statesv. Paradise, 480 U. S. 149(1987).

[18] 蒋先福,彭中礼,王亮. "肯定性行动计划"的法理学思考——以平等理论为视角[J]. 时代法学,2006(3):10.

(原文发表于《西北工业大学学报(社会科学版)》2014 年第 2 期)

高校临时工用工管理政策研究
——研究报告

杨云霞　李亚娟　李　娜　苏　静

一、绪论

(一)研究背景及意义

临时工作为劳动者中的一个群体,尽管在法律中已经消失,但现实中仍旧大量存在,在高校已经成为一个重要的劳动者群体。临时工作为新中国成立初期至今始终存在的群体,在我国社会转型时期劳动权利问题凸显,由临时工所引发的社会矛盾及冲突事件频发,在就业与职业中不断遭遇"二等公民""替罪羊""犯错的为什么总是临时工"的处境和待遇。近些年,在用工灵活化的国际趋势下,高校的临时性用工更为普遍,并同劳务派遣用工方式联系在了一起,导致临时性用工更为短期化,临时工更为边缘化,其在职场遭受到的歧视进一步加剧。

而另一方面,十八大提出了"健全劳动标准体系和劳动关系协调机制,构建和谐劳动关系"的工作任务,这也将是我国高校劳动关系建设的一个长期的目标。随着劳动法律制度在不断完善,反就业歧视法律制度在不断推进,实现平等就业权已成为一种社会共识。作为高校,其主体的特殊性决定了在劳动关系中应担当起楷模雇佣角色:在临时性用工中提升劳动力中有特殊困难的工人的就业能力、促进机会平等并逐步培养良好的劳动关系、减少歧视行为、履行国际公约消除就业歧视的义务。

(二)研究方法

1. 文本分析方法

通过抽样调查的方法,选取了1998—2012年中国24个省、市、自治区高校88份高等院校临时工(或编制外用工)管理办法或者相对应的事业单位管理制度。统计内容包括临时工的界定方式、临时工的就业条件(如年龄、学历、户籍、地域、担保等)、临时工的岗位分布、临时工在劳动关系中的待遇(如工资、社会保险、单位福利等)、劳动合同期限以及签订次数、临时工的心理状况等。通过上述文本分析，试图全面探究现实层面临时工的就业与职业状况。

2. 调查研究方法

通过对高校临时工抽样访问、座谈，进行个别问卷调查、谈话，了解有关编外用工的政策法规，以及人事管理的现状和临时工的劳动权利现实状况。

二、高校临时工管理政策下临时工劳动权益状况

本章通过对临时工职业进入的障碍、所面临的差别待遇等工作条件、所遭遇的职业发展的玻璃天花板现象、所经受的心理失衡等方面的描述和分析，试图揭示临时工群体劳动权益的消解。

(一)临时工的职业进入状况

1. 职业进入需要担保

在 88 份文本中，45 个文本规定了临时工进入职业需要提供担保，包括提供保证金和担保人。其中，保证金的数额为 88～300 元/人，在职业期间存在违反用人单位管理规定的行为，这笔费用可以用来抵付罚款和赔偿；担保人多要求为本单位的正式工，由用人单位、担保人、被担保人共同签订《临时工聘用合同书》，由担保人来担保被担保人在单位做临时工期间的行为，包括对临时工的管理、使用和教育工作。在一些管理办法中，还规定了临时工因本人原因给用人单位造成经济损失的，应承担相应的赔偿责任，担保人负有连带赔偿责任。

上述做法首先违反了《中华人民共和国劳动合同法》关于“不得要求劳动者提供担保或以其他名义向劳动者收取财务”的规定；其次，这一规定构成了身份歧视，因为对于正式工和临时工在职业进入时存在差别待遇，从来没有一个正式工在职业进入时需要提供担保，这体现了对临时工的一种人身不信任，违反了合同法的相互信任原则，不符合体面劳动的人权保护理念。而且，这一做法实际上是将劳动力作为商品，对劳动力商品买卖合同提供担保。这显然违反了《世界人权宣言》中的“禁止将劳动力作为商品”的人权理念。事实上，要求提供担保意味着雇主减轻了自己的管理风险和招聘中的注意义务。所以，在世界范围内除了少数地区如中国台湾立法许可人事担保之外，大多数国家持反对态度，在中国大陆的司法实践中，大多数判决对此也持否定的态度。

2. 职业进入中的地域和身份歧视

面对着临时工不同的地域来源和身份差异，在 88 份临时工管理办法中，56 个用人单位规定了在招用临时工时应遵守“先本地，后外地，先本省，后外省，先城镇，后农村”的原则。27 个管理办法明确规定“禁止招用农民工”。有 39 个管理办法规定“仅录用本市或当地城镇户籍居民”。上述规定充分显现

了高校在解决就业中的地方保护主义倾向,在就业层面也构成了对外地劳动者和农民工的地域歧视和户籍歧视。

3.临时性用工的依附性

在一些临时工管理办法中明确提出“临时工岗位是解决正式工亲属就业的一个渠道,属于正式工的一个单位福利”。而且从录用的人员来看,仅限于正式工家属。为了体现公平原则,一些高校提出了临时工录用中的亲属回避原则,即正式工不能将亲属安排在自己所在二级单位从事临时工,但并不排斥亲属在其他二级单位的就业。这实际上反映了临时工就业的依附性特征。

尽管在绝大多数的管理办法中没有如此条款,但并不排除这一现象的存在,在很多单位,临时工岗位成为单位领导或主管人员权力寻租的一个平台,借此平台实现用人和就业的钱权交易。由于很多编外人员是通过各种关系或“后门”进入某机关或事业单位的,而并非通过正规的考试或事业单位录用程序进入,所以,对于这些临时工或编外人员来说,内心对于平等权的渴求不像通过公开招考录用的临时工那样强烈,或者是因为自己职业进入中的“不规范”不便于向单位要求工作平等权,起码是在进入单位的最初几年里持这样一种心理。

(二)临时工劳动合同签订状况

确认劳动关系、保障劳动者利益的依据是劳动合同,但从临时工的劳动合同签订情况来看不容乐观。根据调查结果,可将劳动合同的签订状况归纳为以下几类。

一是很多用人单位不与临时工签订劳动合同,使得劳动合同签订率低。劳动合同的缺失意味着临时工面对着用人单位的拖欠工资、拒缴社会保险金、不能同工同酬等侵权行为,很多临时工忍气吞声;一些人在无奈之际提起劳动仲裁或诉讼,却面临着无法举证证明事实劳动关系的困境或者无法举证证明劳动关系的存续期限、劳动合同的签订次数等,最终使得临时工的维权陷入困境。

二是限定劳动合同的次数和最长期限。如《芦淞区机关事业单位劳动合同用工管理实施细则》规定:“经批准聘用的编制外劳动合同用工人员的合同期限各单位根据实际签订,但连续用工时间最长不得超过九年。同一劳动用工不得连续签订两次合同,合同期满后,聘用关系自行终止。”有的地方规定“聘用人员男年龄至54周岁、女年龄至49周岁的原则上一般不再聘用”。这些做法有些是为了规避劳动合同法关于签订无固定期限劳动合同的相关规定,有些是为了规避临时工的退休和养老问题。但无论目的如何,其最终导致临时工就业的阶段化,阶段化带来年轻时就业中年时失业的问题。

三是劳动者要求签订无固定期限劳动合同也就意味着失业。在个别地方的临时工管理办法中提出“可以和临时工签订无固定期限合同”,但是从调研情况来看,还未遇到过一例签订无固定期限劳动合同的临时工;在劳动争议案件中,有数例要求签订无固定期限劳动合同的案件,但都是以劳动者的败诉而告终。这一点在对临时工的个人访谈中也有所反映,正如临时工所讲的“对于临时工,即使符合签订无固定期限劳动合同的条件,用人单位也会以各种理由拒绝签订,而且临时工根本不敢提及,因为一旦发生争议,临时工必然会面临失业的境地”。

之所以会出现劳动合同上述情形,原因在于劳动法和劳动合同法在高校实施的不力。近些年,针对拖欠农民工工资、企业不签订劳动合同、外企工会建会率低、集体合同签订率低等劳动专项问题,国务院以及各地劳动行政管理部门相继出台各项措施治理并取得良好效果。在人们的潜意识中似乎形成这样一种执法模式:作为专项治理的问题才是问题。而对于高校的劳动关系,没有采取专项行动,而主要依赖于高校各单位自觉履行劳动法义务,而高校的用人单位出于各种原因并未自觉履行也并未因此承担违法的成本,所以,劳动合同签订率低、规避劳动法等问题在高校的临时工这一群体身上表现得很明显。

(三)临时工的工资待遇状况

在临时工管理办法中,对于临时工的工资水平的规定有以下几类。

第一类是参照同岗同工种的工资水平来确定临时工的工资水平。如宁夏回族自治区《关于规范机关事业单位社会团体编制计划外用工管理的通知》中规定:“编制计划外劳动者的工资标准,可参照本单位同岗位、同工种编制计划内劳动合同制工人的工资标准,由用人单位和劳动者协商确定,并在劳动合同中予以明确。劳动者的工资标准,在缴纳了各项社会保险等费用后,不得低于当地最低工资标准”。需要注意的是,本办法中仅仅是“参照”编制计划内劳动合同制工人的工资水平,而非工资水平的完全等同。因此,对于和正式工从事同岗或同工种的临时工来说,仍旧面临着同工不同酬的待遇。

第二类是明确规定了编外人员与编内人员、临时工与正式工之间同工不同酬。在这一类型中,可以细分为以下3种情形。

第一种是确定编外人员的工资的下限不低于当地工资最低标准。如在《余姚市机关事业单位编制外用工管理办法》中规定:“编外职工的工资,在规定标准范围内,由各部门(单位)根据其工作任务轻重和工作岗位性质等因素确定,但不得低于市政府规定的最低工资标准,并且今后可视本市职工社会平均工资的增长情况作适当递增。其中,对聘用大学本科及以上学历或中级及以上专业技术职称的编外职工,其工资标准可适当提高。编外职工的具体工资标准由市财政局会同市人事局另行确定。”

第二种是在规定下限的同时还设定了编外人员工资水平的上限。如浙江桐庐县对于临时工工资规定“编外人员岗位的分类包括协同执法、专业技术、驾驶员、办公室一般事务管理等岗位,工资福利标准原则上不低于该县当年企业职工最低工资标准。各单位根据岗位及工作量大小等情况,可以适当提高,但最高不超过该县上年在岗职工平均工资标准”。再如《浏阳市机关事业单位自主用工管理办法(试行)》规定“临时工专业技术人员的工资标准最高限额不超过在职同一职级标准”。安吉县规定“最高不超过在岗职工平均工资的1.5倍”。如《烟台市牟平区机关事业单位编制外用工管理办法(试行2010年)》规定“编外人员的月基本工资,参照牟平区企业最低工资标准的120%执行。驾驶员及特殊专业技术岗位的编外人员月基本工资可以适当上浮,但不应超过牟平区企业最低工资标准的140%”。再如《太仓市市级机关事业单位编外用工管理暂行办法(2012年)》规定“全市机关事业单位编外人员工资福利平均水平,一般不低于全市事业单位绩效工资水平的60%,由市人社、财政部门确定《机关事业单位编外用工岗位工资福利标准》,由用人单位参照《机关事业单位编外人员年薪组成指导标准》分解核定到每个编外人员。编外人员的工资福利待遇根据事业单位绩效工资有关规定和实际需要适时进行调整”。

第三种是设定了编外人员工资具体数额。无论是以怎样的方式规定临时工的工资,其结果是相同的:临时工的工资水平与正式工相比较,明显处于较低水平。

从工资的计发方式来看,绝大多数实行按月计算,但不排除有一些用人单位对临时工采用日工资的计发方式。在88份临时工管理办法中,有15份规定实行日工资,有3份提出月工资以日计发。月工资以日计发显然是一种变相克扣工资的做法,因为每月的标准工作时间为21.75天,而周六周日及公共假日则意味着属于不带薪休息休假。

(四)临时工的社会保险状况

根据《中华人民共和国社会保险法》的规定,职工应当参加基本养老保险、基本医疗保险、工伤保险、失业保险、生育保险,由用人单位和职工共同缴纳基本养老保险费、基本医疗保险费、失业保险费,由用人单位缴纳工伤保险费、生育保险费,职工不缴纳工伤保险费、生育保险费。

但在高校的劳动关系中,临时工参加社会保险的状况不容乐观,从所调查的88份临时工管理办法来看,仅有55份规定了临时工参加社会保险。其中,参加养老保险32份,参加医疗保险24份,参加失业保险17份,参加工伤保险22份,参加生育保险3份。而从实际调研反映的状况来看,参保率比上述文本所规定的参保比例更低。

临时工群体社会保险参保率低，一方面将会使得临时工群体面临“老无所养”“病无所医”的窘境，另一方面对于我国广泛推行并覆盖全民的社会保障制度也是一种冲击并产生负面的社会影响。其引发原因众多，本书根据对不同类型的高校的调研结果将表象原因归纳为以下几个层面。

一是用人单位规避责任。在我国，社会保险缴费是用人单位的基本责任，一些用人单位为了降低用工成本，公然违反法律，拒绝为临时工缴纳社会保险费用，导致临时工不能为社会保险所覆盖。

二是临时工劳动(人事)关系的隐性化。在我国，社会保险的参保资格是以劳动关系或人事关系为基础条件，在高校，临时工与用人单位之间不存在人事关系，尽管存在劳动关系，但是劳动合同的签订率低，使得很多事实上存在的劳动关系隐性化，使得临时工参加社会保险失去了基础条件，很多临时工被归入到灵活就业的类型中，而不被社会保险所覆盖。

三是临时工在国家劳动用工统计上的盲区。从我国的劳动统计来看，自2002年起无论是地方还是国家的劳动统计年鉴都不再将临时工纳入统计范畴，使得临时工的社会保险问题游离于劳动与社会保障部门的监管之外。

四是用人单位与临时工之间的“私下协议”。在一些部门，用人单位与临时工之间就社会保险问题达成“私下协议”，由用人单位直接支付给临时工一定数额的费用，由临时工自行参保。但由于个人参保的手续复杂、领取保障金的条件严格、社会保险无法跨地区接转等原因，很多临时工宁愿持有现金而自动放弃参保。也有个别临时工由于需要劳动者本人承担缴纳基本养老保险费、基本医疗保险费、失业保险费的义务而主动放弃参加社会保险。

之所以会出现临时工的社会保险参保率低的问题，根本原因在于高校的社会保险的双轨制运行机制。从我国的社会保障制度的变迁过程来看，经历了从国家-单位保障制到国家-社会保障制的发展进程。但从实践领域来看，一部分高校仍然停留于原有的单位保障模式，而另一部分高校已纳入社会保障的体系中。此外，对于高校，由于主流劳动者继续享受着原来实行的“铁饭碗”——单位终身福利制，因此对于社会福利制度的需求不强烈，对于高校临时工的社会保障问题，并未作为一个独立问题去面对。而另一方面，随着临时工从“单位人”的身份向“社会人”的身份的转变，一些高校只看到了本单位应解除对临时工原有“单位福利”，而未实现和社会保障的有效转接，导致临时工成为制度夹缝中的受损群体。

(五)临时工的单位福利待遇状况

关于临时工享受所在单位的福利待遇状况，在88份临时工管理办法文本中,没有一份文本提出“临时工完全享有单位福利”,51 份文本中规定“临时工享有部分单位福利”,21 份文本规定“临时工完全不享受单位福利”,其余文本没有提及临时工是否享受单位福利。在个别管理办法中甚至明确规定“临时工不得与正式工攀比福利待遇”。

即使是临时工相互之间在单位福利的享受方面也存在着差异,第一种是因身份不同而存在的差异,如高等院校所聘用的临时工,也往往根据其校聘临时工还是院聘临时工的身份给予不同的福利待遇,一般情况下,校聘人员的工资水平更高,也享受学校发放的部分福利,而院聘人员工资水平则较低,而且不享受学校发放的任何福利。第二种是根据临时工的工作年限的不同而存在差异。如《舟山市定海区机关事业单位编制外用工管理办法(试行)》(2009年)规定“编外人员日常奖金和以货币形式发放的福利,根据在用工单位工作年限长短按不同比例规定上限。工作年限不满 5 年的按不高于本单位在编在职人员的 50%发给;满 5 年不满 10 年的按不高于 60%发给;满 10 年以上的按不高于 70%发给”。

(六)临时工的带薪休假及参加工会状况

在政府机关及直属事业单位中,在正式工的带薪休假权利还没有得到真正落实的情况下,临时工的带薪休假问题大多没有相应的规定。在高等院校及中小学中,因为正式工有寒暑假,而且是带薪休假,所以,临时工的带薪休假问题具有可类比性。根据对高等院校以及中小学等学校临时工管理办法的文本分析结果,可以看出,所有的学校都规定“在假期原则上不安排临时工工作,不支付工资”。但事实上,绝大多数临时工的工作不因为学校放假而完全停止,对于临时工的加班加点,大多数学校不支付工资,有个别学校不支付工资但支付加班费。

关于临时工参加工会的状况,根据《中华人民共和国工会法》第三条规定:在中国境内的企业、事业单位、机关中以工资收入为主要生活来源的体力劳动者和脑力劳动者,不分民族、种族、性别、职业、宗教信仰、教育程度,都有依法参加和组织工会的权利。任何组织和个人不得阻挠和限制。所以,加入工会的唯一条件是看其是否是以工资收入为主要生活来源的体力劳动者和脑力劳动者,而不是看他的社会地位和身份如何。所以说高校的临时工作为“以工资收入为主要生活来源的体力劳动者和脑力劳动者”符合参加工会的条件。但事实上,临时工参加工会的状况如何呢?从已有的临时工管理办法等文本来看,没有一例文本涉及临时工的参加工会问题。从调研和访谈状况来看,没有一例临时工参加所在单位的工会组织。究其表象原因,在于人们对有关工会的法律法规不甚了解,只是凭着自己的习惯思维进行判断,认为只有正式编制人员才能参加工会。一些临时工认为是单位将其排除在工会体制之外，而用人单位认为是临时工没有提出申请。从参加工会的现实操作程序来看，对于正式工，多是在进入单位的同时办理系列入职手续，其中包括参加工会的手续；而对于临时工却缺少这一程序。从根源上来讲，用人单位排斥临时工进入工会，是因为高校的工会体制不同于企业，其设置和运行是以主流的公务员和事业单位聘用制工作人员为参加工会的主体，其经费的收缴以及核拨都是以正式工为基数，工会很大程度上具有福利工会的属性，所以，临时工的入会问题牵扯到单位福利的享有主体和资格问题。

（七）临时工的职业发展空间

在职业发展空间上，几乎所有的临时工都面临着职业发展的“玻璃天花板”现象。从88份临时工管理办法文本中，很难看到临时工职业发展的规定，除了考核优秀可以获得很少数额的奖励之外，并无其他的“职业晋升、职业培训、转为正式工、签订无固定期限劳动合同”等激励措施。这一职业发展空间上的“玻璃天花板”现象很多职业中都有所体现，这里以法院书记员为例加以分析。从法院书记员的身份来看，有的是“招聘制”、有的是“事业编制”、有的是“行政编制”，根据其是否有编制分为录用制和聘用制书记员。从发展机会来看，两者截然不同。录用制书记员即使没有通过司法考试，也可以在法院做一辈子书记员，按规定在书记员序列内正常晋升职级，在基层法院可以升到副科级书记员，在中级人民法院可以升到正科级书记员，若通过司法考试，一般经人民法院院务会议同意，上报当地人大便可成为法官。而聘用制书记员即使通过司法考试，由于在法院没有编制，也没有希望报批人大成为法官，因而大多只能转行当律师或从事其他职业。

针对临时工因为编制所面临的职业发展中的“玻璃天花板”现象，一些行业和部门出台了相关文件试图向临时工倾斜，但是由于编制数量的紧俏使得大多数的临时工无法受惠于这一措施，临时工所面临的职业发展中的“玻璃天花板”现象也无法得到有效解决。

（八）临时工的心理失衡

伴随着职业进入和职业过程中的经济层面和政治层面的差别待遇的是临时工心理平衡的缺失，与此相伴随的是对现状的无力、对现实的不满以及所采用的抗拒现状的不法行为，一些地方的临时工借助于手中的权力暴力执法等现象就反映了这样一种心理。在《我骄傲我是临时工》这首诗歌中，诉说了临时工的无奈：哪个正式工有我冲，有我横，有我愣/因为我是临时工/我有一纸合同/你拿走了我的合同/他又给了我合同……因此，对临时工失衡心理的认识及纠正也同样是临时工现象中所要解决的重要问题。

三、高校编制外用工的合法性分析

(一)对编外用工合法性的两种观点

作为用人单位的高校,他们和临时工之间的劳动关系是否合法?这种劳动用工关系是否符合编制管理制度的相关规定?在已有研究中提出了不同的观点。一种观点认为"公务临时工既不合理也不合法"。"从法理上讲,行政机关是权责统一的,行政权力既不得擅自放弃,也不能任意转让,聘用'临时工'违背了现代行政精神。"另一种观点认为,"临时工用工是合法的用工,不过需要进一步规范这一用工方式。"为什么会产生相左的两种看法?其论据在于选择不同的法律作为依据。

之所以认为临时工用工不合法,主要是基于我国编制管理制度的相关规定。编制管理,作为政府机关和事业单位核定人员、提高行政效能的一项工作,在我国已有法可依。针对政府机关,1997 年 8 月中华人民共和国国务院第 227 号令发布了《国务院行政机构设置和编制管理条例》、2007 年 2 月 14 日国务院第 169 次常务会议通过了《地方各级人民政府机构设置和编制管理条例》;针对事业单位,颁布了《事业单位岗位设置管理试行办法》。此外,《中华人民共和国公务员法》对于编制也有相应的规定。其中,在《国务院行政机构设置和编制管理条例》中规定"擅自超过核定的编制使用工作人员的"应承担法律责任;在《地方各级人民政府机构设置和编制管理条例》中规定"依照国家规定的程序设置的机构和核定的编制,是录用、聘用、调配工作人员、配备领导成员和核拨经费的依据"。"机构实有人员不得突破规定的编制。""超出编制限额调配财政供养人员、为超编人员核拨财政资金或者挪用其他资金安排其经费、以虚报人员等方式占用编制并冒用财政资金的,由机构编制管理机关给予通报批评,并责令限期改正;情节严重的,对直接负责的主管人员和其他直接责任人员,依法给予处分。"在《事业单位岗位设置管理试行办法》中规定"事业单位聘用人员,应在岗位有空缺的条件下,按照公开招聘、竞聘上岗的有关规定择优聘用"。从上述规定明显可知,核定的编制是国家机关使用工作人员的一个限额,设定的岗位是事业单位的用人限额,是不能超越的标杆。超出编制限额和事业单位的岗位限额用人的行为都属于违法用工。

之所以认为临时工用工是合法的,主要是基于我国劳动法律制度的规定。《中华人民共和国劳动法》和《中华人民共和国劳动合同法》第二条规定"国家机关、事业组织、社会团体和与之建立劳动合同关系的劳动者,依照本法执行"。在这一规定的授权下,国家机关和事业单位在编制外使用了大量工作人员,其职位分布等同于公务员的职位分类,包括综合管理类、专业技术类和行政执法类等类别,其人员进入途径包括签订劳动合同、未签订劳动合同、面向社会竞聘等,其人员的已有工作年限既有30多年工龄的"老人",也有不足一年工龄的新人,其人员的学历结构层次多样,既有博士学历获得者,也有硕士、学士和低学历人群。

(二)两种观点比较分析

由上述两种观点的冲突可以看出,冲突的核心在于法律依据的不一致。那么,依据劳动法所确立的这种编外用工关系是否合法?是否违反编制管理的相关规定?下文从4个层面予以分析。

(1)分析国家机关和事业单位工作人员的不同身份及所适用的法律。在国家机关和事业单位中有三类工作人员,第一类是公务员,根据《中华人民共和国公务员法》,是指依法履行公职、纳入国家行政编制、由国家财政负担工资福利的工作人员。这类工作人员属于公务员身份,是与国家确定的用人关系,属于公务员法律关系,并适用专门的《中华人民共和国公务员法》来加以规范。第二类是事业单位编内工作人员,根据编制的类型不同分为事业编制和企业编制,对于事业编制,和单位建立的属于人事关系,适用事业单位人事管理规定,而企业编制,属于劳动关系,适用事业单位人事管理规定和劳动法的规定。第三类是编外人员,也就是除了上述有编制的人员,其余在国家机关和事业单位工作的人员皆属于编外人员,无论是否与用人单位签订了劳动合同,其用工都属于劳动关系,适用劳动法律法规加以规范。

(2)分析编制管理条例所规定的合法用人标准。根据上述两个编制管理条例的规定,可以将编制内合法用人归纳为两个条件:一是有编制。无论是委任制或聘任制公务员的招录,都以有编制作为前提条件。对于委任制录用公务员,必须在规定的编制限额内,并有相应的职位空缺。除了常规的委任制之外,机关根据工作需要,经省级以上公务员主管部门批准,可以对专业性较强的职位和辅助性职位实行聘任制。同样,机关公务员聘任也应当在规定的编制限额和工资经费限额内进行。如果擅自超过核定的编制使用工作人员则属于违法录用。二是经费使用情况。由于编制同财政资金挂钩,财政部门根据编制额度核拨资金,以负担在编人员的工资福利等,所以,超出编制限额调配财政供养人员、为超编人员核拨财政资金则属于违法行为。近些年,很多超编单位使用其他方式筹集资金支付编外人员工资福利,根据上述两个编制管理条例的规定,该行为属于挪用其他资金安排编外人员的经费,也是违反编制管理条例的行为。所以,由此可以认定,无论是使用财政经费还是自筹经费,只要超编使用工作人员则都属于违法行为。

(3)分析劳动法上的合法用工条件。构成合法劳动关系的第一个必要充分条件是用工者与被用工者双方必须是符合劳动法规范的主体。劳动关系的主体有两方:劳动关系中劳动力的使用者和劳动力的所有者,也就是使用劳动力的用工者和拥有劳动力的被用工者。构成劳动关系的用工者必须是“用人单位”,这是前提。《中华人民共和国劳动法》将“国家机关、事业组织、社会团体”统一纳入劳动法用人单位的范畴,赋予了国家机关和事业单位建立劳动关系的主体资格。构成劳动关系的被用工者应当符合劳动法规定的劳动年龄。劳动年龄是指公民的年龄在16周岁(特殊工种除外)以上直至法定退休年龄。对于临时工只要满足上述年龄条件即可成为合法的劳动关系主体。构成劳动关系的第二个必要充分条件是被用工者为用工者提供劳动,而且是有偿劳动,并受用工者规章制度调整及管理。临时工作为一种劳动用工形式,排除了劳务关系的可能,是典型的劳动关系,由临时工向用人单位提供有偿劳动并受其内部劳动规范约束。因此,从这两个条件来衡量,不难发现,编制外用工下的劳动关系无论主体或客体,都满足这两个条件,所以双方所确立的劳动关系应属于合法的劳动关系。

(4)分析相冲突的两类规范的效力等级。影响法的效力层次的因素主要有法律位阶、适用范围、制定时间等因素。其中,法律位阶,是指每一部规范性法律文本在法律体系中的纵向等级。下位阶的法律必须服从上位阶的法律,所有的法律必须服从最高位阶的法。在我国,《中华人民共和国宪法》和《中华人民共和国立法法》规定的立法体制,法律位阶共分六级,它们从高到低依次是根本法、基本法、普通法、行政法规、地方性法规和行政规章。《中华人民共和国劳动法》在1994年7月5日第八届全国人民代表大会常务委员会第八次会议通过,《中华人民共和国劳动合同法》2007年6月29日由中华人民共和国第十届全国人民代表大会常务委员会第二十八次会议通过,二者都属于普通法。1997年8月中华人民共和国国务院第227号令发布的《国务院行政机构设置和编制管理条例》和2007年2月14日国务院第169次常务会议通过的《地方各级人民政府机构设置和编制管理条例》属于行政法规,所以,很明显,前者的位阶高于后者。在确定相冲突的法律法规的位阶之后,再来分析各自的适用范围。《中华人民共和国劳动法》和《中华人民共和国劳动合同法》的适用范围包括“中华人民共和国境内的企业、个体经济组织、民办非企业单位等组织以及国家机关、事业单位、社会团体和与其建立劳动关系的劳动者”,而编制管理法规仅适用于国家机关和事业单位,其适用的范围要小于劳动法。再来比较二者制定的时间,很显然,上述四个法律法规中,《中华人民共和国劳动合同法》的颁布时间最晚,属于最新法律。所以,通过法律位阶、适用范围和制定时间3个层面的分析，可以确定劳动法律的效力要高于编制管理法规的效力。

因此，可以这样认为，在理论上，由《中华人民共和国劳动法》及《中华人民共和国劳动合同法》所确认的临时工劳动关系属于受劳动法保护的劳动关系，具有合法性。

四、临时工管理制度的效力分析

如上文所述，尽管我国有劳动法规范临时工群体，但实践中，我国很多地方和用人单位习惯以地方政府颁布的《编外人员管理办法》等行政规范性文件和用人单位制定的《临时工管理办法》等内部管理规章制度（以下统称为“临时工管理制度”）进行管理，确定劳动关系双方主体的权利义务，而使得劳动法律被虚置。因此，针对临时工管理和保护中行政规范性文件和单位内部劳动规章的主导性作用和弱法律性这一现实，对于这些文件和规章的法律效力的界定成为必需。

（一）临时工管理制度的制定依据及其效力

通过对88份临时工管理制度文本的分析，可以看出这些文本制定所依据的规范包括三类。

第一类是依据现行的有关法律、法规和规范性文件。其中所依据的法律包括《中华人民共和国劳动法》《中华人民共和国劳动合同法》；所依据的行政法规包括《工伤保险条例》；所依据的地方规范性文件种类繁多，如《成都市人民政府关于成都市劳动用工和保险管理规定》（市政府第93号令）、《成都市非城镇户籍从业人员综合社会保险暂行办法的通知》（成府发[2003]7号）、《广州市劳动合同管理规定》、中共湖南省委、湖南省人民政府《关于进一步加强机构编制管理工作的通知》（湘发[2003]2号）、中共长沙市委、长沙市人民政府《关于切实做好下岗失业人员再就业工作的通知》（长发[2002]28号）、《湖北省人民政府关于调整全省最低工资标准的通知》（鄂政发[2007]16号）、《机关事业单位人事管理和机构编制管理规定》等。

这类依据无论法律位阶高低，依据本身都是合法的。但是以这些为依据所制定的临时工管理制度中的很多内容同这些依据本身的原则或精神却不相符，有些甚至是完全矛盾。具体表现如下：

（1）管理制度称谓的不合法性。早在1996年，原劳动部办公厅在《关于临时工的问题的请示》的复函中就规定“过去意义上相对于正式工而言的临时工名称已经不复存在。用人单位如在临时性岗位上用工，应当与劳动者签订劳动合同并依法为其建立各种社会保险，使其享有有关的福利待遇，但在劳动合同期限上可以有所区别”。这就说明,临时工尽管是约定俗成的常用概念但已经不再是一个法律概念,临时工管理制度中仍旧大量使用“临时工”这一称谓显然不符合法律的演进趋势及现有状态。

(2)内容与所依据法律法规的矛盾性。由于这些法律法规的有效性以及高位阶性,决定了临时工管理制度的内容受到这些规范的约束,否则即为违反法律法规的规定。在各地制定的临时工管理制度中,违法的条款比比皆是,这里无法逐一详述,只能以列举的方式加以说明。例如,在《中华人民共和国劳动法》中强调平等就业权、同工同酬权、禁止歧视等,但事实上这些临时工管理制度中的很多规定都是明显违反这些原则的。又如最低工资制度作为强制性规范是工资的最低标准,但是很多临时工管理制度中所规定的工资水平却低于最低工资标准。再如社会保险法要求强制参加五种社会保险,但很多临时工管理制度中明确规定“不参加生育保险、养老保险”。

无论是称谓的不合法还是内容的不合法现象,都属于违反《中华人民共和国立法法》的情形。根据《中华人民共和国立法法》的规定,行政机关制定的规范性文件不得与法律、法规、规章和国家的方针、政策相抵触;行政机关制定规范性文件,应当遵循“维护公民、法人和其他组织合法权益原则”。因此,这些违反法律法规的临时工管理制度在效力上应认定为无效或部分无效。

第二类是依据模糊。在很多临时工管理办法中,并不直接列举所依据的对象,而是使用一些模糊词语,如“根据国家、省、市有关法律法规”“依据相关配套法规”“根据各级劳动行政部门的有关规定”“依据有关文件规定”“依据某省各级劳动行政部门的有关法律法规”“依据某市劳动行政部门对临时工管理的有关规定精神”等。由于对制定依据的用词模糊,无法确定这些依据的合法性和合理性。

第三类是依据已经失效的或本身就无效的规范性文件。具体包括各个层级的已经失效的或无效的规范性文件,如国务院发布的《全民所有制企业临时工管理暂行规定》、各省市发布的《临时工用工管理条例》《临时工管理暂行办法》《关于全民所有制机关事业单位临时用工的暂行管理办法》《关于规范市级事业单位临时工管理工作的通知》等。

之所以认定上述文件失效,主要是基于这一理由:国务院1989年10月5日发布的《全民所有制企业临时工管理暂行规定》在2001年10月6日发布的《国务院关于废止2000年底以前发布的部分行政法规的决定》中已被废止,相应地,各省市依据《全民所有制企业临时工管理暂行规定》所制定的临时工管理的实施办法、实施细则等也相应被废止。所以,依据这些已经失效的规范性文件所制定的临时工管理制度当然是无效的。

(二)临时工管理制度的类型划分

由于临时工管理制度的制定主体不同,属于不同类型的规范,相应具有不同的法律效力。从其制定主体来看,包括以下三类。

第一类是政府及其所属部门制定的行政规范性文件。尽管公共部门的各类机关事业单位都涉及临时工管理问题,但是各地临时工管理办法的制定和发布机构却有所不同。如《东营市市直机关事业单位临时工作人员管理办法》是由东营市机构编制委员会办公室、东营市人力资源和社会保障局、东营市财政局联合发布的;《成都青羊区机关事业单位临时工管理办法》是由成都市青羊区机关事务管理局发布;《东港市机关事业单位临时工使用管理办法》是由东港市人事局、财政局发布的;《关于海城市机关和事业单位临时工作人员实行劳务派遣的通知》是由海城市人民政府发布的;《长沙市市直机关事业单位招用临时工作人员的暂行管理办法》是由中共长沙市委办公厅、长沙市人民政府办公厅发布的;而且,上述临时工管理办法的解释主体也各有不同,具体包括人事部门,劳动和社会保障部门,临时工用工管理领导小组办公室,财政局、人事局、劳动和社会保障部门联合解释,编办,街道办等。

这一类临时工管理办法,尽管制定主体和解释主体在各地均不同,但由于其制定和发布主体都属于政府及政府有关部门,所以这一类的临时工管理制度属于行政机关制定的行政规范性文件,在其行政区划范围之内发生效力。

第二类是用人单位制定的单位内部劳动管理规章制度。这是用人单位基于其用工自主权和劳动管理权而制定发布并在本单位内部适用的劳动管理规章制度。其中,根据用人单位性质的不同其制定主体也有所不同。一种是由行政机关作为制定主体,如《徐州鼓楼区环卫临时工管理办法》由鼓楼区市容局制定,《襄樊市审计局临时工管理办法》由市审计局制定;一种是由高等院校作为制定主体,这一类临时工管理制度仅在本单位内部发生效力。

第三类是用人单位的内部机构制定的管理制度。在很多大中型事业单位内部,其二级部门也有独立招聘用工的现象存在,因此,他们也相应制定本部门内部的临时工管理办法。但是从合法性角度来看,用人单位的内部机构不是劳动法的适格主体,不具有用人自主权,所以,其必然不是合法的用人主体,其所制定的本单位劳动管理规章制度对于临时工应不具有法律效力。

(三)临时工管理的行政规范性文件的效力

临时工称谓在法律中已经消失的情况下,各地的行政规范性文件是否可以对现实中存在的临时工群体加以规范,确定其权利义务边界?所制定的行政规范性文件是否有效?这一问题涉及法律保留原则问题。

所谓法律保留原则,又称积极之依法行政,是规范行政机关所制定的命令非但不得抵触法律,且须有法律上的依据,而在另一方面,法律保留亦可谓为某些重要之事项应由法律加以规范,不得径行以命令为之。也就是说,宪法关于人民基本权利限制等专属立法事项,必须由立法机关通过法律规定,行政机关不得代为规定,行政机关实施任何行政行为皆必须有法律授权,否则,其合法性将受到质疑。劳动权作为宪法规定的公民的一项基本权利,显然适用于法律保留原则。宪法赋予了公民平等就业权、同工同酬权等劳动权利,对于这些权利的规定已经通过《中华人民共和国劳动法》《中华人民共和国劳动合同法》和《中华人民共和国就业促进法》等得以细化,尽管行政机关有制定行政性规范的权力,可以在法律的基础上对劳动者权利的实现做进一步细化的规定,但是任何行政性法规或行政规范性文件不得与宪法和法律相抵触,不得对劳动者的劳动权通过行政性规定等方式予以消解,否则该规范性文件不具有法律效力。

此外,从程序上来讲,根据《规章制定程序条例》《法规规章备案条例》及有关法律、法规规定,行政规范性文件的制定需要经过论证,制定后需要向社会公布,并到相关部门办理备案和审查,对于规范性文件管理机构需要对其有效性定期进行评估和清理。所以,违反上述制定程序而出台的临时工管理制度也应无效。

(四)临时工管理的单位内部规章制度的效力

作为用人单位内部的劳动管理规章制度,其发生效力必须符合一定的条件。根据 2001 年最高人民法院《关于审理劳动争议案件适用法律若干问题的解释》第 19 条的规定,“用人单位根据我国《中华人民共和国劳动法》第 4 条之规定,通过民主程序制定的规章制度,不违反国家法律、行政法规及政策规定,并已向劳动者公示的,可以作为人民法院审理劳动争议案件的依据。”由此可以看出,用人单位内部的规章制度是否有效以及能否作为法院审理劳动争议案件的依据,取决于 3 个要件:第一,必须是由用人单位的管理机关依法制定,内容必须符合劳动法及有关法律、法规;第二,必须经过职工代表大会或其他民主程序通过,未设职工代表大会制度的用人单位,由股东大会、董事会等权力机构或者依相应的民主程序制定;第三,必须要明确告知劳动者,用人单位未尽告知义务的,不能作为处理劳动争议案件的依据。从法理上讲,用人单位规章制度的有效要件应当包括 3 个:①制定主体合法,即用人单位规章制度制定主体必须具备制定用人单位规章制度的法律主体资格;②内容合法,即用人单位规章制度的内容不违反法律、法规、政策和集体合同的规定,否则无效;③制定程序合法,即用人单位规章制度的制定必须履行职工民主参与、公示、备案等法定必要程序。

在这里,“制定主体必须是合法的用人单位”的要求决定了单位内部机构制定的临时工管理办法不具有合法性,不产生效力。

对于用人单位制定的对临时工管理的规章制度,其有效性主要取决于其内容的合法性。从前文所列举的临时工管理制度的内容来看,很多用人单位明确对临时工的法定劳动权进行限制或剥夺,减免用人单位劳动法上的义务,客观上使得临时工的劳动权利受到消解,在劳动关系中无法实现其应有权益。内容的违法性决定了这些单位内部规章制度的无效或部分条款无效。

五、高校临时工管理制度的完善

(一)逐步规范临时工用工管理

总体来讲,机关和事业单位对临时工采取的是双重身份管理,一方面,依据劳动法的规定,与劳动者签订劳动合同,劳动者受到劳动合同的约束;另一方面,作为编外人员受到机关事业单位内部的编内人员管理制度的约束。由于这两类制度具有不一致性和冲突性,因此,在对临时工的管理中必然面临着管理的不规范化问题。

在现有的管理体制下,逐步规范编外人员的管理并使其合法化极为重要。具体的措施:一是职业进入的规范化。按照公开、公平、竞争、择优的原则,面向社会公开招聘,且程序要规范。二是实名管理的规范化。将编外用工统一纳入机构编制实名制系统管理,确保实际用工人员不超过核定编外用工计划数,从源头上抑制编外用工膨胀,有效避免“吃空饷”情况的发生。三是合同管理的规范化。用人单位和编外人员必须签订劳动合同,明确双方的权利和义务,实行合同化管理。四是管理主体的规范化。要明确责任主体,形成编外用工管理的联动机制。五是争议处理程序的规范化。在现有的争议处理机制中,有的规定采用劳动争议处理机制,有的提出适用人事争议处理机制。事实上,临时工或编外人员与用人单位所确立的属于劳动关系,所签订的都属于劳动合同,因此,发生争议应适用劳动争议解决机制处理。

(二)对非正式制度的纠偏

临时工在一定时期内的存在以及现有法律制度的缺失,决定了采用行政规范性文件或单位内部劳动规章等非正式制度的形式进行管理和保护的必要性。但与此同时,这些非正式制度存在着很多问题,具体表现:与法律、法规、规章或者上级规范性文件相抵触或者不一致;与现行政策相抵触;违法限制或者剥夺劳动者的合法权利,或者违法增加劳动者义务;违规设定劳动行政处罚、行政强制;规范性文件之间明显不协调、相互矛盾或者已被新的法律、法规、规章或者上级规范性文件代替;适用期已过或者调整对象已消失,没有继续适用必要等问题。这些问题一方面表现为违反了法制统一性要求,另一方面表现为行政权对劳动权的直接干预和侵犯,其最终结果是对临时工劳动权利的消解。

针对这一问题,有必要对这些消极性的非正式制度进行纠偏,使之成为合法有效的规范以发挥其应有的制度规范功能。这既是建设法治政府的目标需求,也是保护劳动者权益的制度需求。从纠偏的具体路径来看,主要包括:一是认定高校行政规范性文件和用人单位内部劳动管理规章等临时工管理制度的效力,具体做法包括行政机关事业单位的自我清理、劳动监察、立法审查、司法审查。二是根据审查结果对劳动用工管理制度分类清理,包括建议保留、适时修改和废止(含宣布失效)等措施。从纠偏的具体内容来看,包括下述几方面。

1.确立适格的调整主体

从现有的规范看,其所调整的主体包括用人单位和临时工或编外人员。其中,真正意义上的短期性或季节性或辅助性的临时工作为法律层面已经消失的群体,在现有的法律制度中已经被纳入劳动法的保护体系中,并以"固定期限劳动合同主体"的身份而存在。因此,对于各地规范性文件或单位规章制度,没有必要将其作为一个特殊群体专门制定《临时工管理办法》加以管理,而应直接适用劳动法的规范。对于编外人员,其工资报酬权、休息休假权等劳动者基本权利,直接适用劳动法相应规范,无须另行制定劳动标准、设定或限制劳动权利。而对于劳动者的内部管理,高校可以制定相应管理制度。

2.转变规范制定理念

在现有的规范制度中,对于临时工"以身份确定权益、以管理替代保护、以去权替代赋权"。身份的差异导致适用双轨制管理,管理的理念导致对权利的约束,权利的约束突出了该群体的特殊性,群体的特殊化反过来强化了身份观念,周而复始。这就使得临时工的劳动保护陷入了这一恶性循环的怪圈。所以,从规范制定的理念层面,逐步完成"从管理到保护、从去权到赋权、从身份到契约"的转变。

3.调整规范制定依据

如前文所述,在一些临时工管理制度中,直接依据《全民所有制企业临时工管理暂行规定》或各地的《关于实施〈全民所有制企业临时工管理暂行规定〉条例》等已经失效的法律法规以及其他已失效的行政法规或地方性法规,这就使得这些临时工管理制度"无法可依",失去存在的依据而导致自身的不合法性。

4.调整规范的内容

《中华人民共和国劳动法》第89条规定:“用人单位制定的劳动规章制度违反法律、法规规定的,由劳动行政部门给予警告,责令改正;对劳动者造成损害的,应当承担赔偿责任。”这表明了用人单位内部劳动规章制度内容的合法性是其发生效力的前提条件。从前文对临时工管理制度的分析可以看出,大量的规范中存在着侵犯劳动者劳动权的条款,如违背劳动平等权的要求对临时工实施就业和职业歧视,设定差别待遇;扣押临时工的身份证件;要求临时工缴纳保证金或提供保证人;用人单位拒绝为临时工缴纳社会保险等。这些违法性规范的大量存在,使得劳动者权利受损披上了“合法”的制度外衣。所以,对上述违法内容的纠正是实现临时工群体真正赋权的基础,而且,强化赔偿责任机制是确保用人单位劳动规章制度制度规范化的保障。

5.完善规范的制定程序

劳动规章制度不仅仅要求内容合法,法律对其制定程序也有特殊要求,1997年11月25日原劳动部发布的《关于对新开办用人单位实行劳动规章制度备案制度的通知》规定“从1998年1月1日起,对新开办用人单位实行劳动规章制度备案制度”。最高人民法院《关于审理劳动争议案件适用法律若干问题的解释》第十九条规定“用人单位根据《劳动法》第四条之规定,通过民主程序制定的规章制度,不违反国家法律、行政法规及政策规定并已向劳动者公示的,可以作为人民法院审理劳动争议案件的依据”。由上述规定可以看出,对于未向职工公示、未到劳动管理部门办理备案的劳动规章制度都属于程序上的不合法,所以,需要加以纠正。

而对于行政规范性文件,一方面,行政规范性文件的产生需要严格根据《中华人民共和国立法法》《规章制定程序条例》《法规规章备案条例》等而制定;另一方面,确立行政规范性文件的退出机制,对于经审查不合规的文件,要宣布失效,最终实现行政规范性文件的合法性要求。

高校聘用合同中教师法律地位问题探究
——基于“行政合同说”与“劳动合同说”的法理

孙武斌　宗　凡

摘　要　本文基于“行政合同说”与“劳动合同说”两种不同的合同性质，分析了高校聘用合同中教师的法律地位不明确、高校与教师之间的法律关系模糊等问题的法理原因，提出了建构相关制度以完善聘用合同制度的建议与思考。

关键词　高校　教师　聘用合同　法律地位

高校教师聘任制，是在符合国家法律制度的情况下，聘任双方在平等自愿的前提下，由高等学校根据岗位设置，聘请有教师资质或教学经验的人担任相应教师职务的一项教师任用制度。推进教师聘任制是《中华人民共和国教师法》《中华人民共和国高等教育法》的法律规定，是实施“人才强校”战略，加强高校教师队伍建设的重要措施，是关系高校改革和发展战略全局的重要问题。

聘用合同是高校教师聘任制的核心内容。以合同形式聘任高校教师，强调高校和教师平等自愿的关系以及双方自主选择的权利，但是由于我国现行的法律、法规并未就高校教师聘用合同的法律属性以及高校教师的法律地位进行明确界定，导致在推行教师聘任制的实践中，高校与教师之间的法律关系模糊，使高校教师的权益不能够得到切实保障。

目前，学界对上述问题的研究和争议可谓众说纷纭，有“行政合同说”“劳动合同说”“民事合同说”“混合合同说”等不同观点。

本文基于“行政合同说”与“劳动合同说”，探究高校聘用合同中教师法律地位不明确的法理原因，为探讨高校聘用合同的法律制度基础及法律缺陷，完善高校聘用合同，提供有价值的探索。

一、社会转型导致高校教师身份不同的法律规定

从新中国成立至今，高校教师的身份经历了 3 次变迁：第一次是在新中国成立后，教师基于任命制而被纳入国家干部管理体制，在这一体制下，教师由国家人事部门严格地按照国家干部的身份进行统一管理；第二次是从 20 世纪

80年代开始，我国经历了一个由计划经济体制向市场经济体制的社会转型进程，教育体制也发生了相应的变革。1993年10月，《中华人民共和国教师法》以法律的形式把教师规定为“履行教育教学职责的专业人员”，确立了教师的职业身份。1998年，《中华人民共和国高等教育法》第四十八条规定，“高等学校实行教师聘任制。高等学校的教师的聘任，应当遵循双方平等自愿的原则，由高等学校校长与受聘教师签订聘任合同。”高校教师成为聘用合同的签约者。

但是，高校教师由“国家干部”“专业人员”到“聘用合同的签约者”身份的变迁，其法律地位最终并没有被明确。

“行政合同说”认为，教育的公益性、学校的行政主体地位和教师职业的特殊性决定了高校教师虽不是国家公务员，但应属于国家工作人员。高校教师聘用合同不是一般民事劳动合同，而是行政合同。

“劳动合同说”则认为，国家工作人员的本质特征是从事行使国家管理职权公务的活动。这种活动，是一种具有领导、指导、组织、监督、管理性质的职能活动，它通常是以相关主体享有一定的管理职权为前提的，而高校教师只是从事教育教学及科研工作，并没有享有任何管理职权，因此不能以国家工作人员论。虽然高校教师是具有高学历、以智力付出为核心特征的脑力劳动者，它同一般的体力劳动者的劳动内容和方式不同，但改变不了其劳动者的实质。因此，高校教师聘用合同不是行政合同，而是劳动合同。

由此可见，社会转型导致了高校教师身份的不同法律规定，既是国家工作人员又是劳动者的双重性，必然导致教师聘用合同中教师的法律地位不明确。

二、高校与教师的关系由行政隶属的身份管理到合同契约的法律关系

如前所述，计划经济时代高校作为政府机关的附属机构，接受国家的授权对教师进行行政管理；高校教师的身份为国家干部，纳入国家干部管理体制，高校与教师之间是一种行政隶属关系。

改革开放后颁布的《中华人民共和国教师法》《中华人民共和国高等教育法》等法律规定高校应逐步实行教师聘任制。2000年国家人事部颁布《关于进一步深化高等学校人事制度改革的实施意见》指出，深化高等学校人事制度改革，要破除职务终身制和人才单位所有制，按照“按需设岗、公开招聘、平等竞争、择优聘用、严格考核、合同管理”的原则，在高等学校工作人员中全面推行聘用制度。因此，学校和教职工在平等自愿的基础上，通过签订聘用合同，确立受法律保护的人事关系。但是这种人事关系，是否是一种平等自由的契约关系呢？

“行政合同说”认为:其一,我国公立高校虽然不是职权行政主体,但通过法律授权可以成为授权行政主体,“学校和其他教育机构根据国家规定,自主进行教师管理工作”;其二,“高等学校的校长全面负责本学校的教学、科学研究和其他行政管理工作,行使聘任和解聘教师以及其他工作人员,对学生进行学籍管理并实施奖励或者处分”的权力。基于此,在大陆法系国家,对公立高校这种具有支配性和公益性的权利,是作为公权及行政权来对待的,公立高校也被作为与行政机关相同地位的公务法人来对待。因此,高校与教师之间的法律关系是一种行政法律关系,尽管这种行政法律关系已经不再是简单的行政隶属关系,而是赋予了更多的时代内涵。

而“劳动合同说”则认为,国家赋予高校行政权仅限于部分行政事务管理领域,比如招生权、学位授予权、职称评审权、奖励或处分权等。但高校本身是事业法人而非行政主体,在与教师签订聘用合同时,高校是以事业法人主体身份与教师缔结一种劳动合同性质的契约,该契约具有聘任关系平等、聘任内容明确等特点,并不是依法律、法规授权行使行政职能,故其行为是一种民事行为而不是行政行为。因此,高校与教师是在平等自愿的基础上签订聘用合同,是一种具有聘任关系平等的民事行为关系。

可以看出,我国高校教师任用制度经历了由行政任命制到聘用合同制的变化发展,高校与教师的关系也由行政隶属的身份管理到合同契约的法律关系,而特定条件下,高校与教师关系的行政隶属与合同契约的双重性,必然模糊高校和教师之间的法律关系。

三、高校教师聘用合同的双重法律性质

随着高校人事制度改革的进一步深化,聘用合同使教师和高校形成了新的人事关系,高校已经基本形成了教师聘任制,合同管理的观念逐步深入人心。

高校教师聘用合同是以合意、契约、自由、公正性为理论基础,高校和教师双方既享有约定的权利,同时也履行相互约定的义务,在平等自愿、协商一致的基础上签订的契约。这种聘用合同呈现了劳动合同与行政合同双重法律性质的特点。

《中华人民共和国劳动合同法》第96条规定,“事业单位与实行聘用制的工作人员订立、履行、变更、解除或者终止劳动合同,法律、行政法规或者国务院另有规定的,依照其规定,未作规定的,依照本法有关规定执行”。但目前无论是法律、法规还是其他规章制度均未对作为事业单位的高校与教师之间订立的聘用合同,做出详细且具有操作性的特别规定。因此,“劳动合同说”认为

我国高校与教师之间的法律关系为契约关系，所签订的聘用合同为劳动合同。聘用合同定性为劳动合同，能够为教师提供更多的劳动法保护，在《中华人民共和国劳动合同法》中劳动者处于弱者的地位，因此法律给予劳动者一种必要的保护，赋予劳动者更大的权利，这样可以促使教师聘任制向着正确、健康、稳定的方向发展。

"行政合同说"认为，高校在教师管理中具有行政主体资格，教师聘用合同属于行政合同。教师聘用合同具备了于安教授认为的行政机关享有对行政合同的控制权及履行合同义务的连续性特征，高校公共事业组织性质决定了它具有行政特权，在订立聘用合同和履行合同时高校和教师的地位并非完全对等。高校在其中享有的特权被认为是保障公务履行所必要的，符合高校为公益服务的目的，而双方的这种不对等并不意味着不存在自由合意的可能，只是行政合同的自由合意与民事合同不同，它通过引入行政程序以及完善行政救济途径，赋予相对一方程序权利(取得充分信息权、反论权)、规定"不对等契约"缔结的条件、建立归责机制，来增强其讨价还价的能力。

因此，高校聘用合同中的劳动合同与行政合同的双重法律性质，是导致高校教师聘用合同中，教师的法律地位不明确、高校与教师之间的法律关系模糊、高校教师权益不能够得到切实保障的根本原因。

四、完善高校教师聘用合同制度的对策与思考

基于"行政合同说"和"劳动合同说"的法理，可以看出，社会转型导致的高校教师身份不同法律规定，使教师身份具有了法律上的既是国家工作人员又是劳动者的双重性、高校与教师的关系由行政隶属的身份管理到合同契约的法律关系以及高校教师聘用合同中劳动合同与行政合同的双重法律性质，是造成高校教师聘用合同中教师的法律地位不明确、高校和教师之间的法律关系模糊的法理原因。而这种法律的双重性反映出了现行高校聘用合同的法律缺陷，需要从相关的法律制度体系的构建上健全与完善现行高校聘用合同，推动高校人事制度改革的顺利进行。

1.从立法的高度健全完善高校教师聘用的法律体系，加快明确高校教师法律地位的相关立法

现行高校教师聘用合同主要依据国务院办公厅转发的人事部《关于在事业单位试行人员聘用制度的意见》(国办发[2002]35号，以下简称《意见》)，《意见》是原人事部发布的规范性文件。而《中华人民共和国劳动法》《中华人民共和国劳动合同法》则是由全国人大常委会制定和颁布的，是国家的基本法律，其法律效力高于规范性文件。因此，亟须从立法的高度出台相关法律法

规,健全完善高校教师聘用的法律体系,明确高校教师的法律地位,确认高校和教师之间的法律关系,使教师的权益得到切实保障。

2. 建立健全高校教师聘用合同的保障制度

(1)建立集体合同和个人合同相结合的制度。在岗位聘任中,高校和教师处于平等地位,但在具体的实施过程中,由于单个教师往往处于弱势,有必要借助集体合同保护自己的权益。集体合同由教师工会或教师代表,与学校决策机构基于合法、平等、合作的原则签订。在签订的过程中,可以通过“集体谈判”的方式,就双方的责任、权利和义务进行充分的沟通、协商,最终协商一致。集体合同明确规定教师权利和义务的最低限度的要求,这样能够维护全体教师的合法权益。

(2)建立权利救济制度。“教师对学校或其他教育机构侵犯其合法权益的,或者对学校或者其他教育机构做出的处理不服的,可以向教育行政部门提出申诉,教育行政部门应当在接到申诉30日内,做出处理。”不仅如此,教师还具有申请行政复议和提起行政诉讼的权利,但是我国目前的法律法规没有明确具体的受理机构、操作程序和时效,因此高校和教师之间的纠纷很难得到及时公正的解决。因此,必须建立相关的纠纷受理机构,明确规定操作程序和时效,加强教师申诉的合法监督,确保高校教师的申诉权利落到实处,使其纠纷得到有效的救济。

(3)建立健全社会保障制度。教师岗位聘任制的实质是加快人才流动,建立积极、有序、蓬勃向上的用人机制,而现有的教师岗位聘任制,缺乏教师由“单位人”向“社会人”身份顺利转变的外部保障。我国的社会保障机制尚处于创始阶段,教师的失业、养老、医疗、保险等制度有待于进一步健全和完善,这已成为制约聘任制发展的“瓶颈”。充分利用国家正在对事业单位的社会保险改革进行积极的探索和实践,高校要在现有的国家社会保障制度基础上建立适合各个高校自己的、适宜教师生活保障的、与自身经济条件相匹配的保障制度,这对减轻高校负担、解决教师的后顾之忧都有着重要作用。

3. 明确解除合同的条件和程序制度

制式合同中关于高校和教师单方解除合同的条件和程序都有所描述,但条款过于概念化、简单化,操作性和适用性不强。例如合同中列出了高校可以随时解除合同和提前30日以书面形式通知解除合同的情形,但是对解除合同的程序没有明确,是书面通知还是口头通知,解除的期限是多长时间,对方是否有申诉权等都没有规定。世界上许多国家都非常重视合同解除程序的法定化和规范化。美国试用期的教师受解聘可以获得被给予通知和听证的程序权;终身聘用教师在接到书面解聘警告之后,正式解聘之前,可以要求法律程序的保护。英国解聘教师必须履行正式警告、提醒教师改正、下达“解聘警告通知书”、地方教育当局可做出解聘该教师的决定等一系列规范化程序。借鉴国外大学的成熟解聘制度经验，我国高校在制定聘用合同时应充分考虑自身和教师的实际情况和各自利益需求，明确约定合同的解除条件和程序，才能够有力确保减少聘用合同纠纷。

只有健全高校教师聘用合同的法律体系，完善高校聘用合同的法律制度，明确高校教师的法律地位，明晰高校和教师之间的法律关系，切实保障高校教师的权益，才能顺利推进教师聘任制，推动高校人事制度改革。

参考文献

[1] 陈梦迁.人事制度分类管理背景下公立高校和教师的法律关系转变[J].中国高教研究，2010(1).

[2] 申素平.论我国公立高等学校与教师的法律关系[J].高等教育研究，2003(1).

[3] 康建辉.高校教师聘用合同中存在的问题及完善对策[J].高等教育研究，2008(3).

[4] 周光礼.高校教师聘任制度与教师权益法律保护[J].高等教育研究，2003(5).

[5] 于安.行政合同法初探[J].清华法律评论，1998(1).

[6] 沈月娣.高校教师聘用合同相关法律问题研究[J].教育导刊，2007(7).

[7] 杨颖秀.《劳动合同法》视域下教师聘任制的劳动关系审视[J].高等教育研究，2008(4).

[8] 周力.论高校教师的聘用合同解除权[J].高教探索，2008(1).

[9] 郭祥林.高校教师岗位聘用合同管理中的瑕疵及对策[J].江苏高教，2009(1).

(原文发表于《西北工业大学学报(社会科学版)》2013 年 3 月第 1 期)

心理资本对高校教师队伍稳定性的影响

于兆良　孙武斌　史海波

摘　要　教师是高校发展的基础，因此高校的持续发展离不开教师队伍的稳定。基于心理资本能够通过改变个体的认知程序来改变个体的积极态度和行为，而个体态度和行为能够影响教师队伍的稳定，因此，在对心理资本及其作用机制分析的基础上，研究心理资本对于教师队伍稳定的影响以及影响机制和影响程度，并在此基础上研究了基于心理资本作用机制的提高教师队伍稳定性的策略：将心理资本引入到教师的引进环节，加强教师心理资本的培训，改变教师的激励方式，加强心理契约的管理——用心理资本夯实心理契约。

关键词　心理资本　高校教师　工作满意度　心理契约

教师队伍是高校发展的基础，而教师队伍的稳定则是高校发展的保障。高校想要有长远发展就必须最大限度地吸引人才、留住人才，但在目前市场经济条件下，高校教师的稳定性必然受到物质、社会地位和环境等利益的冲击，使得许多高校的人才纵向流向了国外，横向流动到了其他著名高校抑或是流向了企事业单位，导致高校教师队伍的不稳定，最终影响高校的正常教学与科研工作，从而影响高校的长久发展。

高校教师作为最有价值的生产要素载体，相比于组织他们对于职业的认同感和忠诚度更高，因此，教师队伍具有很高的不稳定性。心理资本在组织与成员之间的组织承诺中起着积极的影响，能够帮助教师树立对组织的信心，提高他们对组织的认同感，对组织和自己的发展充满自信，并保持乐观的心态积极主动去完成教学和科研任务。同时，心理资本能够改善教师之间的人际关系，有利于建立和谐的组织文化，使得教师对组织满意度提高，同时也转变了教师的组织观念，增强了他们的组织归属感。引入心理资本能够转变教师对问题的看待角度，提醒教师通过审视自己与组织的发展来不断调整自己的行为，将个人职业生涯发展紧密地与组织的发展相联系，主动降低自己的工作流动性，提高自己对组织的忠诚度和信任感。

一、心理资本及其作用机制

20 世纪末期，著名心理学家塞利格曼等开启了以探究“人的发展潜力和美德等积极品质为主要内容的心理学研究新视角”的积极心理学研究运动。随后鲁森斯则在组织行为学研究领域中引用积极心理学的理论和观点，提出“积极组织行为学”这一概念；心理资本随后取得了迅速发展，心理资本作为组织行为学的核心心理状态，组织可以通过影响个体关于“我是谁”以及“我将成为谁”的认知来获取组织的竞争优势。而在以积极心理学和积极组织行为观点为思考框架的基础上，弗雷德·鲁森斯和凯尔·鲁森斯等人认为心理资本是个体的一种积极心理状态，并通过分析经济资本、人力资本和社会资本的特点和区别，提出了以强调人的积极心理为核心的心理资本概念。

2007 年，鲁森斯和尤瑟夫等人将心理资本定义为“心理资本是个体在成长和发展过程中表现出来的一种积极心理状态”，提出了心理资本的 4 个维度：自信心、乐观、希望和韧性，具体表现为在面对充满挑战性的工作时，充满信心（自信）并愿意付出必要的努力来获得成功；对目标锲而不舍，勇于追求，未取得成功时能恰当地调整实现目标的途径（希望）；对现在与未来的成功有积极的归因（乐观）；当身处逆境以及被困境困扰时能够坚持，迅速复原并超越（韧性），以取得成功。

在社会认知理论中，个体的意向及行为方式受个体的思维方式、价值观、态度和信念影响。而思维方式、价值观和信念则是通过认知程序作为媒介来引导个体的积极态度和行为的，而诸多内部因素是影响认知程序的主要因素。在内部因素中的个体性格特质具有极强的遗传性和稳定性，相对难以改变。作为内部因素的心理资本，却和人力资本、社会资本一样，可以通过引导、训练和开发得到改善和提高。因此，可以通过开发教师的心理资本来调节教师的认知程序，改变教师的思维方式、价值观和信念，引导他们产生积极的态度和行为倾向（提高工作满意度，降低离职倾向）。而个体的积极态度和心理倾向有助于降低教师的离职倾向和工作流动欲望，提高个体与组织的组织承诺感，从而保持组织的稳定性。

二、心理资本对教师稳定性的影响

心理资本能够有效地调节教师的心理智能，调节相关变量对教师的工作态度和行为所产生的影响，作为一种积极的心理状态，心理资本能够改善教师之间的人际关系，有利于建立和谐的组织文化，使得教师对组织满意度提高，同时也可以转变教师的观念，提高对组织的认同感和吻合度。将心理资本引入到高校教师的管理中,不仅可以转变教师对问题的看待态度,还可以转变教师与组织的关系,促使教师通过不断调整自己的行为来满足组织和个人的共同发展,从而提高教师的组织忠诚度和信任度,保证教师队伍的稳定。

心理资本中的自信能够使教师在从事教学和科研工作时有着良好的工作态度,并能够认识到自身的原因,使他们在工作中积极努力,并通过积极的调整生理和心理状态以及各种有效的反馈来提高他们的对工作和组织的满意度;充满希望的教师会通过制定合理、有挑战性的目标来增强他们的工作动因,并有助于他们积极主动地寻找实现目标的恰当途径;教师拥有乐观的心态便会竭尽全力去实现他们的理想,他们既不盲目乐观也不盲目悲观,他们对目前的困难都能有着积极的归因,能够清醒地认识工作中遇到的各种挫折,认真分析原因,以积极愉悦的心态面对问题,迎接未来;拥有韧性能够使教师无论在顺境、逆境,成功还是失败中都有着坚定的信念和忍受力,并能从其中迅速恢复平静,韧性强的教师可以在挫折和困境中成长,并在克服挫折的过程中找到生活的真谛和工作的价值。

有关心理资本对员工工作态度的影响的研究结果表明,在管理实践中,可以尝试通过开发与管理员工的心理资本,来提高员工的组织承诺,降低他们的离职意向并减少实际的离职行为;2008 年,鲁森斯等人的研究也验证了心理资本与工作满意度、组织承诺之间的正相关关系;孙泽厚等人也研究证实,心理资本及其各要素与离职倾向都存在着显著的相关性。心理资本对组织与成员之间的组织承诺有积极的影响,能够树立教师对高校组织的信赖和归属感,提高对组织的忠诚度,对在组织中的自我实现保持乐观的心态并积极主动去完成教学和科研任务。

教师队伍的稳定性很大程度体现在教师的离职意向上,而教师在高校中的工作满意度影响到了教师的离职意向,因此可以通过考察工作满意度和离职倾向来考察教师队伍的稳定性。本文将心理资本引入到高校教师队伍稳定的研究中,通过研究心理资本对个体态度和行为的影响,从而来研究心理资本对高校教师工作满意度和离职倾向的影响。因此我们假设:

H1:心理资本及其各维度对教师的工作满意度具有显著正相关性;

H2:心理资本及其各维度对教师离职倾向具有显著负相关性。

在心理资本的缓冲效应模型中,心理资本可以间接地影响个人、群体与组织层面的结果变量,也就是说心理资本对结果变量的影响在一定程度上是通过中介变量实现的,而不全是直接实现的。例如,2006 年科尔通过研究发现,心理资本可以通过影响个体的主观满意感来影响员工的动机,从而影响到个体的寻找工作行为。关于心理资本对教师离职倾向的缓冲效应,我们在这验证工作满意度是否在心理资本与离职倾向之间扮演着中介变量的角色，因此我们假设：

H3：心理资本通过影响工作满意度影响离职倾向即工作满意度的中介效应。

三、研究样本及研究过程

（一）研究样本

本次调查共有陕西、北京、广州、上海、山东等地的几家高校参加，共发放问卷350份，回收有效问卷314份，回收率达到89.7%。在发放问卷时，研究人员通过与调查对象沟通，明确调查问卷的主要内容和学术研究的目的，并要求匿名填写，保证"回答不分对错""个人独立完成"等形式来确保问卷质量。被试基本情况如下：男性171人，女性143人；年龄分布30岁以下57人，31～40岁142人，41～50岁86人，50岁及以上29人；教育程度分布为专科及以下20人，本科82人，硕士107人，博士105人；工龄分布5年以下59人，5～10年86人，10～15年95人，15～20年47人，20年以上27人；职称分布为初级职称人员16人，中级职称人员190人，副高级职称人员76人，正高级职称人员32人；高校性质分布上部属"985"高校63人，部属"211"高校65人，省属"211"高校71人，省属普通高校72人，省属高职高专等高校43人。随后在通过方差分析时，结果显示有效问卷和无效问卷在性别、年龄、教育程度、工龄、职称等项目上无显著性差异。

（二）量表

在工作量表的选择和使用上，为了确保量表的信度和效度，本课题参考了发表在高水平管理学期刊杂志上的心理资本、工作满意度和离职倾向量表，这些问卷的中文版本都曾多次在研究中国职工时使用过，且他们的效度和信度都得到了验证。心理资本量表采用鲁森斯等开发的心理资本量表测量221222。该量表共有24个项目，分为自信、希望、乐观与坚韧4组。离职倾向量表采用法赫等所开发离职倾向量表，示例性题目有"我常常想辞去我目前的工作"等。工作满意度量表采用布雷菲尔德和罗特氏（1951）编制的工作满意度问卷，示例性题目有"我对目前的工作非常满意"等。

（三）量表信度和效度分析

本研究以Cronbachα来分析信度，只有较高的一致性数值才能保证变量的测度符合本研究的信度要求，见表1，各变量α值都在可接受的范围内（$\alpha>0.7$），表明本研究所使用的量表具有较好的信度。

表 1 各变量的 Cronbach α

变量	心理资本				工作满意度	离职倾向
	自信	坚韧性	希望	乐观		
Cronbach α	0.873	0.911	0.899	0.886	0.860	0.758

在效度方面,由于本研究所使用的问卷都是在有关学者研究的基础上,经过反复讨论和论证而形成的,并采用探索性因子分析对结构效度进行了检验,保证了本问卷具有较好的效度。

四、数据分析与结果

(一)相关量分析

研究探讨了心理资本各维度、工作满意度和离职倾向之间的关系,表 2 列出了各研究变量的相关系数和信度系数。表 2 数据显示,通过相关性检验,教师心理资本与工作满意度(r=0.833)呈显著正相关,教师心理资本与离职倾向(r=−0.860)呈显著负相关,工作满意度与离职倾向(r=−0.799)呈显著负相关,有效地验证了相关假设。

表 2 变量的相关性分析

		自信	希望	坚韧性	乐观	工作满意度	离职倾向
心理资本	自信	1.000					
	希望	0.753**	1.000				
	坚韧性	0.788**	0.786**	1.000			
	乐观	0.697**	0.683**	0.730**	1.000		
工作满意度		0.803**	0.770**	0.841**	0.751**	1.000	
离职倾向		−0.787**	−0.765**	−0.792**	−0.742**	−0.799**	1.000

注:* $P<0.05$,* * $P<0.01$,双侧检验,相关系数在矩阵下三角中。

(二)心理资本对工作满意度和离职倾向变量的回归分析

本文利用回归分析方法和中介效应检验方法对本文的假设进行分析和检验,为了集中研究教师心理资本、工作满意度和离职倾向之间的关系,本文将性别、年龄、教育程度、工龄、职称、高校性质作为控制变量,因此在此不讨论控制变量对教师个体的影响。在采用回归方法对研究假设进行验证时,回归结果显示,各个 R^2 的 F 值的显著性水平均在 0.01 之下,表明回归模型的总体效果理想。

通过上述相关性分析和回归分析(模型2)证实,教师心理资本各维度与工作满意度呈显著正相关,表明教师的心理资本能够显著地提升教师的工作满意度;通过相关性分析和回归分析(模型4)证实,教师的心理资本各维度与离职倾向显著负相关,表明教师的心理资本能够显著降低教师的离职倾向,提升教师对组织的归属感,提升教师队伍的稳定。

将教师的心理资本和工作满意度都作为变量引入回归方程来解释心理资本的缓冲效应。由表3中的模型4、模型2和模型5的回归结果可以看出,放入工作满意度作为控制变量后,教师的心理资本各维度对离职倾向的影响的标准化系数均变弱但仍然显著($P<0.001$),同时工作满意度与离职倾向显著负相关($\beta=-0.164, P<0.01$),满足巴伦和肯尼提出的部分中介作用的要求,从而有效地验证了假设3,说明教师心理资本可以通过提高教师的工作满意度来有效且显著地降低教师的离职意向,降低教师的流动性,保证教师队伍的稳定。

表3 回归分析结果

			工作满意度		离职倾向		
			模型1	模型2	模型3	模型4	模型5
控制变量		性别	0.196***	0.037	−0.145**	0.012	0.018
		年龄	0.038	0.029	−0.030	−0.021	−0.017
		教育程度	0.063	0.023	0.038	0.075*	0.078**
		职称	−0.037	−0.005	0.029	−0.003	−0.003
		工龄	−0.097	−0.023	0.076	0.006	0.002
		高校性质	−0.230***	−0.145***	0.159**	0.072*	0.049
自变量	心理资本	自信		0.254***		−0.288***	−0.246***
		希望		0.140**		−0.209***	−0.186***
		坚韧性		0.373***		−0.250***	−0.189**
		乐观		0.183***		−0.208***	−0.178***
中介变量		工作满意度					−0.164**
		F值	6.314***	128.730***	2.856**	91.054***	84.813***
		R^2值	0.110	0.809	0.053	0.750	0.755
		调整的R^2值	0.092	0.803	0.034	0.742	0.747
		ΔR^2值	0.110***	0.700***	0.053**	0.697***	0.005**

注:* $P<0.05$,** $P<0.01$,*** $P<0.001$

五、基于心理资本提高教师队伍稳定性的策略

心理资本能够有效地调节个体的心理和情绪,引导教师产生有效的组织态度和积极行为,以积极的心态应对环境的变化,通过不断的审视自己与组织的发展,不断调整自己的行为以及将个人职业生涯发展与组织发展紧密地联系在一起等措施,帮助教师树立对高校组织的信心,从而提高对高校的组织归属感,主动降低自己的流动性。

为了保证教师队伍的稳定,需要加强对教师队伍各个环节的管理,从教师的引进到教师的培训、教师的激励以及教师的契约管理等方面基于心理资本对于教师的态度和行为能够产生的影响,高校在教师的管理中应将心理资本作为一个重要的指标融入教师的管理中。

(1)将心理资本融入教师的引进环节。在高校人事制度改革形势下,将心理资本作为教师引进的一项重要考察指标可以提高教师跟组织的吻合度,有效地降低高校的人才的流失率和招聘成本,保持教师队伍的稳定性。同时,心理资本测量问卷的产生为心理资本可以作为一项教师引进重要评价指标提供了前提条件。在招聘教师时,将问卷调查中获得的教师心理资本含量以及根据权重计算获得的综合测评分数作为最终录取教师的重要考察指标。因此,应该在教师的招聘过程中重视心理资本的重要作用。

(2)加强教师心理资本的培训。心理资本能够改善个体的认知程序而对个人及组织的绩效产生作用,所以,高校教师管理应在培训教师的知识更新与学术科研能力的同时,加强培育教师的积极心理资本。并将心理资本作为一项重要的培训和考核内容融贯在教师培训计划的制订、培训内容的实施、培训效果的评估与反馈等各个环节中,通过开展一系列心理资本方面内容的培训(如指导教师如何进行压力管理、挫折应对、情绪保持、自我管理等),帮助教师掌握提高心理资本的相关知识和方法,增强抵抗心理问题的能力,降低外界因素对教师稳定性的影响,使教师更快地与组织要求相吻合,提高教师对组织的忠诚度。

(3)改变教师的激励方式。激励体制也是影响教师队伍稳定性的重要因素,而现有的激励机制更多注重的是教师的物质性薪酬激励,缺乏从教师的心理方面、工作态度、个人发展等非物质薪酬方面的激励,使得激励没有发挥应有的作用。因此,将心理资本引入到教师的管理中,通过对教师心理资本的开发,转变教师的态度和对物质过度看重的倾向,通过引导他们关注个人和组织的发展来提高他们的组织归属感和承诺感。对处于职业生涯不同阶段的教师采用不同的激励方式,如处于起步阶段的青年教师,他们的生活和工作需要得

到物质的保障，因此，青年教师应以物质激励、福利保障等物质性薪酬激励为主，而辅以通过心理资本知识的培训来开发他们的潜力，提高他们的积极性，端正他们的工作态度和价值观；对处于职业生涯中期及后期的教师，他们的物质生活已经有了很大的改善，经济性薪酬已不是他们的主要追求，相对来说，个人发展等非物质性薪酬是他们最为关注的，因此，该阶段应该通过开发心理资本来改变他们对于教学工作的态度，进一步挖掘他们在科研、基金论文等方面的潜力，帮助他们更好地处理教学与科研方面的关系，实现高校与教师职业的共同发展。

(4)加强教师心理契约的管理——用心理资本夯实心理契约。心理契约是在个人有所奉献与组织欲望有所获取之间以及组织与个人期望收获之间的一种配合，它虽不是一种有形的契约，但它确实又发挥着一种有形契约的作用。不同于经济契约，心理契约维持的关系更持久、更稳定。教师与高校之间的心理契约更多情况下属于关系型心理契约，对于关系型心理契约来说，心理资本作为一种积极的心理状态，能够增加青年教师对于高校的情感承诺，使青年教师在感情上认同、依赖和相信组织。心理资本中乐观的态度使教师容易产生信任，并使其弹性的意愿最大化，因此在该种情况下，教师和高校会彼此相信对方为彼此所作出的努力，这使得教师和高校双方更易寻求保持稳定的意愿和努力。因此，高校应通过教师心理资本的开发来改变教师乐观、自信和坚强的人生态度，从而通过加强教师的情感承诺和组织信任来使教师与高校之间建立起良好的关系型心理契约。因此，高校要通过投资教师的心理资本使高校与教师之间的关系型心理契约得以实现，从而维持教师队伍的稳定。

心理资本作为人力资源管理研究的新热点，已经普遍引起了学者们的重视，也应该引起处于人事改革当前的高校教育管理者重视，高校人才的竞争将在很大程度上归结为教师心理资本的竞争。心理资本对于教师队伍稳定起着重要作用，因此，要想在高校竞争中处于主动与优势地位就必须有效地开发利用教师的心理资本。

参考文献

[1] Luthans K W, Jensen S M. The Linkage between Psychological Capital and Commitment to Organizational Mission[J]. Journal of Nursing Administration, 2005, 35(6): 304－310.

[2] Price J I. Reflections on the Determinants of Voluntary Turnover[J]. International Journal of Manpower, 2000(22): 600－624.

[3] 王雁飞，朱瑜. 心理资本理论与相关研究进展[J]. 外国经济与管理，

2007,29(5):3239.
[4] Seligman M E P, Csikszentmihalyi M. Positive Psychology: An Introduction[J]. American Psychologist,2000,55(1):5-14.
[5] Luthans F, Luthans K W, Luthans B C. Positive Psychological Capital: be yond Human and Social Capital[J]. Bussiniess Horizons,2004,47(1):45-50.
[6] Luthans F, Youssef C M,Avolio B J. 心理资本[M]. 李超平,译. 北京:中国轻工业出版社,2008.
[7] 仲理峰. 心理资本研究评述与展望[J]. 心理科学进展,2007,15(3):482-487.
[8] Luthans F. The Mediating Role of Psychological Capital in the Supportive Organizational Climate-employee Performance Relationship[J]. Journal of Organiational Behavior,2008,29(2):219-238.
[9] 孙泽厚,李 轩. 员工心理资本、离职意向及组织认同的关系研究[D]. 武汉:武汉理工大学管理学院,2008:12.
[10] Farh J L, Tsui A S, Xin K, et al. The Influence of Relational Demography and Guanxi: The Chinese Case[J]. Organizational Science,1998(9):2631.
[11] Brayfield A H, Rothe H F. An Index of Job Satisfaction[J]. Journal of Applied Psychology,1951(35):307-311.
[12] Baron R M, Kenny D A. The Moderator-mediator Variable Distinction in Social Psychological Research: Conceptual, Strategic, and Statistical Considerations[J]. Journal of Personality and Social Psychology,1986(51):1173-1182.
[13] Gerard H S, et al. Goal Setting and Goal Orientation: An Integration of Two Different Yet Related Literatures[J]. Academy of Management Journal,2004,47(2):227-239.
[14] 李原,郭德俊. 组织中的心理契约[J]. 心理科学发展,2002(1):83-90.

(原文发表于《高校教育管理》2013年3月第2期)

基于制度视角的高校人才软环境建设初探

王一宁　刘银中

摘　要　高校改革的深入，引发了高层次人才流失等问题。本文从制度的视角，分析了高校人才软环境建设存在的问题，提出了制度视角下高校人才软环境建设对策分析。

关键词　制度　人才　软环境　初探

随着我国高等院校改革的渐趋深入，我国的高等教育事业取得了长足的发展。但由于我国高校长期以来片面追求规模、速度和设备等硬环境的建设，却忽略了应为人才成长提供良好的政策环境、制度环境以及文化环境的现实，从而引发高层次人才流失等诸多问题，同时更造成教育资源分配不均和巨大浪费。因此，高校人才软环境建设对于促进高等教育发展有着重要的作用，本文从制度的视角对于高校人才软环境建设进行了初步的探索。

一、制度理论的基本内涵

制度是新制度主义的核心概念，也是制度研究方法的逻辑起点，制度表明一种已确定的活动形式，或者结构的结合。随着制度理论的发展以及人们对其研究的逐步深入，特别是20世纪后期新制度理论的兴起，形成了新制度经济学派、新制度政治学派和新制度社会学三个学派，司时每个学派都有各自的解释逻辑和规则体系，对“制度”的概念具有不同的界定，丰富了制度的内涵。新制度经济学强调的是一种效率机制，将制度与文化紧密地联系在一起，更多地表现为“结构性制度”；社会学科中的制度主义强调的是一种“合法性”机制，更多地表现为“组织性制度”。本文更强调组织社会学对“制度”的界定，定义为“是制度供给主体用以约束、限制人的行为的一种规则、规范”。

二、高校人才软环境建设存在的问题

近年来，国内许多高校都在下大力气建设高水平的教师队伍，出台各种人才计划和政策来吸引优秀教师，教师被聘用后，高校又要积极地改革和创新政策和环境,来留住人才和发展人才。因此,许多高校在校园建设上投入了大量的精力和可观的经费,漂亮的校园、壮观的实验楼、先进的仪器、设备和教学设施,这些措施和改革在一定的时期,在某种程度上确实是吸引了大量人才,然而遗憾的是,在人才引进之后,如何培养、激发教师的创新潜能和工作热情,如何充分发挥高端人才的共享率,相关的激励机制、通畅的晋升渠道和一系列配套制度目前还存在许多不足和实施的障碍。一是缺乏人才持续发展的空间与平台;二是管理制度设计非科学化明显;三是管理方式趋于"官本位"化;四是人文关怀欠缺。

三、制度视角下高校人才软环境建设对策

高校人才软环境是指高校内部影响人才发展和发挥作用的制度环境、文化环境与服务环境等的综合系统。其中文化环境是灵魂,制度环境是关键,服务环境是保障。

1.探索建立中国特色的现代大学人事制度

要完善以公开招聘和竞争择优为导向的教师遴选机制,坚持"按需设岗、公开招聘、竞争择优、合同管理"的原则,大力推行面向海内外、校内外的公开招聘制度,改善学缘结构,努力促进优秀人才总量的增长。要完善以业绩贡献和能力水平为导向的教师评价机制,根据学校的不同类型、学科的不同特点和人才的不同层次,完善分类评价标准,探索多元化的评价方法,建立以促进绩效改进和教师专业发展为导向,由品德、知识、能力、业绩等要素构成的教师评价体系,强化同行专家在教师评价中的重要作用。要建立和完善绩效工资分配制度,强化以岗定薪、岗变薪变、保障与激励相结合,完善多种收入分配形式,坚持向高层次人才和创新团队倾斜,建立重要人才的国家投保制度;要积极开展体制改革和制度创新的探索试点工作,大力推进高校基层学术组织改革和创新团队建设,鼓励高等学校选择科技创新平台或重点学科特殊领域,率先进行人事制度改革的突破性、示范性探索,带动学校整体人事制度改革。

2.大力推进大学创新文化与和谐文化建设

创新文化与和谐文化是大学文化的核心内涵。加强大学创新文化建设,应当把人的科学素质的提高、科学精神的树立、科学道德的培养作为重要内容,弘扬追求真理、献身科学、鼓励创新、宽容失败的精神,克服急功近利倾向,摒弃浮躁之风;加强大学的和谐文化建设,应当鼓励大学教师相互尊重、彼此信任、包容多样、团结协作,支持教师之间开展经常性的学术交流和讨论,碰撞学术思想、共享学术资源,努力营造宽松、和谐、健康的人际环境。

3.构建有利于人才发展和发挥作用的大学服务支撑体系

深化高校内部管理体制改革，协调行政权力与学术权力的关系，理顺学校与院系之间的职责分工，转变行政、后勤部门的管理职能，创新服务方式、服务技术和服务运行机制，不断强化服务意识，提高服务质量。应当优化管理队伍、科研教学辅助队伍、后勤服务队伍的结构，提高人员的整体素质。加强规范管理，严格控制“双肩挑”比例，建设一支高素质、专业化的管理队伍。设立专门的学术秘书和行政秘书岗位，使教师从烦琐的非学术事务中解脱出来，专心投入教学科研工作。

（原文发表于《中国职工教育》2014年第8期）

产学研合作培养人才的问题与对策研究

李　苗

摘　要　文章分析了我国目前产学研合作培养人才的模式，对存在的问题进行了研究并结合模式的特点和存在的问题阐述了我国通过产学研合作培养创新型人才的途径。

关键词　产学研合作　人才培养

一、产学研合作培养人才的模式

1.我国产学研合作培养人才的主要模式

在产学研结合模式方面，近60年来，企业、高校和科研院所积极探索实践更有效的产学研结合模式，按照我国不同时期产学研结合的阶段特征，可以将我国的产学研结合模式分为下述两大类。

(1)传统的模式。市场需求导向型结合模式，按照产学研结合技术的流动将以市场为导向的产学研结合模式分为以下五类：技术转让、技术合同开发、技术服务、技术咨询、技术培训。企业主导型结合模式，以企业为主体进行产学研的合作，企业为学生培养提供了科研环境和工作环境、实验仪器设备相关资料、所需研究经费和生活补贴等，研究成果完全按照事先的约定确定归属，科研院所和企业实验设备的先进性为学生创造了很好的实践和研究平台。学研机构主导型结合模式，是高校学校鼓励各学科聘请科研院所、企业高水平专家担任研究生指导教师，校外导师的聘任必须符合学校规定的导师遴选资格，按程序进行评聘和考核，可以独立招生，并严格按学校有关规定培养研究生。

(2)新趋势。技术资产经营模式，由公司为每一个科技项目配备上资金、经营团队进行技术项目的产业化，等到项目基本成熟后再将其独立为公司，学科性公司模式，依托学校学科优势，以科技成果作价入股作为核心技术创建科技型企业，以运用现代企业制度，在市场经济环境下更有效地开展成果转化和高新技术产业化，并推动学校学科建设的发展。创业型模式：教师或者学生在校期间的科研成果，通过创业的形式实现产业化，但目前大多数高校对此都有限制，因为从知识产权的角度而言，教师或者学生在校期间的科研成果属于学校所有。

总而言之，现阶段，我国的产学研结合大多采取以市场为导向的多样化结合模式。这些模式使得我国形成了互相交叉、互为补充的产学研结合格局，从而更加有效地推动了技术创新，促进了经济的发展。

二、产学研合作培养人才中存在的问题

在产学研结合体系中，企业主要从事产品的试验发展，而高校和科研机构主要从事基础研究和应用研究。高校和科研院所的技术成果、专利产出以及R&D成果应用及科技服务人员是产学研结合的保障和智力支撑，但随着产学研结合的进一步深入发展，我国高校和科研结构在以上方面也表现出一些不足，主要表现在以下几点。

1. 企业对产学研结合的认识不到位，对人才培养的投入不足

企业决策者对产学研的重视程度是产学研结合能否开展和有效进行的关键，产学研结合是企业家人力资本与技术创新人员人力资本之间的一组契约关系的结合。但是目前在我国的国有企业中，对企业领导者的考核评价还没有和企业是否开展技术创新活动以及技术创新活动的成效建立起直接的关系，所以，一些思想保守的企业领导者对通过产学研结合进行人才培养不够重视，认为人才的培养是国家的，而债务、责任和风险则是企业的，所以整个企业对产学研结合的积极性不高；民营企业由于面临激烈的市场竞争对创新的积极性很高，但他们在选择产学研结合创新的时候，多采取项目合作的方式，导致产学研结合的目标短期化，即企业过多注重自身的短期利益，缺少远见的创新认识，大多数产学研结合停留在模仿和"喂食"上，同时一味偏重技术设备的引进和重复建设，而轻视了对先进技术的消化、吸收和创新，从而失去了实际意义上的产学研合作共同培养人才的目的。

2. 高校和科研机构的科技成果转化率低

我国从1985年至今已经拥有专利成果300余万项，但实际转化率不足20%，转化后能产生经济效应的成果大约只占被转化成果的30%，而发达国家科研成果的转化率一般都达到70%以上，成果转化后能产生经济效益的也占六成以上。近几年，我国高校虽然每年取得的科技成果在8 000项至12 000项之间，但真正实现成果转化与产业化的还不到1/10。对于高新技术而言，快速有效地转化为生产并投入市场，是该项技术合作能否成功的关键，而我国的科研成果转化率低，转化后实现市场价值的比重低，导致技术成果的转化效率低。

三、产学研合作培养人才对策研究

1. 企业应加强与学研机构合作的深度和广度

据一项对近几年来全国327项合作创新项目的调查表明,产学研结合可使企业的劳动生产率提高29%,另对全国68所高校和科研机构与企业合作的调查表明,产学研结合项目的成功率可达69%,比同期科技成果转化率提高了近20%。这说明产学研结合对企业的创新发展有着至关重要的作用。但是要通过产学研结合提高企业的劳动生产率,必须使企业在产学研结合中发挥主导的作用,而目前我国企业在产学研结合中主体作用的发挥方面还存在一定的问题,需要采取一系列相应的措施。

2. 企业要重视产学研结合,加大R&D投入力度

我国80%的科研力量集中在高校和科研院所,企业要充分利用高校和科研院所的智力资源,加强与高校和科研院所的紧密合作,增强自身的竞争力。由于知识技术传递的地域特性,距离的远近直接影响企业与学研机构合作的效果,因此,对大多数企业而言,要立足于加强与自己区域内的高校和科研机构的合作,建立长期稳定的合作关系,充分享受本区域内高校和科研机构的科技成果。另外可以充分利用,2011计划协同创新项目,享受国内高校协同创新的成果,与区域内外的高校和科研机构的广泛合作,建立"面对点"(集群内的多家企业联合征集技术难题,组团与某家高校或科研机构合作)或者"面对面"(集群内的多家企业联合征集技术难题,组团与多家高校或科研机构合作)的产学研结合方式,寻求技术解决方案。对于一些实力雄厚的大企业,可以采用博士后流动站、在大学和科研机构建立实验室的方式提高技术创新能力。

3. 学研机构要注重研究,并面向市场进行技术的推广

实行产学研结合能够实现理论知识和实践技术相结合,可以提高高校和研究机构内科研人员的理论水平与实践能力,促进有针对性的研究,使科研成果更具实用性和适用性,促进科技成果转化为现实生产力,进而解决经济发展的现实问题,实现高校和科研机构服务经济生活主战场的功能。我国目前高校和科研院所在产学研结合中还存在一些问题,要解决这些问题,现在应认真思考如何改变多年形成的传统思维及实践模式,将产学研结合应全面履行的任务落实于实践。为此,学研机构必须采取下述措施。

(1)注重基础研究和应用研究。高校和科研机构要发挥研发基础和智力密集的优势,加强基础研究和应用研究,提高自身在产学研结合中的基础和支撑作用。同时更要面向市场需求,着重解决企业技术革新面临的瓶颈问题。

(2)慎重权衡成果转移和自主产业化的关系。在我国高校创办公司促成

了一大批成功企业的出现，但是，创办新公司的比现成公司获得专利所需的资源密度率要高，而且会导致专利转移的减少。

(3)高校和科研机构要对技术成果的产权合理定价。高校和科研机构应多方考虑合理确定技术成果的价格。

参考文献

[1] 李志强，李凌己. 国内外产学研结合发展的新趋势[J]. 清华大学教育研究，2005(8):97-103.

[2] 连燕华，马晓光. 我国产学研合作发展态势评价[J]. 中国软科学，2001(1):54-58.

[3] 吴玉鸣. 大学、企业研发与首都区域创新的局域空间分析[J]. 科学学研究，2006(6):398-404.

[4] 刘志明，殷保达. 大学—产业—政府关系与创新模式的变革[J]. 当代经济研究，2007(10):55-59.

[5] 罗利，鲁若愚. 产学研合作对策模型研究[J]. 管理工程学报，2000(2):1-4.

[6] 徐忆琳. 析产学研合作中的信息不对称[J]. 高等工程教育研究，2003(3):38-40.

[7] 赵兰香. 产学研合作与制度创新[J]. 科研管理，1996(6):13-17.

[8] 马天云. 论产学研合作对促进企业技术创新的作用[J]. 研究与发展管理，1999(4):44-46.

[9] 杨友文，叶敏. 高校在产学研合作中的地位与作用[J]. 研究与发展管理，2002(4):82-84.

(原文发表于《教育教学论坛》2013 年第 38 期)

研究型大学科技评价指标设置主要原则探讨

李　晗　张开富　郭宁生

科技评价不仅是高校科技管理的主要手段，而且是高等教育宏观管理和资源配置的重要依据，对高等学校办学行为具有突出的导向作用。深化高校科技评价改革，对于大力提升高校创新能力、推动高等教育综合改革、实现创新驱动发展具有十分重要的意义。高校长期以来形成的科技评价机制，在改革发展的历史进程中，对调动科技人员的积极性和创造性发挥了重要作用。但是面对全面提高质量和创新驱动发展的时代要求，科技评价中的问题也日益显现，集中表现为重数量轻质量、重形式轻内容、重短期轻长远的现象依然存在。因此，在分类评价指导思想下，明确研究型大学科技评价指标设置的主要原则非常重要。笔者认为，研究型大学科技评价指标设置时，必须遵循分类评价、战略前瞻、操作简易、公正公开等原则。

一、科技评价指标设置的分类评价原则

教育部 2013 年 12 月 20 日发布《教育部关于深化高等学校科技评价改革的意见》(教技[2013]3 号)，明确提出实施科学的分类评价。例如对基础研究人员的评价以有利于潜心研究、长期积累，催生重大原创性成果为重点。对应用研究人员的评价以聚焦需求，具有自主知识产权和重大技术突破为重点。对软科学研究人员的评价以服务决策需求，形成战略研究报告，支撑思想库智囊团建设为重点。

为支持和鼓励科研各要素根据自身的特点和潜能合理定位，明确发展目标和方向，充分调动学院、平台、团队和广大教师的积极性、主动性和创造性，科技评价指标设置应遵循分类评价原则。学院、平台、团队、人员和项目进行分类——学院分为工学类、理学类、管文类；平台分为国家/省部级重点实验室、国防科技重点实验室、国家/省部级工程中心、校设研究中心；团队分为基础研究类、应用研究类、应用开发类、软科学研究类；人员分为基础研究类、应用研究类、技术开发与产业化类、软科学研究类；项目分为基础研究类、应用研究类、技术开发与产业化开发类。

二、科技评价指标设置的战略前瞻原则

高等学校是国家创新体系的重要组成部分。科技评价不仅是高校科技管理的主要手段，而且是高等教育宏观管理和资源配置的重要依据，对高等学校办学行为具有突出的导向作用。深化高校科技评价改革，对于大力提升高校创新能力、推动高等教育综合改革、实现创新驱动发展具有十分重要的意义。科技评价指标的合理设置，是作为促进学校科技工作深化改革的重要措施，是学校坚持走内涵发展道路的重要方式，是更好地使科研工作服务于学科建设、人才培养、师资队伍建设和国际化的重要手段。

学校科技评价指标设置的战略前瞻原则尤为重要，关键性的指标设置将对一所学校未来的科研实力发展产生非常强的导向作用。科研实力除财力外，人力、物力、综合力都具有持续性功能，随着时间推移，这些指标的量和质不断扩大和提高，除了反映大学的整体水平外，还反映一个大学持续发展的潜力。具有战略前瞻性的指标设置，例如能否形成很强的国内外学术影响力、很强的行业引领能力、很强的社会影响力，这些要求会督促学院、平台、团队和广大科研人员将眼光放得更长远，有利于促进科研资源的长期积累，并产生综合性、久远的影响。

三、科技评价指标设置的操作简单原则

科技评价指标设置时应涵盖高等学校科学研究的所有方面。但如果指标设置完成后不可操作，或者实施起来非常复杂烦琐，也会影响指标体系的影响力和执行力。经过调研国内几所高校的科技评价指标设置，很多采取了 KPI（关键绩效指标）考核的方式，这就是操作简单原则。“可操作”是指所选用的指标可监核，一般来说，凡是通过有关专门机构提供数据都具有可监核性。例如科学引文索引（SCI）或社会科学引文索引（SSCI），国家级和省部级奖励成果，而学术声誉指标目前不可监核。“简单”是为了操作方便，但不能失真。其理论依据是数学中的相似原理（或金字塔原理）；其本质是用典型事例代替事物本身。低层是塔基，高层是塔尖。在实践上，选取塔尖的高度成为关键的一环。例如科研项目种类繁多，以千万级的量级作为衡量标准，无论对于纵向还是横向，都是非常有显示度的指标。

在指标设置时，遵循操作简单原则，在科研获奖及鉴定方面，要求以第一完成单位获省部级以上科研奖励项数（其中国家级奖励项数），科技成果鉴定项数；在重大项目方面，“973”首席科学家项目数，杰青/优青项目数，1 000 万以上纵向/横向项目数；高水平论文方面，以第一作者发表 SCI（SSCI）论文篇

数(其中1/2区篇数);经费与基金方面,人均科研经费数,国家基金(自然基金/社科基金)项目数;平台方面,新增省部级以上平台数量,年度评估优秀率;专利方面,年授权发明专利项数,转让或许可专利项数。

四、科技评价指标设置的公正公开原则

公正是指所设置的指标具有规范性、可比性。评价过程是否公正地对待每一个评价对象,是否忽视利益冲突一视同仁,还包括评价行为的公正等等。这就要求在指标选取时,必须选取能够借鉴的定量数据,这些数据应在科学共同体内有共识,尽量减少二次赋予权重。公开是指透明的开放评价机制,对评价规则、评价指标、评价过程、评价结果等公开公示,健全评价专家责任和信誉制度,做到评价工作的独立性和评价结果的科学性。同时所有评价指标的基础数据都公开可查,这就需要借助信息化的手段,例如建立科研信息平台等方式,将所有科技指标的基础数据在平台上公开公示,保障科技评价工作的权威、客观、真实。

只有在公正公开原则的指导下,广大教师才能心气平和地投入工作,促进学校各类科研活动的积极进行,真正建立起以质量和贡献为导向的科技评价体系。如果评价过程存在不公平不公正的现象,会直接挫伤科研人员工作的积极性,使大家产生消极、逆反、抗议等情绪,这将影响学校科技工作的可持续发展。

五、结束语

随着科学不断向深度和广度发展,科研工作越来越呈现复杂化和综合化,合理地做好科技评价指标的设置,以创新质量和实际贡献为评价导向,真正做到分类评价、战略前瞻、操作简易、公正公开,并对指标合理地赋予权重,通过评价营造求真求实、平等竞争、鼓励探索、宽容失败的学术氛围和学术环境。并在此基础上,进一步完善学校科技工作的考核激励和资源分配,促进学校科技工作的跨越发展。

关于高等学校学科评审机制的探讨

唐 波

摘 要 随着国家对高等学校学科建设经费投入的不断加大，学科评审领域失范的问题不断显现。如何客观、公正、程序正当地组织好专家评审是提高学科投资效益的重要手段。本文界定了学科评审机制的概念，分析了学科评审制度的主要缺陷，提出了进行学科评审机制创新的主要举措。

关键词 学科评审机制 缺陷 创新

一、学科评审机制的概念

任何评审活动都是由评审主体、评审客体、评审标准、事实判断和价值判断五个主要因素构成的。评审活动是评审主体依据一定的评审标准，基于事实判断，对评审客体进行价值判断。学科评审的主体一般是指由学科评审专家组成的评审委员会；学科评审的客体，从形式上看是人或组织，实质上是人或组织的学科建设方案；学科评审的标准是学科共同体所追求的目标：学科创新。学科建设在学科共同体目标规范和指导下活动，其价值以共同体目标的实现程度来衡量，评价一个学科建设方案在很大程度上是根据学科建设方案的创新价值和水平来衡量。图 1 所示为某“985”工程高校成果引领型学科共同体追求目标示意图。从图中可以看出，该高校学科建设注重基本办学条件、高水平平台条件、高水平科研成果、高水平教学成果、大师以及显著国际影响六方面的创新成果目标，以成果牵引学科建设发展。

二、学科评审机制的主要缺陷

1. 专家遴选制度不健全、不规范

评审主体是评审活动的组织者、实施者和评审结论的判定者，其学识、能力、道德等方面的素养影响着评审的结论。在国内的学科评审活动中，基本不存在科学、统一的专家遴选制度，不少单位在学科评审活动中，对评审专家的遴选随意性很大，导致评审活动中的专家不少是“外行”，学识、能力和道德修养都达不到所要求的标准，难以保证评审结果的科学性，使得评审的结果有失公允。

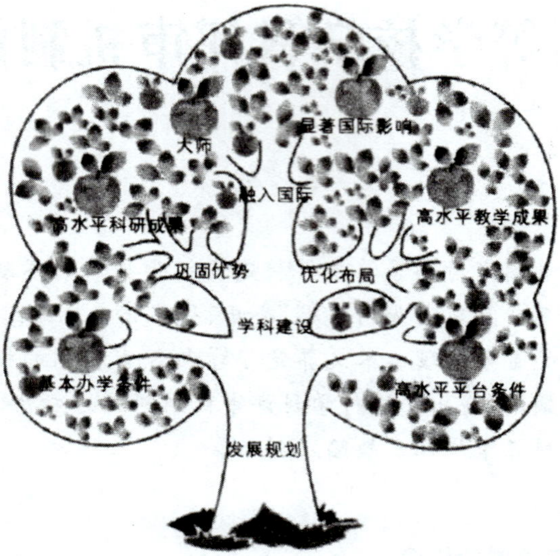

图1　某“985”工程高校成果引领型学科共同体追求目标示意图

2. 缺乏科学合理的评审标

目前,高等学校的学科评审活动缺乏科学合理、统一规范的评审标准,导致专家评审各行其是。非公认的评审标准,不同专业背景的专家会出现不同的理解,并得到不同的评审结果。同时,现有的评审标准单一,缺乏对基础研究学科与工程应用学科的区别,缺乏对传统优势学科与后进学科的区别,片面、过分追求学科成果的量化评审,使评审的导向功能偏离正确方向,难以产生高水平的学科建设成果。

3. 评审程序缺乏公平、正义设计

评审程序是学科评审活动的“游戏规则”,规则的制定是否严格遵循正义、公平原则关系到评审结果的正义、公平。我国专家评审长期存在重评审标准、轻评审程序的传统,因为没有严密的程序制约主体的评审活动,主观能动性的发挥有可能误入主观随意性的歧途。在学科评审活动中,经常发生随意更改评审程序,视评审程序为儿戏的事情;由“大牛”牵头组织的评审会,“大牛”本身就是程序,往往会出现暗示性的“一言堂”“一边倒”“家长制”状况。

4. 对评审客体缺乏全过程监督

学科建设与科学研究密不可分,其过程包含了很多不可预测的因素,存在“暗箱”。由于评审主体对评审客体缺乏有效的监督措施,对如何开展学科建设研究工作以及工作执行情况关心不够,导致部分申请人在学科方向建设项目申请获资助后不认真开展相关工作，弄虚作假，应付了事，评审主体和主管部门也往往无能为力。

三、学科评审机制的创新

机制上的缺陷需要通过创新方式予以解决。在深刻认识现有机制缺陷的基础上，深刻剖析问题所在，寻找切实可行的解决方法。基于目前我国高等学校学科评审制度上存在的主要缺陷，机制创新应做到以下几方面。

1.建立科学合理的专家遴选、监督机制评

评审专家的遴选要始终坚持"同行评议"和"回避制度"原则，专家必须具有评价客体的专业知识，并避开专家与被评审人之间、专家相互之间错综复杂的关系网，加强道德约束与法律规范相结合的监督手段，确保遴选出合适的评审专家，确保评审的公正性。"双盲评"是近年正在探索的一种评审方式，没有公开被评审人，同时通过加强评审专家信息的保密措施，保持此种评审方式的相对公正性网。"双盲评"评审方式可以有效借鉴到学科评审工作中，专家的遴选主要从高等学校校外产生，避免校内专家知根知底导致的信息公开和资源竞争问题。

2.完善科学合理的学科评审标准

学科评审标准应当科学合理而又因地制宜的多元化。从事基础研究类学科方向研究与从事工程背景突出的学科方向研究，其评价标准应当体现出区别，前者可以采用基础学科研究成果为标准，而后者应以解决实际问题为标准。另外，学科评审的标准应当本着"为了科学"的态度，凡是有利于学科发展创新的学科方向和建设项目，不论申请者的资历声望如何，都应予以客观评审，调动青年教师参与学科研究探索的精神和动力，有效防止论资排辈的陋习。

3.建立公正的学科评审程序

设立一套公正、操作性强的程序规则，保证科学的评审标准得到切实贯彻。例如，将科学计量方法引入同行评议，为专家提供客观公正的计量统计分析数据，减少了专家知识结构、学术视野、人情关系等因素的干扰，有效解决了同行评议中存在的缺陷。

4.建立预评审、过程监控与后评价相结合的长效机制

为加强对专家遴选、学科评审标准和正义程序制定、评审活动、项目执行等过程的监督，有必要成立评审监督仲裁机构，切实建立起预评估、过程监控与后评价相结合的长效机制。

建立和完善事前评估系统，上次申请项目结束后建立的档案还将作为下

一次申请或同行科学家进行监督的参考。立项后应组织同行专家对项目执行情况进行细致评估,并通过完善财务审查制度,包括拨款制度、用款制度、审计制度等,对项目执行及经费使用情况进行过程审计,对学科建设工作刻苦努力的人员进行表彰,对那些想走捷径的人予以督促,执行情况不力的项目坚决予以回收学科建设经费。对于完成学科建设的项目,投资效益好的予以奖励,投资效益差的项目将被列入后评价信息库的黑名单中,并同期与事前评估系统信息共享,让那些搞不正之风的人无机可乘。

参考文献

[1] 江新华.论我国学术评审制度的缺陷与创新[J].科学学研究,2005,23(5):618-622.

[2] 万猛.关于科技评审专家的选择及其评审行为的判断方法[J].研究与发展管理,2007,19(3):119-129.

[3] 陈进寿,等.约束评审专家完善评审制度[J].中国科技论坛,2002(2):44-46.

[4] 李扉南,陈浩.将程序正义引入学术评审领域的探讨[J].科研管理,2003,24(1):34-39.

[5] 顾海兵,等.借鉴德国经验,完善我国科技评审制度[J].上饶师范学院学报,2004,24(2):1-4.

(原文发表于《价值工程》2013年第16期)

国防特色高校承担型号项目的SWOT分析

唐 波 刘 蕾

摘 要 本文采用SWOT方法对国防特色高校承担国家武器装备型号项目的优势、劣势、机遇与挑战进行了较全面的分析，提出了国防特色高校承担型号项目应采取的措施，为国防特色高校承担型号项目，进一步彰显办学特色提供了理论指导。

关键词 国防特色高校 型号项目 SWOT分析

一、引言

当今世界多极化、经济全球化深入发展，科技进步日新月异，国际金融危机影响深远，国际力量对比出现新态势，我国安全威胁形势日益严峻，中国特色军事变革在加快推进。在这样一个宏观国际国内形势背景下，国防特色高校的武器装备科研生产工作面临着新形势、新要求。

本文所述的国防特色高校是指学科门类设置与国防科技工业密切相关的高校，主要包括原国防科工委所属、现隶属工业和信息化部的七所高校。另外，本文国防特色高校承担型号项目SWOT分析比较的对象是科研院所及集团公司（军口）。

二、国防特色高校承担型号项目的SWOT分析

1. 承担型号项目具备的优势

（1）具有从事型号基础理论集成创新的先天优势。国防特色高校注重知识和基础理论创新，善于积累和总结，形成了一整套基础理论研究体系。基础理论研究是国防科技和武器装备发展的重要基础，为解决武器装备和国防科技发展重大关键问题提供前瞻性、战略性的科学理论支撑。另外，国防特色高校学科门类齐全，覆盖国防科技领域广，具有开展集成性研究的条件。未来基础研究的发展不仅表现在单一研究领域不断实现新的突破，更多地表现为不同领域之间的相互融合。学科交叉融合已成为当代科技发展的主要驱动力之

一,交叉研究的成果将为武器装备的持续发展提供后续的技术储备。

(2)已有特色优势学科是承担型号发展任务的基础。国防特色高校已形成了鲜明的国防优势学科群、专业和研究方向。“十五”之后,国防特色高校的发展步入了快车道,进一步明确了“国防”特色,建立了协调发展的学科群和专业,凝练和明确了学科发展方向,形成了若干国防特色优势研究方向,培育了若干武器装备重大型号项目,并取得了较好成绩,产生了显著的国防效益,在国防科技工业发展建设中发挥了重要作用,成为国防特色高校继续承担型号任务的基础优势。

2.承担型号项目存在的劣势

(1)校、院、教研室三级科研管理模式有待改革。虽然国防特色高校实行校、院、系三级管理体制,但科研管理模式仍沿用过去以教学为主的校、院、教研室三级管理模式,较多地呈现出“小作坊”式课题组研究。基于高校教师具有较强的独立性和排他性的特点,研究团队间集成、交叉创新效果较差,“一山不容二虎”,虽然通过有意改革、整合,但仍未能解决根本问题。从目前已形成的型号团队建设发展来看,这些团队均拥有领袖级人物,因此能将不同层次的小团队聚集起来,带领一批研究生开展创新研究。

与科研院所和集团公司(国防口)相比,他们设立之初就是瞄准某些型号任务或者从国家重大需求出发,建立了相对独立且专业单一的科研机构,科研团队相对稳定,管理模式以科研生产为主,在某一领域具有较强的工程应用能力。相比劣势如下:一方面,已承担的型号任务涉及的学科专业领域相对较窄,只涉及少数几个学科方向,并且集中在个别专业学院,不能在全校范围形成合力。另一方面,高校科研人员的主体是研究生,存在较大的人事流动性,导致型号后期技术保障不到位,研制队伍和服务保障的稳定性亟待解决。

另外,科研院所多年从事某一领域工程应用研究,对科研生产法规把握很准确,且积累了一整套相应的标准体系。如,系列风洞测试模型标准数据样本体系,需要多年的工程应用积累,才能形成权威和可信的体系。在这方面,国防特色高校仍显不足。

(2)部分科研人员“小富即安”,缺乏创业精神。“革命尚未成功,同志仍需努力”,一句革命谚语,激励了好几代人,从无到有,从有到优,才创立了今天的美好生活和工作基础。现在的政策好了,为数众多的科研人员不再关注如何更高层次地创业发展,而是忙于赚钱,接横向课题,安于现状,“小富即安”。这种现状导致了重大原创性科技创新缺乏,高水平科技成果较少。他们对于组织策划重大型号项目的积极性和主动性不够,早已没了当初革命先辈的创业精神。

3. 承担型号项目面临的机遇

(1)国家对概念型、探索型装备研究的大力扶持。随着我国国防工业的发展，概念型、探索型武器装备研究成为引领装备未来发展的重要途径，国家给予高度重视和大力扶持。依据国防现代化的发展目标，装备科技含量日益提高，对技术的需求更加多样。基于国防特色高校从事型号基础理论集成创新的先天优势，无疑成为承担概念型、探索型装备研究的重要主力军之一。

(2)以信息化为核心发挥多学科综合优势引领发展。信息化已成为提升军队战斗力的关键因素，推进以信息化为中心的国防现代化建设，注重将信息技术即时应用到作战进程和武器系统建设中，这是未来武器装备研发的必然要求。

信息化发展的根本是信息化与机械化融合，实现从机械化战争向信息化战争的质的飞跃。要促进信息化与机械化的融合发展，必然依赖于多学科的交叉融合。高校具有先天优势，必然肩负着引领未来武器装备发展的重任。国防特色高校应充分发挥多学科综合优势，加快形成信息化与工业化融合、机械化与信息化复合发展的特色科研方向，关注常规武器装备的信息化升级发展，引领未来武器装备发展的新方向。

(3)学科投入加大为更大贡献国防科技提供支撑。目前我国已从高等教育大国向高等教育强国转变，国家对高校学科建设的投入力度仍在不断加大，这也为国防特色高校更好地承担型号任务创造了优良的软硬件条件，有力地保障了在研型号和其他武器装备科研生产任务的实施，同时为学校进一步承接和完成新的国家武器装备重大型号任务奠定了坚实基础，为充分发挥国防特色和为国防科技事业做出新的更大贡献提供了有力支撑。

4. 承担型号项目遭遇的挑战

(1)国家对武器装备发展提出了新的更高要求。随着我国国防工业体系的不断完善，装备研制体系更加成熟合理，研制层次分明，对武器装备的发展提出了新的更高要求，管理也更加严格和规范，这无疑成为学校承担和完成武器装备重大型号研制和发展的挑战。

(2)国家军品准入退出多元化机制促使竞争激烈。近年来，随着国家武器装备科研生产管理体制和运行机制的不断完善，在“军民结合、寓军于民”的方针指导下，进行了一系列的改革和调整，军民分割、条块分割、自我封闭、自成体系的状况正在被逐步打破。目前，除原有军工企事业单位外，民口单位也开始进入武器装备科研生产领域，武器装备科研生产主体呈现多元化趋势，国家军品市场准入和退出机制不断完善，军民企业之间有序竞争局面已经形成。特别是其他民口高校的纷纷加入，开展国防工业相关科研，成立了相应的研究和管理机构，承接武器装备科研生产任务，这势必对国防特色高校已形成的武器装备科研生产优势产生巨大挑战。

另外,高校承担型号研制任务与科研院所存在竞争,使得很多科研院所具有较强的排斥作用。如何能够减少排斥,整合资源,开展型号合作研制,是我们研究和努力的方向。

5. 承担型号项目 SWOT 分析

表 1 所示为国防特色高校承担型号项目的 SWOT 分析要点。

(1)在优势基础上,如何把握机遇(记为“SO”):开展概念型、探索型基础理论集成创新研究;做好已承担型号发展的信息化升级改进;通过学科投入加强国防军工核心能力建设。

(2)在机遇面前,如何克服劣势(记为“WO”):克服体制不足,整合资源开展以信息化为核心的交叉研究;从制度上鼓励开展引领型国防科研,给予特区政策。

(3)在优势基础上,如何面对挑战(记为“ST”):完善管理体系保障型号论证和方案研制;发挥学科优势与科研院所分阶段合作研制。

(4)在挑战面前,如何克服劣势(记为“WT”):改革现有体制以满足国家新的更高要求;完善学校武器装备科研许可和考核机制。

表 1　国防特色高校承担型号项目的 SWOT 分析

内部能力 / 外部因素	优势(Strength)	劣势(Weakness)
	从事基础理论集成创新的优势 已有优势学科是型号发展基础	科研管理模式有待改革 部分“小富即安”思想
机遇(Opportunities)	SO	WO
国家对概念型、探索型研究的扶持 以信息化为核心多学科交叉融合 学科投入加大提供支撑引领发展	开展概念型、探索型基础理论集成创新研究 做好已承担型号发展的信息化升级改进 通过学科投入加强国防军工核心能力建设	克服体制不足,整合资源开展以信息化为核心的交叉研究 从制度上鼓励开展引领型国防科研
挑战(Threats)	ST	WT
国家对武器装备发展提出了新的更高要求 国家军品准入退出多元化机制使竞争激烈	完善管理体系保障型号论证和方案研制 发挥学科优势与科研院所分阶段合作研制	改革现有体制以满足国家新的更高要求 完善学校武器装备科研许可和考核机制

三、面对机遇和挑战国防特色高校应采取的措施

1. 建立国防特色高校武器装备科研生产政策特区

国防特色高校作为国防科技工业教育的主力军,必须把服务国防科技工

业作为首要任务，不断突出和强化军工特色。要清醒地认识形势，不断增强紧迫感和危机感，坚定不移、全力以赴地去进一步凝练军工方向，进一步强化军工特色，把有限的资源重点用在国防特色的学科建设和师资队伍建设上，在承接武器装备型号研制任务的基础上提升国防特色学科水平，锻炼队伍，并培养国防科技工业急需的高新技术人才。

一方面，稳定现有武器装备科研生产型号研制团队。建立和完善学校考核评价体系，给予适当的政策倾斜，建立人事特区，保障型号研制队伍的相对稳定，在此基础上建立和完善武器装备科研生产动员保障体系，逐步消除军方对国防特色高校型号全寿命周期技术保障服务人才稳定性的顾虑。另一方面，通过特区政策的鼓励，提高大家从事武器装备科研生产的积极性和主动性，吸引更多的科研力量参与到武器装备科研生产工作中来。

2. 提升国防特色高校武器装备科研生产服务保障能力

目前，各国防特色高校积极承担国家和国防重大科研任务，在高新技术武器装备型号研制、载人航天和月球探测工程先期研究等方面发挥了重要作用，取得了重大成果。在现有基础上，为更好地发挥国防特色高校的优势，把握机遇：一方面，加强武器装备型号项目管理体系建设，提高武器装备科研生产型号项目服务保障能力，建立与高校特点相适应的型号管理机制。另一方面，完善和扩大武器装备承制资格和武器装备科研生产许可单位范围，扩大国防特色高校项目承接范围。

3. 完善国防特色学科体系建设，围绕国家急需积极布局布点

紧密围绕国防科技工业发展需要，完成国防特色重点和紧缺学科专业布点工作，按照“加强急需，弥补缺失，填平补齐”的原则，突出加强核技术、核反应堆工程、真空电子技术、微波毫米波系统与器件技术、适航技术与管理、遥感与摄影测量、精密与微纳制造等紧缺学科专业建设。

一方面，在瞄准国家重大需求的基础上，开展应用基础研究，同时瞄准国际前沿最新研究动态，把握未来学科发展趋势。另一方面，突破以传统学科界限的学科组织模式，探索建立有利于创新、交叉、开放和共享的运行机制。实施学科项目策划式管理，整合力量，集中资源，打破学院界限。

4. 创新科研资源配置机制，积极策划新的型号项目

创新科研资源配置机制，把优势学科、重大项目、优秀群体等资源集中优化配置，使科研团队在创新基地上形成合力。同时，构建高水平的研究平台，打破阻碍学术创新的新布局，集中优势资源，组织具有重大科技战略需求和社会影响的大项目研究。目前，部分国防特色高校科研管理进行了实践探索，相关科研管理部门进行了整合，根据科研规律和学校自身特点，通过科研的军民

分线,纵向、横向、基础的分类管理,实现科研的精细化管理,特别是加强军品批产项目的管理,提高科研效益并调动研制人员和学校双方的积极性,加强科研业务对外争取项目的资源的力度。

在创新科研资源配置机制的基础上,继续加强在研武器装备科研生产型号管理,在现有基础上提出改型建议,策划争取新型号立项。同时,广泛开展学校型号挖掘调研,积极主动与上级机关和科研院所及集团公司(军口)沟通,培育新的型号苗子。

5.建立科学的产学研用合作机制

国防特色高校在承担武器装备科研生产任务时,应当明晰角色定位,工作的重点主要集中在方案研制阶段。方案研制工作能充分体现国防特色高校的引领作用,是国防特色高校优势所在。后续阶段应由科研院所及集团公司(军口)为主导,国防特色高校应与科研院所及集团公司(军口)联合开展工程研制合作,从而形成一种良性的产学研用合作机制。

四、结语

国防特色高校承担着大量的国家武器装备型号项目,日益成为国家国防科技发展的重要力量之一,要想在未来发展中把握好方向,继续保持和彰显国防特色,就应当客观地认清形势,充分发挥优势,切实弥补劣势,善于把握机遇,勇于迎接挑战,这样就一定能够为国家的国防事业做出新的更大贡献。

参考文献

[1] 迈克哈菲.中国在中亚的战略地位及其对俄美的安全影响[J].胡向春,译.现代军事,2011(2):78-84.

[2] "关注"记者.苗圩要求:坚定不移地走军民融合式发展路子[J].关注,2011(1):14-15.

[3] "关注"记者.陈求发部署"十二五"重点任务和今年主要工作[J].关注,2011(1):16-19.

[4] 安丽雅.中国是否正在穿越美国海军的"马奇诺防线"[J].胡向春,译.现代军事,2011(1):80-83.

[5] 文龙.未来十年这些武器可能闪亮[J].兵器知识,2011(4A):39-40.

(原文发表于《西北工业大学学报(社会科学版)》2013年第1期)

高校联合厂所自筹经费研制武器型号管理初探

唐　波

摘　要　本文针对国内出现的高校联合多领域工程单位，共同自筹开展武器装备型号研制的现象，对这种合作新模式的特点、决策管理、方案设计、成本控制及风险管理等进行了初步探析。

关键词　高校联合厂所　自筹经费　武器型号　管理

高校如何组织协调好自筹经费武器型号研制工作，如何在方案设计、风险规划、成本控制等方面做好决策管理是本文研究的重点。

一、高校联合厂所自筹经费研制武器型号的特点

高校联合厂所自筹经费开展武器型号研制的最大特点是，高校在组织型号研制工作中的角色定位清晰，工作重点主要集中在方案研制阶段，工程实现阶段将总师地位转交工程单位，既充分发挥高校在研制阶段前期的牵引作用，又有利于联合工程单位，避免形成竞争，并能在工程实现阶段充分调动工程单位的积极性和优势资源。

出于满足国家需求和自身发展考虑，高校联合厂所本着发挥各自优势、友好合作、共同投入、利益共享、风险共担的原则，联合推进产学研用合作，增强各方在相关领域科技创新能力和核心竞争力。表1是自筹立项型号与国家立项型号的区别。

表1　自筹型号与国家立项型号的区别

	自筹立项	国家立项
经费来源	各参研单位分别自筹	国拨资金
市场需求	取决于产品的竞争力	国防明确需求计划，市场稳定
论证决策	联合协商决策，需报国家立项	按需求计划开展论证
研制进度	严格按合同和分系统任务书有关要求	按合同或任务书执行
质量控制	按产品质保大纲执行，分系统较独立	严格按质量标准和保证大纲执行
成本控制	参研单位采取措施降低成本，压力大	有成本控制措施，压力小
用户关注	产品费效比、进度、质量等综合考虑	产品功能和战技指标，成本关注少

高校自筹型号论证决策重点围绕方案设计、风险规划、成本控制开展,四者之间互相依存,相互影响(见图1)。

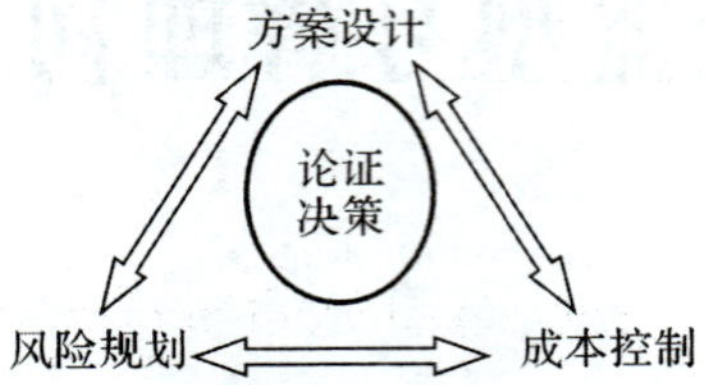

图1　论证决策与方案设计、风险规划、成本控制间的相互关系示意

二、自筹型号论证决策管理

1. 用户需求是生命线

准确的市场需求和定位是自筹型号发展的生命力,是参研单位选好型号的关键。

2. 实施方案是决策依据

实施方案重点在市场、资金、技术等方面做好顶层设计,是自筹型号论证决策的依据。市场分析应重点关注需求用户来源、市场容量情况等。从用户来源讲,以国内列装或国际出口为主,二者互相转化并互相补充。技术方面,在保证产品具备一定竞争力的基础上,尽量采用成熟技术和通用技术,避免新研风险。

3. 协调、激励机制是研制动力

自筹型号联合研制达成协议之初,应协调好各参研单位的分工、职责,明确责、权、利,规划、共享现有研制条件等基础保障,组建研制队伍,建立激励机制,调动研制工作的积极性。

三、自筹型号方案设计管理

1. 科学的"战技"指标论证

"战技"指标的论证工作一定要在广泛调研的基础上,结合现有研制工作基础开展,牢牢抓住用户、潜在客户的需求和出口市场需求。

2. 科学的"四性"指标论证

在开展"战技"指标论证工作的同时,兼顾产品质量的有关要求,高度重视可靠性、维修性、安全性、保障性(简称"四性"),并行设计工作应充分体现通用化、系列化、组合化、标准化、模块化(简称"五化")。做好"战技"指标论证与

"四性"指标的协调,不片面追求某一方面的指标,而要合理权衡。

3. 质量师充分参与方案论证

型号研制的质量取决于型号研制全周期的质量管理,但方案设计阶段的论证是第一位的。质量师应充分参与方案论证,降低因产品设计导致的型号质量风险,避免走弯路,降低成本。

四、自筹型号成本控制管理

1. 重视前期反复、系统论证

对型号任务用户需求和使用要求进行反复、系统分析论证。方案论证的科学性直接影响着研制成本,应将成本纳入同性能、风险、进度等同等重要的指标,加以充分论证。

2. 统筹技术方案科学选择

技术方案的选择应统筹考虑,对相关的技术进行成熟度标定,尽可能选择成熟技术,并选用新工艺、新材料以降低成本。同时,应鼓励设计人员深入一线,在充分考虑工艺的可实现性基础上,开展相关设计工作。

3. 重视仿真验证技术应用

应充分重视计算机模拟和仿真技术的应用,优化方案设计,提高设计效率,缩短设计周期,并有助于优选方案;在仿真验证技术不断发展的基础上,开展有关试验的半物理仿真验证,可以大大降低研制费投入,并得到高效的验证结果,用现代科技力量推动研制工作进度。

五、自筹型号风险规划和风险计划管理

基于型号研制的复杂性,应充分考虑其他可能的风险,进行必要的事前规划。自筹型号研制工作顶层设计时,就应充分做好风险规划,并制订详细的、可操作性强的风险管理计划,指导整个研制过程的风险管理活动。自筹型号在不同阶段面临的风险也有所不同,主要归纳为技术、资金、其他三方面。

1. 做好充分的技术风险分析、评估

分析、评估技术风险应重点关注其可能涉及哪些关键技术、已掌握多少关键技术、攻关还需多长时间等,避免因某项指标、某个关键系统甚至某个关键部件的技术难度大,导致研制周期延长、成本增大。充分论证技术方案的可行性,科学决策,避免中途下马、前功尽弃和带来难以估量的损失。方案设计上,应充分衡量成熟度、技术成熟度、技术复杂性风险,避免仓促开展研制工作。

2. 做好资金风险分析、评估

对产品全系统、分系统的经费情况以及研制保障条件投入情况等进行全

面、系统预估,充分考虑试验设备、软件、样本量等风险因素,确定合理的风险控制范围。

六、结语

近年来,随着社会主义市场经济体制的不断完善,武器装备科研生产管理体制和运行机制的不断改革和调整,军民分割、条块分割、自我封闭、自成体系的状况正在被逐步打破,进入武器装备科研生产领域的经济主体不断呈现多元化趋势,越来越多的高校参与到武器型号的研制工作中来。笔者总结了某高校现有自筹型号管理的特点和规律,对高校联合厂所自筹经费研制武器型号管理进行了初步初探和尝试。

参考文献

[1] 王久东,尹立中,等. 自筹经费武器型号研制管理初探[J]. 航天工业管理,2010(9):34-38.
[2] 袁俊. 型号质量师参与型号研制方案论证的探讨[J]. 航空科学技术,2004(5):10-12.
[3] 赵辉,郑绍钰. 型号研制的风险管理研究[J]. 装备制造技术,2007(8):113-115.

(原文发表于《价值工程》2013年第14期)

探索研究生教导员优化配置在高校领军人才培养中的作用

王智江　曹晓欢　吴佳斌　韩　冬

摘　要　针对高等教育领军人才的培养问题，本文首先阐述了领军人才共同具备的一些特点，总结了近年来研究生教导员队伍建设与配置方面的成果，分析了高校教导员在领军人才培养上的误区。以此为基础，本文提出了新形势下研究生教导员队伍建设与配置的新思路，分析了不同的教导员角色对于领军人才不同特点培养的重要意义与作用，为高等教育中研究生教导员配置问题的发展提供了一定的新思考，为高校领军人才的培养提出了一定的新思路。

关键词　研究生教导员配置　领军人才　培养

一、引言

高等学校在基础研究、高新技术开发和国家重大科技计划等方面发挥着重要作用，已成为我国科技创新队伍中的生力军。高等教育的目标是培养社会所需的各种高级专门人才，随着科技的不断进步与发展，培养科技创新型领军人才为高等教育的发展提出了新的要求。教育是影响领军人才培养的主导因素，踏入高等学校的研究生接触最多，对其人生发展影响最大的莫过于研究生教导员。教导员是高等学校教师队伍和管理队伍的重要组成部分，具有教师和干部的双重身份，是思想政治教育的骨干力量。那么，教导员团队的优化配置必定能够更好地推进高校领军人才的培养。

二、领军人才内涵

党的十八大明确指出，要统筹推进各类人才队伍建设，要突出高层次人才的引领带动作用，培养造就一批世界水平的科学家、科技领军人才。胡锦涛同志在全国科学院第十三次院士大会上特别指出：建设创新型国家，关键在人才，尤其在创新型科技人才。培养造就创新型科技人才，首先要抓紧培养造就一批国际一流的科技尖子人才、国际级科学大师和科技领军人物。

领军人才必须能够领导一个团队,认清局势,具有战略发展眼光,并能在工作中统筹领导的专门人才,是我国人才队伍中的杰出群体。科技领军人才通常具备如下特点。

1.深厚的科研造诣,长远的战略眼光

深厚的专业造诣是科技创新型领军人才内在的基本素质,是未来能否长远发展的基础。是否具备深厚的专业造诣是衡量一个人是不是领军人才的关键指标。

绝大多数的领军人才自身都具备某一领域系统的、高水平的专业素质。他们都是所在领域的顶尖人才,对其领域的未来发展有着超常的预知能力。同时,在其从事的专业领域中,领军人才具备宽阔的视野和战略性眼光,善于判断、吸收、把握前沿动态,抓住机遇,长远发展。

2.务实的工作态度,敏锐的创新精神

科技领军人才要能在其专业领域成就大事业,就要有脚踏实地,兢兢业业的工作精神。党的十八大召开后,习近平总书记强调:"空谈误国,实干兴邦。"这更体现出领军人才在发展过程中要不图虚名,不图功利,不空谈,求真务实。

敏锐的创新精神是领军人才必备的素养,科技领域的发展需要创新,国家综合实力的增强需要创新。领军人才是创新型人才群体中的尖兵,要具备科学知识综合分析能力,思维敏捷,积极追求创新。

3.优良的人格素养,宏伟的人生目标

科技领军人才要在其科研领域干成一番大事业,应该具备自信、从容、坚毅、顽强、奉献的品质。领军人才应具有宏伟的人生目标与坚忍不拔的进取精神。领军人才不是选出来的,更多的是靠发挥其自身的主观能动性,并经过长期的科研、生产等实践工作培养出来的。领军人才应有正确的人生信仰,有为科学技术做出重大贡献的目标,有敢于质疑和挑战权威的勇气,更要有永不言败的精神。

4.共进的团队精神,超强的领导能力

团队意识是领军人才区别于技术"尖兵"的核心要素。领军人才不是孤立存在的,应具有很强的团队精神与组织协调能力。在这个团队中,领军人才应具备作为领导者独特的人格魅力,如吸引力、凝聚力、感召力。这些能力要在被领导心中形成一种心悦诚服的影响力和心理认同感。很多领军人才在谈及自己的成长经历时,都强调了团队意识的重要性。

在领军人才的培养与发展过程中,自身的素养与能力固然重要,但在高校教育,尤其是理工科研究型大学的教育中,积极的外在激励可以为领军人才的成长与发展提供正确的导向。良好的环境氛围有助于领军人才价值观的正确形成，有助于个人内在素养的完善，从而使领军人才在其领域更好地发挥领军作用。

三、高校研究生教导员优化配置与领军人才培养

1. 传统的教导员配置及作用在领军人才培养方面的误区

我国高校对人才的知识结构、能力结构、个性品质不够关注，一味地追求科技创新精神与科技创新能力的培养，忽略了要把创新精神融入全面发展的人才培养理念之中。

高等教育是领军人才培养很好的外在激励条件，学校在重视基础教育水平、师资力量、课程辅导、硬件设施建设的同时，总是忽略教导员队伍建设对领军人才培养的重要作用，忽略教导员固有的日常管理与导向作用。与此同时，教导员在日常管理与思想教育工作中，并不把培养具有科技创新能力的领军人才作为重要工作来落实，导致外在激励环境的搭建并不能促进领军人才的成长。

误区一：在学生日常管理中，教导员似乎都更加偏爱“听话”的学生，而忽略了领军人才应该有主见，善于创新。表面上看似鼓励学生发挥主观能动性，实际上早就为学生设定好了范围，不知不觉中制约了学生的发展。与此同时，教导员扮演角色众多，大多时候只能照顾到大部分学生，很难在各项工作中及时有效地进行角色转换，因而总是忽略潜在领军人才的培养与关注。

教导员容易把单纯学习成绩突出的学生当作潜在领军人才的培养对象，忽略了一些有新奇想法，动手能力强的“另类”学生，不会特意为这些学生的发展搭建一个良好的外在激励环境。

误区二：在日常的思想教育上，学生发展容易受到教导员本身性格，工作方式的影响，比如“中庸之道”思维。长期以来传统文化积淀形成的“人怕出名”“树大招风”的“中庸”心理，演绎在行动中就是：一方面本人不愿冒尖，“不当头”；另一方面，不经意地对领军型人才产生敬畏感甚至抵触情绪。这种内在的收敛和外在的遏制，对领军人才的成长是很大的障碍。

以上问题的出现并不是教导员个人工作问题，而是与教导员队伍的整体配置相关。本文力图以万方数据为服务平台，对 2005—2012 年的有关教导员体制和队伍建设的论文进行检索和浏览，以期用数据来说明研究的现状。

由于教导员概念涉及思想政治教育、高等学交管理、教师队伍建设等，研究覆盖面较广，有一定的交叉性和综合性，所以查询过程采用篇名、关键词、主题、刊名、研究机构等多种组合，通过逻辑关系、二次查询、精确模糊方式以及高级检索方法进行分类处理。检索主题限定在高校教导员，检索结果为 8 460

篇。每年发表论文的数量见表 1。

表 1 年发表论文数量汇总表

年 份	2005 年	2006 年	2007 年	2008 年
论文数	94 篇	213 篇	640 篇	1 012 篇
年 份	2009 年	2010 年	2011 年	2012 年
论文数	1 349 篇	1 701 篇	2 004 篇	1 447 篇

可以看出:随着高等教育规模的扩大,招生人数剧增,学生思想观念复杂化、价值取向多元化、日常事务繁杂化,高校教导员的作用日益凸现,关于教导员的研究也进入了一个高峰,论文数量和质量总体都在稳步增长,研究范围进一步扩大,研究深度进一步延伸,教导员的内涵和外延都有所拓展。这说明对教导员的研究是与国家深化教育体制改革,特别是研究生思想政治教育改革的现状相一致的,更是高等教育发展的需要,领军人才培养的需要、社会的需要,时代的需要。

从宏观上说,高校教导员设置有不同模式。通常情况下,办学规模大、党员队伍大的高校,教导员队伍设置采用学校一学院一年级的三级模式。这种按照年级横向配置机制导致教导员一人要扮演众多角色:教师、干部、教育者、管理者、行政事务人员、教务管理人员等。同时教导员专业知识缺乏、年龄趋于年轻化、阅历不够丰富、管理范围宽泛导致的心有余而力不足等相应问题也愈发凸显。如图 1 所示。

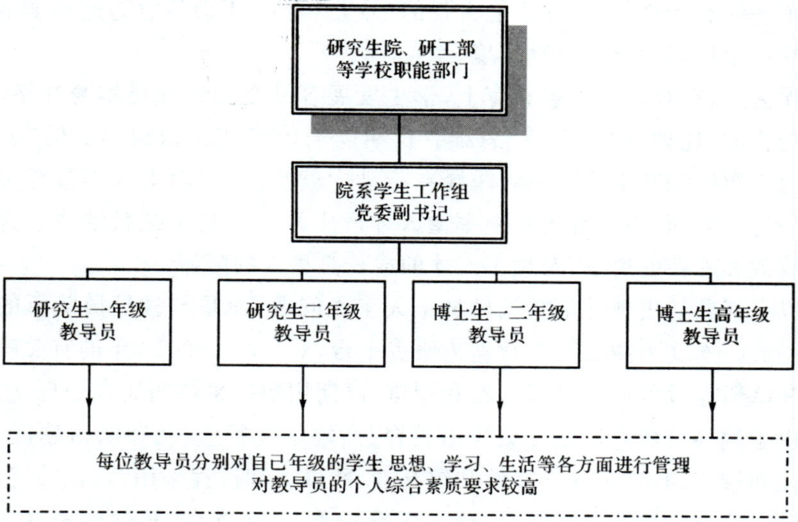

图 1 现阶段“横向辅导员队伍配置”结构图

那么，如何优化配置教导员队伍才能更多更好的促进领军人才的培养呢？

2. 角色教导员配置在领军人才培养中的思考

一言以蔽之，教导员的横向配置管理模式存在一些问题：职业认同感差，队伍不稳定，具体事务繁重，人力资源效益不高，职责不明等等。教导员队伍建设不是教导员一个人的建设，而是整个团队的建设。那么，在教导员团队建设中，按照纵向管理模式，不同的人配置不同的角色.取长补短，共同打造完美团队，为领军人才培养搭建良好的外在激励条件。笔者认为，教导员配置和角色的构建对于教导员队伍建设恰似树之主干，没有主干，就谈不上枝干和树叶的生长与修剪。因此，本文就教导员角色配置提出了新的培养模式，总结出教导员的四大角色定位，从而更好地促进领军人才的培养。

(1)德育思想教育者。高校研究生教导员队伍中，应具有专门的德育思想教育者，这对于增强领军人才爱国主义、集体主义、社会主义思想有着非常重要的作用。思想道德教育对于调动和发挥其他素质潜能起着价值导向和调控作用，它决定着人的综合素质，尤其是以理想、信念、道德、世界观、价值观为主要内容的思想道德素质更是领军人才成长过程中最具影响力的要素。

高等教育是培养领军人才对德育教育的认识、形成、发展和成熟的重要阶段，教导员在此扮演的角色至关重要。在日常管理与教育工作中，教导员的德育教育不仅对领军人才成长至关重要，而且也是处理好个人与他人、个人与社会之间关系的行为规范。负责德育思想教育的教导员任务是艰巨的，德育教育是一种重要的精神力量，是领军人才自我完善、提高人生境界、推进全面发展的内在动力。

作为教导员队伍中的德育教育工作者应该积极认识社会环境对学生德育教育带来的新变化，把握当今时代特征，立足领军人才培养思想特点和实际需求，不断丰富德育内容、方式、方法、管理办法等，提高德育教育的针对性与时效性。德育教育工作开展要有明确的方向；要了解学生需求有针对性地开展；要适时地弘扬传统文化，树立民族自豪感，构建全方位、立体化的德育教育系统。

(2)科研启发引领者。领军人才培养对于教导员队伍的需求相较于普通人才培养更具体，同时也提出了更高的要求，这个更高的要求就是教导员队伍中要有具备专业知识和一定科研水平的启发、引领者。

在很多学者的研究中提出过，具有专业知识、专业架构，对专业内容熟悉，对专业发展方向认识有针对性的教导员是未来高校教导员队伍发展的一个重要趋势。扮演科技研究启发、引领者的专职教导员可以将高校学生生活、学业与未来发展结合起来，针对学生的专业特点，开放式地引导学生学习生活，为领军人才成长提供正向激励环境。负责科技研究启发、引领的教导员其工作灵活性较高,思维活跃,有敏锐的洞察力,善于发掘和培养人才。这对于培养领军人才科技创新能力,发散性思维的培养有着积极的引导作用。

培养创新精神是近年来高校教育喊得最多的口号,但是这项工作的开展始终与高校日常管理与生活脱节。很多具有很大发展潜能的学生在面对专业困惑,专业发展,学术问题上得不到很好的交流与引导,这就严重制约了领军人才的发展与成长。所以,设立具备专业知识的教导员势在必行。

(3)综合素质培养者。领军人才是一个团队的领导核心,要具有各方面能力,具有较高的综合素质,这是科技领军人才区别于普通技术人才最为重要的一点。领军人才不仅要在其研究领域具有很高的领悟力与创造力,同时要具备领导、管理、组织、沟通的能力。教导员队伍中的综合能力培养的工作就是为领军人才这一特点的养成提供外在环境与科学的培养锻炼方式。

加强综合素质的培养是时代发展的要求,是深化高等教育改革的需要,是领军人才全面发展的必然要求。显而易见,随着世界科学技术的发展、进步和物质财富的高速增长,学术教育在高等教育中备受青睐,而人文素质教育受到冷落,这样,无形中使领军人才培养始终处于停滞不前的状态。教导员队伍中的综合素质培养者肩负着很高的要求,要从校园文化,日常生活,学习研究中找寻恰当的切入点,认真发掘在一系列工作中涌现出的具有领导能力,综合素质过硬的人才,为领军人才培养提供和谐饱满的锻炼环境。

(4)职业生涯规划者。良好的职业生涯规划可以有效地帮助领军人才在成长过程中结合时代特点,根据个人擅长领域与职业倾向,确定其最佳的奋斗目标,并为实现这一目标做出行之有效的安排。这对于发挥领军人才的主观能动性,树立远大理想抱负,坚持奋斗历程,明确人生发展轨迹有着十分重要的意义。

教导员作为学生职业生涯规划者,更像是领军人才发现与培养过程中的一位导师。明确的职业规划引导可使高校学生内生动力,有利于个性发展与综合能力的提升,有助于普通人才向领军人才过渡过程中更好地认清形势、准确定位,合理安排未来发展。职业生涯规划是一门很庞大的教育体系,配备专门的教导员从事这一工作是提高教导员团队整体工作效率,促进领军人才发现与培养的重要方法。领军人才长远发展,开阔视野,培养战略眼光都可以从职业生涯规划教育中获益。

根据以上的阐述,角色教导员的配置应更贴近学生全面发展所需、更专业、更有涵盖性,更适合学生中未来领军人才的培养。同样教导员管理体制下,纵向教导员配置,如图2所示。

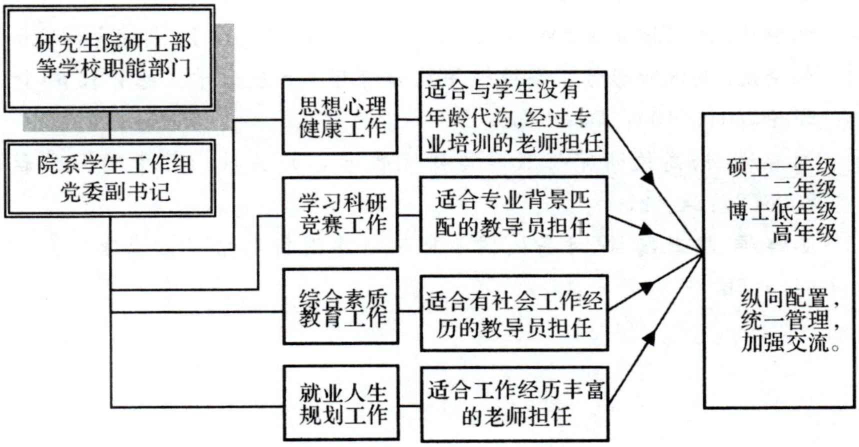

图 2　构想“纵向辅导员队伍配置”结构简图

四、结语

当代的竞争,归根结底是人才的竞争。掌握专业知识,具有创造能力与领导能力的科技领军人才决定着国家科技进步的速度和趋势,而科技水平在很大程度上决定着一个国家的综合国力与国际地位。高等教育在科技领军人才的培养上有着举足轻重的作用。领军人才培养是高校教育中树立的新目标,尤其在许多研究型大学中,更是把领军人才培养列为学校发展的重要工作。在当今社会大转型的时代背景下,高校研究生教导员的工作使命愈发艰巨与丰富。按照领军人才所具备的不同特点树立培养目标,配置不同角色的教导员是未来教导员队伍配置的趋势,更是领军人才在成长与发展过程中不可或缺的外在因素。

参考文献

[1] 潘懋元,朱国仁. 高等教育的基本功能:文化选择与创造[J]. 高等教育研究,1995,16(1):1-9.

[2] 韩文玲,陈卓,韩洁. 关于科技领军人才的概念,特征和培养措施研究[J]. 科技管理研究,2011,31(22):129-132.

[3] 肖国芳,季清,车志英. 高校领军型人才培养刍议[J]. 高等工程教育研究,2006(5):85-86.

[4] 王俊辉. 高校科研创新领军人才培养探析[J]. 管理观察,2009

(15):144 - 145.

[5] 李建波.领军人才的主要特征与聚集模式[J].中国人才,2011(5):60.

[6] 江丽媚.高校辅导员的角色定位与队伍建设[D].长沙:湖南大学,2007.

[7] 韩金元.浅析新形势下高校辅导员如何有效开展大学生德育教育[J].学理论,2011(10):344 - 345.

[8] 刘智运.论高校研究性教学与研究性学习的关系[J].中国大学教学,2006(2):24 - 27.

[9] 漆鲜萍,胡玉霞.探讨高校辅导员队伍建设新思路[J].管理观察,2008(15):56.

信息技术现代化对高校思想政治教育队伍建设的影响与解决路径

王彦丽　元　林

摘　要　回应现代信息技术对思想政治教育的影响，提高思想政治教育队伍的信息知识素养，合理运用现代信息技术手段，丰富大学思想政治教育，抗御信息时代“开放社会”所存在的风险，是对中国高等院校思想政治教师队伍建设提出的新的时代任务。为此，需要建立适应信息化教育的CIO管理体制，促使思想政治教育过程管理和队伍建设符合信息技术现代化的需求。

关键词　信息技术现代化　思想政治教育　教师队伍建设　信息知识素养　CIO管理体制

如何适应当下社会教育体制的发展与变革，合理运用现代信息技术手段，丰富大学思想政治教育，完成大学生群体的社会认同，抗御信息时代“开放社会”所存在的风险，是中国高校思想政治教育所面临的时空境遇，也为高校思想政治教育队伍建设提出了新的任务。

一、信息技术现代化对高校思想政治教育教师队伍建设的影响

随着信息技术现代化浪潮的到来，许多国家的教育体制进入一个全面变革的现代化新阶段。这一变革的目标是提高教育的有效性；变革的本质是从之前的基于机械化工业文明基础上的灌输式应试教育转变为以培养能够适应新的信息资源，具备正确判断和选择能力以及各种综合能力的具有主体性的人的教育模式；变革的基本特征是在培养受教育者全面发展的同时，更加注重如何有效地促进科学世界观和新的个人价值认同的形成。由于信息技术的社会效应，这种教育变革必然触及作为教育特殊形式的高校思想政治教育，并使高校思想政治教育队伍建设面临着新任务。

信息技术现代化带来对思想政治教育现有方式的冲击，使得思想政治教育教师队伍面临着教学方式转变的新任务。信息技术的不断扩展，传统的文化传播形式已让位于各种综合的多媒体实验，影像文化对人的全方位的感官冲击的优越性体现出对于传统信息所依赖的文字传播的压制。针对现代科技

和传媒所具有的新的影响功效而言,高校思想政治教育再坚持旧有教育方式必然收效甚微。因为立足于"数字化的电子生产、分配和信号交换传播系统,已经对社会结构产生了巨大影响,它将大多数文化表达形式包容进来,极大地削弱了宗教、道德、权威、传统价值、政治意识形态这类通过社会习俗作历史编码来发送信息的传统发送者的权力",即使以往传统思想政治育方式没有被历史所淘汰,但也不得不面对现实的问题而重新在新的信息传播系统中占领自己的思想阵地,并由此改变原有的信息传播与教育方式。

自1995年教育领域第一次应用万维网开始,网络教育不仅开始进入高等教育领域,而且对于传统大学的教学方式也产生了较大影响。据统计,在课堂上使用网络教育的人数占全球网络教育学习者的很大比例(见表1)。

由此可见,除了公司培训(公司部门在工作场所的网络教育),网络教育在大学课堂教育中使用最多,并且还将随着学校信息化发展的加快继续增长。"网络已经成为思想文化信息的集散地、社会舆论的放大器、国家软实力竞争的制高点,深刻地改变着意识形态传播的方式和效果。"在新的时代条件下,高校思想政治教育要取得一定的教育实效,除了依据基于文字印刷的课堂教学,还必须增加如网络教学平台、"红色网站"、网上论坛(BBS)、电子邮件、OICQ、网上博客等新的网络教育形式,丰富思想政治理论的传播,这就必然要求思想政治教育教师具备应用现代信息技术平台的知识和能力。

表1 2002—2003年全球网络教育学习者的粗略估计

高等教育	使用人数/人
在课堂教育中进行网络补充(公共)	4 000 000
完全在线(双重模式)	25 000
营利性在线大学	5 000
公共的和私人的合作	5 000
远程教育大学	
提供网络	500 000
完全在线	15 000
公司部门	
在工作场所的网络教育	4 000 000
总　计	9 000 000

转引自曼纽尔卡斯特《网络社会——跨文化的视角》,社会科学文献出版社第304页。

其次,现代信息技术的普遍应用,使得思想政治教育教师面临着教学内容和传播平台的新变化。现代信息技术在改变人们生活方式、思维方式、交往方式的同时,也创造了新的文化形式,特别是在网络、3G手机等新兴媒体工具的推动下,使其更体现出多元化的特征。而多元文化的发展必然削弱主流文化的独尊地位,传统的价值判断必然受到多元价值的冲击。这使得思想政治教育面临着新的挑战和新的任务,要"主动做好意识形态工作,既尊重差异、包容多样,又有力抵制各种错误和腐朽思想的影响"。也就是说作为意识形态重要阵地的高校思想政治教育,一方面必须服务于社会主义意识形态的建构,为处于经济飞速发展的中国发展模式提供一个具有凝聚力的核心价值体系;另一方面还要以开放和批判的立场"有力抵制各种错误和腐朽思想的影响",构建代表国民的精神状态、意志品格和内在凝聚力象征的文化软实力。思想政治教育作为社会主义意识形态的主要阵地,需要改变单一的、灌输式的、既定的硬性思维,转向注重人文关怀和心理疏导,使得思想政治教育不仅仅是一种强制性的"机械团结体"还必须升华为基于社会心理结构达成共识的"有机团结体",并且要具有可以同化新的社会意识的能力。要实现思想政治教育这一功能的转变,必须实现教学内容和传播平台的新变化,为此,教学内容的电子化、教学方法和教学手段的信息化就成为今后思想政治教育教师队伍建设发展的关键性一步。

因而,提高高校思想政治教育教师的现代信息技术素养,是高校思想政治教育队伍建设适应信息技术现代化所面临的新任务。

二、应对信息技术现代化进程中高校思想政治教育队伍建设存在的主要问题

无论是理论上还是实践中,如何应对信息技术的现代化进程,加强思想政治教育队伍建设都已成为一个重要课题,从事思想政治教育的教师除了要具备马克思主义的世界观、价值观、道德观和高度的责任感,具有较高的政治理论水平,还要有信息把握和信息处理方面的素质,能够熟练使用网络、及时解决网络传播中出现的问题,努力使思想政治教育生动形象。然而,从总体上看,"高校思想政治理论课教师队伍的状况,还不能很好地适应新形势新任务的需要",仍存在着一些亟待解决的问题。

(1)一些高校对提高思想政治教育教师队伍的信息技术知识素养重视不够。由于过于强调专业知识人才的培养,大多数高校把资源更多地分配于教师技术过硬的专业知识学习方面,而对思想政治教育教师信息技术知识素养的培育认识不足、重视不够,结合信息技术现代化的背景,提高思想政治教育队伍的信息技术素养,更是缺乏必要的认识和切实的举措。这就导致大部分思想政治教育教师信息技术素养的缺乏,这已成为信息技术现代化背景下思

想政治教育队伍建设中存在的突出问题,而这一问题又关系到思想政治教育的时代性和有效性。因为“文化与教育都不能脱离社会而‘自由飘移’。忘记这一点,就忽视了集体行为与责任的最基本领域”。思想政治教育的目的在于形成大学生群体的集体认同,帮助他们认同社会主义核心价值体系,现代信息技术及其媒体正在改变人们以往的认同方式,并开始建立一种新的“取决于媒体产品相互作用形式的过程”的认同方式。因特网及其全球化的关联对人的认同的构建有着多重影响,个人和集体都不得不“将来自多样化的通信媒体的信息和知识进行融合”。这就要求高校思想政治教育教师必须具备现代信息素养,适应现代信息化环境,具备包括信息意识、信息知识、信息能力、信息道德在内的综合素质。而且除了具有一般的信息技术素养,还必须具有对庞大的信息进行分析和批判的能力,从而具有指导学生树立正确的人生观、价值观的能力。对此,我们应有足够的重视。

(2)思想政治教育队伍建设缺乏相应的信息技术管理机制和工作体系。这是应对信息技术现代化进程中思想政治教育队伍建设面临的突出问题。信息技术的广泛应用,提出了思想政治教育教师角色功能转变的要求,思想政治教育教师不能仅仅充当信息资源的转译器,更多的要在汲取、分析、判断信息的质的方面有较强的能力,能够引导学生鉴别良莠信息。因此,思想政治教育教师必须是一个信息技术的终生学习者。教师能通过多媒体技术的应用,与计算机和网络技术平台广泛合作;学会通过加入网上的在线讨论组(联网时进行讨论)或离线讨论组(通过电子邮件参与讨论)来引导学生;运用信息手段讨论新的教学方法,分享教学经验,讨论解决难题的方法,交换学术观点,提高解决实际教学和学术问题的能力等。这种学习和工作的新方式,没有相应的管理机制和工作体系是无法实现的。随着信息技术现代化的推进,必然要求思想政治教育教师角色功能的转变。而思想政治教师队伍多功能角色的转变,不是单个教师个体能完成的,必须具有科学的管理机制和工作体系,保证思想政治教师队伍接受相应的专业培训,建立相应的考核机制,从而,更好地完成高校思想政治教育队伍的现代化建设。

三、高校思想政治教育队伍建设应对信息技术现代化的基本路径

要实现高校思想政治理论课教师队伍整体信息知识素养的提高,必须建立一种适应信息技术现代化的管理体制。“加强师资队伍建设是一项系统工程,一方面需要转变人才观念,牢牢树立人才是第一资源的意识,另一方面需要立足各自校情,制定切实可行的措施,建立、完善师资队伍建设的长效机制。”针对信息技术现代化,很多高校都在寻找一种合理的管理体制,来实现教

育的信息化。在高等教育信息化过程中逐渐引入的CIO体制就是在信息技术现代化的当下成为广被接受的教育运作体制。CIO(Chief Information Officer)的中文直译是“首席信息官”,这种职务最早出现在国外某些公司企业中,是一种与公司中其他高层管理人,如首席执政官(CEO)、首席财务官(CFO)这一类职务相对应,而权力比CEO小的职务。有些国家(如美国)的政府机构内或非商业性机构也设有这种职务,使之演变为一种管理体制。CIO管理体制最初是在美国高校信息化过程中被逐步引入的。通常,美国高校中的CIO属于副校长级别的高级管理职位,其主要职责是制定和管理整个学校的信息技术发展规划及实施工作,同时也负责学校信息化日常工作的管理。

将这种信息管理体制引入到高校思想政治教育的管理和师资队伍建设上来既是可能的,也是必要的。抽象地看,思想政治教育的教育过程,不论其身处哪个阶段,其实都是一个信息不断产生、传递、分析到最后运用的过程。对信息传播进行很好的管理,事实上也就是对思想政治教育过程有一个很好的管理。在信息技术现代化条件下,思想政治教育要想建立传播与效果的优势,就要求教育者能够将即时产生的各种传播数据及时传递到教育对象,能够对各种海量数据进行及时、准确的分析,并确保数据的安全和完整。同时,思想政治教育中的教学无疑是思想政治教育的中心工作,信息技术现代化必然使得这些教学出现全方位的变革。在信息技术现代化背景下,不仅要改革教学观念、运用系统化的教学设计方法,还必须充分利用现代信息技术来实现教学组织形式的多样化、教学内容的电子化、教学方法和教学手段的信息化,从而拓展师生之间信息交流的渠道,提高教学效率,扩大教学范围的改革过程,提供切实可行的管理系统。这些都要求建立科学的CIO管理机制强化思想政治教育队伍的建设。为此应注意解决如下问题。

(1)健全独立设置的、直属学校领导的思想政治教育教学科研二级机构,为思想政治教育与教师队伍建设CIO管理体制的设立提供机构平台。从之前院系的一个组成部分,成为单独的、归属校级领导的独立机构,才能保证承担全校大学生群体思想政治教育教师队伍的建设受到足够的重视。只有在校级领导的直接推动下,才能够更有效地促进高校思想政治教育教师队伍信息技术知识素养的提高,能够提出思想政治教育教师应对信息技术现代化挑战所应进行的培训计划,改善思想政治教育教学的环境设施、决定搜集和购买思想政治教育的信息资源的形态与数量,培养思想政治教育教师的专业素养,适应信息技术现代化背景下思想政治教师队伍角色功能的转变。同时,也有利于通过信息技术现代化所提供的信息平台促进思想政治教育教师、辅导员、学生管理机构的融合,使得思想政治教育不仅仅停留于课堂的讲授,还能够与日常生活实践结合起来,既发挥课堂教学的主渠道作用,又能够将学生的团体活动、校园文化、资助体系、网络媒体等对学生思想政治教育效果的影响考虑在内,促进思想政治课教师队伍的整体建设,开阔思想政治教育教师的视野,为提高思想政治教育队伍的信息素养起到促进作用。

(2)正确确定思想政治教育 CIO 管理的基本职责。CIO 引入中国以来,在许多人眼中,其职责似乎想当然地变成了信息化管理。也正是因为信息化管理与信息技术的天然联系,CIO 在很多人眼中就变成了管理信息技术和信息系统的工作,简单地说,就是管理技术。CIO 的职责当然应该是负责管理学校的信息。但这个信息应该是指信息的整个生命周期,从其产生、传递、分析、存储到最后删除。而信息技术或信息系统,只是用来管理整个信息生命周期的一个工具。所以,CIO 管理的工作着力点,应该是如何运作和管理信息,而不是管理信息技术或信息系统。学校思想政治教育 CIO 管理的运营过程,其实就是对思想政治教育传播的信息流转过程的管理。学校设立 CIO,是对信息传播和运作过程及其传播者进行管理;管理的目的是为了建立传播优势,帮助实现思想政治教育效果最大化。具体地说,其主要职责如下:

在战略层面,思想政治教育 CIO 管理的职责是挖掘学校思想政治教育的信息资源、制定学校思想政治教育信息化战略、为学校思想政治教育信息化合理布局、评估思想政治教育信息化的价值等。信息资源规划是学校思想政治教育 CIO 的首要职责,CIO 管理的第一步应该是信息化队伍与信息化资源的规划。

在执行层面,负责学校信息技术现代化过程中思想政治教育信息流的整合,完成思想政治教育信息系统的选型与实施,收集研究学校内外部的思想政治教育信息,为决策提供依据。更为重要的是要担当起思想政治教育信息传播队伍的管理以及信息传播过程的监理工作。

在变革层面,协助学校完成思想政治教育信息传播流程的重组,运用现代信息管理技术重建学校思想政治教育的决策体系和执行体系,同时要对思想政治教育信息编码和传播流程统一标准。不仅要推动学校思想政治教育信息化的软硬环境优化,而且要为学校党委和行政当好参谋,与各高层管理者一起促进学校内外部思想政治教育环境的改善。

在培训层面,在发现信息运用瓶颈的同时,主动安排学校思想政治教育信息化方面的培训,观察研究学校思想政治教育运作中队伍建设和培训的内容及其作用,打造思想政治教育优秀的信息化传播团队。必须指出的是,要提高高校思想政治理论教育教师队伍信息知识素养和实现角色功能的转变,进行教师培训是必不可少的手段。通过现代信息技术所提供的多媒体技术及互联网平台改变思想政治教育的方式，实现从以前的教师独白向信息平台上学生-老师互动参与型教学方式的转变；从以往单一政治说教到视频、幻灯片等感观技术的应用来全方位的教化。

(3)努力发挥好思想政治教育CIO管理的基本作用。这些作用包括下述几方面。

1)思想政治教育信息化服务的提供者。即承担为高校内部各思想政治教育部门提供服务的责任，例如传统的思想政治教育文档服务；搭建思想政治教育网络平台；开发思想政治教育信息系统；提供思想政治教育硬件维修服务，安装相关软件，处理有关数据等。

2)思想政治教育信息化专业水平的培育者。CIO应站在比较客观公正的角度，观察思想政治教育部门的工作流程，诊断弊病和瓶颈所在，通过培训和队伍建设，提高思想政治教育师资队伍的信息化素质，借助现代信息技术增强思想政治教育部门的能力，发挥思想政治教育信息化专业水平建设者的作用。

3)思想政治教育现代化变革的推动者。CIO管理在传统管理与现代管理的交汇点上，是思想政治教育矛盾的集中点。无论是思想政治教育信息化流程的优化，思想政治教育部门功能的优化，还是思想政治教育全局的改进与完善，CIO管理是思想政治教育管理方式、方法在现代思想政治教育转型和变革中的推动者。

4)思想政治教育信息化的管理者。如果仅仅将CIO所代表的信息管理局限于学校思想政治教育职能部门的作用，而没有走出高校思想政治教育围墙之外，看不到互联网技术使异域、异地的思想理论已紧密地联系在一个价值链上，看不到思想政治教育已演变成为整个社会系统的传播和交流，便不能很好地理解信息技术现代化背景下思想政治教育CIO管理在整个学校思想政治教育生态系统中担当的责任和能够发挥的作用。在各种各样的传播与交流中，CIO负责管理和维护所有思想政治教育的外部信息系统、内部信息流程以及与教育者与受教育者的交互作用等。在信息技术现代化条件下，学校思想政治教育传播管理、信息流控制、数据中心操作、学生信息收集分析和网络安全的职责不仅不会消失，反而只会增强，所有这些事务就是完整的学校思想政治教育信息化及信息技术环境管理的基石。

参考文献

[1] 包亚明.现代性与都市文化理论[M].上海：上海科学院出版社，

2008:127.
[2] 冯刚.国际化视野下高校德育创新发展研究[J].中国高等教育,2011,(1).
[3] 胡锦涛.高举中国特色社会主义伟大旗帜为夺取全面建设小康社会新胜利而奋斗——在中国共产党第十七次全国代表大会上的报告[M].北京:人民出版社,2007.
[4] 徐维凡.关于加强高校思想政治理论课教育教师队伍的思考[J].思想理论教育,2009(1).
[5] 阿普尔.意识形态与课程[M].上海:华东师范大学出版社,2001:2.
[6] 曼纽尔卡斯特.网络社会——跨文化的视角[M].北京:社会科学文献出版社,2009:436.
[7] 许安国,赵庆先.高校师资队伍建设的现状分析及对策研究[J].北京交通大学学报:社会科学版,2010(4).
[8] 查贵庭.美国高校信息化的成功经验与启示[J].教育信息化,2006(5).

(原文发表于《北京交通大学学报(人文与社会科学版)》2012年4月第2期)

基于角色冲突的高校辅导员“一专多能”模型构建及SWOT分析

王智江　杨　靖　宋可桢

摘　要　由于高校辅导员工作的特殊性，其在工作中所产生的角色冲突问题愈演愈烈，因此对于该问题的解决及辅导员专业化发展的研究十分必要。基于此，本文创新性地构建了高校辅导员“一专多能”模型，并对其进行了SWOT分析，对辅导员的专业化发展提出了新的思路和看法。

关键词　辅导员　角色冲突　一专多能　SWOT分析

一、引言

俗话说，高雅的人，看背影就知道；奋进的人，听脚步就知道；和善的人，看笑容就知道；优秀的学生，看辅导员就知道。从1952年国家提出要在高校设立政治辅导员至今，我国高校辅导员制度经历了60年的发展历程。现今，辅导员作为高校教师队伍的重要组成部分，是高等学校从事德育工作、开展大学生思想政治教育的骨干力量，是大学生健康成长的指导者、引路人和知心朋友，是保证高等教育事业持续发展不可或缺的重要力量。但同时，我们也会发现在高校辅导员中仍然存在着诸多问题，这些问题不仅制约着辅导员工作的开展，而且还对高校学生素质的全面发展产生了极大的影响。因此，对高校辅导员进行理论和实践的探索研究十分必要。

二、高校辅导员的角色冲突问题

角色冲突（role conflict）是当一个人扮演一个角色或同时扮演几个不同的角色时，由于不能胜任，造成不合时宜而发生的矛盾和冲突。高校辅导员作为一种特殊的角色，在学校和学生之间起着桥梁和纽带的作用，是与学生直接接触、互动的第一线教育工作者，其工作的负责性和特殊性也给辅导员带来了相当程度的角色冲突。

1. 角色期望偏差造成的冲突

角色是指个体在社会和组织中所占的社会地位和具体身份，角色期望是指他人对自己提出符合其身份的期望和角色自身对他人期望的领会与理解。高校辅导员作为学生与学校沟通交流的纽带,处于中间位置,将受到来自职能部门、专业教师、学生等多方面的工作期望,而不同观点的人所持的相互矛盾的期望和评价往往使他们处于一种冲突地位。

(1)职能部门期望辅导员能够在做好学生思想政治教育、完成日常管理的同时,协助其开展一系列校内外学生活动,并根据职能部门工作性质的不同对辅导员提出量化考核标准,期望辅导员能够在时间的节点内组织、实施相关学生工作。

(2)专业教师则期望辅导员能够在日常的教学管理方面投入主要精力,维持好日常的教学秩序,配合其完成班级的学风、考风建设,并期望辅导员能够主动引导学生努力学习专业文化知识。

(3)学生则期望辅导员能够与其进行良好的沟通、互动,尊重其人格尊严,特别是当学校与学生之间出现冲突、矛盾时,辅导员能够站在学生角度思考问题,维护其合法权利。

随着社会的进一步发展,高等教育已经进入了大众化教育阶段,学生数量不断增多,素质参差不齐。随之产生的是不同层次学生对辅导员思想政治教育和专业知识传授之外的工作期望,例如职业生涯规划、心理健康咨询、个人素质发展等。但是,由于现阶段辅导员队伍的专业技术水平和学科知识结构与应当具备的专业要求仍存在一定差距,无论是在哪个方面都不能满足其对辅导员的角色期望,造成了相当程度上的冲突问题。

2.辅导员角色不清、定位模糊造成的冲突

角色定位指的是在一定的系统环境下(包括时间),在一个组合中拥有的相对不可替代性的定位,是与角色相关的社会关系对角色提出的特殊要求和规范。

高校辅导员是学生思想政治教育的管理者和组织者,是高校正常教学秩序的直接维护者,是大学精神的直接营造者和传播者,是学生的人生导师和知心朋友。但是,随着社会的不断发展和高校教育改革的进一步深入,辅导员的工作范畴不再仅仅是学生思想政治教育的管理者,其更多地承担起学生的职业生涯规划、心理健康辅导、个人素质发展等方面的工作。

面对新形势下的要求,辅导员对于其角色的标准不清楚,不知道这一角色都应该做什么、不应该做什么及怎么去做。角色不清使辅导员抓不住工作的重点,对于个人的定位模糊不清,虽然投入了大量的精力,最终却无所收获,偏离了辅导员正常工作的轨道。同时,大量的学生事务工作占据了辅导员的主要精力,分散了其工作注意力,在改变学生兴趣、行为、态度和价值等更为广义的职责范围却很难取得什么成就，使其不能真正做到学生的管理者、教育者、指导者。

3. 辅导员工作更侧重于管理型而非教育型造成的冲突

从高校教育改革的长远规划来看，辅导员的工作将会越来越侧重于教育型，以教育为出发点来进行学生的日常事务管理，最终达到学生自我学习、自我管理、自我教育的目的。

现阶段辅导员由于大量的不确定性工作导致其疏于学生教育，取而代之的却是以管代教、弱化教育、强调管理的工作思路，严重违背了辅导员工作的初衷。

正是由于辅导员忙于管理事务，没有充足的时间和精力去深入学生内部，了解学生的所思所想，阻碍了其与学生之间的沟通交流，缺乏人性化的工作手段和处事艺术。

在日常工作中，重管理、轻教育，使辅导员经常把自己放在中心和支配地位，把学生放在被动和被支配地位，忽视了受教育者的主动性，导致学生不能理解辅导员的工作，对学习教育形成抵制心理，不利于学生的个人素质发展。

三、高校辅导员“一专多能”模型构建

由于高校辅导员工作的特殊性，其在工作中所产生的角色冲突问题愈演愈烈，如何合理解决问题、进一步推进辅导员专业化改革进程成为当务之急，因此高校辅导员“一专多能”模型应运而生。该模型是基于辅导员专业化、职业化发展需要的产物，顺应了时代的发展，是高校教育改革的重要组成部分。

“一专”是指根据辅导员的个人要求及发展需要，以个人专业为背景，依托专门的机构及深造、终身专业训练体系，对辅导员的某一方面能力进行科学的管理和培养，使之掌握专业的知识和技能，实现专业自主，提高自身的学术地位和社会地位，明确辅导员工作的专业性定位。

“多能”是指在“一专”的基础上，结合高校现实情况，要求辅导员还要掌握与日常学生工作相关、工作领域内涉及的基本知识和技能，方便其开展各项工作，对学生进行行之有效的教育及管理。

本文以与高校辅导员未来发展及日常工作紧密联系的三方面内容对“一专多能”模型进行解释说明。

（1）以学生的教育教学管理为例。大学期间，辅导员最重要的工作就是以教育者的身份对学生进行日常的教育管理。然而，如何行之有效地规范学生的行为、促进其个人的发展，成为摆在每一位辅导员面前的难题。因此，辅导员在教育学方面的专业化发展刻不容缓。针对个人兴趣及日常工作经验，相

关辅导员应该深入学习教育学科相关知识,对教育过程问题、教育主题问题等进行积极探讨,通过对各种教育现象和问题的理论研究寻求教育的一般规律,继而指导工作的顺利开展。在提升个人素质的过程中,向教育学专家、大师的层次努力发展,达到专业化水准。同时,在做好理论研究的基础上,辅导员仍然要兼顾各种事务性工作技能,较好地完成本职工作。该“一专多能”模型如图 1 所示。

(2)以学生就业工作为例。辅导员除了做好就业信息统计、学生就业指导、就业形势分析等基础工作外,在兼顾日常学生事务管理、思想政治教育、心理健康咨询等同时,辅导员通过合理的自身角色定位,培养兴趣和储备相关知识,通过系统的专业培训或深造,结合具体就业工作的实践和阅历,努力拓展职业生涯规划师的技能和资格,完成其专业化发展。该“一专多能”模型如图 2 所示。

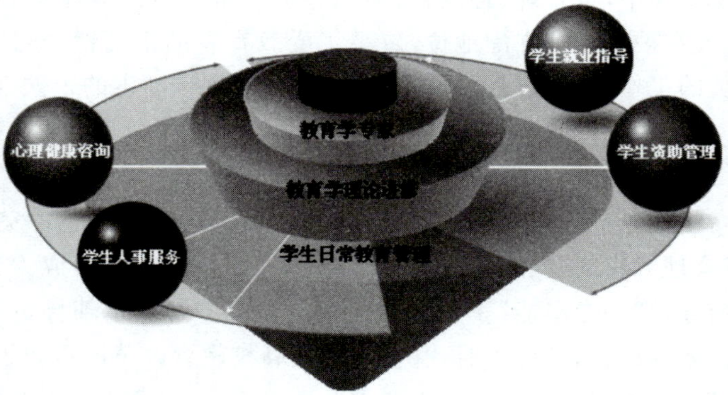

图 1

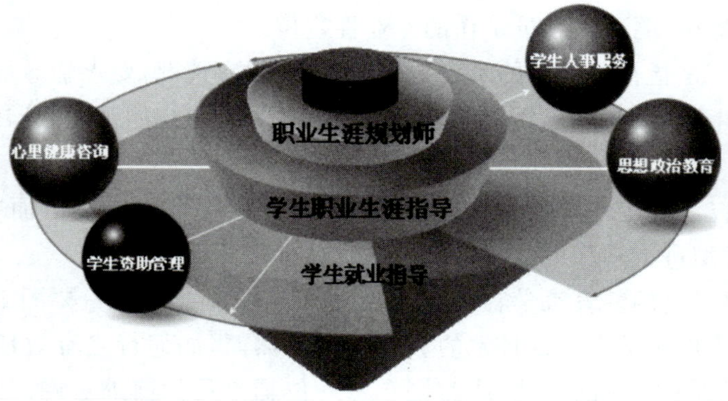

图 2

(3)以学生心理健康咨询为例。每一个在校的大学生都正处于人生发展过程的重要时期,他们所遇到的学习方式转变、人际交往矛盾、自由恋爱、经济困难、就业压力等,都会引起各种不同的心理问题。辅导员作为学生最直接的教育者,不仅要及时与学生沟通,进行一定程度上的心理疏导,更应该主动学习解决相关问题的专业知识,形成理论体系,将专业的心理危机干预和心理咨询引入到日常的工作中。久而久之,在理论学习和实践应用的双重作用下,向高级心理咨询师等职业化的角色发展。在掌握“一专”的基础上,同时还要考虑到自身工作需求的现实情况,在其他方面有所涉猎,具备“多能”的工作素质和能力。该“一专多能”模型如图 3 所示。

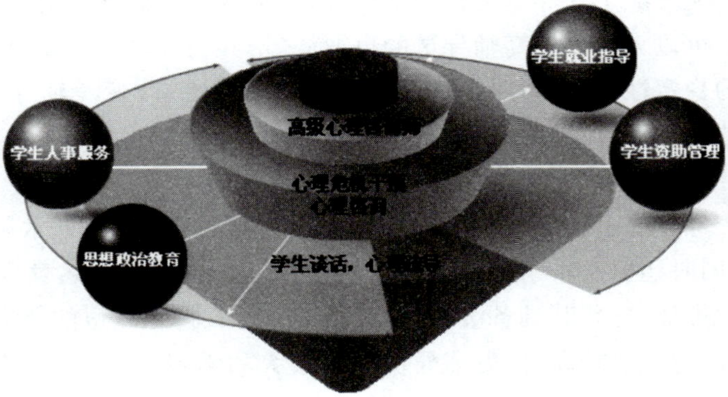

图 3

四、高校辅导员“一专多能”模型 SWOT 分析

SWOT 是一种战略分析方法,通过对被分析对象的优势(strengths)、劣势(weaknesses)、机遇(opportunities)和威胁(threats)等加以综合评估与分析得出结论,通过内部资源、外部环境的有机结合来清晰地确定被分析对象的资源优势和缺陷,了解对象所面临的机会和挑战,从而在战略与战术两个层面调整方法、资源以保障被分析对象的实行达到所要实现的目标。同样,SWOT 分析也适用于个人的发展,明确个人所处的位置,从而指导个人更好地发展。下面将从优势、劣势、机遇和威胁四方面对高校辅导员“一专多能”模型进行分析,寻求高校辅导员专业化发展的新模式。

1. 优势

要建立良好的辅导员形象,首先必须要找准自己的职业定位,也就是确立自己独特的专业素质或精神形象。正如这个世界上没有两片完全一样的树叶，辅导员之间的专业素质也是有差异的。根据家庭环境、知识结构、社会实践及个人兴趣的不同，结合自身特点，找到一个属于个人的定位或发展方向。同时，兼顾掌握辅导员工作所必需的其他能力，涉猎日常学生工作所涉及的知识领域，为工作的顺利开展和自身的全面发展奠定基础。

“一专”使辅导员可以根据自己的兴趣特点，向其中之一的职业生涯规划师、就业指导师、心理咨询师、思想政治教育专家等“专业型”“专家型”方向发展，不只醉心于烦琐学生管理的事务流程，缓解了其工作压力，专注了其工作重心，使得日常工作具有较强的指向性、专业性，对于学生的个人发展也可以起到促进作用。

“多能”又兼顾了辅导员工作的全面性，加强其各方面素质的发展。同时，“一专多能”可以大幅度提高辅导员的事业心，培养辅导员的职业忠诚度，加强学生工作的稳定性，降低了职业流动性所带来的危害，改变了辅导员“学生保姆”“万金油”的角色。

2. 劣势

“一专多能”要求辅导员根据个人特点专注于发展某一方面素质并达到专业化水平，同时还要基本掌握相关职业技能以备工作需要。这就向辅导员提出了极大的挑战，需要其具备潜心研究的科研能力、持之以恒的努力等各方面素质，个人能力要求较高，使得辅导员面对很大的学习压力，难以达到最终的专业化目标。

(1)由于社会发展的趋势影响，职业生涯规划师、心理咨询师等专业化方向可能会出现扎堆现象，而相对比较枯燥的思想政治专家、事务流程管理者等发展方向将变得越来越冷门。这极大地影响着学生素质的全面发展，阻碍了学校高等教育改革的进程，也加大了辅导员之间的不良竞争，出现某一方面人才饱和的局面。

(2)“多能”导致辅导员在“一专”以外的其他领域内能力较差，面对参差不齐的学生不能够进行较好的教育、管理，不足以应对工作上的各个方面，形成“木桶效应”。

3. 机遇

教育部在《关于加强高等学校辅导员、班主任队伍建设的意见》中明确要求：“要统筹规划专职辅导员的发展，鼓励和支持一批骨干攻读相关学位和业务进修，长期从事辅导员工作，向职业化、专家化发展。”

高校辅导员“一专多能”模型是一个创新性的转变，辅导员专业化、职业化发展的必经途径。同时，随着社会发展的需要，高校需要培养出大批个人素质全面发展、适应时代潮流的高科技人才，这就对辅导员提出了在学生教育及管理方面的新要求，也使得高校辅导员“一专多能”模型应运而生。

无论是从国家层面还是社会层面上来看，有关辅导员发展的问题已经成为热门话题，“一专多能”则成了辅导员专业化发展的必然趋势，而各项优惠政策的出台及时代发展的要求更为其顺利开展进行提供了优异的外部环境。与此同时，作为高校的主要群体，学生对大学期间个人自身素质的发展也提出了新的要求，其对辅导员的角色期望也加快了高校辅导员“一专多能”模型的构建。

4. 威胁

由于高校学生工作经验不足、辅导员队伍水平有限、专业化意识水平较低等各方面的原因，造成了高校学生工作距离精细化还存在一定差距，这就极大地制约了辅导员自身“一专多能”的素质发展。

(1)大量的学生事务工作仍然占据着辅导员的主要精力，使其不能够全身心地投入到自己感兴趣的研究方向，造成了其“一专多能”的发展模式进行缓慢，进展不利。特别是在辅导员工作考核方面，高校并没有对辅导员“一专多能”模式提出可行的评比办法，反而局限在很多对学校及辅导员自身发展毫无关系的琐碎事务上，没有对该模式的发展起到导向作用。

(2)由于知识更新速度较快及实施素质教育、培养创新人才的要求，辅导员“一专多能”模式的发展将伴随辅导员工作的始终，如何在相关领域掌握新的教育和管理理念成为辅导员专业化发展进程中面临的挑战之一。

(3)学生思想观念、价值取向的不断变化也对辅导员“一专多能”提出了新的要求，一定程度上延缓了其发展。

5. 综合评估及分析

如图4所示，将高校辅导员“一专多能”模型的SWOT分析结果用数学坐标的形式来表示。从图中可以看出，第一象限为最佳发展方向，即在把握住新时期下高校辅导员发展机遇的基础上，充分发挥“一专多能”模型的优势，加快辅导员自身的专业化发展进程。而在其他象限，特别是第三象限中的发展模式，由于过多地考虑了“一专多能”模型的发展劣势和外部威胁，其束缚住了辅导员个人的专业化发展。因此，作为学生“传道、授业、解惑”之人，辅导员应该深刻理解“一专多能”模型的发展特点及规律，扩大发展优势，把握时代机遇，降低劣势影响，消除威胁因素，将“一专多能”的发展模式列入个人职业规划及高校教育改革的进程中。

五、结语

高校辅导员工作是一项复杂的、系统的工作，是培养学生健全人格、良好个性、优秀品格、进取精神和创新精神的重要保证,而高校辅导员的专业化建设则是适应时代发展和符合教育规律的必然举措。作为高校教育改革的一个重要组成部分,辅导员专业化发展将是一个动态发展过程,我们一定要吸取经验教训,加强思想教育,完善工作体制,不断推进高校辅导员的专业化发展。

图 4

参考文献

[1] 全芬莲,张玉刚,蔡云.基于角色理论视野下高校和谐师生关系构建[J].中国电力教育,2011(5):159-160.

[2] 彭健.角色理论视角下高校辅导员与学生关系的冲突与调适[J].山西高等学校社会科学学报,2012,24(3):68-70.

[3] 刘进.理论与实践:我国高校辅导员专业化的现实悖论[J].江苏高教,2010(2):108-111.

[4] 龚春雷.高校辅导员职业化专业化问题研究[D].上海:华东师范大学,2011.

[5] 冯刚,等.辅导员队伍专业化建设理论与实务[M].北京:中国人民大学出版社,2010.

[6] 田丽,赵留芳.高校辅导员角色冲突探析[J].南京工程学院学报:社会科学版,2011,11(4):63-65.

“仆人式”领导理论在研究生教导员队伍管理建设中的应用

王智江　王君相　刘译蔚

摘　要　本文研究了“仆人式”领导理论的模型框架，分析了我国高校研究生教导员的角色和职能定位，结合我国高校学生事务管理的现状和特点，提出了基于“仆人式”领导理论的学生事务管理框架，并在此基础上构建了研究生教导员队伍的管理机制，强化了学生工作的服务性功能，加强了研究生教导员的归属感和调动研究生教导员的积极性，为研究生教导员队伍职业化、专业化建设提供的一定的参考性指导。

关键词　“仆人式”领导研究生教导员队伍应用

一、引言

高校研究生教导员制度是一项极具中国特色的教育制度，高校研究生教导员承担着我国在校研究生的思想政治教育工作、日常事务性管理工作和发展指导工作，既是研究生健康成长的指导者，又是研究生良性发展的引路人。因此，研究生教导员队伍是保证我国高等教育事业发展不可或缺的一支重要力量。作为高等学校教师队伍和管理队伍的重要组成部分，近年来国内外出现了新形势、新情况，特别是研究生的思想特点发生了许多变化，原有的研究生教导员工作模式难以适应形势的变化，如何加强高校研究生教导员队伍职业化、专业化到建设、完善研究生教导员队伍管理制度，是目前我国高校管理制度考虑的重要问题之一。

“仆人式”领导这一表达最早由 Greenleaf 在一篇名为 *The Servantas Leader* 的文章中使用。“仆人式”领导是近年来西方领导学研究的前沿课题，“仆人式”领导理论强调领导角色的核心就是服务主体，为满足被服务者成长需要提供所有组织支持。“仆人式”领导是一种存在于实践中的无私的领导哲学。此类领导者以身作则，乐意成为仆人，以服侍来领导；其领导的结果亦是为了延展其服务功能。斯皮尔斯首次得出“仆人式”领导的十大特质，即倾听、同理心、疗伤、知晓、劝说、概念化、远见、管理行为、承诺和社区建设。

本文尝试结合高校研究生教导员队伍的特点,将学生事务管理机制用"仆人式"领导理论加以重新的构建和定位,将"仆人式"领导理论引入高校研究生教导员队伍的管理机制中,更好地强化学生事务管理服务性的功能,更加尊重研究生教导员的职业化、专业化地位。

二、"仆人式"领导理论模型框架

1."仆人式"领导理论

"仆人式"领导是一种比以往任何领导方式都更加人员导向、视员工为组织的合作者,以团队成员、部属、员工的发展为首要任务,在鼓励、支持、辅助员工成长的基础上实现团队、组织利益的领导方式。"仆人式"领导区别于其他领导方式的实质在于"更加人员导向",根据格林立夫的界定,"仆人式"领导者通过其行为从精神层面来影响部属的行为乃至价值观、意识形态。

Russell&Stone(2002)在前人研究的基础上进行了概念界定和模型编制,主要将"仆人式"领导的特质分为两类:功能特征(functional attributes)和伴随特征(accompanying attributes)。其中前者曾在相关文献中重复出现,说明是"仆人式"领导的活跃特性。而伴随特征可以看作是功能特征的具体行为表现或结果,用以解释补充与辅助功能特征,见表1。

表 1

功能特征	伴随特征
愿景	沟通
诚实正直	可信
信任	胜任性
服务	管家行为
规范	可见性
先驱	影响,理性劝说
欣赏他人	倾听,鼓励
授权	教授,授责

根据Russell&Stone(2002),以上所分析"仆人式"领导的功能特征是通过观察工作环境中具体领导行为而得出的属于"仆人式"领导的行为和人格特征。每个特征都是独特不可替代的,但各个特征之间又相互联系,甚至在某些情况下某些特征能产生相互影响。

2.“仆人式”领导三维框架模型

通过对现有“仆人式”领导概念、模型研究的综述和分析，依据内源性-外源性动机理论，从功能行为、亲和行为和价值导向3个维度层次来构建组织内“仆人”式领导的框架模型，以解决现有概念界定中模糊的问题。图1描绘了3个维度中各自包含的要素，从功能行为维度到亲和行为维度，再到价值导向维度，各自包含的要素循序渐进地从行为要求过渡到动机要求，最终要求领导者内化“仆人式领导”这一理念，从价值取向中认可“服务”。因而这一框架模型在逻辑上从外而内地根据动机来源对“仆人式”领导进行了界定，既体现了从外源性动机到内源性动机的层次关系，又为各类组织应用“仆人式”领导提供了参考。

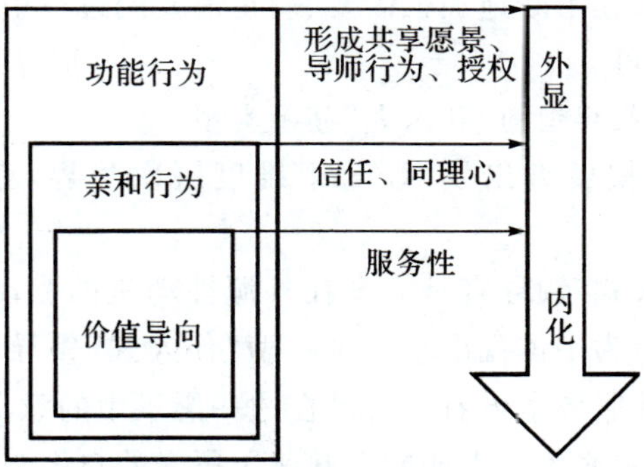

图 1

这一框架模型中涉及的因素包括形成共享愿景、导师行为、授权、信任、同理心和服务性6个因素，这六个因素是通过对前述概念模型以及特质研究中所提要素进行语义和分类分析，提炼出的最具显著性与代表性的因素。而三维模型则是对6个因素再次进行语义和逻辑分类的结果。

(1)功能行为是组织内“仆人式”领导概念的3个维度中最为表层的一维。在这一维度中的要素(形成愿景、导师行为、授权)可以明确规定领导者的组织职位上的角色和要求，并且这些可以通过领导者功能性行为表现出来。

(2)亲和行为维度是介于功能行为与价值取向维度之间的一个中间维度。所包含的要素(信任、同理心)既不像功能行为中要素那样可以以组织要求的形式出现，也不像价值取向维度一样是存在于领导者自身人格、价值观中的内在因素。亲和行为的要素仍然体现在领导者的行为上，需要从倡导者(通常是组织的最高层)开始，言传身教，从自己与其下属的接触中体现人文关怀，在日常行为中体现对下属的信任与设身处地的情感理解，来潜移默化地影响与其接触的人待人接物的方式,从而实现亲和行为要求在组织内的传播。

(3)价值导向维度是组织内"仆人式"领导框架模型中最内层的维度,指的是作为人最内在的价值观因素,因而这一层次体现的是领导者固有的特点。外界的影响需要很长时间的过程来使其内化"仆人式"领导的理念,这也是对领导者要求最高的一层。这一维度要求领导在做价值判断时就认为"服务"是好的,并且是自己应该做到的,仅仅依靠组织的要求或以奖励或惩罚为诱因是难以实现这一内化过程的。而只有当领导者由于责任感、成就感等内源性需要缺失导致"服务"他人获得成就感、满足责任感成为有效诱因时,服务的愿望才会产生;而这一过程是一个循环的闭合回路,服务行为为他人带来的积极影响满足了自己的缺失内源性需要,反过来加强了这一需要的程度,于是继续加强服务行为与愿望,在不断地加强需要、满足需要的过程中巩固领导者价值导向中对服务性的认可。

3. 基于三维框架模型的"仆人式"领导类型

从上述三维框架模型出发,以 3 个维度层次为界,存在三型"仆人式"领导。

第一型的"仆人式"领导者是完全在外源性动机的驱动下,即组织职务要求下,从其职能性行为中体现出来。这一型"仆人式"领导者为服务主体和组织形成共同愿景,让服务主体看到自己在这一愿景中的意义与价值,培养他们实现个人愿景和组织愿景必需的能力并赋予所需的自由与权力。

第二型"仆人式"领导不仅受外源性动机驱使,同时由于一定程度的内源性动机的激励,才会不仅自觉履行组织对其在功能行为上的要求,还接受亲和行为的影响,信任下属,因而也得到下属的信任,设身处地为下属着想,理解并满足其需要,以助其发展。

第三型"仆人式"领导完全内化了格林立夫的"仆人式"领导理念,受且仅受内源性动机驱使,有着最根本的服务他人的意愿,把自己设想为专门为部属、他人服务的人,以责任感或成就感为其根本动机,表现在对"服务"从价值观层面的认同,因而能得到所有人的认可与依赖,成为彻彻底底的"仆人式"领导。

上述三型"仆人式"领导之间不存在何者更优的问题,处于不同发展阶段与发展层次的组织,由于其所在行业、被服务主体特点、外部环境等不同可能需要应用不同型的"仆人式"领导方式。

三、高校研究生教导员队伍管理特点分析

1. 高校研究生教导员角色分析

(1)学生思想政治教育的组织者。研究生教导员工作要注意我国高校学

生工作的政治诉求，坚持以理服人、有理有据，将大道理落实到实处，增强思想政治教育的说服力，这是研究生教导员是否有信服力的关键。

(2)学生事务的管理者与服务者。

1)学习引导员。按照不同年级对研究生教导员不同角色的需要，对研究生新生来说显得尤为重要，尤其要强化研究生教导员作为学习引导员的角色，帮助研究生新生尽快完成身份的转变。

2)研究生职业生涯规划和指导者。研究生教导员要担当起研究生职业生涯规划和指导者的角色，帮助研究生认识社会发展，帮助学生正确评价自己，拓宽就业机会和学习范围，帮助研究生增强择业能力和就业技巧，指导学生通过多种渠道就业，扮演好社会竞争者的角色，顺利走向社会。

3)心理咨询师。我们的研究生教导员在研究生心理健康教育的战线上，现在扮演的还只能是一个发现者、疏导者的角色，主要是预防教育和简单的心理卫生咨询，内容涉及研究生学习、人际、职业、个人调节等多方面。这就需要研究生教导员观察、认识、理解、信任、关怀、尊重研究生，尽所能帮助研究生。"爱心、细心、耐心是研究生教导员的工作法宝"。

4)科技文化及社团活动的指导者。研究生教导员是校园文化活动的组织者、参与者和一定程度上的决策者，指导和协助学生开展校园文化活动是高校学生工作的一个重要内容，尤其是研究生教导员工作帮助研究生创造丰富的非学术性文化，创造健康、多彩的生活、学习、娱乐环境的重要内容。

(3)研究生进行社会化转变的促进者。

研究生教导员的工作就是通过自己的引导、指导、帮助和支持等一系列的服务活动等，把思想教育成果连续起来，融会到学生的整体素质的提高中去。

2.高校研究生教导员职能定位

研究生教导员具有3种角色来指导学生成长，可以分析出研究生教导员具有相应的三种职能。

(1)研究生教导员的教育引导职能。着重涉及研究生成长成才的政治方向和价值取向的教育引导，是高校研究生教导员队伍的核心职能。它要求研究生教导员坚持以社会主义核心价值体系为主导，结合学生思想实际和社会形势发展，对教育内容进行主体化设计，通过主题教育活动集中引导，形成氛围和声势，遵从学生思想成长的规律，在教育目标和要求上区分层次，在思想发展的过程中区分工作阶段，在教育方式上区别对待不同对象的接受差异，实现个性化服务。

(2)研究生教导员的事务管理职能。主要是指学生日常思想教育活动以及学生行政工作中的组织管理的实际事务，是高校研究生教导员队伍的基本职能。它要求把思想教育贯穿在管理事务的全过程,通过教育和管理相结合,严格要求和热情关怀相结合,把学生成长成才的根本利益作为教育管理的出发点和落脚点,促进学生的发展。特别强调的是,坚持以人为本,依法管理,实行民主化,注重对学生正当权益的保护、维护,在管理措施的执行过程中发扬民主作风,积极听取学生对管理措施的意见和建议。

(3)研究生教导员的发展辅导职能。指思想政治教育对学生成长成才、生活发展的开发作用和功能,是高校研究生教导员队伍在工作中体现思想政治教育现代性要求的拓展功能,依据教育引导职能的价值导向、渗透在事务管理职能之中,同时又具有明显的独立性。它以辅导对象的自觉意愿为前提、为基础,而不能试图强制性地要求辅导对象的服从。对于研究生进行发展辅导,是培养青年学生成长成才必须提供的服务工作,"服务"是实质,是目的,"辅导"是方式,是手段,要充分调动学生参与发展辅导活动的积极性、主动性和创造性。

四、"仆人式"领导高校研究生教导员队伍管理模式构建

1.我国高校学生事务管理机制特点分析

我国高校学生事务管理体制是分层管理,校、院、系都有学生工作队伍,我国的学生工作长期为政治工作的附庸或等同于学校的德育工作,加之考虑到研究生在社会稳定中的重要作用,将学生工作划归党务系统,由政工人员负责学生工作由来已久,这样导致学生事务中行政事务大量增加,学生工作行政化越来越明显,从而要求强化行政功能。我国高校学生管理的特点是党政共管体制,有专门的研究生教导员队伍对学生进行管理,学生和学校的关系密切,便于开展日常的教育和管理,但是存在的问题是多头管理带来的职权不分,行政化过强,服务功能不突出。

研究生教导员队伍建设不能单一来看,必须要结合整个学校的学生事务管理工作,把研究生教导员队伍的建设放到高校学生事务管理的大的框架下才能将学校、研究生教导员、学生三者有机地结合起来。

2.基于仆人式领导理论的高校学生事务管理框架

随着我国高校学生事务管理机制的不断革新,也开始成立了学生就业指导中心,勤工助学指导中心,心理咨询中心等专业性的服务机构。根据新时期研究生教导员的角色分析和职能定位,研究生教导员涉及学校学生事务工作的各个方面,这也使得研究生教导员的服务性的复杂度增加,"仆人式"领导理论的本质内核在于服务性,而这种服务性的体现应该是贯穿到整个学校学生事务工作管理体系中。

根据我国高校的学生事务管理的特点，不可能做到完全内化"仆人式"领导理论模式达到价值导向维度，即不可能采用第三种完全内化的仆人式领导。针对我国高校学生事务管理行政化强、服务化弱的现状分析，在此基础上构建适合我国长期学生事务管理转变的"仆人式"领导框架，如图2所示。

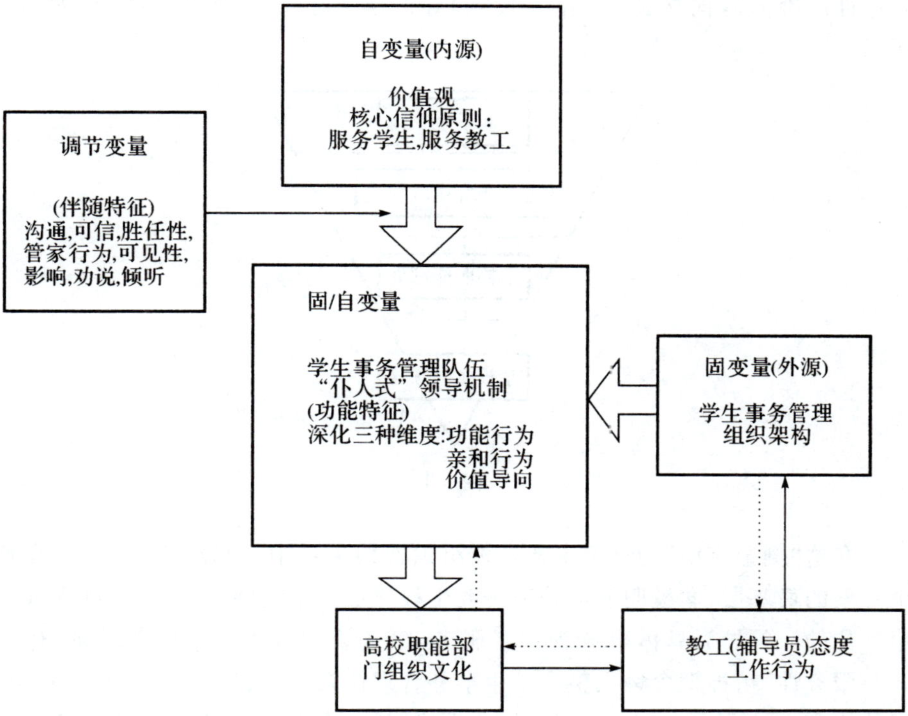

图 2

本框架是采用外源和内源性同时刺激实现循序渐进的内化"仆人式"领导价值理论。通过这种长期的循环营造"仆人式"领导的管理氛围，在学校组织要求外源刺激下，使得教工不仅自觉履行组织对其在功能行为上的要求，还接受亲和行为的影响，信任下属，因而也得到下属的信任，设身处地为下属着想，理解并满足其需要，以帮助其更好地开展工作。经过长期的管理氛围营造，当领导者由于责任感、成就感等内源性需要缺失导致"服务"他人获得成就感、满足责任感成为有效诱因时，服务的愿望才会产生；而这一过程是一个循环的闭合回路，服务行为为他人带来的积极影响满足了自己的缺失内源性需要，反过来加强了这一需要的程度，于是继续加强服务行为与愿望。在不断地加强需要、满足需要的过程中巩固领导者价值导向中对服务性的认可。

这样不断由外显的功能维度深化到内涵的价值导向维度，从而实现"仆人式”领导理论的全部功能特征,最终实现“仆人式”领导“服务性”的核心价值。

(1)学生事务管理组织框架。在固变量中的学生事务管理组织框架是实现功能行为的外源性基础。学生事务管理组织框架的构建决定了领导者能否产生所需要的行为,即形成共享愿景、导师行为和授权这三种关键行为。根据服务性的价值导向构建了“仆人式”领导的学生事务管理组织框架,如图3所示。

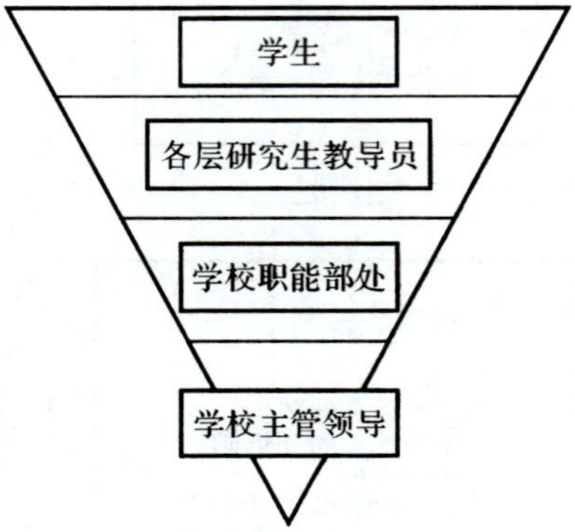

图 3

在这“倒金字塔”的学生事务管理组织架构关系中,领导(高层管理)在整个支架的最基层,学校职能部处和研究生教导员是中间的基石,学生则永远是第一位的。领导为具体事务管理者服务,事务管理者为学生服务。将“仆人式”“服务性”精神理念融入整个学生事务管理体系中,从学校主管领导到最基层的研究生教导员,每个层级都以“仆人式”的理念进行管理,学生主管领导的工作就是为了学校各职能部门提供相应的服务政策支持,明确学校和工作人员的愿景,制定合理的管理机制。学校的职能部门一方面为了研究生教导员学生工作事务提供服务,另一方面为研究生教导员个人的发展提供服务功能。研究生教导员作为最直接和学生联系的管理者,更加要通过个人影响到学生。研究生教导员作为直接与学生接触的人,其工作精神状态至关重要。领导的工作就是指导、支持、关心、服务学校的职能部处和研究生教导员。研究生教导员心情舒畅、有自豪感,就会更好地服务于广大研究生。

(2)“仆人式”领导的研究生教导员队伍管理机制。由于“仆人式”领导者通过其行为从精神层面来影响部属的行为乃至价值观、意识形态,所以对于“仆人式”领导的个人要求非常高,但考虑到个体差异,更多的是通过在“仆人式”领导理论管理框架下建立“仆人式”领导理论研究生教导员队伍建设机制,通过外源和内源的双重影响各层学生事务管理者,达到实现“仆人式”服务性的工作模式。根据"仆人式"理论三维模型的界定高校研究生教导员管理机制可以通过在组织制度、架构等正式因素上进行功能性的制定同时也可以在高校培养一种信任,相互尊重的工作氛围。即"仆人式"领导的研究生教导员队伍管理机制是受外源性动机驱使,同时由于一定程度的内源性动机的激励,不仅自觉履行组织对其在功能行为上的要求,还信任下属,设身处地为下属着想,理解并满足其需要,以助其发展。

1)通过组织制度确立研究生教导员利益与组织利益的一致性,促使研究生教导员产生为共同利益努力的动机。

学校主管领导进一步加强细化研究生教导员的选留机制,研究生教导员队伍的激励制度,提高研究生教导员的社会地位。这一行为的意义不仅在于对研究生教导员产生激励作用而为组织创造更多收益,更重要的是,学校利益与个体利益的认同能加强研究生教导员的归属感,产生与学校的情感联系,并且认识到自己的努力不仅能为自己带来收益,更能为学校以及学校内其他成员创造更多价值,从而提升工作的价值感与成就感。因而这一制度的作用机理与三维模型功能行为维度中的"形成共享愿景"相似。

2)"首先照顾好研究生教导员",组织要求为研究生教导员提供生活与成长的保障,并且完善研究生教导员职业培养体系。

强调学校的职能部处都以服务为前提,弱化行政性,加强服务性,职能部处的工作就是为了更好地服务于研究生教导员和学生。

对于研究生教导员的工作学校的职能部处给予支持,并且提供必需的培训与帮助,为研究生教导员排忧解难。因而在学生事务工作中,学校领导相对于研究生教导员扮演的是"良师益友"的角色,而研究生教导员相对于学生扮演的也是"良师益友"的角色,这可以视为三维模型功能行为维度中的"导师行为"。

3)信息公开、充分授权给予研究生教导员行动的自由与支持。

三维模型中功能行为维度中的"授权"不仅指决策权的下放,更包括自由选择做事方式方法的权利。减少研究生教导员的过于繁杂的事务性工作,只要是为了学生服务,研究生教导员可以在一定限度上选择工作方式,同时为了研究生教导员更好地工作,了解学校的情况,建立公开透明的信息平台是很有必要的。

五、结语

"仆人式"领导理论这一模式基于团队工作,倡导分析与决策时的群体导向,强调劝说在组织影响中的力量和意见共识的重要性,将传统的金字塔状结构颠倒过来,深深扎根于人文关怀之中,以服务下属和社会为第一要务。“仆人式”领导最终目的是建立一个更加美好、充满人文关爱的组织和社会,与此同时实现组织自身的目标。高校学生事务管理本身就是一个以服务为主题的功能性工作,研究生教导员队伍作为其中的主要实施者更应做好他们的服务管理工作,基于“仆人式”领导理论的高校队伍管理机制正式将学校、研究生教导员、学生三者之间的管理关系进行“仆人式”的服务化管理。

参考文献

[1] Spears L C. Practicing Servant · Leadership[J]. Leader to Leader, 2004(Fall):7-11.

[2] 吕雯晶.仆人式领导理论的演进及其模型构建研究[D].上海:复旦大学,2007.

[3] Russell R E, Stone A G. A review of servant leadership attributes:developing a practical model[J]. Leadership & Organization Development Journal,2002(3):145-157.

[4] 姚凯.内源性—外源性动机的仆人式领导理论[J].经济管理.2008(1):54-58.

[5] Patterson K A. Servantleadership: A theoretical model[D]. Regent University: Virginia Beach,US,2003.

[6] Farlinb M L, Stone A G, Winston B E. Servantleadership: SeRing the stage for empirical research[J]. The Journal of Leadership Studies, 1999(6):49-72.

[7] Dennis R Winston B E. A factor analysis of Page Wong'S servant leadership instrument[J]. Leadership & Organization Development Journal,2003(8):455-459.

[8] 卞亚琴.高校研究生教导员的角色延展与职能探析[J].沈阳工程学院学报,2008.

博弈视阈下大学生自组织团队激励模式研究

方 原 王 敏

摘 要 大学生自组织日渐成为高校群体沟通、联络、聚集的团队形式,有效的团队激励能促进大学生自组织发展。大学生自组织团队激励包括团队整体激励和成员个体激励两方面。通过理想目标激励、绩效管理激励、文化激励、组织荣誉激励等自组织团队激励措施以及满足个体需求、为成员提供发展平台、让组织成员参与管理决策等自组织个体激励措施,将有效促进大学生自组织的持续发展。

关键词 大学生自组织 博弈论 团队激励模式

大学生自组织是当前高校管理者重点关注和研究的新事物之一,其兴起和发展是经济社会变革下大学生思想多元化、需求多样化、发展自主化的必然要求。大学生自组织,指既没有到民政部门正式注册、登记拥有法人资格,也没有在学校有关部门登记备案的,"由青年自发成立、自主发展、自我运作的一种非正式组织形式。"为促进大学生自组织的健康成长,高校必须有相应的管理方式,实现大学生自组织的科学管理和有效激励。由于团队工作方式具有灵活性,更富创造性,现代管理思想潮流日益关注团队这样一种组织形式。新世纪以来,随着学习型组织、智能型组织理念和实践的兴起,团队担负的一个组织生存与发展的作用日益凸显。由此,大学生自组织团队激励模式研究更为迫切。

一、大学生自组织团队激励模型构建与分析

1. 团队与团队激励

何谓团队?"团队就是由两个或两个以上的人组成的,通过人们彼此之间的相互影响、相互作用,在行为上有共同规范的一种介于组织与个人之间的一种组织形态。"换言之,团队是由个体成员和管理人组成的集合体,这个集合体具有共同的目标和奋斗方向,彼此和谐相处,有明确的规范与方法,通过发挥成员个体的知识、技能,形成优质。

团队绩效是由多种复杂因素综合作用的结果,而团队激励是提升团队绩效的决定性因素。团队激励以团队组织作为对象,通过对团队及其成员进行有效激励,形成正向协同效应,促使团队总体绩效大于个体绩效之和,实现组织的目标。有效的团队激励能为良好的团队工作提供可靠保障。可以想见缺乏有效激励的团队必然士气低落,成员相互推诿、逃避责任,生命力自然难以长久;反之受到良好激励的团队一般精神抖擞,成员精力旺盛、积极进取,追求最大价值。因此,必须重视团队激励在团队建设中的重要作用。现代团队激励理念强调双主体激励,具体而言,就是把团队和团队成员均作为激励的主体。结合团队激励概念的定义,团队激励模式应该包括基于团队整体激励模式和团队成员个体激励模式两种。

2.博弈论与大学生自组织团队激励研究可行性

20 世纪 40 年代,《博弈论与经济行为》一书的出版,标志着博弈论的正式提出。博弈指一些个人或组织在特定条件下,按照一定规则同时或先后、一次或多次进行行为或策略选择,从而获得各自结果的过程。“从博弈论的社会实质来说,博弈就是不同的人或集体因资源的有限性而发生的相互竞争和相互依赖等相互制约的活动,所以可以说只要是发生在人与人之间的相互影响和相互作用行为,就可以看作是博弈现象和博弈行为。”团队激励是大学生自组织管理的重要内容。大学生自组织由不同类别的学生群体构成,在自组织发展过程中,这些群体之间的相互作用就构成了一个广义的博弈过程。

3.模型的要素设置与建立

按照博弈论的基本观点,其模型关键要素包括:①博弈方:即博弈过程中独立决策、独立承担结果的自组织管理者(简称管理人)和组织成员。这两者在博弈规则面前是平等的主体,都遵循博弈规则进行策略选择。②策略:即博弈方在博弈中所做出的决策内容,对管理人而言,其承担的主要工作是激励和引导,其行为集合为激励和不激励;对组织成员而言,策略主要表现为是否积极投入自组织建设中,其行为集合为积极和不积极。③收益:管理人和组织成员从博弈中获得的利益,是各博弈方追求的根本目标及行为、判断的主要依据。④付出:在管理人付出努力的情况下,将其最大收益设为 D;组织成员在积极情况下付出的成本设为 E1,不积极情况下付出的成本为 E2,显然 $E1>E2$;管理人督导时付出的成本设为 E3;组织成员行为的效益设为 F,管理人给予组织成员积极行为的奖励为 F1,管理人给予组织成员不积极行为的处罚为 F2($F2>E3$,$F2>F1$)。⑤过程:自组织激励这一博弈行为中,管理人和组织成员所掌握的各种信息(公共知识)是对等的,双方可先后选择自己的策略并且根据对方策略的选择进而调整自己策略,因此该博弈可视作对称动态博弈。

在大学生自组织激励博弈中，管理人与组织成员的博弈路径可分析如下：管理人选择督导，组织成员选择积极，则自组织收益为(D－E3－F1)，组织成员收益为(F＋F1－E1)；管理人选择督导，组织成员选择不积极，则自组织收益为(D－E3＋F2)，组织成员收益为(F－F2－F2)；管理人选择不督导，组织成员选择积极，则自组织收益为D，组织成员收益为(F－E1)；管理人选择不督导，组织成员选择不积极，则自组织收益为X，组织成员收益为(F－E2)。

上述博弈路径可用支付矩阵表示(见表1)。

表 1

	不积极		积 极	
督 导	D－E3－F1	F＋F1－E1	D－E3＋F2	F－F2－E2
不督导	D	F－E1	D	F－E2

4.模型分析

根据表1，试做分析如下：①如果组织成员表现为积极的行为方式，那么管理人选择督导行为的效用为(D－E3－F1)，选择不督导的行为效用为D，此时管理人要想获得自身最大收益，无疑会选择不督导。②如果组织成员选择不积极行为方式，那么管理人选择督导的效用为(D－E3＋F2)，选择不督导的效用为D，由于F2＞E3，所以管理人必然会选择督导。③如果管理人选择督导行为，那么组织成员选择积极行为的效用为(F＋F1－E1)，选择不积极的行为效用为(F－E1)，显然组织成员会选择积极。④如果管理人选择不督导，则组织成员选择积极行为效用是(F－E1)，选择不积极的行为效用是(F－E2)，由于E1＞E2，所以组织成员会选择不积极。

在这4种情况下，参与团队管理博弈的双方无论选择什么行为都没有占优策略存在，也不存在理性经济人的最优选择，两者不可能达到均衡状态。参与人之间不存在一种纯粹的纳什均衡来指导各自的行为。基于此，有必要进行管理人与组织成员行为选择的概率计算。

假设管理人选择督导行为的概率为P，组织成员选择努力的行为概率为Q，通过P，Q来求得一个新的纳什均衡。具体计算过程为：

当管理人选择督导行为(P＝1)时，其收益是a(1，Q)＝Q(D－E3－F1)＋(1－Q)(D－E3＋F2)；当管理人选择不督导的行为时，其收益为a(0，Q)＝Q(D)＋(1－Q)(D)，令a(1，Q)＝a(0，Q)得Q＝(F2－E3)/(F1＋F2)。同理可得，当组织成员选择努力行为(Q＝1)时，其收益为a(P，1)＝P(F＋F1－E1)＋(1－P)(F－E1)；当组织成员选择不努力行为时，其收益为a(P，0)＝P(F－

F2－E2)＋(1－P)(F－E2),令 a(P,1)＝α(P,0),得 P＝(E1－E2)/(F1＋F2)。

当 P＝Q 时,就可得到新的纳什均衡。

在实际的博弈行为中,无论是组织成员还是管理人均会选择利己的行为方式,因而这个状态会出现经常性的波动。而只要这个状态稍稍不均衡,必然会导致组织成员和管理人员不相等的收益,反过来又会促进他们的行为选择。其实,只要管理人员的督导行为的概率不低于(E1－E2)/(F1＋F2),那么就可以获得良好的收益。但是实际中管理人员不可能做到时刻督导,而组织成员就有机会逃避努力,因此,只有尽量提高督导的概率,才能促成其努力的行为,此时 Q 将趋向于 1。

二、大学生自组织团队整体激励模式

团队整体激励模式可以提升大学生自组织的整体地位和工作水平。大学生自组织是一个为实现特定目标而共同合作的人的共同体。对大学生自组织来说,要实现组织目标和组织绩效,就要首先对其团队整体实行有效激励,主要包括以下几方面。

(1)理想目标激励。团队是以目标为导向的,任何一个团队的建立都是基于某种特定的目标之上的……可以说,目标是团队建立和发展的前提。愿景目标的设置是团队激励机制的关键因素。作为团队的大学生自组织,首先应当有成员共同奋斗的,有实际意义的理想目标。这个目标能够引领自组织前进方向,并为自组织的发展提供不竭的动力,使组织成员愿意贡献个人力量。此外,目标一致还是搞好大学生自组织成员人际关系的重要前提。通过目标,在自组织成员彼此交往过程中,激发人格共鸣。

(2)文化激励。作为团队,每个大学生自组织都应当具有自己独特的文化。团队文化是自组织发展的灵魂所在,清晰的团队文化可以使组织成员更加明确所在组织为什么要发展,发展的方向是什么,怎样才能更好地发展等问题。团队文化的核心必然是合作,合作与否、合作成效直接影响着团队的生存与发展。做好大学生自组织激励工作必须增强文化建设,营造良好的文化氛围。通过文化力量作用,逐步树立大学生自组织的行为习惯与处事规范。

(3)组织荣誉激励。组织荣誉是他人对团队的认可评价,它能够满足组织成员的自尊心,也是激发组织成员拼搏进取的有效手段。通过培养组织荣誉,使成员以自己所在的组织为荣为傲,并逐渐培养成员的集体意识,形成一种自觉维护组织荣誉的力量。要想使大学生自组织成员为自己团队的荣誉而奋斗,就要善于发现、挖掘自组织的优势,让组织成员感觉自身所属的组织是所有同类型团队中最好的。这样既培养了自组织的集体荣誉,又起到了激励成员的作用。

三、大学生自组织成员个体激励模式

团队成员个体激励模式能够有效地激发成员个体的主观能动性和工作积极性。个人绩效成果在很大程度上决定了组织目标的实现,组织绩效的提高。一般而言,个人绩效成果受到多方面因素制约,可以用绩效函数来表示:$P=f(M\times Ab\times E)$,其中 P——个人工作绩效;M——工作积极性(激励水平);Ab——工作能力,E——工作条件。从中可见,激励对个人绩效起着重要作用,它与工作能力和工作条件共同构成影响个人绩效的三要素。大学生自组织除了关注整体的绩效外,更要重视组织成员个体的绩效,并对成员个体进行有效的激励。其激励模式主要包括下述几种。

(1)满足个体需求。根据著名心理学家马斯洛的基本需求层次理论观点,人的需求包含五个方面,即生理需求、安全需求、社交需求、尊重需求和自我实现的需求。团队成员的工作动机主要是为了满足自己的各种需要。做好大学生自组织成员的个体激励首先要了解团队成员的不同需求,并结合这些需求,给予相应的精神、物质激励措施。只有分析和满足了不同成员的需求层次,并针对这些需求层次采取相应的激励措施,为自组织成员营造一个安全、温暖的工作环境,才能产生良好的激励效果,进而保证自组织成员能够全身心投入学习、工作中,最终促成整体目标的实现。

(2)为成员提供发展平台。马斯洛的需求理论认为,自我实现的需求是人的最高需求,当其他需求得到满足时,自我实现的需求就显得尤为迫切。团队成员在工作中都显示出学习和成长的强烈愿望,他们渴望工作带来的新的学习和吸收新技巧的机会,从而在工作中不断得到锻炼和成长。因此,对大学生自组织来讲,给予成员学习、成长的个人发展平台无疑是一种有效激励方式。这样将会极大地激发他们的积极性和主动性,提高工作绩效。

(3)让组织成员参与决策。为成员提供参与管理决策的机会是调动他们工作积极性的有效方法。通过让成员参与决策可以极大增强他们的参与意识和责任意识,从而形成对自组织的归属感和认同感,更好地服务于自组织。现代社会越来越关注人,重视人自身的价值和合理需要。现代教育也将视角从重视单子式的主体性转向主体间性。因此,让大学生自组织成员参与到管理决策中来,才能有效地调动自组织成员的积极性,更好地为自组织服务。

大学生自组织团队激励是自组织团体激励与成员个体激励多种激励模式交互作用的结果。在实施激励过程中,要根据大学生自组织自身特点,精心组

织,避免消极影响,最终实现对大学生自组织的科学管理和有效提升。

参考文献

[1] 闫加伟. 草芥:社会的自组织现象与青年自组织工作[M]. 上海:上海三联书店,2010.

[2] 陈一星. 团队建设研究:以大学生为例[M]. 北京:中央编译出版社,2007.

[3] 丁社教. 法治博弈分析导论[M]. 西安:西北工业大学出版社,2007.

[4] 海斯. 成功的团队管理[M]. 北京:清华大学出版社. 2002.

[5] 刘光辉,等. 团队激励模式研究[J]. 科技管理研究,2008(6):397-398,404.

[6] 张维迎. 博弈论与信息经济学[M]. 上海:上海人民出版社,1997.

[7] 高永良. 高校青年自组织发展研究[J]. 中国青年研究,2010(5):44-46,62.

[8] 赵伟,等. 基于激励理论的团队机制设计[J]. 天津大学学报:社会科学版,1999(4):295-298.

[9] 廖冰,等. 团队激励模型的探讨[J]. 重庆大学学报,2003(10):124-126.

(原文发表于《长春工业大学学报(高教研究版)》2010 年第 3 期)

大学生自组织和谐关系构建研究

方　原　王玉玲

摘　要　大学生自组织和谐与否影响着高校和谐校园建设。本文以大学生自组织内部个体之间的和谐、大学生自组织个体与群体的和谐以及大学生自组织之间的和谐三者为出发点，探寻大学生自组织和谐关系构建、提升途径，以期促进大学生自组织和谐关系发展研究。

关键词　大学生自组织　和谐关系　构建

自组织是社会组织中非正式组织的重要分支，是近年来伴随社会经济、文化发展而发育起来的组织形式。大学生自组织，是指既没有到当地民政部门正式注册、登记拥有法人资格，也没有在学校有关部门登记备案的，“由青年自发成立、自主发展、自我运作的一种非正式组织形式”。大学生自组织和谐关系的构建与和谐校园建设息息相关。大学生自组织的和谐关系，主要表现在以下三个层面：自组织内部个体之间的和谐，自组织个体与群体之间的和谐，自组织与自组织之间的和谐。

一、构建大学生自组织内部个体之间的和谐关系

大学生自组织内部个体之间的和谐即人际和谐，这种人际和谐的特征主要表现在和人的愿望、人格的共鸣以及矛盾的消解。上述3个特征也是构成人际和谐的不二法宝。

1.培育大学生自组织内部个体的和人愿望

人际和谐的潜在特质是深藏于个人心底的和人愿望，即与他人和睦相处的希求。因此，我们有必要冲破各种来自心理以及社会的多重障碍，强化并努力表达自身的和人愿望。对于大学生自组织内部的个体学生来讲，他们建立和维持良好人际关系的途径首先是要培养并逐渐增强自我的和人愿望，其次是要在各种活动实践中提升自我的人际交往能力，努力创造和谐愉悦的交流氛围。只有在一种和谐的人际关系当中，大学生自组织内部的个体学生才能保持良好的情绪，以积极的心态投入到自己的工作中，从而确保大学生自组织各项工作及活动得以有序开展。

2. 寻求大学生自组织内部的人格共鸣

大学生自组织内部个体与个体之间的人格共鸣被认为是人际和谐的显在特质。按照现代心理学的分析,人格通常被理解为个人的整体精神面貌,即具有一定倾向性的各种心理特征的总和。大学生自组织内部学生成员的生活环境千差万别,这就促成了他们个体性格的迥然不同。众所周知,现实生活中每个人的人格都具有独特性——独特的兴趣爱好、心理偏向、思维模式,独特的世界观、人生观、价值观,独特的处事方式、生活习惯、审美意识等等。要想促成人际的和谐,关键在于人们能否异中求同,达成人格共鸣。在大学生自组织中,要想达成并保持人格共鸣,就必须要做到如下两点:一是做到承认人格差异的同时,努力从多样性中求得统一。在大学生自组织中,每个同学在人际交往中都会遇到与自己的志趣、观点、行为相左的人,在这种情况下,自组织个体只有对他人的观点、想法表示理解,并尝试去推敲每个观点的可行性,对他人合理的观点表示支持,对他人合理的行为表示赞同,如此,个体间的和谐方能从差异中建立,自组织内部的和谐关系也会随之产生。二是要求自组织成员间要尽可能承认他人相互理解与信任。承认人格差异并不代表已经促成了人际和谐。人际和谐的真正实现还需要人与人之间的理解和信任,需要达成人格共鸣。理解,就是自组织内部人际交往的双方在某些方面达成共识。信任,顾名思义就是自组织内部人际交往的双方彼此进行人格肯定。理解是信任的前提,信任是理解的保证。大学生自组织开展的一系列活动中,都需要个体对其他个体的理解、信任,相互换位思考,接受他人的合理意见,寻求人格共鸣。大学生自组织中,个体在兴趣爱好、思想见解以及性格方面的差异是能够通过理解与信任的良性反馈来实现并存的,这种良性反馈也使得人际和谐目标可以更好实现。

3. 消解大学生自组织内部人际沟通的矛盾

大学生自组织内部人际沟通矛盾的消解被认为是人际和谐的实在特质。人际沟通是指人们运用语言符号系统或非语言符号系统进行信息(思想、观念、动作等)交流沟通的过程。语言符号系统或非语言符号系统在传递社会信息、进行情感交流过程中,总会受到人的主观情绪以及所处客观环境等诸多因素的影响,从而导致沟通不畅、沟通错位、沟通偏差,即沟通矛盾的出现。为了追求人际和谐,对于大学生自组织内部的摩擦和矛盾,每个学生个体可以根据实际情况通过灵活的沟通方式加以解决。小摩擦可以通过交流协商方式加以解决,尽量防止矛盾激化;大矛盾则必须采取原则性措施加以解决。例如,对于生活中因小事儿引起的摩擦,可以按照“忍一时风平浪静,退一步海阔天空”的信条,以谦让的方式予以消除;对于学术观点上的争论,可以秉承“百花齐放，百家争鸣”的原则，对其加以鼓励。总之，在自组织当中，当同学之间的人际交往面临冲突、矛盾时，只要每个成员都能践行宽容忍让的美德，冷静处理，就能为构建大学生自组织的和谐关系贡献力量。

二、提升大学生自组织内部个体与群体的和谐关系

大学生自组织是一个由若干相互影响、相互依赖的大学生成员组成的有机群体，其内部和谐不仅体现为大学生自组织成员与成员之间的和谐，还体现在自组织中学生个体与该组织的和谐，即大学生自组织内部个体与群体的和谐。作为群体的大学生自组织，在具有共同的愿望与目标、具有和谐、相互依赖的关系、具有共同的规范与方法等条件后就能够成为团队。由此，可以通过以下 3 种途径提升大学生自组织内部个体与群体的和谐关系。

1. 增强大学生自组织个体的群体意识

群体意识可以理解为是一种组织意识，它是大学生自组织成员对自组织目标的认定和实现目标所具有的信念和意识，以及对自组织的情感认知。互动感、认同感、归属感是群体意识的主要表现。首先，大学生自组织是一个由若干有个性、有活力、有爱好的大学生个体组成的群体。自组织内部的每个成员通过和彼此的互动来共同完成预期的目标。因此，大学生自组织必须创造条件，鼓励和谐互动，从而使其成员最大限度地发挥自己的聪明才智。其次，大学生自组织成员表现积极与否很大程度上源于自组织成员对组织的认同感。因此，我们应在自组织新成员加入之初，加大力度对其集体认同感加以培养，争取达成最大程度的共识，这样才能确保自组织各方面工作取得最佳效果。最后，归属感作为群体内聚力的根源以及个体向心力的原点，是群体意识的最集中表现。因此，应当为自组织成员营造一种和谐的大家庭氛围，使他们能够充分发表自己的意见并积极参与到自组织的管理中来，构建团结和谐、暖意浓浓的良好氛围。

2. 加大大学生自组织对个体的激励

一种良好的激励机制能够造就人、发展人、鼓舞人。激发个体成员的巨大潜力离不开自组织的有效激励。奖励过度、惩罚过度或者奖惩不公平都可能打消自组织内个体成员的积极性，影响自组织的发展进程。同时根据马斯洛的需要层次理论，大学生自组织内部个体成员一旦在生理需求、安全需求、社交需求上得到满足，就会开始出现强烈的尊重需求和自我实现需求。每个自组织中的成员不仅希望自己在组织中完成的工作、付出的劳动可以获得物质上的奖励，更希望做出的成绩得到组织内其他成员的肯定与尊重，从而产生成就感而更加积极主动地投入到各项工作和活动中去。因此，大学生自组织应

坚持公平公正、奖惩适度的原则,对组织中的优秀个人给予适当的物质奖励,同时,更应该注重精神层面的信任与鼓舞,将物质刺激与精神激励相结合,从而制定出有较强针对性与效能性的激励机制。例如在典型的大学生自组织——英语角——的管理过程中,适当地对表现出众,进步较快的同学颁发奖状,甚至口头赞赏,都能增强组织成员学习英语的兴趣,进一步提高他们的学习积极性。

3. 增强大学生自组织个体与群体的互融

任何大学生自组织,其成员个体都存在显著的心理差异。多数情况下,由于个体间家庭背景、教育经历、性格偏好等方面存在不同,自组织中个体与群体出现心理上的不相容也就在所难免。自组织中的某一个体受到该群体的不合理评价,受到非期望对待时,也容易造成自组织的不和谐,不相容。为了促进大学生自组织个体与群体的和谐,必须增强大学生自组织个体与群体的互融。对大学生自组织而言,在处理群体与个体的关系时,一定要公开、公正,力求对各组织成员的工作表现做出合理的评价,尽组织之所能,给予帮助,使个体成员能够充分发挥自己的最大潜能;对大学生自组织个体成员来说,要不断提升自己的群体意识,摆正自己在组织群体中的位置,努力融入群体当中去,配合好群体的工作,懂得依靠群体的力量,来达到自我的提升。

三、发展大学生自组织之间的和谐关系

大学生自组织内部和谐是构建大学生自组织和谐关系的重要内容,大学生自组织之间的和谐亦是应有之义。不同的自组织间充满着竞争与合作,促进大学生自组织间的和谐,最重要的是处理好彼此间的竞争与合作关系。每个大学生自组织可以被视作一个团队,作为团队,就应当有共同的愿望与目标。团队之间有竞争有合作,双赢是竞争最理想的结果,良好的合作才能创造竞争中的双赢。

为了实现大学生自组织之间的和谐,可以寻求组织目标相近的自组织作为合作伙伴,实现团结共荣。每一个自组织要想顺利实现自己某一阶段的组织目标,与其他自组织的交流、互助与合作是密不可分的。因为大到整个社会,小到一个学校,任何一个团队都不能单独发展,孤立而存。大学生自组织现在要寻求的应该是一条合作求发展的良性协作之路。自组织之间的竞争也是不可避免的,但这种竞争一定要遵循适度原则。现在大学校园中存在一种普遍现象,开学之初的校园中,总会有各种各样的大学生自组织摆上课桌,竖起展板来招纳新成员。足够的成员是一个团队生存的首要条件,最初的竞争就开始与此。随着各个自组织活动的不断展开,竞争也会一直相伴。不可否

认的是，一种适度的、良性的竞争可以培养自组织成员的危机意识，提高自组织的工作效率，促进自组织的内部团结。因此，只有处理好大学生自组织之间的竞争与合作关系，才能实现大学生自组织之间的真正和谐。

参考文献

[1] 闫加伟. 草芥：社会的自组织现象与青年自组织工作[M]. 上海：上海三联书店，2010.

[2] 黄志斌，张传东. 科技创新团队和谐关系的构建[J]. 科技管理研究，2008(6)：399－401.

[3] 陈一星. 团队建设研究：以大学生为例[M]. 北京：中央编译出版社，2007.

[4] 吴彤. 自组织方法论研究[M]. 北京：清华大学出版社，2001.

[5] 杜兰晓. 高校青年自组织问题探析[J]. 中国高教研究，2009(5)：74－76.

[6] 韩流，张彦. 高校青年自组织管理探析[J]. 思想理论教育导刊，2010(6)：106－109.

[7] 高永良. 高校青年自组织发展研究[J]. 中国青年研究，2010(5)：44－46，62.

（原文发表于《长春大学学报》2012 年第 12 期）

博弈视阈下大学生自组织发展研究

方　原　吴　江

摘　要　大学生自组织在满足高校学生多样化需求方面发挥着至关重要的作用。从博弈视角来看，大学生自组织与其他组织的博弈关系、自组织内部成员之间的博弈关系以及成员与组织间的博弈关系都制约着大学生自组织的健康发展。处理和协调好上述博弈关系，是大学生自组织实现良好发展的关键所在。

关键词　大学生自组织　博弈　纳什均衡

大学生自组织是指以在校大学生为主体的基于兴趣爱好，自愿成立的一种非正式组织，大学生自组织的发展对满足学生的多元化需求具有重要意义，也成为当前高等教育研究的热点之一。目前对大学生自组织的研究主要是基于思想政治学、管理学、心理学等角度对大学生自组织的生成原因、发展现状、意义及影响以及如何对其进行管理等方面进行的研究，而对大学生自组织的自身发展问题却鲜有提及。基于此，本文将从博弈的视角来探讨大学生自组织的发展问题，主要分析博弈在大学生自组织发展中产生的原因、表现以及有效提升大学生自组织发展的有效途径。

一、大学生自组织发展中产生博弈的原因

1. 大学生价值观念的多元化

大学生来到高校，不再单单是追求学业这一个目标，还有其他诸如交往、情感、认同等其他需求。这种变化的背后是大学生价值观多元化的体现。但多元化的价值观必然带来冲突的产生，这种冲突也会在自组织中产生。自组织靠学生自愿维系，本身是个松散的团体，具有较弱的规范性，而冲突一旦产生，自组织的正常运转就会受到威胁，也影响着自身发展。从博弈视角来看，这种涉及多方的价值选择，就是一个博弈的过程。

2. 自组织成员的流动性强

当前大学生自组织的类型主要有趣缘型、业缘型和地缘型。依赖趣缘、业缘和地缘形成的大学生自组织无法保证组织成员兴趣的持久性。加之一般自

组织都是由某个或几个核心成员来加以管理，他们会受到毕业等因素的影响，带来的一个问题就是组织成员有很强的流动性。强流动性不仅导致组织的凝聚力减弱，也会导致博弈关系的产生，例如想离开自组织的同学与想留下的同学之间，新加入的同学与老成员之间等等。

3. 高校现行考评制度的影响

高校对学生的考评不再只看重学生的学习成绩，还有对其参与社会活动的考量，这样学生就有参与社会活动的动力。活跃于校园的众多自组织便成了参与社会活动的重要载体。很多高校中，学生参与自组织举办的校园活动，都会有相应加分，但问题随之出现，并不是每个自组织举办的活动都会成为加分项目。如此一来，自组织间就会产生博弈关系；此外高校还有众多的注册社团组织，它们也会和自组织产生博弈关系。

4. 自组织开展活动的副产品

自组织发展的重要载体是开展组织活动，然而开展活动便意味着资源的消耗，不仅是资金，还包括活动的空间、时间以及更重要的一点即是否得到校方的认可。经济学告诉我们，在社会中"资源稀缺性是一条普遍法则"，校方的认可权也是有限度的，那么校方的批复也就成为一种资源。这样大学生自组织便会不自觉地陷入与其他自组织、社团等竞争资源的境地，这在自组织的发展中又增加了一层新的博弈关系。

二、大学生自组织发展的博弈分析

亚里士多德注意到："凡是属于最多数人的公共事务常常是最少受人照顾的事务，人们怀着自己的所有，而忽视公共的事务；对公共的一切，他至多只留心到其中对他个人多少有些相关的事务。"但为什么会产生这一困境，博弈论恰是一种很好的分析工具。它认为集体行动的成功与否不仅取决于组织单个成员的策略选择，同时也取决于另外一方或者更多方的策略选择。"不同的人群集合体形成不同的结构，一个结构中的群体之间的相互作用(interactions)就构成一个博弈。"依据博弈论原理，如下几个方面在博弈中发挥着重要作用，即博弈方、博弈的策略、博弈方的付出、博弈方的收益以及博弈的过程。大学生自组织发展的博弈关系可以概述如下。

1. 大学生自组织的内部博弈

大学生自组织的内部博弈主要分为两方面，一方面是自组织成员之间的博弈，另一方面则是自组织成员与自组织本身的博弈。这两种博弈在自组织的日常运行中时有体现，各方不同的策略选择直接影响着自组织本身的发展状况。成员之间的博弈不仅表现在日常活动的分工运作中，也体现在年终各种荣誉称号的评选中。而组织成员与自组织的博弈,从其加入组织就已经开始,以后的日常管理,每次活动的组织,以及其退出组织,对组织管理者来说,都会渗透着不同策略的选择。这里略举一例来加以说明,即自组织招募组织新成员时的博弈。为方便起见,构建下面的矩阵表来加以说明:我们假设自组织新加入者采取不提供自己真实信息(假定加入自组织可以获得学校考核时的加分),即采取欺骗的信息能被允许加入,收益为8,自组织相信并录用的收益为-8;假设新加入者采取不欺骗的方法,自组织也相信其没有欺骗,此时双方的收益各为4;假设自组织采用不相信策略,新加入者采取不欺骗方法,各方的收益为-2,见表1。但从现实的纳新情况来看,新加入者采取欺骗和自组织不相信是大概率事件,因此上述三种情况没有多少现实意义。现实的纳新过程中,自组织管理者会使用各种技巧来反复证实,也就是说采取不相信的策略。

表1　自组织与新加入者的博弈收益矩阵

自组织		相　信	不相信
新加入者	欺　骗	8,-8	0,0
	不欺骗	4,4	-2,-2

从表中可以看出,上述博弈属于典型的“囚徒困境”模型,只有新加入者选择欺骗策略,自组织方选择不相信策略才是一个纳什均衡。由于双方信息的不对称,在一定程度上影响了双方的选择,新加入者与自组织管理者之间就是一种博弈的关系。而自组织的纳新,是实现自组织新陈代谢功能的重要组成部分,如何吸引合适的成员进入到自组织,将决定着未来至少一到两年自组织的发展状况,因为“相当多的青年自组织得以维持和发展并不是由于其科学合理的架构,而是由于该自组织领袖的人格魅力和情感维系”,这种人治式的管理在没有合理的制度替代方案时,招入有能力的新成员就变得至关重要。

2.大学生自组织的外部博弈

大学生自组织活跃高校的环境之下,并没有绝对的自主性,它们还面临着众多的外部博弈关系,主要包括自组织之间的博弈关系、自组织与学校社团之间的博弈关系,以及自组织与学校管理者之间的博弈关系。这些不同层次的博弈构成大学生自组织发展的外部环境,处理的好坏与否直接关系到自组织发展的活动空间及其在校园中的影响力。这里简要论述一下大学生自组织与校方之间的博弈。假设在校方支持自组织办活动的情况下,其最大收益为E(Earnings的缩写,下同),自组织在积极举办活动的情况下付出的成本设为

C1(Costs 的缩写,下同),不积极情况下付出的成本为 C2,显然 C1>C2;校方支持付出的成本为 C3;自组织行为的效益设为 e,校方对于组织积极行为的奖励为 R(Rewards 的缩写),校方给予组织不积极行为的处罚为 F(F>C3,F>R),见表 2。

表 2　自组织与校方的博弈收益矩阵

校方		支持	不支持
自组织	积极	E－C3－R,e+R－C1	E,e－C1
	不积极	E－C3+F,e－C2－F	E,e－C2

在这组博弈关系中,校方与自组织的博弈路径可分析如下:校方选择支持策略,自组织选择积极举办活动,则校方收益为(E－C3－R),自组织收益为(e+R－C1);校方选择支持策略,自组织选择不积极,则校方收益为(E－C3+F),自组织收益为(e－C2－F);校方选择不支持,自组织选择积极,则校方收益为 E,自组织益为(e－C1);校方选择不支持,自组织选择不积极,则校方收益为 E,组织成员收益为(e－C2)。通过矩阵+表可以看出,上述四种情况下,博弈双方不管选择什么样的策略,其实都没有占优策略的存在,二者不可能达到均衡的状态。于是有必要进行校方与自组织行为选择的概率计算。假设校方支持的概率为 P1,自组织选择积极的概率为 P2,通过 P1,P2 可以求得一个新的纳什均衡。当校方选择支持的策略(P1=1)时,其收益是 A(1,P2)=P2(E－C3－R)+(1－P2)(E－C3+F);当校方选择不支持策略时,其收益为 A(0,P2)=P2(E)+(1－P2)(E),令 A(1,P2)=A(0,P2)得 P2=(F－C3)/(R+F)。同理可得 P1=(C1－C2)/(R+F)。当 P1=P2 时,就可得到新的纳什均衡。

其实在现实的博弈中,P1=P2 是理想的状态,只要校方选择支持的概率不低于(C1－C2)/(R+F),那么就可以获得良好的收益。但由于信息的不对称,加之“大学生自组织种类繁多,良莠不齐,校园里还存在着少部分以消极思想、低级趣味为特征的破坏型自组织,他们的存在威胁着校园和社会的和谐稳定”。正因为此,学校的选择就存在不确定性,尤其是在维稳的大环境之下,而这又直接影响着自组织的前途发展。

三、提升大学生自组织有效发展的对策建议

1. 培育大学生自组织的团体文化

自组织成员之间的博弈,或者为了某个奖励,或者为了自组织中的某个职

位;成员与自组织的博弈,或者出于对自组织的不满,或者加入之时就没有真正认识和理解自组织。因此,需要大力培育自组织的团体文化,汇集大家的凝聚力,培养对自组织团体的感情,大家共同来推动自组织的发展。首先是团队精神的培育,团队精神形成的基础和起点是将人看作目的的定位,着眼于在管理中不断培育人的主体性,把人的活力的激发看作是管理的中心环节和首要目标。这要求自组织的管理者要以平等之精神对待每个自组织成员,让他们感到组织是一个有凝聚力的大家庭。其次是责任观念的培育,要让自组织成员感到参与自组织活动是一种负责任的表现。不应该加入自组织后,无故缺席组织活动,而应该把自己视为组织的一分子,自觉为其奉献自己的力量。

2. 扩大大学生自组织的交流互动

非合作博弈产生的一个重要原因在于信息的不对称性,因此要消除非合作博弈带来的消极影响,则需要扩大自组织的交流互动,让别人了解自己的意图,实现信息的共享,消除误解,增进共识。这里主要有3个层面的交流互动,一个是自组织之间的交流互动,要形成自组织间交流互动的长效机制,保证自组织之间能够及时地交流互动,避免误会与误解的产生,以积极的姿态去举办各类活动,繁荣校园文化;另一个是与学校社团之间的交流互动,它们与自组织之间是一种竞争的关系,无论人员还是资源,这样的交流互动有助于相互之间的理解,避免不必要的纷争影响自组织的发展;再一个是与学校方面的交流互动,按一般的理解,自组织在学校里是没有登记备案的,是一种非正式的组织,因此通过沟通交流,让学校了解自组织的意图就显得尤为重要,得到它们的支持对于自组织本身的发展有着重大的意义。

3. 创建大学生自组织管理的规章制度

非合作博弈的实质在于人们行为的不可预期,那么为了提高人们行为的可预期度,制度是一个很好的策略。制度作为一种规则,影响着人们的行为活动,违背它就会受到相应的惩罚,它的功能则在于降低交易的费用、为实现合作创造条件、提供激励机制、提供保险功能、促使外部利益内部化。因此创建大学生自组织的管理制度,进而通过制度规范大家的行为就显得尤为重要,但有一个问题是由谁来负责自组织的制度的设计,因为在一个有限重复的囚犯困境博弈中,对局人确切收益的不确定性能够产生合作均衡和其他许多均衡。在这样的条件下,一个对局人会向另外一个对局人显示合作的意图,为的是使他们形成一系列互利有效的对局。就现实情况而言,自组织发起人是第一个向其他对局人显示合作意图的人,但制度的创建应该是在和校方协商后创建,那样约束力才能够得到双方的认可,从而保证自组织的良性健康发展。

参考文献

[1] 韩流,张彦.高校青年自组织管理探析[J].思想理论教育导刊,2010(6).

[2] 樊宝平.资源稀缺性是一条普遍法则——兼与周肇光同志商榷[J].经济问题,2004(7).

[3] 亚里士多德.政治学[M].吴寿涛,译.北京:商务印书馆,1983.

[4] 潘天群.博弈生存:社会现象的博弈论解读[M].北京:中央编译出版社,2004:6.

[5] 李伟.青年自组织发展的现实困境与路径选择[J].山西广播电视大学学报,2009(5).

[6] 王飞,顾瑜婷.高校共青团领导下大学生自组织体系发展研究[J].教育与职业,2010(27).

[7] 陈一星.团队建设研究以大学生为例[M].北京:中央编译出版社,2007.

[8] 罗必良.新制度经济学[M].太原:山西经济出版社,2005.

[9] 奥斯特罗姆.公共事物的治理之道:集体行动制度的演进[M].余逊达,陈旭东,译.上海:三联书店,2000.

[10] 闫加伟.草芥:社会的自组织现象与青年自组织工作[M].上海:三联书店,2010.

(原文发表于《长春工业大学学报(高教研究版)》2014年第1期)

大学生个体突发事件中的信息沟通策略

王　华

摘　要　要建立高等教育强国，必须要妥善解决好大学生个体突发事件，因此加强大学生个体突发事件中信息沟通策略的研究，就摆在面前。有效的大学生个体突发事件中的信息沟通策略，可以帮助在危机困境中的大学尽快恢复正常秩序。

关键词　大学生个体突发事件　信息沟通

目前在校大学生大多出生于20世纪80年代晚期或90年代。大学生的健康成长，是为了学会如何学习，学会如何做事，学会如何做人。拥有一个健康的身体和心灵，才能够成为中国特色社会主义合格建设者和可靠接班人。

大学生个体突发事件是指因为自然、人为、社会及政治上的种种原因，突然爆发，由大学生个人突然发挥主导作用，给大学学校秩序造成一些负面影响或伤害的显著的学生恶性事件，如自杀、自残、出走、死亡等其他严重事件。学生个体突发事件具有紧迫性、复杂性、显著性、伤害大、社会敏感度高、不确定性、不可控性等特点。

信息沟通是发件人传递信息给收件人的过程。策略是指组织完成战略的方案。

一、大学生个体突发事件的诱因

(1)大学生自身的因素。在校大学生的学业压力、就业压力、经济压力，发展困惑和情感困惑等因素是纠结在一起的。当他们发现现实与理想之间存在较大的差距，内心深处的不平衡时，容易伤害他人或自己，放弃生命。这使学生容易因为个人的心理和思想障碍，可能引起大学生个体突发事件。

(2)不可抗力事件的发生。家庭的变化，自然灾害及其他人为不幸直接威胁到在校大学生身心健康，引发大学生恐惧恐慌，但是更容易引发大学生个体突发事件。

二、大学生个体突发事件信息沟通的程序

处理大学生个体突发事件的工作人员自身必须要有良好应急处理能力、心理承受能力强大。面对大学生个体突发事件，要冷静有序面对；面对复杂情况，要清晰地思考，理顺复杂关系，理清解决问题思路、有效地解决大学生个体突发事件，提出多方比较满意的解决方案。

多渠道、多方面、多角度地广泛收集有关大学生个体突发事件有关信息，包括内部、外部的，积极的，消极的，直接的，间接的。快速去伪存真，鉴别分析，确定因果关系，把握其本质。主动披露大学生个体突发事件相关信息，增加透明度，尊重事实，宣传口径要统一，保护公众的知情权。可以将谣言揭穿，将不利影响有效地减小。

信息沟通，包括纵向信息沟通和横向信息沟逼两个方面。纵向信息沟通包括学院和学生家长之间，学院和职能部门之间，学校职能部门和学校领导之间，学校领导和主管部门之间等等。横向信息沟通包括学院和学生之间，学院和教师之间，学校职能部门和新闻媒体之间。纵向信息沟通占主导地位，贯穿在大学生个体突发事件处理全过程。

建立大学生个体突发事件处理领导小组。实践证明，高校大学生个体突发事件的处理，离开学校领导直接参与，完全不可能达到处理的目的。要理顺成员之间的关系，为了快速有效应对，应当整合可利用资源。责任落实到位，明确责任，学校的人、财、物及时到位。

大学生个体突发事件发生后，学校就成为社会关注的焦点。学校职能部门应当和新闻媒体之间及时有效沟通。和新闻媒体良好合作是不可忽视的重要环节，否则不当的新闻报道只会加剧公众激烈情绪，触发更大的群体性事件。

信息的收集、更新，反馈和报告，需要有一个健全、畅通的渠道。可以创建自上而下和自下而上的反馈披露的信息链。信息渠道畅通决定大学生个体突发事件处理能否顺利和快速准确。

信息沟通提交的资料，可以按照图1所示传递和发布，一般在相邻连接节点传递。当相邻的节点连接不同时，信息可以跨一个节点彼此传递。

三、大学生个体突发事件信息沟通的原则

大学生个体突发事件发生后，有一个重要的任务就是将损失和危害程度降到最低，维护学校正常教学和科研的秩序。

(1)第一时间到达现场。大学生个体突发事件发生时，老师不能推卸责

任,要第一时间保护现场。迅速整合信息,尽快收集各式各样的线索,来确定发生事故的原因,为解决学生个体突发事件出谋划策,为全面、快捷处理学生个体突发事件赢得时间。

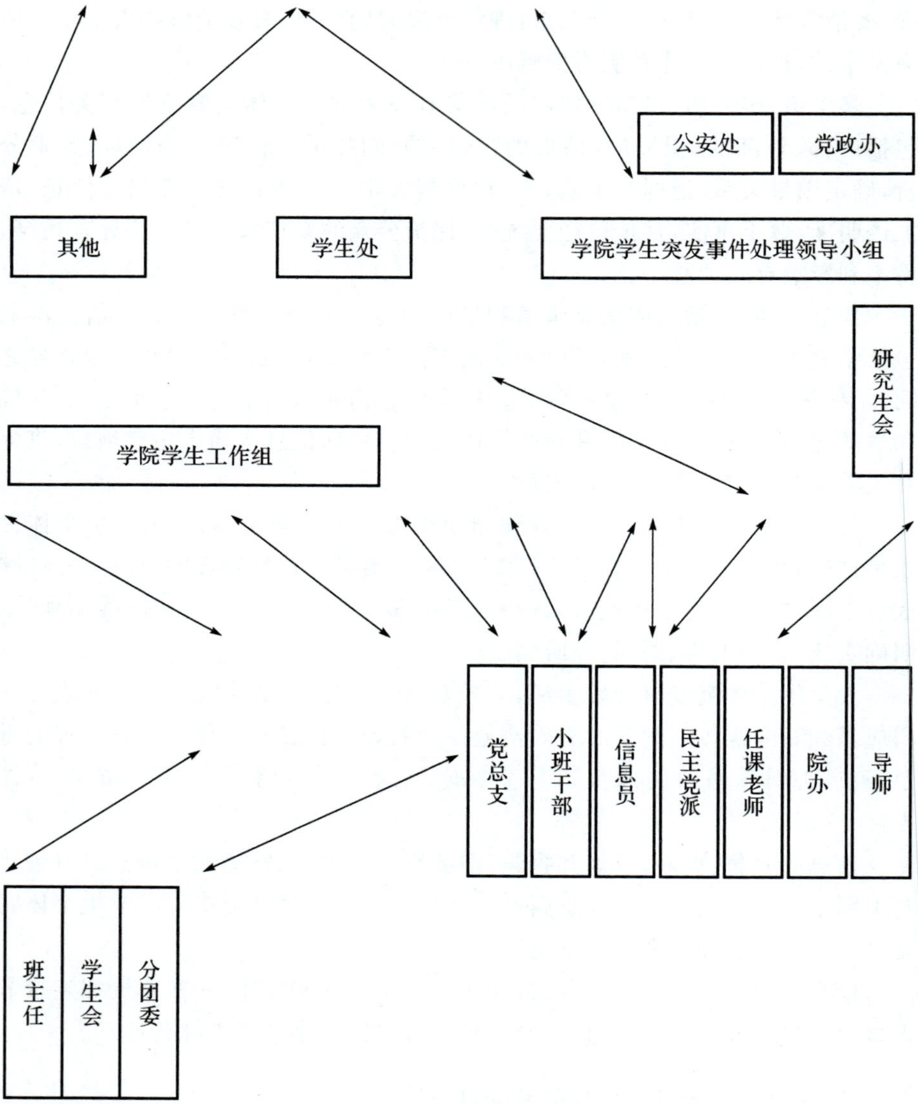

图 1

(2)第一时间消除影响。应该快速响应和迅速采取措施,防止消极情绪蔓延。要将影响学校声誉的因素,尽可能控制在学校的内部。尽可能快速隔离危害源,以免伤害和损失增加。对在场同学不应采取强制措施,将情绪激烈学生带离现场,充分听取他们意见,让紧张情绪充分释放,启发他们理性思考,避免严重的结果和影响。

(3)第一时间主动报告。大学生个体突发事件影响广泛,传播迅速。第一线老师影响是有限的,所以立即向学校层层报告,夺取主动权。不能擅自处理,更不能隐藏真实的情况。先通过电话报告,后快速移交准确而详细的书面报告。主动通知家长,配合学校处理。

(4)第一时间进行教育。大学生个人突发事件,给教师提供一个绝好机会来优化安全教育,也给老师提供一个消除影响的平台。可以利用这个机会,使各类教育达到事半功倍的效果。

四、大学生个体突发事件信息沟通的前期

1.及时进行教育

开展通识教育。应该在第一学期,对新生进行法律知识、热爱生命教育,感恩教育,家庭和社会责任教育,挫折教育与社会常识教育。通过这种方式,使新生牢固树立遵守法律法规意识,培养学生的积极的人生态度。

重视个性化教育。一些学生由于环境变化而放松,沉迷于网络游戏;有些学生离开家庭,不能适应集体生活,造成严重的人际关系问题,深感极大的孤独;一些学生因为深陷情感漩涡,而不能……这些问题通过观察,一个学期内,通过期末考试,都会露出蛛丝马迹。在这一点上,老师需要第一学期与大学新生聊天,及时和家长交流。

2.有效掌握信息

高校扩招和独生子女入校使学生事务管理已变得日益复杂,也提出了更高的要求。信息收集,包括学生的心理、身体、家庭、学习等有关信息,对信息要及时反馈和更新。建立信息的收集和分析平台,紧贴最新情况、准确地把握事件的新趋势。起着重要作用的还应包括心理咨询师、学生骨干和学生党员。掌握最新的信息,并在工作中掌握主动,才能将大学生个体突发事件消灭在萌芽状态。

热爱学生和让学生学会爱,才是掌握信息最根本的基础。它有助于教师和学生成为亲密的朋友。一般来说,大学生个体突发事件发生前,当事人会有一些特殊的反应,如情绪反常,发离别信息等等。充分发挥学生党员、学生骨干的主体作用,收集资料,渠道畅通,以便学生能够直接反映情况。

3. 学做学生朋友

在学校里学生接触最密切的人之一就是教师,教师工作在第一线,可能先掌握学生的信息。学生一旦有问题,通常第一个向老师寻求帮助。因此,教师如何有效地防范大学生个体突发事件,紧急救治就摆在老师面前。对学生热爱,掌握学生的需求;听取的学生声音,掌握青年学生的特点;真正地关心学生,帮助他们克服所有的困难。

特别注意思想偏激、冲动、有很强自尊心的学生。先和他们成为朋友,创造良好气氛,找一个共同话题聊天。让他们明白老师关心和帮助他,使他感到只要生命存在,就有希望。老师在学生当中,应该有一些亲密的朋友,当你试图去了解学生中的一些信息,他们就会立即提供第一手资料。

4. 提高应对能力

老师事先做好了各种应急准备,毫无疑问将会在大学生个体突发事件紧急情况下,有能力控制大局。注重快速反应能力,目的就是将危害减少到最低限度。

如果老师捕捉了大学生个体突发事件的线索,应当立即遏制。抓住关键,避免冲突,使冲突及时停下来,以避免突发事件的发生。着眼于学生的思想和心理的变化,调查学生需求和思想,帮助他们解决实际问题,就可以减轻学生的焦虑和压力,使他们生活正常。这就要求老师、学生、室友、朋友、家庭、心理咨询专家等通力合作。引导学生了解生命的价值,懂得珍惜生活,教会学生正确处理人际关系,建立很强的家庭观念和社会责任,能够承受挫折和压力。

五、大学生个体突发事件信息沟通的中期

大学生个体突发事件处理中,要迅速获知事件发生详尽过程,获得第一手信息,避免事件进一步发酵。向当事人同学及时简要发布情况,做深入的分析和解释,引导舆论,把损失减小到最低程度。

六、大学生个体突发事件信息沟通的后期

一旦发生大学生个体突发事件,必须避免此类事件再次发生。及时、准确地披露信息,可以有效地减少流言蜚语,反而能为学校树立正面形象,成为一个展示社会责任的平台。大学生个体突发事件处理完,应积极组织学生特别是当事人同学接受团体辅导,帮助他们稳定情绪,使学生尽快恢复平静,消除恐慌。应继续提高学生抗挫折能力、心理能力、应急响应能力。

参考文献

[1] 廖金宝. 学生干部应对高校突发事件中的作用探究[J]. 科技文汇:旬刊, 2010(10):183－187.

[2] 邵焕举,等. 辅导员高校突发事件中如何扮演好自己的角色[J]. 网络财富,2010(10):7－8.

[3] 王鸿. 应对突发事件的思想政治教育预警防范机制探析[J]. 思想政治工作研究:理论月刊,2010(12),179－182.

[4] 贺湖. 中小学学校突发事件的应对策略[J]. 当代教育论坛:教学研究, 2010(08),33－35.

[5] 姚其煌,李小兰. 高校学生突发性事件预防的"知"与"行"[J]. 思想政治教育研究,2010(6):122－125.

(原文发表于《大学教育》2013 年第 9 期)

关于“大学生个体突发事件中的信息沟通策略”调研报告

政策研究基金 ZYY201215 项目组

摘　要　项目组实地在哈尔滨工程大学动能学院、电信学院调研，并采用以文会友的方式与北京林业大学人文学院、福建师范大学福清分校、中国人民大学公共管理学院、广西工学院职业技术教育学院、潍坊学院、昆明理工大学津桥学院、菏泽医学专科学校、华北电力大学校长办公室、海南大学校长办公室、江西理工大学文法学院、武汉船舶职业技术学院、滨州学院化学与化工系、梧州学院、山东农业大学林学院、广西职业技术学院、福州大学公共管理学院、广州医学院、江西理工大学文法学院、河南工业大学国际教育学院、上海海事大学交通运输学院、芜湖信息技术职业学院、西安理工大学材料科学与工程学院进行了书面交流。

要建立高等教育强国，必须要妥善解决好大学生个体突发事件，因此加强大学生个体突发事件中信息沟通策略的研究，就摆在面前。有效的大学生个体突发事件中信息沟通策略，可以帮助在危机困境中的大学尽快恢复正常秩序。

一、目的意义

自从 1999 年国家实行基于解决经济和就业问题的扩大普通高校本专科院校招生人数的教育改革政策以来，各高校大学生数量急剧增加，原来的精英教育蜕化为大众化的普识教育，生源质量呈现不同程度下降，学生素质变得参差不齐，随之而来大学生个体突发事件也呈现出增加的趋势，学生自杀、斗殴、蓄意伤害、偷盗、宿舍火灾以及食物中毒等恶性校园事件时有发生。

现阶段，我国正处在经济转轨和社会转型的特殊时期，按照社会发展的一般规律，这一发展阶段的社会正处在非稳定状态，是突发事件频发的阶段。高校作为社会的重要组成部分，同样面临着挑战和压力。近几年来，随着我国高等教育改革的不断深入，大学生个体突发性事件时有发生，直接影响着高校正常的教学秩序和师生生命财产安全，同时也影响着高校在社会中的声誉。这不仅引起高校管理者的重视，而且也对在校大学生提出更高的要求。

高校作为社会机构中专门培养人才的组织，人员矛盾高度集中，人员流动性大，人员结构错综复杂，加上大学生自身的特点等诸多因素，使得大学生个体突发事件倍受社会关注。大学生个体突发事件不但会影响到高校的安全与稳定，影响到师生员工的生活和工作秩序，还可能影响到师生员工的家庭成员，造成或大或小的社会冲击波。因此，做好大学生个体突发事件的防范，对维护高校安全稳定具有十分重要的意义。

二、内涵阐析

突发事件语义要素包括发生突然、影响重大、危害严重。所以，凡是包含这些要素的事件，都可以称之为突发事件。它包含两层含义：一层含义为事件发生的速度很快，突然发生的，另一层含义为事件难以处理，要采用非常规的方法来处理。

突发性事件虽然是一种极具挑战性和破坏性的事件，但是，如果得到应有的重视，认真做好预防和处理，有的突发性事件是可以避免的，有的可以把损失和影响程度降低。

大学生个体突发事件是指由自然的、人为的或社会政治的原因引发的，在高校内部突然发生的，大学生起主导作用的，不以高校管理者的意志为转移的，对学校的教学、工作、生活秩序造成一定影响、冲击或危害的事件。

大学生个体突发事件特征：突发性、紧急性、危害性、不确定性、非程序性、影响性和传播广泛性。突发性是指大学生个体突发事件发生的方式和时间是偶然的；紧急性是指大学生个体突发事件的处理时间紧、任务重，要及时准确地做出反应；危害性是指大学生个体突发事件产生的后果，具有极大的破坏性，无论什么性质或多大规模的突发事件，都将给国家和人民造成不同程度的破坏和损失；不确定性是指大学生个体突发事件的发生，无法用常规来判断，信息不足、不全、不及时，没有可供指导的经验和知识，一切都在变化中；非程序化决策是指各有关应急管理部门要在有限信息、资源和时间的情况做出决断；影响性和传播广泛性是指大学生个体突发事件具有共振性，极易引发多米诺骨牌效应，一个小的起因就会在短时间内变成社会所关注的焦点和热点，同时产生强大的震撼力和影响力。

近年来大学生个体突发事件呈现三大新特点：第一，事故频发、后果严重。频发的大学生个体突发事件由于其敏感性和社会性使得其具有造成的损失大、产生的影响广、受关注的程度高等特点。第二，类型多样、原因复杂。大学生个体突发事件的种类多样，原因复杂，增加了大学生个体突发事件的防范难度,它的不确定性和复杂性使得大学生个体突发事件具有难管控、难预防的特征。

大学生个体突发事件是高校公共危机中的一个重要事件。这种危机的管理,时间紧、危险大、任务重、控制难,但又必须做出快速的反应,否则其后果将不堪设想,这对决策者和参与者提出了更高的要求。

三、分类构成

通过调查数据分析得知:大学生个体突发事件暴力伤害或抢劫等事件占12.1%,自杀、自残、自虐性事件占62.6%,离校出走或失踪事件占22.8%。调查表明,有69.8%的被调查者表示该校发生过自杀、自残、自虐性事件,这就表明,自杀、自残、自虐性事件是高校最常发生的突发性事件;每年1次占44.8%,每年2～3次占17.7%,每年4次及以上占7.3%。

至于发生频率,近70%的被调查者选择了每年1次或1次以上,就整体而言属于频发。

四、发生原因

调查表明,A.缺乏相关教育占9.5%,B.缺乏生活经验占6.7%,C.人际关系失衡占16.9%,D.心理问题占23.3%,E.情感问题占17.5%,F.学习压力占13.2%,G.就业压力占11.2%,H.其他占1.7%。

有过半数的被调查者认为,突发事件发生的原因有心理问题、情感问题、缺乏生活经验、人际关系失衡,其中心理问题居首位。心理咨询、情感疏导、生活经验和人际关系知识的缺乏已经成为高校学生中亟待解决的问题。

认为自身缺少的应对突发事件的能力。A.思维能力占12.4%,B.创造能力占9.2%,C.良好的心理素质占28.9%,D.良好的身体素质占8.9%,E.遇事的应变能力占26.1%,F.实践能力占13.2%,G.其他占1.3%。在如何应对突发性事件的问题上,心理素质和应变能力占到前两位。

随着学校改革的深入,学校的人员结构发生了变化。突出的有以下几个方面:学生的外延扩大,高校除了计划内的统招生外,还有预科生、函授生、短期培训生以及参加继续教育的成教生等多种类型的学生。学校提供了较大的就业空间,大量的外来务工、经商人员进入校园,形成了一个暂住人口群体。外来人员的素质参差不齐,久而久之,易使学生受到不良的影响和熏陶。由于校园内人员构成复杂,大大增加大学生个体突发事件的发生率。

心理问题学生出现的突发事件越来越多,比如自杀、自残、蓄意伤害等事件时有发生。有关调查显示,有大约28%的大学生具有不同程度的心理问题，其中，有近10%的学生存在着中等程度以上的心理问题，大学生心理健康问题已相当严重。近几年来，因心理疾病而发生的突发事件在我国高校呈上升趋势。究其根源，一个是应试教育的弊病，一个是贫困学生群体的存在，再一个是独生子女政策所产生的社会问题。在应试教育的大背景下，学校和家长偏重于孩子的智力发展，而忽略了学生健康人格的培养。面对信息时代的资讯膨胀和日益增加的就业压力，大学生容易在心理上产生恐惧、自卑、消极厌世等负面情绪，进而发展成心理疾患。

对贫困生来说，他们承载着父母对改变家庭贫困窘境的期望，并且考入大学是他们实现自我价值和崇高理想的一个重要途径。然而，在现实生活中，学费和日常生活费用成了他们沉重的负担。虽然社会各界已开始对无力交学费的贫困生给予关注和资助，尤其是国家助学贷款政策的强力推进和国家奖助学金的资助力度逐年增大，切实解决了一部分贫困生的实际困难，使得国家“不让一个贫困生因家庭经济困难而失学”的政策真正落到实处，体现了全社会为实现教育公平所做出的努力——但由于我国的慈善事业尚不发达，机制尚不健全，社会各界的捐资助学力度仍显不够，各项资助的力度还无法帮助解决所有贫困生在求学期间摆脱经济困境，所以目前部分高校为了体现公正、公平、公开和民主原则，对贫困生资格的认定、评审、推荐及各项资助的发放完全公开，将每学年评选出的贫困生信息载入“在册贫困生”数据库，部分单位、个人在资助贫困生时，为了起到宣传效果，在捐赠的物品上写上标志爱心奉献的文字，给这些家庭困难的学生贴上了标签，使他们时刻处于众目睽睽的关注之下。再加上大学生仍处于世界观、人生观尚未完全形成的时期，心理尚不够成熟，所以导致一些困难学生在得到资助的同时，自尊心、自信心却受到了影响和伤害。这确实是我们不愿看到也值得深思的问题。

目前的在校大学生多为90后的青少年，是以独生子女为主要构成者的一代。这些独生子女大学生从小就处于家长的加倍呵护之下，不仅生活自理能力欠佳，对群体生活的适应能力差，并且由于家长在家庭教育中普遍奉行赏识教育，导致他们对学习生活中遇到的困难缺乏足够的心理预期，遇到挫折时无法及时调整心态。再者，家长的过度关心和溺爱，致使独生子女不可避免地形成强烈的自我中心意识，很少为他人着想，在人际交往中习惯以自我为中心，不懂得尊重和谦让。所以如果他们在学习、竞争及交际中一旦受挫，这些性格上的缺点就可能使其一蹶不振，甚至产生一种自负、忧郁交织的复杂心理，进而发展成心理疾患。

针对大学生出现的各种心理问题，大部分高校都设立有专门的心理咨询机构，但心理咨询教师专业水平良莠不齐，具有专业心理咨询资质的教师稀缺,另外,多数学生对心理疾病的预防和症状缺乏足够的认识,患有心理疾患的学生对寻求心理帮扶和治疗有畏惧心理,导致对大学生心理疾患的预防和诊治仍有一定难度。

高校属于人群高度聚集地方,集体生活是高校的重要特点,对外联系广泛,又具有现代信息沟通方式,使大学生个体突发事件更容易引起社会反响,更容易与某些外在因素产生互动,成为公众热点,加之当今,社会信息传播媒介越来越发达,网络和媒体信息传播快捷,事件一旦发生,就很可能迅速蔓延,势必对学校的形象和声誉造成严重影响。更重要的是,人觉得在集体的行为中有安全感,认为法不责众,不担心受到惩处,这种想法在大学生中得到高度认同。所以无论高校内部管理,包括教学、行政、学工、安保、后勤等方面的哪一环节出现问题,均可能成为大学生个体突发事件的导火索。

五、策略缺失

1.高校缺失

我国高校不注重灾难防护教育,不会经常进行角色扮演、情景模拟等,不教授学生应对突发事件的相关知识,不帮助学生掌握自我保护和困境逃生的基本技能。我国高等学校往往只注重课堂教育,而忽视突发事件的实战演练。学校未建立各类突发事件的仿真模拟演练,师生不了解各类突发事件发生的特征和状况,师生不掌握相关的应对技能。

制度上存在缺失。一方面,体制有待完善,尤其是高校安全法律规范、大学生个体突发事件应急预案、高校安全管理制度等方面尚不完善。另一方面,大学生安全教育制度存在缺失。应试教育的现状,使得安全教育在制度上几近空白。安全教育不仅没有提到制度层面进行硬性约束,也没有在实施平台上得到应有的重视。

主体上功能缺位。安全教育的多元主体中,最重要的应当是学校。但学校安全教育低效,主体资格缺位,主要表现:第一,从培训途径来看,学校安全教育的主体作用没能很好发挥,更多缘于学校对安全问题认识的程度还不高,对安全教育形式的研究还不强。第二,从培训形式来看,安全教育课程参与率低。学校安全教育在意识、课程设置、教育方式和实际效果上都存在一定的问题,亟待解决。

方式上缺乏趣味性。不管是学校教育还是社会宣传,安全教育在操作上缺乏趣味性、缺少生活性,降低了参与率,减少了有效性。学校安全教育不仅培养形式单一,即使有安全演习活动,也存在着开展频次少、宣传声势小、参与程度低、组织实施差的问题。这样敷衍的演习活动不仅不能够起到真正的技能培训和警示作用,反而造成大学生对突发事件轻视、游戏的消极态度,适得其反。我国的安全教育基本处于无组织的散落在中小学的课本"阅读材料"之中的状态。这种无体系、无组织的安全教育结构,缘于制度性安排的缺失。

机制上不够完备。高校应急管理机制、高校风险防治机制都不够完备。一方面,高校应急管理机制在危机预警、应急处置、部门联动、应急保障等方面都存在一定问题。另一方面,高校风险防治不能做到主动预防、科学管理。风险评估、风险识别、风险防控、风险治理等方面的机制还不够完备。

意识上重视不足。安全教育的制度缺失带来的直接后果就是学校各方面对安全防范意识重视不足。安全意识淡漠使整个社会忽视了学校安全教育的重要性和紧迫性。

成效上效果不显著。主要表现:第一,教育效果不显著。安全教育课程的收效不大,宣传力度不强,影响范围不广,频次也不高。第二,管理效果不突出。目前,部分大学高校的管理规定和制度只落实在纸面上和应对检查上,真正的日常学习生活并没有严格落实,诸如用电管理、公寓管理等制度规定,使得安全环境无法得到保障,安全教育无法取得长效、安全能力无法持续保持。

2.学生缺失

当代大学生危机意识淡薄、责任心不强,对大学生个体突发事件的认识不足,看不到突发事件的危害性,存在侥幸心理,缺少思想准备,当突发事件真正出现时就会变得极度恐慌,以致产生不良的后果。同时,由于大多数大学生不具备危机急救常识,有效的危机应对训练不够,也没有参加过相应的危机救助。所以,他们参与突发事件应急管理的意识也较弱。

高校大学生是一个特殊的群体,他们的世界观、人生观、价值观正处于形成和确立的过程中,理性思维能力、心理素质特别是抗危机的心理承受能力较弱。当突发事件发生时,面对突如其来的危机,大学生往往胆怯、退缩,甚至惊慌,不能冷静果敢地处理突发事件,抗压能力不足、应对能力不佳。

在日常生活中,大学生危机防范意识薄弱,不仅没有注重应急知识学习,而且更没有养成良好的危机防范习惯,因而在突发事件发生时就难以做到应对自如。如有些大学生媒介素养不高,缺乏对新闻媒体信息的批判性认识,缺乏对各种信息的分析和驾驭能力,不能全面、理性地解读媒体传播的危机信息,从而限制了他们借助媒介参与危机沟通与决策,影响了突发事件的有效应对。

安全防范意识较差,预防能力较弱。具体表现:第一,防盗防窃意识不强;第二,安全用电意识不牢;第三,防骗反骗意识较差;第四,周边环境安全感知能力弱。

突发事件认知水平较低,预警能力较差。预警能力,是大学生在应对突发事件之前,对突发事件的识别和预警能力。大学生对突发事件认知水平低,预警能力差,具体表现:第一,突发事件的了解程度较差,对突发事件预警、突发事件内涵了解程度较差;第二,突发事件法律法规了解程度欠佳,"法律意识"在一定程度上仍然停留在表面上;第三,自救急救技能较差,认知不清,大学生对昏迷、人工呼吸、止血包扎等急救技能的掌握较差。

大学生安全常识较为匮乏,控制能力较弱,具体表现:第一,应对自然灾害的常识了解程度较差,在地震、泥石流等自然灾害的常识方面需要加强;第二,应对事故灾害的安全常识比较匮乏,以火灾为例,存在对火灾逃生概率把握不大、对火灾基本安全常识了解欠佳、对消防器材使用技能匮乏等问题;第三,应对公共卫生事件的处置能力较差,学校的公共卫生事件日益增多,一方面是我国食品安全确实存在诸多监管问题,另一方面是学校自身制度建设方面存在诸多隐患。落实在个人方面,大学生在应对公共卫生事件的处置能力上亟待加强。

急救技能水平较低,干预能力不强。具体表现:第一,常识上存在误区;第二,操作上存在盲区。大学生急救技能水平较低,干预能力较弱,不仅要在常识上进行急救知识普及,在操作上也要加强实操演练。

调节情绪方式单一,恢复能力较差。具体表现:第一,自我调节情绪水平的能力不强;第二,借助外力调节情绪水平的意识不强,大学生借助外力调节情绪水平的意识较弱,不能够正确看待心理医生等外力调适作用。

六、沟通策略

大学生个体突发事件的沟通策略是一个系统工程,需要学校上下左右协调一致。①教育是关键。增强大学生的危机意识,才能减少危机发生的可能性;提高危机的心理承受能力和应变能力,才能使他们自如沟通策略。这就要求学校切实加强日常性的危机管理,广泛宣传教育。②人员是保证。大学生要强身健体,健壮体格,加强体育锻炼,提高机体对危机的应变和承受能力。③组织是基础。学校危机管理必须是有组织、有计划的。要求管理部门职责与分工明确,学校组织结构设计优化,各项管理制度规范,管理机制高效、动态、持续。这样才能保证危机到来之际,最大限度地降低危机造成的损害,同时对及时有效的规避各种危机,也具有极端重要性。④沟通是捷径。应对突发危机事件,有效的沟通是必不可少的。从沟通角度入手,首先要得到学生、家长、老师的积极配合;其次要保障校内信息渠道的畅通,一旦出现危机苗头,要迅速上报,层层反映,以便学校的管理层迅速决策,将危机控制在初始阶段;

最后,面对社会舆论,学校可采取坦诚的态度,不回避问题,要设身处地、换位思考,用一种负责任的姿态,实施有效沟通。⑤环境是重点。在学校危机管理中,学校应优化外部环境,加强学校与社会各界的联系并保持良好的关系,利用校外资源提高沟通策略的能力,减少危机发生时来自外界的放大或冲击效应,这对于事态的发展和平息具有重要作用。

1.学校层面:系统管理法

高校这个系统体系处于变动中,在运动中当子系统之间出现不配合或不协调,而又没有得到及时的解决或解决无效,将引起子系统之间的冲突或意外损害,则会发生各种各样的突发事件。因此,必须用系统的方法对大学生个体突发事件的各个阶段进行有效管理。系统管理法直接体现在学校的大学生个体突发事件应急处置预案中。大学生个体突发事案件应急处置预案是指针对各种可能发生的大学生个体突发事案件所需采取的应急行动而制定指导性文件,它的总目标是控制突发事件的发生,或将突发事件对高校正常的教学、科研和生活秩序的危害减小到最低程度。

大学生个体突发事案件管理涉及信息沟通、法律支持、心理辅导、医疗卫生、安全保障、后勤服务等方面工作。因此,必须采用系统管理的方法,要明确统一指挥和分级结合管理相结合,各司其职、密切配合。大学生个体突发事件发生后,学校应立即明确指定一名主要领导人作为突发事件处置的总指挥,对突发事件的管理工作进行组织协调,避免多头领导而造成矛盾和混乱,导致效率低下。针对突发事件的实际情况,成立若干个应急处置小组,由相当职能部门负责人担任组长,从而把责任层层落实到相关部门、院系、人员,实现突发事件管理的分层、分级负责制度,从而提高大学生突发事件管理工作的质量和效率。

2.部门层面:教育引导法

总结以往的大学生个体突发事件,会发现一些基本的规律,如突发事件发生的时间主要集中在大学生开学和毕业、考试、节假日、评先评优前后,及三、四月份心理疾病高发期等时间段;引发突发事件的主要对象是学业有困难、恋爱受挫、心理异常、沉迷于网络游戏等的学生。学生干部在上述特殊时间段,要有针对性地做好特殊对象的思想教育。在教育过程中,学生处可以通过一些典型的、具有代表性的大学生个体突发事件案例,增强教育引导的实效性,有效地预防大学生个体突发事件的发生。大学生突发事件发生后,学生干部要第一时间赶到事发地,控制事态恶化,了解突发事件的起因、经过等有关信息,及时向学校主管部门报告,同时充分发挥“指导者”和“引路人”的作用,对相关学生做好思想教育和心理安抚工作。

3. 学生层面:自我管理法

大学生突发事件管理过程中,事前的防范控制、事中的应急处置和事后恢复管理工作,都需要紧紧依靠学生的参与和配合,充分发挥学生的主观能动性,才能保证管理达到良好的效果。学校应深入开展“自我教育、自我管理、自我服务”,即“三自教育”活动,这也是高校突发事件管理工作不可缺少的一个重要的环节。通过“自我教育”,正确认识自我、完善自我,培养独立思考、判断能力,理性面对理想与现实的差距;“通过自我管理”,培养自我约束力和引导力,解决自我面临的各种压力;“通过自我服务”,培养独立生活能力,解决自我在学习生活中遇到的各种问题。

七、学生策略

大学生要积极主动用科学知识武装自己,培养协调整合的本领。面对突如其来的突发事件,作为应对主体的大学生,不仅要有丰富的应对经验,而且要有较渊博的知识。经验和教训告诉我们,一定要不断提高各种危机辨别力和协调整合的应对能力。在突发事件应对中,相应的经验虽然可以提高敏锐性,但完全跟着经验走,也容易误入歧途,必须做到经验和科学结合,才能取得良的应对效果。所以,大学生要不断用科学知识武装自己,培养协调整合的本领,要主动了解一些安全常识,多掌握一些求生技能,才能在关键时刻远离危险,减少意外伤害造成的损失。学校可以采取多种形式让大学生掌握一些基本的自救知识。如把基本的自救知识渗透到专业教学中,开设相关课程;举办专题讲座、知识竞赛等校园活动;编写《学生安全教育宣传》之类的手册,深入浅出、生动活泼、因势利导地对大学生进行突发事件的教育;悬挂安全警示标识、宣传标语等。也可邀请消防部门的人员来校为学生讲授与火灾的相关知识:如何避免火灾;遇到火灾时,应该如何自保和自救;如何使用消防器材等。或是邀请公安、安全部门的人员来校为大学生做安全知识的讲座,运用实例告诉大学生防盗、防骗、防抢劫、防侵害、防泄密等相关知识。还可邀请卫生部门的人员来校为大学生做传染病知识的讲座。这些活动都能较好地让学生获得自我保护、自我救护等相关的知识。

积极开展应急模拟演练活动,提高大学生应对突发事件的自保能力。大学生个体突发事件的突发性与紧迫性特点,要求大学生必须具有灵敏的应变能力。大学生要注重培养良好的心理素质和敏锐的洞察力。大学生个体突发事件的突发性和危险性要求大学生必须具备良好的心理素质和较强的抗风险心理承受力。首先,要培养敏锐的洞察力。大学生个体突发事件的发生通常会出现预兆。所以,大学生要有敏锐的洞察力,能够及时地抓住那些初露端倪的现象，把问题解决于萌芽状态，以避免事态的扩大和蔓延。其次，要培养良好的心理素质。大学生要有良好的心理素质和较强的抗风险心理承受力，才能在突发事件面前，做到临危不惧，处变不惊。自救训练和模拟演练等实践活动可以较为真实地显示突发事件的情景，让大学生身临其境，留下深刻的印象。在自救训练和模拟演练等实践活动中，大学生还要学会分析自己的处境，调节和控制自己的心理状态，把他们平时所学习的自救知识运用到实践中来，积极寻求解决问题的办法。学校可以加强与周边其他学校或是消防部门、公安部门、地震局等相关部门的合作，有意识地组织大学生参加一些针对性较强的训练项目和模拟演练活动。随着社会变迁不断加剧和改革不断深化，当今的社会是一个各种突发事件频繁发生的风险社会。各种危机事件的频繁发生，不仅影响了高校教学秩序的正常开展，而且直接危害到高校学生的健康成长。我们应将课堂教育、心理健康教育、宣传教育、实践教育有机结合，增强大学生的危机意识，提高大学生应对突发事件的自我保护能力，确保大学生的身心健康。

大学生个体突发事件危险性的特点，要求大学生必须具备良好的心理素质。大学生个体突发事件的危险性是指大学生个体突发事件的发生可能给人民群众的生命财产造成灾难或不可挽救的重大损失；在大学生个体突发事件发生过程中，参加救援的工作人员自身存在危险性；同时参与大学生个体突发事件指挥协调的人员如果失职或处置不当，也要承担相应的责任。这些危险性对相关当事人心理素质提出了更高的要求，所以，作为危机应急主体的大学生要有良好的心理素质和抗压能力。

大学生个体突发事件的不确定性和决策的非程序化的特点，要求大学生必须具有丰富的知识因为当今的社会是开放的社会，社会系统的复杂性和多变性以及发展的不可逆性，使各种突发性事件每次的发生都呈现不同的特点，造成应对突发性事件时无章可循。然而，对突发事件的应对是否有力却直接影响社会稳定。所以，当危机到来时，决策者和参与者特别是作为大学生个体突发事件主体的大学生不能单凭经验，还必须要有沟通策略的科学知识。

大学生个体突发事件的影响性和传播的广泛性的特点，要求大学生必须要有良好的媒介素养和信息辨别力。大学生的媒介素养如何直接影响大学生个体突发事件应急管理的成效。大学生个体突发事件发生后，大学生对大学生个体突发事件的认识常常借助媒介的定义与建构，如果大学生媒介素质不高，就会产生信息传播的价值悖谬效应，导致大学生的心理恐慌。大学生如何解读媒体对大学生个体突发事件的报道？如何判断各种信息的真与假，并参与突发事件的沟通、决策，不仅与媒体报道和信息的具体情况有关，而且也与本人的媒介素养和信息辨别力有关。当代大学生正处于世界观形成阶段,而灾难事件与心理、社会、制度与文化交互作用的方式会加强或消减对风险的感知并塑造风险行为,这反过来造成新的社会或经济后果,其后果远远超过了对健康或环境的直接伤害。因此,关注危机信息在大学生这个特定群体的传播,有针对性地加强大学生的媒介素养教育和信息辨别力的培养非常必要。

八、学校策略

1.沟通的前期

与学生的沟通。树立"以学生为本"的预警理念,构建和谐的校园文化。在突发事件的预警管理时,要有以"学生为本"的科学精神文化作指导。学校的相关分管领导和学生干部要经常深入到学生中去,及时发现问题,及时答复和妥善处理学生最关心和最现实的利益问题,尽力把不稳定的风险消除在萌芽状态。对突发事件的预见能力,来自对学生的了解,对学生工作兢兢业业的精神,对各种隐患的排查和分析。对可能发生的突发事件有预见能力,并采取得力措施预防突发性事件的发生。一旦突发事件发生,心理上要有准备,按照提前制定的预案稳妥地开展处置工作。

与老师的沟通。可以有效避免突发性事件的发生。对于高校老师来说,尽管他们日常都忙于自己的事情,事情比较多,但是也要关注学生,毕竟这是老师的职责。对于一些问题发生的苗头光光发现是远远不够的,还需要进一步解决问题。因此在日常工作中,各位老师应该高度重视与学生之间的沟通。同时,与学生的沟通可以很好地抓住学生们的想法,从而对一些可能偏激的观点进行良好引导,这样就有助于避免突发事件的发生。

与家长的沟通。家长是每个人的第一任老师,家长的一言一行都对孩子产生着重要影响。同时家长也是最关心孩子的人,并且还是最了解他们的人。每个大学生几乎都会在入学时产生一些心理上的波动,那个时候面对着人生地不熟的校园,最好的沟通对象莫非就是父母了。他们会向自己的父母倾诉自己在大学里遇到的不顺心的事。因此,这个时候与父母的沟通就显得尤为重要。这时,父母也应该经常联系孩子,充分了解他们在大学的生活,了解他们的思想以及情绪变化,从而做出有效的应对,这对预防突发性事件的发生具有非常大的帮助。

与社区的沟通。每个人有些话是不愿对父母或者老师说的,比如早恋之类的话题,这时候社区沟通尤其重要。在校园里的社区沟通其实也是很多的,比如同学、小吃店、水果店、百货店等。它们在为学生提供方便的同时,也向学生传播着信息,因此,不可避免地会存在着一些隐患。这时候就需要通过社区采取一些措施来加强管理,需要高校与周边社区加强沟通,取得社区的支持。加强与地方党委、政府以及有关部门的联系合作,形成多元化、立体化与网络化的公共危机应对机制。高校管理涉及社会的方方面面,相当多数的问题不是高校自己能够解决的。因此,高校突发性事件的防范和处理必须充分调动社会各界的积极性,加强与政府部门及各相关部门的沟通和联系,继而形成多元化、立体化与网络化的公共危机应对机制。为了建立高校突发性事件处理的联动机制,必须强化属地管理的原则,将高校突发性事件管理有效纳入地方政府危机管理机制。

建立突发事件应急管理预案。加强突发事件的战略管理、编制各类学生突发事件的应急预案,是预防突发事件的重要内容和关键环节。学院除认真执行学校有关规定外,要针对可能发生的突发性事件,根据学生专业、周边环境特点制定自己的应急预案并明文发布,组织学生进行演练,从中发现问题并不断修改完善,确保预案的可行性和有效性。组织学生中的"精兵强将"建立应急处理团队,参与执行。应急预案的内容应包括指导思想、工作目标、处理团队、预测预警、信息报告、应急响应、信息发布、安全措施、善后工作等。

加强信息员队伍建设。高校应依托学生干部及学生党员、干部,建立一支深入基层、信息畅通的专兼职信息员队伍,通过各种渠道深入到广大学生中去,及时、真实地了解大学生的思想动态、情感体验、价值取向和个性心理特征。同时,要在大学生中建立信息报告机制,通过学生信息员,及时了解、掌握大学生的情况和信息,为突发事件的及时预警和迅速解决打下良好的基础。到普通学生中建立多渠道情报信息监测网络,设立监测哨点,随时监测网络上的各个环节,搜集学生对学校工作的意见,及时妥善地解决学生提出的各种问题和困难。同时建立起由学生个体、社团组织、教师等组成的信息分析、整理、辨别、反馈及传递机制,使各方面情况及信息能够完整、快速地传递到学生干部处。此外,还可通过心理健康指导中心工作人员、宿舍管理人员等相关人员收集有关信息,确保心理危机等信息全面快速、及时地获取。通过学生、教师、家长、网络等多种渠道收集信息,包括学生的心理、身体、家庭、学习等有关信息,对信息要及时反馈和更新。建立信息的收集和分析平台,紧贴最新情况、准确地把握事件的新趋势。起着重要作用的还应包括心理咨询师、学生骨干和学生党员。掌握最新的信息,并在工作中掌握主动,才能将大学生个体突发事件消灭在萌芽状态。要加强突发事件的情报信息工作。高校突发性事件管理中的预警和反馈系统与高校的舆情管理关系极为密切。应由学校党政办公室、信息化部门及宣传部门组织专职人员,制定一套较为成熟的网络舆情日常监测制度,对学校舆情做外延扩大化的专门监测,同时加强部门间的信息交流,时刻保持信息的敏感度,遇有敏感问题及时预警、反馈和做出应对。通过领导信箱、来信来访等各种方式,多方面增加信息节点,建立起完善的信息分析整理反馈和传递机制。这些信息采集机制搭建了领导决策者与基层的信息沟通平台,准确迅速地为领导层的决策提供了依据。在危机管理中必须多方面增加信息节点,全方位采集学校舆情。同时,高校也有责任将舆情汇总上报,为上级部门、地方政府决策提供依据,形成外部与高校内部的良性互动,并以此寻求外界支持和帮助。

加大防卫投入。大多数校园案件未获及时侦破,这必将一定程度上引起师生员工的不满,甚至会成为示威、静坐、请愿等群体性突发事件的诱因。所以应加大人防、物防投入,进行保卫系统的升级和办公条件的改善,安装无摄像死角的监控设施,建立高效的报警系统,添置足够的消防器材并对师生员工进行消防知识培训,落实防卫经费,在保卫人员的聘任中严格把关,制定培训和考核制度,提升保卫人员的业务能力和综合素质。另外,后勤集团和社区应切实加强对校园暂住人口的管理,对校内工地施工人员、后勤临时聘请职工、教职工短期居住家属进行登记注册,并定期进行走访普查。只有这样,校园内的生活、工作和学习环境才能得到进一步的净化,才有可能使校园内的师生员工“安心工作、安心学习、安心生活”。

重视危机意识培育。积极参与突发事件的预防和管理危机意识是沟通策略的行为先导。没有理性的危机意识,危机应对管理将事倍功半。对于大学生危机意识的培养,主要通过对大学生进行相关的危机知识宣传教育。现在大多数高校的安全教育是对大学生进行防火、防盗、防骗等传统校园突发事件的宣传教育。学校可以在这基础上扩大突发事件宣传教育的内容和视野,如传授各种突发事件的相关知识、不同类型突发事件的防范常识、剖析典型突发事件的案例等主题教育。在形式上,可以采取文化月活动、知识竞赛、图片展览、文艺作品、技能竞赛、课堂讲授、主题论坛、专题讲座等。通过对突发事件知识的学习,有助于大学生提升自己的危机意识,做到防患于未然。大学生个体突发事件管理水平的提高在很大程度上取决于师生的危机防范意识,所以,提升大学生危机意识具有十分重要意义。我们要结合大学生这个群体的特殊性,建立起大学生危机意识的培育机制,有针对性地开展富有成效的危机意识宣传和教育,充分调动大学生参与危机预防和管理的积极性,提高大学生应对大学生个体突发事件的能力。社会参与是治理公共突发事件的基础。为实现社会参与遵循政府主导、自主参与、量力参与、依法参与、有序参与的原则,构建不同社会主体参与的机制是关键,而构建社会参与的管理机制是保障。大学生要积极参与突发事件的预防和管理,做到自主参与、量力参与、依法参与、有序参与。

加强大学生人文修养。应多开设心理类、社会学类、文艺类、法律类课程，并加强课程的指导性和实践性。心理学类选修课程还不能满足学生的需求，被调查者希望开设更多的心理类课程来提高学生的素质与能力。这就涉及课程开设初衷和实际效果的差异问题。调查结果显示，自杀、自残、自虐性事件和火灾，是各类高校大学生个体突发事件中发生最多的两类。如何应对这种现状是亟待解决的问题。在被调查的学生中，过半数的人认为，突发事件发生的原因与心理问题、缺乏生活经验、缺乏相关教育有关，而在教师答卷中也有过半数的被调查者认为突发事件发生的原因包括心理问题、情感问题、缺乏生活经验、人际关系失衡等，两者基本上达成了共识。

加强大学生安全常识教育。针对大学生安全常识掌握程度较差的问题，应该积极引导，注重实效，丰富形式，加大宣传，增强学生控制能力，尤其是增强大学生对安全常识的了解。应当提高安全教育课程质量，改变目前安全教育低效、课程缺乏牵引力的现状。注重系统化地改变现有安全教育课程。系统化包括两层含义，一层是安全教育课程体系的系统化，一层是安全教育课程改革进程的系统化。应当着重加强课程体系的系统化，在目的上要更有明确性，内容上更有针对性，形式上更有统筹性，方法上更有趣味性，设置上更有整体性，适当开展知识竞赛、辩论赛、主题公园参观、沙龙活动、模拟演习、沙盘演练等活动，丰富以体育课、心理课或者选修、必修、讲座为主要形式的安全教育课程，探索开展电子模拟、影视宣传教育等多媒体手段。在安全教育形式中，高校危机手册具有实际性强、操作性强的特点，不仅对大学生能力培养有指导性，也对学校危机处理有借鉴性。另外，实际操作演练，不仅要增强传统模拟演习的实效，也要积极开拓沙盘演练、电子模拟等新形式。在安全教育实施中，应当以课程讲座为主线，以主题活动为牵引，以媒体传播为辅助，将安全能力培养落到实处、增强实效。可以采用“安全主题教育月”的形式，对大学生进行安全知识普及活动，也可以采取每月每周进行安全主题教育，在教育过程中要注重创新形式，注重趣味化的形式安排。以趣味化促安全教育创新，切实增强实效。安全教育培养方式事关成效，应当努力创新安全教育培养形式，可以在现有形式的基础上，加大安全教育读本、高校危机手册、报纸、展板、网站等平面媒体方式的宣传。

重视个性化安全教育。一些学生由于环境变化而放松，沉迷于网络游戏；有些学生离开家庭，不能适应集体生活，造成严重的人际关系问题，深感极大的孤独；一些学生因为深陷情感漩涡，而不能……这些问题通过观察，一个学期内，通过期末考试，都会露出蛛丝马迹。在这一点上，老师需要第一学期与大学新生聊天,及时和家长交流。分层分类实施。针对不同大学生安全能力不同的问题,应该分类分层提高安全能力。例如,女生由于受到思维方式、身体特征、习惯爱好不同的差别限制,在防灾方面的接受程度比较弱,因此针对女生安全能力的培养就需要分类实施、重点加强,应该更具有针对性,内容上应该区别男生,方式上也应符合女生思维方式特点。热爱学生和让学生学会爱,才是掌握信息最根本的基础。它有助于教师和学生成为亲密的朋友。在日常工作中,注意学生生活状态变化。一般来说,大学生个体突发事件前,当事人会有一些特殊的反应,如情绪反常,发离别信息等等。充分发挥学生党员,学生骨干的主体作用,收集资料,渠道畅通,以便学生能够直接反映情况。如果老师捕捉了大学生个体突发事件的线索,应当立即遏制。抓住关键,避免冲突,使冲突及时停下来,以避免突发事件的发生。迫切需要解决的问题是着眼于学生的思想和心理的变化,调查学生需求和思想,帮助他们解决实际问题,就可以减轻学生的焦虑和压力,使他们生活正常。这就要求老师、学生、室友、朋友、家庭、心理咨询专家等通力合作,引导学生了解生命的价值,懂得珍惜生活,教会学生正确处理人际关系,建立很强的家庭观念和社会责任,能够承受挫折和压力。学生干部特别要重点关注特殊群体,即贫困生、学困生、心困生、情困生、法律道德观念缺失生等,树立高度的责任心和使命感,认真了解学生的成长环境、个人性格、爱好、特长,并认真分析,做到以情感人、以导为主,对症下药,重视这个特殊群体学生的教育能有效避免一些突发恶性事件的发生。应多开展有益的集体活动和主题团日活动,增强贫困学生的集体归属感。在活动中,要帮助他们树立信心,通过活动让他们感到集体的温暖,以便更好地融入集体中。

提高大学生安全能力。大学生安全能力是指大学生在高校中应对突发事件时所具有的包括危机防范意识、危机预警识别、危机处置控制、自救与他救的急救技能、危机过后心理情绪恢复能力的总称。从危机发生的阶段来看,危机过程包括潜伏期、征兆期、爆发期、缓冲期和重建期五个阶段,危机应对过程分别对应着危机防范、危机识别、危机发生、危机干预和危机恢复五个过程。从内容来看,大学生应对突发事件的安全能力包括预防能力、预警能力、控制能力、干预能力和恢复能力五方面的内容。

健全高校心理咨询机构,也是行之有效的解决方法。对新生的心理健康测试结果进行评估分析,及时发现新生群体中存在的心理问题并及时加以干预。建立班级心理保健员制度,对班主任和主要班干进行心理保健培训,通过他们向全体学生普及心理健康知识;建立自下而上的通畅的信息通报制度,争取对一些问题早发现,早解决,防止事态发展。不过值得注意的是,一般学生在采取过激行动前或心理出现问题时都会有强烈的发泄和倾诉欲望，但是对直面专业心理咨询师寻求帮助的方式又心存顾虑，所以高校心理咨询机构也应与时俱进，从学生的心理层面需求出发，积极探索开拓心理咨询新途径。比如增设校内心理咨询热线，开通QQ网络聊天服务，和学生进行非直面式的沟通和交流，消除他们因对心理咨询室心生畏惧而产生的心理负担，以达到对问题学生进行及时干预和疏导的目的，消除突发事件隐患。可以从以下几方面去实施：

一是开设相关的心理健康课程。让学生对突发事件有较全面的认识，同时，也让大学生真正了解自己，也了解突发事件中人们的心理状态，从而在突发事件发生的情况下能够保持良好的心理状态和理性反应，冷静不慌张。二是举办多样化的校园心理活动。根据不同年级学生的心理发展特点，可创造性地设计各种活动，如心理训练、问题辨析、情景设计、角色扮演、心理游戏辅导等，让他们在活动中得到心理发展。通过这些活动帮助大学生树立健康的心理观念，树立积极的人生态度，使大学生具有自信、勇敢等合理的信念，健康向上的情绪情感水平，勇于进取的行为主张及坚忍不拔的意志品格。

2.沟通中期

要建立灵敏的应急反应系统。一旦突发事件发生，立刻启动相应预案，垂直领导，指挥到位，做到临危不乱，沉着应对，令行禁止，形成合力，把危机带来的损失减少到最低限度。

专门事故处理领导小组，制定处理原则，进行详细分工，学生干部要全程陪同处理。根据预案的职能分配，挑选具体人员迅速成立专门工作小组。小组内部分工明确，提高工作效率。有关人员赶赴现场，首先要对事件现场进行管理和保护。对违规违纪行为进行制止，对受伤害者迅速进行救助，对其他学生进行隔离和保护。其次，广泛收集信息，分析事件性质，妥善做好学生的思想教育工作，及时疏散聚众人员，防止事态恶化和对其他学生造成不良影响。要及时与学生的监护人取得联系，以使其配合事件的解决。对事态严重、影响恶劣的事件，要在处理解决的同时上报上级教育主管部门。

健全新闻发言人制度，积极主动地与新闻媒体“打好交道”。在信息网络时代，突发事件发生后，高校很容易迅速成为舆论媒体关注的焦点。学生对外进行信息传播的概率高达71%，一旦校园突发事件发生，大学生对外传播相关信息是不可避免的，关键是校方要迅速披露事件情况和原因，让学生能了解危机态势和校方已采取的应对措施，并对其信息传播实施理性、客观、正确的引导措施，从而避免学生对事件真相的揣测，进而导致不实流言和恐慌情绪的蔓延。为此，建立健全新闻发言人制度，积极主动地与媒体打好交道，及时发布权威信息,实现高校与媒体的良性互动,防止突发性事件演化为公共关系危机,就显得尤为重要。高校应把新闻发言人制度作为应急管理制度的重要组成部分,通过建立健全新闻发言人制度,转变一味回避的错误观念,重视媒体,依靠媒体,通过加强对外信息交流,掌握导向,塑造形象。对披露的问题不回避、不护短、不掩盖,主动消除误解,赢得理解和公信力,掌握工作主动权。要充分发挥舆论报道的作用,接受舆论监督,切实做好信息公开,破除谣言,化解矛盾,正确引导。同时,要着力培养全校师生的法律观念和大局观念,强调依法办事与依法表达。对待应急事件,应该在媒体面前保持良好的形象,学会正确表达,正面回应,避免由于讲错话、讲假话、不讲话而陷入被动。向当事人同学,及时简要发布情况,做深入的分析和解释,引导舆论,把损失减小到最低程度。大学生个体突发事件后,有一个重要的任务就是将造成损失和危害程度降到最低,维护学校正常教学和科研的秩序。

大学生个体突发事件发生时,学校不能推卸责任,要第一时间保护现场。迅速整合信息,尽快收集各式各样的线索,来确定发生事故的原因,为解决学生个体突发事件出谋划策。为全面、快捷处理学生个体突发事件赢得时间。应该快速响应和迅速采取措施,防止消极情绪蔓延。要将影响学校声誉的因素,尽可能控制在学校的内部。尽可能快速隔离危害源,以免伤害和损失增加。对在场同学不应采取强制措施,将情绪激烈学生带离现场,充分听取他们意见,让紧张情绪充分释放,启发他们理性思考,避免严重的结果和影响。

大学生个体突发事件一旦发生,学生干部身处其中,其身份可能是事件的直接处理人、见证人,甚至是当事人,必须面对几种主体之间的关系,如学校与学生之间,学校与学生、学生家长之间,学校与司法机关之间,学校与上级机关之间,学校与新闻媒体之间等。因此,学生干部掌握一套完备的规范的处理程序,既能有效控制事件发展的方向,又能最大限度地减少或减轻事件给学生干部个人、学生、学校以及社会带来的负面影响。

在紧急事件发生后,学生干部应依据有关法律法规,理顺学校和学生之间的法律关系,搜集和保全证据,严格依法确定处理程序,约束自己的言行,进行客观公正的、及时妥善的处理,保护学校及各方当事人的合法权益。学生干部在大学生个体突发事件中的处理程序一般应为以下几个步骤:接到报告,学生干部应第一时间赶到现场,保护现场,稳定事态。根据实际情况,选择拨打110,120,119求救。尽快将有关情况向主管部门的领导报告。尽量搜集有关信息,初步了解事发原因。严格按照统一安排,分工协作,切忌越权行动。将初步了解到的有关情况和处理过程及时记录,及时上报。按照要求将事件真实情况在一定范围内通报学生、家长,以正视听,防止以讹传讹。积极配合有关部门确定事件性质，研究确定处理办法。做好家长、学生的情绪安抚工作，在坚持原则的基础上尊重其感情和意愿，稳定情绪。认真听取家长意见，并把沟通情况上报学校。做好家长、学生的解释及协商处理，依法与其签署事件处理备忘录或协议，如有必要可进行公证。做好舆论导向工作，防止媒体对事件的夸大或扭曲报道。

学生干部处在学生管理工作的第一线，事件发生后，第一时间到达现场，结合平时所掌握的信息及对学生的熟悉了解，从各种蛛丝马迹中对大学生的过激行为、危害程度、负面影响等在最短时间内做出基本判断。在这个过程中，学生干部要做到处变不惊，沉着冷静，既不能惊慌失措，胸无主见，又不能头脑发热，盲目表态，造成不应有的失误。对突发事件的处理也是一名学生干部管理能力和处理突发事件能力的表现。当突发事件得到快速而有效的控制后，化解突发事件过程中反映出来的各类矛盾和对受到惊吓、伤害的学生进行心理辅导，是突发事件处理中不容忽视的一个重要环节。高校学生干部在这个阶段发挥着调解员和心理咨询师的作用，对于矛盾不能回避，要积极化解，要做矛盾双方之间的调解员。对于在突发事件中有些学生自身利益受到损害，甚至对学生心理造成了不同程度的心理创伤，学生干部要加强对相关学生的关注，帮助学生尽快走出心理阴影。通过个体或团体辅导的方式对需要辅导的学生群体进行心理辅导，或配合专业心理咨询人员对学生进行心理危机干预和专业的心理治疗，真诚地与其沟通，减少因过度紧张、恐惧和焦虑等不良情绪引发的不安定因素，防止出现连带的意外情况。通过心理辅导使其获得心灵上的支持与慰藉，进而尽快抚平他们的心理创伤，恢复往日有序的学习和生活。突发事件的快速、平稳的解决，有利于校园的和谐稳定，各项工作的正常开展。

处理突发事件时要求学生干部应把握好以下几个原则：①客观公正原则。面对突发事件，学生干部一定要坚持客观公正原则，不能徇私舞弊。如在采取方法解决突发事件问题时，学生干部不应当偏袒任何一方，应当客观公正地注意自己的言行；在对事件产生的原因进行调查时，要客观公正，不随意妄加自己的意思。在对突发事件的处理时，尤其要客观、公正，实事求是，注重事实，做到以事警人，以事育人。②自主处理与多渠道协调解决的原则。面对突发事件，视事件危害程度，如是学生干部能解决的突发事件，首先学生干部应当尽力自己处理，与当事学生多沟通交流，避免将事件升级、扩大化，造成学生无法悔改。但学生干部能力不能解决的突发事件，要在做好学生思想工作的同时，及时上报主管领导、学生工作部或保卫处，甚至学校领导，和上级部门沟通情况，不能随便自作主张、自行处理，造成无法挽回的错误。同时，及时通知所涉及班级的班主任或学生家长共同解决。特别对一些性质较为严重的,已经触犯了国家法律的突发事件,学生干部亦不可"庇护",必须交由学校或司法部门处理,积极配合学校或司法部门对事件的调查、解决。

开展积极有效的心理辅导。高校通过为学生营造关怀的气氛,开展个体心理干预以及各种心理健康教育活动帮助学生正确认识突发事件的性质、了解事件对自己心理的影响,鼓励学生发挥自身的主观能动性,积极主动地、不加掩饰地表达自己内心深处的感受及生活信念的改变,恢复理性的认知功能,理智应对突发事件,找到应付危机的积极方式和途径。来自家庭亲友的关心与支持、学校师生的鼓励、心理工作者的早期介入,这些都可极大缓解心理压力,使其产生被理解感和被支持感。家庭是个体的坚强后盾和温馨港湾。在突发事件爆发后,如果当事人能获得家人的支持,伴他一起沟通策略,彼此相互支持,则有助于降低产生心理危机的可能性。另外,来自同伴朋友的支持、关心、安慰以及彼此之间的沟通交流也能够帮助当事人彻底摆脱心理危机,修复心理创伤,恢复心理平衡。最后,要明确危机个体周围的相关人员,并对其进行心理干预。危机个体周围相关人员主要是指危机个体的家属、同伴、同学等与其经常接触的人群。专业心理人员可以通过团体心理辅导的方式,将这些受突发事件影响相同或相似的人员分成若干小组进行干预,让小组成员通过团体内的人际交互作用,彼此分享紧张、焦虑等情绪,进而接纳自己的危机反应,并通过观察别人的行为表现来反思自己,考虑自身沟通策略的方式,解除心理困扰。通过这些方式来帮助他们消除心理创伤,更好地适应未来的生活。

3. 沟通后期

学校要做好紧急事件中伤亡人员、损失财产的善后处理。按照有关部门的安排,做好紧急事件后学生正常学习、学校秩序的恢复。心理咨询、辅导专业人员做好紧急事件后当事人及周边人员的心理干预和疏导。有关部门进行事件的原因调查、结果评估、责任追究。结合实际进行反思和整改,总结经验教训,调整自己的应急预案、团队和措施,并将发现的问题总结上报,向学校提出合理化建议。

认真将紧急事件有关证件、材料如会议记录、谈话记录、执行方案、善后处理报告等,整理、归档保存,以备以后查询或学习之用。在紧急事件的处理过程中,具体情况是复杂多变的,可能面临难以预料的新问题。但不管情况有多棘手,学生干部切忌感情用事、行为冲动,应尽量按照正确的处理程序行动。大学生个体突发事件,给教师提供一个绝好机会来优化安全教育,也给老师提供一个消除影响的平台。可以利用这个机会,使各类教育达到事半功倍的效果。

突发事件的善后工作十分重要，如果做得不好，同样会带来一系列问题，有些还会引发新的突发事件，这方面许多高校都有过教训，所以要克服重平息事态，轻善后工作的思想，要把善后及总结教训工作作为处置突发事件的重要一环。事件过后，学生干部可以在班会上组织学生对事件进行深入剖析，从正面对学生进行专题教育，以达到警示的作用。学生干部要认真总结经验教训，找出工作中存在的失误和不足，采取一系列行之有效的措施，有针对性地做好补救工作；要以此为鉴，举一反三，认真反思工作的其他地方、其他方面是否也存在同类问题，只有这样，才能从根本上防止此类事件再次发生。

突发事件处理结束后，学生干部要注意做好善后工作，通过召开年级大会、党支部会议、学生干部会议等不同层次会议的方式，充分利用校园网、QQ群等网络载体准确地向学生传递真实信息，澄清谣言，控制事件的影响面，并以此对广大同学进行教育。同时学生干部也要做好自己的心理调适，认真进行总结，吸取经验教训。

在善后阶段，高校应委托具有相应资质的心理专家，运用心理咨询和测验等方法，对危机个体的心理状态进行评估。专业心理人员通过与危机个体进行交谈，并给予一些心理测试题目让其作答，从中发现他们内心的真实感受和想法，进行准确的心理评估。专业心理咨询和测验是发现心理问题较为科学的方式，因此，必须认真对待评估的结果。对于评估筛选出的心理异常个体，必须做好跟踪访谈，或考虑将其转介给其他专业机构以接受更好的治疗。要建立对危机个体和周围相关人员的跟踪反馈机制。突发事件引发的心理创伤具有很强的隐蔽性、突发性。尽管大部分的应激反应都会随时间推移而减弱甚至消失，但一些较深的心理创伤却有可能受到特殊情形(纪念日、相似的场景和事件等)的诱发，使当事人再度陷入心理危机。需要建立起以专业心理人员为主，学生干部、心理委员、舍友和同伴以及家长等共同参与的危机个体跟踪与反馈机制。这些人员对当事人进行密切关注，及时反馈情况，防止心理危机出现反复。除此之外，在这一阶段还必须建立对危机个体周围相关人员的跟踪反馈机制。由于这些人员在突发事件爆发后心理也遭受了一定程度的创伤，在干预过程中又没有得到应有的重视，心理创伤没有完全修复，因此，应对他们进行跟踪和关注，防止其心理状况恶化，出现心理危机。

新时期大学生党员教育体系构建

巨维博　吴　楠

摘　要　本文主要针对当前大学生党员教育形式单一等问题，提出了构建立体化、实体和虚拟相结合的大学生党员教育平台，为做好高校大学生党员教育提出了理论和实践依据。

关键词　大学生党员　互联网

近年来，随着“95后”成为大学生的主体，学生特点发生了明显变化，传统的学生思想教育和党员教育已经不能适应时代发展的需求。同时基于计算机网络和移动通信的新媒体的广泛应用，对大学生特别是大学生党员的思想和意识形态产生了举足轻重的影响。面临新形势和新要求，需要认真研究探索，寻求有效措施，构建新时期大学生党员教育新体系，切实加强大学生党员教育，以适应新形势的要求。

一、当前大学生党建教育工作中存在的问题

1.教育形式单一化，缺乏新颖性

传统的大学生党员教育依托学生党支部开展，支部建在学生班级，学生支部开展党员教育的主要形式是支部会议，基本停留在听报告、念文件的水平，或者是只进行理论灌输，形式上显得滞后和单一。据笔者在高校开展的学生党支部以及党员教育情况调查研究表明，83%学生党员的理论学习，都是通过支部会议；93%的学生党员认为教育形式单一，学习效果不佳，35%的学生党员对参加支部学习活动存在消极应付现象。

2.教育内容缺乏针对性，滞后性严重

传统的党员教育主要停留在传达上级文件和完成上级党组织指定的学习任务，学习内容80%是党的文件及党的基本理论和知识，不能够有效及时结合时事和当前社会现象。一个上级文件传达到基层党组织，经过层层转发，平均时间滞后25天左右，有的甚至几个月，这与网络等新媒体信息的即时性、趣味性、猎奇性形成了巨大反差，使学习内容显得枯燥乏味，失去了应有的教育效果。同时在观念上，教育者往往倾向于使用比较成熟、稳妥的平台，对于新

型的个性化平台往往认为是“年轻人的玩具”，存在一定的抵触思想。在应用能力上，教育者对于快速变化的新平台的接受和应用能力相对于年轻的受教育者存在差距，教育者对于虚拟环境的利用赶不上大学生兴趣点的转换，所以教育内容显得滞后，不能达到理想的教育效果，成了典型的形式主义。

3.党员教育形式不能很好适应新时期大学生个性特点和需求

随着“95后”成为大学生党员的主体，在素质教育一片呼声中成长的一代，他们个性张扬，善于释放自己内心的情感，有参与社会事务的期待和需要，他们更愿意表达自己的想法，为自己争取更多的权利。相对于传统的“灌输式”和“填鸭式”的党员教育形式，他们更多的是表示不满甚至是反感。相对于传统的党员教育形式，他们更容易接受网络和基于移动通信的新媒体应用，大量的网络信息更容易对他们的意识形态产生影响。

二、党员教育工作中存在问题的原因及分析

做好大学生党员教育，必须深刻研究分析新时期大学生党员的特点，及时调整党员教育的形式和内容，为大学生党员教育赋予新的时代特征。同时面对新媒体的广泛应用，要及时利用新的平台和手段，与时俱进，采用大学生喜闻乐见的形式和内容做好新时期大学生党建工作。

1.新时期大学生的特点为大学生党员教育提出新挑战

“95后”大学生个性更为张扬、更多关注自身的发展、表达的方式和信息获取的方式更加多样化。在价值取向方面，面对环境竞争日益激烈的当今社会，他们追求人格培养和事业追求，对美好生活的期待也越来越高，使得他们在价值取向方面更加现实化和功利化。这就导致有少数学生要求入党并不是为人民服务，也不是为了实现共产主义理想，而是把入党当作增加自己评优评奖、择业竞争的砝码，当作今后人生道路上的铺路石等等，入党动机存在多样化、功利化的现实及趋向，是新时期做好学生党建工作的一个严峻挑战。

2.信息多元化对大学生党员教育提出新要求

面对网络化、信息化的趋势，“95后”大学生的视野更加开阔，接受信息的渠道更加多元化，他们的思想和意识形态受网络信息的影响更大。特别是基于互联网的虚拟环境相较于现实环境，具有信息集中度高、传播速度快、渗透力强、影响面广等特点，它既方便了各种积极信息资源的传播，也给各种消极负面思想的扩散有可乘之机。如何把各种积极信息和“正能量”传递到大学生党员中去，对大学生党员进行教育是亟待解决的问题。

3.新媒体的广泛应用为党员教育提出新挑战

随着新媒体的广泛应用，QQ、微博、微信、博客等已经成为当代大学生交

流思想、获取信息的主要渠道,而传统的广播、报纸、电视、主题网站已经不能适应当代大学生对信息的需求。据调查,当前在校大学生,100%拥有QQ号、微博、微信、博客等新媒体,每天用于浏览新媒体的时间2小时左右,浏览新浪、搜狐、新华网等媒体时间不超2小时,90%大学生上学期间不看报纸,每周看电视时间不超过2小时。根据调查结果,要做好大学生党员教育,必须紧紧依靠新媒体做好大学生党员教育,传播正能量。

三、构建立体化网络化的党员教育体系

结合"95后"大学生党员的特点和基于网络和移动通信互动交流平台的广泛应用,要做好当代学生党员教育,必须在坚持原来传统教育体系的同时,不断探索,创新党员教育平台和手段,充分利用互联网等新媒体和新平台,创建虚拟和实体相结合的立体化党员教育培养平台,占领党员教育主阵地,做好党员教育和培养工作。

1.以组织建设为基础,建立实体化的党员教育平台

坚持不懈地做好传统党员教育平台建设工作,建立基层学生党员活动室、学生党员之家、党员宿舍、党员学习先锋队、党员科研先锋队等。在这些实体化的党员活动环境中,使得大学生党员不再孤立,容易形成集中效应和竞争效应,这也符合"90后"大学生的从众心理需求,有利于氛围营造,通过组织对大学生党员起到潜移默化的教育作用,通过党员亮身份,提高大学生党员树立模范带头意识,增强大学生党员荣誉感和使命感,通过示范效应,整体提高大学生思想认识。

2.以新媒体为突破口,建立虚拟化党员教育平台

通过建立党员qq群、微信群、党员微博等虚拟平台,构建学生党员教育网络虚拟平台。根据"95后"大学生的性格特征,他们接受新事物的能力强,更喜爱个性化、多元化的网络平台,在教育过程中,他们更容易喜欢广泛、平等、开放的双向互动式教育形式,新媒体的参与性、交互性和即时性更容易被他们接受和应用。

3.以品牌活动为载体,构建党员教育活动平台

做好当代学生党员的教育,同时要注重构建一系列大学生党员品牌活动,以品牌活动为载体,让大学生党员在学生管理与服务、科技创新、社会实践、志愿服务等方面发挥模范带头和典型示范作用。近年来,笔者所在学校,通过在学生党员中广泛开展"三个一"工程(一个入党积极分子帮助一名同学、一个党员带好一个宿舍、一个党支部建好一个班级)、党员科技创新示范小组、党员社会实践示范团队、党员志愿服务示范团队等品牌活动,明确学生党员在典型示

范作用方面发挥其作用，通过品牌活动典型示范作用，不但可以调动大学生党员的积极性和主动性，培养他们的责任感和使命感，同时通过典型示范，更加突出了大学生党员的先进性，对广大学生也会起到教育和引导作用。

面对“95后”为主体的大学生党员群体，同时基于互联网和移动通信互动交流平台的广泛应用，只有通过建立实体和虚拟相结合的大学生党员教育平台，才能适应新时期大学生的性格特征，才能使党建教育的主流思想占领大学生党员的交流平台，才能使大学生党员更贴近大学生的生活，才能使大学生党员教育落到实处，起到应有的教育和引领作用。

参考文献

[1] 成华.大学生党员教育虚拟化环境优化的策略[J].学校党建与思想教育,2013(2).

[2] 任献华.大学生党员教育与管理工作的机制创新[J].淮海工学院学报:社会科学版,2011,09(18).

（原文发表于《统计与管理》2014年第7期）

学生党员在班级建设中的作用

吴　楠　巨维博

摘　要　学生党员是学生中的先进分子、积极分子，是在校学生中的精华和骨干，是学校党组织与青年学生联系最紧密的纽带和桥梁。学生党员是同学们关注的焦点，学生党员的言行也影响着广大同学。他们在学校的班级建设中有着不可替代的重要作用。如何把学生党员的作用发挥出来，把普通学生的积极性带动起来，共同建设一个作风正、学风清、校风好的班级，是学校党委、学生党员共同面对的一个重要问题。文章从多个层面进行了分析探讨，找到了相应的对策。

关键词　学生党员　班级建设　引领带头作用

一、班级建设的概念及有关作用

班级是各级同学共同学习、共同生活的基本组成，是学校向学生实施教育与管理活动的基层机构，是学生进行自我教育、自我管理的基层群体。加强班级建设意义重大，它就是要使全体班级成员共同努力，树立良好的班风、学风，形成强烈的团队合作意识，增强班级的凝聚力，提高班级成员的综合素质。

学风建设，这是班级建设的重要内容，是一个班级的灵魂，关系到提高学生的整体素质。学风建设好不好，首先会反映出有没有一支过硬的班级干部队伍，有没有思想品质好、学习成绩好、有奉献精神的同学，有没有一个好的学习氛围。在班风建设方面，班风的好坏直接关系到班级建设、个人发展的好坏，是整个班级建设的“奠基石”。优良的班风，是一种无形、有力的教育力量，可以潜移默化地影响全班同学的思想和行为，对巩固和发展班集体起着特别重要的作用，在集体观念的形成、对集体的自豪感和责任感的培养、明确的班级奋斗目标的形成、创新能力和实践能力的提升，班级的凝聚力和同学们的集体荣誉感和自豪感的提高等方面起着不可替代的重要作用。

二、学生党员在班级建设中的作用

(1)做践行的模范。实践锻炼极为重要，这是学生党员发挥先锋作用和模范作用的重要载体和重要平台，也是检验其是否能保持先进性的重要途径和重要渠道。每一位学生党员应该努力践行自己对组织的承诺，在各个方面能够起到一定的带头作用和引领作用。让优秀学生党员担任班级学生干部或是担任低年级的助理班主任和联系人等工作，通过对所负责班级工作的开展，一方面可以开展优良学风的创建工作，同时能够随时了解关系一般学生的学习、生活、心理等各方面问题，并主动地向学校相关职能部门反映，争取得到解决和落实。

(2)做和谐的模范。我们常说，“一个党员就是一面旗帜”，学生党员同样如此。学生党员是青年学生中最具有影响力、最有代表性的优秀群体，他们应该在专业学习、社会工作、公益活动以及精神塑造、作风改善、学习改进等方面发挥作用，为广大学生建设和谐校园树立一种良好的导向示范作用。这种示范作用是一种无形的力量，能够很好地渗透在校园的各个角落各个层面，使普通学生在不知不觉中接受着这种潜移默化的影响，并随之调整着自己的言行，改变着自己的思想观念。

(3)做服务的模范。学生在学校同样会遇到很多问题，这些问题需要解决。比如心理问题，生活问题，思想问题等。每一个学生党员要力所能及地采取一定的针对性的相关措施，帮助学生解决学习、生活、就业等方面的困难和问题，为他们的全面和谐发展创造条件，真正发挥学生党员联系群众、理解群众、贴近群众、服务群众的作用。

三、学生党员发挥作用的举措

(1)学生党员首先必须深刻理解和把握科学发展观的含义。科学发展观已经被党的十八大列为指导我国经济社会发展的重要指导思想，学生特别是学生党员必须第一时间学习，学深吃透，把握科学发展观的深刻要义和根本内容，让科学发展观入耳、入脑、入心，在内心深处真正树立科学发展观，用先进的思想武器和理论武器武装自己、改造自己、提升自己，不断提高自己的政治素质和理论修养。学生是青年的重要组成部分，是中国特色社会主义各项事业的生力军和接班人，承担着继往开来、迎接挑战、攻坚克难、推动中国走向世界强国之林的历史使命，只有运用好科学发展观，才能自觉地去发挥先锋模范作用。

(2)充分发挥学生党员在年级中的模范作用。首先要认真做好学生党员的培养、发展工作，积极增加学生党员的数量，提高学生党员的质量，要按照上级的有关规定，尽可能把党支部建在年级上。总的原则就是，本着积极而慎重的态度，在保证党员质量的基础上，力争经过几年的努力，使学生党员的比例在现有的基础上,有较大幅度的提高。所以,在这方面,学生党员本身有着很大的责任。要坚持“早选苗、早教育、早培养、早打造的原则”,在年级中成立党支部,来带动所在班级的综合素质的提高,以及基层党组织的战斗堡垒作用的充分发挥。其次,要积极发挥学生党员在年级的各种有效作用。年级是开展集体活动的重要场所,对于班级的作用非常明显。党员的作用发挥得如何,发挥得是否到位,对于年级的每个同学会产生直接的重大的影响。因此,党员要充分发挥党支部的战斗堡垒作用和党员的先锋模范作用,建立健全一系列相应的体制机制,让学生党员明确自己的职责分工,积极完成学校委派的工作任务。每位学生党员都应强化政治立场,强化政治意识,提升党性修养,然后,在友爱同学文明交往、创建先进集体、改进优良学风、净化学校校风、保持课堂纪律等方面起到模范和带头作用。

(3)最大限度地发挥学生党员在宿舍中的模范作用。学生宿舍是学生日常活动与学习的非常重要的场所,既是大学生学习、生活和休息的重要场所,又是进行思想政治教育和素质教育的重要阵地,是校园文化建设中的重要载体之一。可以说,学生在一天的时间里,有三分之一是在宿舍度过的,这为学生党员发挥模范作用提供了极好机会。因此,发挥学生党员在宿舍的先锋模范作用,带头创建良好的宿舍环境和宿舍文化,对形成良好的校风、学风、作风,促进学生健康成长具有特别重要的意义。在这方面,学生党员可以在学校党委的指导和帮助下,开展一系列有益的活动。比如,可以通过开展“宿舍文化月”“党员宿舍行”等等类似的活动,进一步加强宿舍这一学生工作开展活动的阵地的建设,进一步强化学生党员在这一阵地中至关重要的作用,使之成为一块非常有用的阵地、园地、载体和纽带。再比如,可以进一步发挥“党员宿舍”“党员形象栏”“党员窗口”等作用,发挥党员的旗帜作用和带头作用,让党员的声音时时在学生公寓里响起,使学生党员成为同班同学的一个榜样。此外,还可以通过“一帮一”结对子活动,努力实现“一对一”寝室里的结对,促进党员在日常生活中切实发挥先锋模范作用,带动本宿舍同学以实际行动争做文明大学生,使学生宿舍文化建设向着良性健康的方向发展。

(4)建立合理的培训、教育、考核和激励机制。机制的作用非常重大,在党员带动学生的活动中发挥着长久的作用。比如,可以建立科学、合理、高效的学生党建工作制度体系,可以建立党员带学生的制度,可以借鉴国内著名高校在这方面的先进经验,这是搞好学生党建工作的强大保障。

总之,学生党员与社会党员一样,是一个领域内的典型,应当发挥榜样作用和先锋作用。学生党员在不断地提高自身的党性修养和综合素质的前提下,要充分发挥先锋模范作用,以良好的党员形象影响和带动广大同学共同进步共同发展，在学习、生活、工作中做到“以行带人，以理服人，以情感人，以事助人”。学生党员如果在机制建设、活动筹办、内部管理、学习生活、思想政治、教育培训等方面多下功夫，一定能把学生党员的优势发挥出来，一定能把普通学生的学习积极性带动起来，把普通学生的思想政治做到位，这将是学生党员充分发挥作用的必然结果，也可以为班级建设的积极推进发挥应有作用。

（原文发表于《教育教学论坛》2013 年第 11 期）

大学生党建工作调研报告

巨维博　李　捷

摘　要　对高校大学生思想状况和大学生党建工作基本情况给予调查，总结高校党建工作的成效，分析存在的主要问题，并对做好新时期、新阶段党建工作提出对策建议。这一项研究对切实加强高校党建和思想政治工作，保持大学生党员的先进性，有一定的指导和参考意义。

关键字　大学生　基层党建　调查研究

中共中央国务院在《关于进一步加强和改进大学生思想政治教育的意见》一文中指出："对大学生党员要加强党员先进性教育，使他们严格要求自己，提高党性修养，充分发挥在大学生思想政治教育中的骨干带头作用和先锋模范作用。"高校基层党组织承担着为党培养合格接班人和建设者的重要战略任务，在高校开展党的先进性教育活动具有重大意义。全面强化和改进大学生党建工作是加强学生思想政治工作的基础性任务，也是提高学生党员素质，保持学生党员先进性的有效途径和手段。为进一步完善基层党组织的学生党建工作，我们对西北工业大学力学与土木建筑学院、管理学院、人文与经法学院大学生的思想状况以及基层党建工作情况进行了调查。

一、调查结果及其分析

调查包括问卷调查和访谈两部分，内容涵盖大学生思想政治状况，积极分子的培养、发展和考察，学生党员的行为规范和培养，党支部建设等四部分 50 个问题。问卷调查对象为西北工业大学具有代表性的工、管、文 3 个学院 4 个年级的学生，其中学生党员 214 名，入党积极分子 128 名，普通学生群众 134 名。发放问卷 500 份，回收问卷 476 份，其中有效问卷 468 份，有效问卷回收率为 93.6%。同时和学生党员、入党积极分子进行了座谈。调查得出的数据比较客观地反映了当前学生和学生党员的思想状况，也反映出了当前学院学生党建工作的基本情况。

（一）大学生、大学生党员的思想政治道德素质健康发展

大学生、大学生党员队伍的思想状况从总体上来说是积极向上的，政治思

想素质主流是好的，在是是非非的思想潮流面前能保持冷静的头脑。绝大多数同学能坚定对共产主义的信仰、对社会主义的信念、对共产党的信任、对现代化建设的信心，并对党员队伍建设怀有高度的政治责任感、时代紧迫感和历史使命感。具体表现见表1。

表1　对党的执政能力认识的调查

调查内容	选　项		
在中国共产党领导下我国全面建设小康社会的目标能否实现	能 81.51%	不能 7.66%	不太清楚 10.83%
党在实践中是否坚持了“三个代表”思想	有 59.26%	有时有，有时没有，但总体还行 35.12%	没有 5.62%
对现阶段党和国家的方针政策是否认同	认同 68.47%	不认同 4.02%	不太清楚 27.51%
如何看待现阶段的腐败问题	主流是好的，腐败是少数且是暂时的，随着经济、政治、文化的发展可以克服 51.93%	腐败问题已成为我国的普遍问题而且是人性自私与公共权利共同作用的结果，无法克服 19.32%	不太清楚 28.75%
社会主义与资本主义哪个更好	社会主义 61.08%	资本主义 18.24%	不太清楚 20.68%

（二）学生党建工作规范化、制度化，进一步提高了基层党组织的凝聚力，强化了党支部的战斗堡垒作用

各学院制定了规范的党员发展、组织生活、支部活动等工作制度，完善了学生党员发展工作的各环节，保证了学生党员的质量；以严密的组织体系、灵活的组织形式，扩大了学生党建工作的覆盖面，增强了工作的时代感、渗透力，进一步提高了基层党组织的凝聚力，强化了党支部的战斗堡垒作用。以下是对学生基层党组织工作的调查情况，见表2。

表 2　对基层党组织建设的调查

调查内容	选　项		
党支部组织生活时间安排	每周一次 44.3%	每月至少一次 33.9%	不正常 16.8%
党支部对积极分子的培养工作情况	联系人主动、积极对积极分子进行教育培养 43.6%	按照党支部的安排和任务要求进行 48.9%	培养工作较差 7.5%
党支部对发展对象的考察谈话讨论制度的落实	很好 45.14%	一般 49.2%	不太好 5.66%
在民主生活会上对于有错误的党员的批评	大胆批评 34.8%	含蓄批评 50.5%	不批评 14.7%
党支部发展党员的程序	严肃、认真、规范 45.5%	比较规范 43.9%	不规范 11.6%

(三)学生党员的政治思想有所提高,模范带头作用突出

对学生党员评价的一个重要方面就是看他们能否严格遵守校纪校规,起到模范带头作用。学生党员多是学生干部,大多数学习好,工作好,能起到表率作用,获得市级、校级荣誉称号的人数也大大超过了非党员学生。由此形成的良好的政治氛围,为党组织输送优秀人才打下了坚实基础。以下是对学生党员的调查情况,见表 3。

表 3　对党员表现的调查

调查内容	选　项		
党员向党组织做思想汇报的情况	经常向党组织汇报思想 43.1%	正常向党组织汇报思想 49.8%	很少向党组织汇报思想 7.1%
党员主动为同学服务	经常为同学服务 78%	偶尔为同学服务 20%	很少为同学服务 2%
党员的学习成绩	很好 74%	一般 23%	很差 3%
党员的日常表现	很好 82%	一般 14%	很差 4%
党员的模范带头作用	发挥得很好 27.1%	一般 53.2%	很差 19.7%

但通过调查也发现学院学生党建工作存在一些共性的问题，应当高度重视。

1. 入党积极分子、党员的教育存在着内容空乏、缺乏说服力的问题

教育内容空洞，形式单一，缺乏有效性。主要表现：第一，学习内容不生动、不深入。有些支部把学习看是成是例行公事，以读文件、报纸或转达上级有关精神为主，被动应付上级。规定讨论的内容很少与社会问题、党自身问题、时事形势结合起来。通过对党员、积极分子的调查发现，认为党课效果好的占 29%，一般的占 32%，不好的占 39%。认为交流和讨论效果好的占 35%，一般的占 58%，不好的占 7%，这说明党员理论学习的收获甚微。第二，活动内容单调，形式单一。党支部活动大都集中在确定发展对象、发展对象通过、讨论学生预备党员转正等，组织生活则以义务劳动为主。传统的教育形式质量不高，不能达到提高积极分子、党员思想境界的教育效果。

2. 党员发展中的重数量轻质量问题

坚持从严治党的方针，是新时期基层党建工作的要求，也是发展学生党员工作应该坚持的方针。但在实际中却存在着发展工作缺乏计划性、入党程序混淆和遗漏，追求数量降低质量、突击发展、人为划定党员发展比例的情况。在发展工作中，有些党建工作者甚至以是否达到某一比例来衡量党务工作的好坏；在培养考察中，为达标而放宽标准，把部分思想上未成熟、条件未具备的学生"拉"进党组织。这不仅降低了党员发展的质量，影响了党支部的战斗力及党员先锋模范作用的发挥，更直接地影响到党组织领导核心作用的发挥。

3. 党员教育上的重发展前教育，轻发展后教育问题

学生党建工作的重点往往放在新党员的发展环节上，对学生党员转正后的后续教育却不够重视。一、二年级的党员较少，大部分集中在三、四年级发展，而高年级学生面对越来越严峻的就业形势，将更多的精力投入到就业的准备上来，自觉不自觉地放松了对自己的要求。有些党员甚至认为自己已经是一名党员，只要不犯大错就行，表现出入党后自我要求逐步下滑的趋势。而学生党员自觉学习、自我要求思想进步的意识又不强，从而直接导致了学生党员政治素质与理论水平的下降。这些说明了对党员的培养教育缺乏连贯性，或者说缺乏一个"党员入党前后的教育体系"。

二、思考与对策

（一）学院党委要从战略的高度重视学生党员发展工作

当前，如何坚持马克思主义的指导地位，用马克思列宁主义、毛泽东思想、

邓小平理论和“三个代表”重要思想武装青年学生,引导他们树立坚定的共产主义理想和中国特色社会主义信念,是基层党组织面临的重要任务。因此,学院党委必须从战略的高度出发,本着积极而慎重的态度制定出本院学生党员发展的长远规划和切实可行的近期目标,把大量德才兼备的大学生吸收到党内来。从新生入校开始抓,摸好底,做好教育工作,鼓励学生从开始入学就向党组织靠拢;从教育入手,坚持普遍教育和重点培养相结合,精心办好学院二级党校,提高重点培养的数量与质量。逐步达到一年级班班有党员,二年级班班有党小组,高年级班建立党支部,使学生党员比例有一个大的提升。

(二)教育途径应该多样化

要根据大学生的特点和社会政治形势的变化,多形式、多途径地提高思想政治教育的有效性。①实行“灌输”与“启发”相结合的教育形式,充分调动学生自我教育的积极性。利用灌输式的主渠道教育对学生进行邓小平理论、“三个代表”重要思想和党的基本路线的讲解。同时开展启发式的主题教育活动,使积极分子在活动中受到强烈的爱国主义教育,从而坚定对党的信念。例如,可以聘请专家就当前学生感兴趣的各种社会现象、国际形势、政治经济、文化等方面的问题做深层次讲解与剖析等等。激发学生的能动性,切实将“三个代表”重要思想转化为坚持与时俱进的品质。②组织积极分子和学生党员参加社会实践活动,在社会实践中锻炼提高。通过社会实践加强对党的路线、方针、政策的理解,运用所学的专业知识及技能直接为社会生产和现代化建设服务,切身感受社会和国家的发展及党员的价值与责任.真正将“三个代表”重要思想贯穿到自己的实际行动中去。③重视教育方法和手段创新,形成全方位、多功能的培养教育网络。在手段上,树立系统意识,形成强大的教育合力,加强大学生积极分子和党员的思想政治教育工作。在工作上,要加强针对性,着力突出积极分子和学生党员的主体性,提倡双向交流平等讨论。还要适应开放的环境与迅速发展的现代媒体,建立网上红色阵地,使之成为搞好积极分子和学生党员思想教育的有利导向。总之,要把党课学习、组织生活、支部活动与社团活动、社会实践、网上论坛,辩论、参观访问等结合起来,建立多样化的教育渠道。

(三)严格按标准发展党员,把好质量关

发展党员,必须按照“坚持标准,保证质量,改善结构,慎重发展”的方针,做到成熟一个,发展一个。因此应该做好以下几个方面的工作:①坚持共产党员的标准。党支部在讨论大学生入党时,要严格对照党章规定的共产党员的条件,具备共产党员条件者,才能吸收入党。凡是条件不成熟的发展对象,都不勉强吸收入党。②严格按照发展党员的程序办事。学生入党，必须由个人自愿向党支部递交申请，党支部经过推荐、考察，各方面表现较好者，才能列为入党发展对象，并指定两名正式党员对其进行培养教育。对经过培养教育、通过党校培训考试的发展对象，要进行民主测评，本人填写入党志愿书，党支部委员会严格审查其入党材料，合格并公示后，才能提交支部大会讨论。党支部大会讨论通过后，上报学校党委审查，最后做出是否批准的决定。凡被批准的新党员，都要参加庄严的入党宣誓。③建立科学合理的积极分子选拔办法。要变“相马”为“赛马”，让真正符合党员条件的学生在实践活动中脱颖而出。同时，还要坚持“公平，公正，公开”的原则，让广大同学也参与到选拔工作中来。在选拔中，不仅要看工作表现，还要看学习、群众关系，不搞“一白遮百丑”，使选拔的积极分子真正成为工作上的劳模，科研上的标兵，校园文明的先锋，使同学心服口服。

(四)积极探索有效途径，采取有效方式，提高大学生党员继续教育的效果

(1)严格组织生活制度。这种方式对加强大学生党员的教育和管理，促使党员发挥先锋模范作用有着重要的意义。党组织要定期听取党员思想、学习、工作和生活情况的汇报，组织党员积极开展批评和自我批评，广泛听取党内外群众的意见，从而全面了解党员的情况。及时肯定成绩、否定错误，使党员坚定政治方向和共产主义世界观，在各自的岗位上发挥作用。

(2)加强实践锻炼。可以采取“给任务”“压担子”的做法，让学生党员担任理论宣讲员、承担入党积极分子联系培养工作，或在班级担任一定的社会工作，利用课余和假期时间组织社会调查活动等等，让大学生党员在实践中受教育、长才干、做贡献，这是加强大学生党员继续教育的行之有效的方法。

(3)实施目标管理与质量跟踪。可以运用目标管理的原则，对大学生党员实施目标管理。学期开始时要求学生党员填写党员目标责任书，引导学生党员做思想、学习、工作和生活的模范，学期结束时还要对照目标对每位学生党员进行检查，针对不足提出批评和改正意见。还可采取问卷调查、座谈走访等形式，对新、老学生党员和毕业生党员进行定期、不定期的质量跟踪调查。让老师、同学、朋友以及领导、同事评价其现实表现，使其置于群众的监督下。这样，可以及时掌握信息，针对性地调整工作思路、确定工作重点，更好地提高继续教育和培养的效果。

小角落蕴含大课堂

——航天学院学工组进行“角落教育”实践与思考

郑　曦　唐玉生

苏联著名的教育学家苏霍姆林斯基曾说:“教育的艺术在于,不仅要使人的关系、成人的榜样和言语以及集体里精心保持的种种传统能教育人,而且也要使器物(物质和精神财富)能起到教育作用”,其任校长的实验学校——闻名于世的帕夫雷什中学里,不为人们注意的地方都被苏霍姆林斯基巧妙地利用起来,图书角、艺术角、安静角等构成了绝妙的角落教育课堂,“用环境、用学生自己创造的周围环境、用丰富集体精神生活的一切东西进行教育,成为教育过程中最微妙的领域之一”。

如何把这最微妙的领域引入到大学的人才培养过程中,从而激发学生学习的兴趣和积极性,挖掘他们自身蕴含的教育资源,是笔者一直以来关注和思考的问题,并结合工作进行了尝试。利用空间角落资源,我们选择在长安校区数字化大楼的一处角落建立 Science Wisdom Corner 供学生平常交流、研讨,我们也让学生自己办英语角、创业传奇乐园、迷你研究所、体育之夜、假面舞会、亦舟美术角,每一个夜晚都可以成为文化氛围浓厚的第二课堂,一场学术沙龙,一次人文之旅,一幕艺术赏析,一回头脑风暴,不仅开发和利用了学生本身所蕴含的教育资源,并还原其角色——具有旺盛生命力、充满发展需求和蕴藏无限创造活力的人。航天学院王肇天同学以此为依托成立了我校首家完全由学生负责运行管理的咖啡沙龙店——CORNER CAFÉ,教授学者与学生共饮创意咖啡的同时,就科研学术问题展开交流、互动;陈李宇、韩兆峰同学则在角落里相遇相识,一起谋划了以自旋翼飞机为创作平台的新媒体传播公司——华航泽睿,成为首批入驻长安校区创业基地的学生创业集体。研究生白斌、杨乐参与过长安校区的 Science Wisdom Corner,联合多个学院研究生在友谊校区创办了不凡空间咖啡馆,进一步拓展了角落文化。目前,不凡空间已经汇集 NPU English Corner、不凡文化青年沙龙、交叉学科论坛、易人铁事小剧场等交流活动,有效地提升了校园文化氛围,并得到了中航国际、中航技的关注与支持。由于出色的组织与实践能力,白斌、杨乐均被中航技录用,成为受角落教育影响走出的第一批优秀毕业生。

学校十二次党代会提出必须在人才培养的观念上实现突破，这就要求我们必须从教育的本质、多元化的人才观、创新人才特征来思考基于全面发展的创新教育，不断创新人才培养过程中的理念、思路、举措、模式等。我们开展角落教育，就是以“学生为根”为理念，不用同一标准或固定模式去塑造学业参差不齐、兴趣爱好有别、个性价值多元的学生，不过早地为学生打上好中差的烙印，而是善待、宽容、欣赏学生的差异，捕捉每个学生身上的闪光点，让每个学生在激励中超越自我，不断获得身心教育发展的增值，体现既要为通才定规则，更要为天才留空间的教育理念。

一年来的实践与思考，也让我们对角落教育有了进一步的认识：角落教育广义应是指以挖掘和利用课堂内外空间、时间等多维度的零散资源整合为若干角落，以培养学生全面成长成才为目标的第二课堂教育活动；狭义是指以“学生为根”理念为指导，以发挥“生本资源”作用为主，通过角落资源为平台，角落文化为依托，角落活动为载体，角落社交网络为推动而开展的育人工作。角落教育属于第二课堂范畴，但不局限于第二课堂。第一课堂也有非常丰富的角落资源，通过赋予学生学习的自主权，由传统的接受者转换为设计者，从而可以释放出学生本身蕴含着的强大教育资源。因此，角落教育既丰富了第二课堂的途径和手段，也是对第一课堂的有益补充和延续。

高校角落资源丰富，而且还有多年积淀的角落文化基础，角落活动和角落社交网络业相对成熟，十分适合开展角落教育。苏霍姆林斯基曾说过：“学校要让校园内每一面墙壁都会说话”，我们提出以学生为根，要让校园内每一处角落都是课堂！

“学习人”人性假设及其管理策略探析

李　辉　赵世刚

摘　要　通过理顺个体学习、团队学习、组织学习以及学习型组织之间的关系，构建了一个“学习人”实现“自我超越”的路径模型，并就如何有效管理“学习人”提出了进一步创新管理的策略选择：通过营造学习型文化氛围、构建学习型激励机制、创新学习型领导思维、建立学习型培训体系来激发员工的学习动力，以期对大学文化建设以及政府、企业文化建设等有一定的借鉴意义。

关键词　学习人　学习型组织　自我超越模型　学习动力机制

一、人性假设新发展：“学习人”假设

（一）“学习人”的内涵界定

学习是人的一种本能，是人类个体存在方式和成长状态的一种表现，更是人类社会实现可持续发展的源泉和动力。“学习人”存在于不同的人性假设当中，只不过人学习的本性在过去一直被其他属性所湮没。它的浮现与组织（社会）的发展密切相关，可以说是时代的产物。

20世纪90年代，彼得·圣吉提出的学习型组织理论完整地提出了对人的理解的问题。学习型组织理论从学习是人和组织的本性假设出发，提出了“学习人”和“学习型组织”的概念，从而找到了在组织中培养和改造人性（人性组织化）和组织人性化的理论，用人性和组织中“变”（学习）的本性，克服了人为假定的“人”和“组织”不变的东西；学习型组织的哲学是人与组织的统一，强调个人与组织的整体感、统一感。

所谓“学习人”就是将学习视为其生存和发展的必需，拥有强烈的学习动机和创新意识，期望通过持续不断的学习修炼，优化自身素质和技能结构，提高适应外界变化的行为能力特别是危机应对能力，在为组织（社会）服务过程当中展现自身价值，获得组织（社会）的承认和尊重，实现自我超越的不断发展和成长的人。这里所指的学习不仅仅是人们所接受的正规教育，更是一种吸纳新知识并有效转化的能力，是潜意识的学习，是创造性的学习，是终身的

学习。

(二)"学习人"的人性特征

学习型组织的管理理念是以"学习人"假设为中心,五项修炼也被许多学者作为构建学习型组织的基本理念和手段或者作为判断一个组织是否是学习型组织的重要标准,因而"学习人"的人性特征大多被定义为"追求自我超越、善于改善心智模式、具有现代复杂系统思考能力、善于分享和共建共同愿景、向往团队学习"。

从人性特征呈现多样性的角度来看,"学习人"是"复杂人"在当今社会的一种表现形式。因为它不仅具有"经济人"追求自身利益最大化和"社会人"渴望拥有良好人际关系的特征,同时也会像"自我实现人"那样善于自我激励、自我挑战。但"学习人"的根本属性是在社会交互作用中,期望通过持续不断的学习修炼,在努力创造自身价值的同时,推动组织目标的实现、社会的发展和进步,达到自我超越。自我超越在本文中是指在集体利益的基础上,个体通过与他人和组织相互支持的学习关系在学习—修炼—提升—学习这条无休止的发展道路上产生和延续创造性张力,并以此来实现自我意义,这是个人生命力的源泉,也是构建学习型组织的精神基础。改善心智模式、建立共同愿景、融入团队学习和走向系统思考只是"学习人"从自我实现到自我超越的手段和工具,而不是目的。

二、"学习人"核心观点:从自我实现到自我超越

以个人与组织的关系视角来看,"学习人"要经过怎样的路径才能从自我实现达到自我超越呢? 本文以彼得·圣吉的学习型组织理论为参照,通过理顺个体学习、团队学习、组织学习和学习型组织之间的关系,为"学习人"构建了一个实现自我超越的路径模型,如图 1 所示。

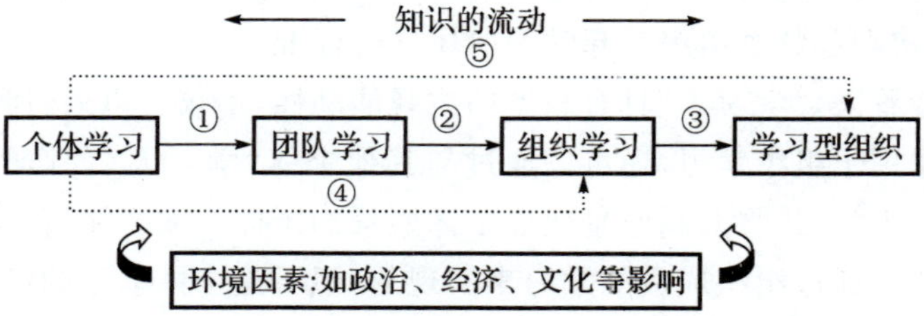

图 1 "学习人"自我超越的路径模型

注释:(1)①,②,④:共同愿景; ③:制度化机制;⑤卓越领导者的推动;

(2)自我超越、改善心智模式、走向系统思考、建立共同愿景、团队学习在于每一个发展阶段中。

(一)从个体学习到团队学习

个体学习就是一个人从自己的角度来认识外部环境和世界,自由地寻求发展个体能力、个体素质、个体习惯和行为的过程或方式。这是"学习人"创造自身价值的必要手段,也是实现自我超越的前提基础。对单个人来说,只有在不间断的学习中才能具备适应自身发展、有效应对不同社会挑战的素质和能力,开放、健全的人格;渴望自我实现、积极寻求自我超越;走向系统思考的能力;不断改善自己的心智模式;愿意与他人分享愿景;能够融入团队学习。

随着组织和社会环境的日益复杂化,团队建设和团队学习业已在个人和组织之间达成共识。具有自我超越精神的"学习人",在价值理性驱动下达成"共同愿景",进而使个体学习进入到了团队学习修炼项目。团队学习是不同层次、不同需求的"学习人"在自我超越、系统思考、分享心智模式和共同愿景基础之上的联动学习形式,是把个体知识进行初步积聚和整合以发挥最大效率的必然路径。在团队中,"学习人"之间可以通过深度会谈和有意识的对话,以正当的途径或适当的形式相互取长补短,努力改变或重新设计自身,走出自我封闭的狭隘空间,在更广阔的领域内施展才华,创造人生价值。

(二)从团队学习到组织学习

组织学习是一个系统化的、持续的集体学习过程,是组织里的个体通过各种途径和方式,不断地获得知识、在组织内传递知识并创造出新知识,以增强组织自身能力,带来行为或者绩效的改善的过程。在组织中,不同团队在共同愿景的作用下,相互学习、相互合作。团队的学习是整个组织学习的重要组成部分,是连接个体学习与组织学习的桥梁和纽带。在某些层次上,个体学习与组织学习是无关的,即使个体始终都在学习,并不表示组织也在学习,但如果是团体在学习,团体为了组织目标而学习,团体变成整个组织学习的一个小单位,他们可将所得到的共识化为行动,甚至可将这种团体学习技巧向别的团体推广,进而建立起整个组织一起学习的风气与标准。

在笔者看来,"学习人"具有高度的主观能动性,不仅可以通过参与团队学习来间接作用于组织学习,还可以通过与其他个体"学习人"合作的方式来直接作用于组织学习,将共同愿景变成个体愿景的延伸。需要厘清一点的是,组织学习虽然是通过组织成员的学习来实现的,但不是个体学习的简单加总,而是对个体学习的系统性整合,因为组织有自身的识别和存储系统。通过这一功能,组织可以形成巨大的知识能量场,并在传播、共享、储存和应用知识的过程中有意或无意识地塑造着组织中个体的行为模式、思维方式、价值观,增强个体整体机能以适应组织内外环境的变化,从而产生远大于组织中个体学习总和的整体学习效果。从团队学习发展到组织学习,为个体突破自己的能力上限、创造真心向往的结果提供可能,是“学习人”又一巨大的超越。

(三)从组织学习到学习型组织

学习型组织是指能够敏锐地观察到内外环境的各种变化,通过制度化的机制或有组织的形式捕获学识、管理和使用知识,从而增强群体的能力,对各种变化进行及时调整,使得群体作为一个整体系统能够不断适应环境变化而获得生存和发展的一种新型组织形式以及组织发展机制。

组织学习与学习型组织不是同一概念,两者之间既有联系又有区别。两者的联系在于:组织学习是学习型组织主要的理论来源,学习型组织则是组织学习的指导思想和奋斗目标。在学习型组织中,个体和团队把学习当作一种本能和实现自身全面发展的必备技能,组织学习业已成为一种日常生活习惯或者说是一种维持组织存在的方式。两者的区别在于:从表现形式来看,组织学习是一个活动过程,而学习型组织是一种组织形式以及组织发展机制,代表着一种组织理念(从“现状”走向组织希望的另外一个状态);从学习的主体来看,组织学习主要是以团队学习为主,学习型组织则是以一种包容的形式把个人学习、团队学习和组织学习完美地融合在一起,组成一个全员学习的整体系统;从目标上来看,组织学习偏重于“组织自身的生存—组织的可持续发展—组织绩效目标的提高”,而学习型组织通过制度化的机制或者有组织的形式,积极引导全员学习,使个体自我实现和组织长远发展相结合,实现真正意义上的个人与组织的“双赢”。

总之,学习型组织不仅注重为组织成员努力创造一个保证和支持学习的工作环境和组织文化以便在理念上引导其增强自主学习的意识,更为其提供坚实的体制机制保障。从组织学习发展到学习型组织,不仅为“学习人”实现自我超越提供组织保障,更是组织发展的理想归宿。也只有实现这一跨越,“学习人”的社会价值才能够在最大程度上得以实现。

三、大学文化建设中“学习人”管理新策略:构建学习动力机制

大学文化建设,甚至包括那些正在尝试转变为学习型组织的政府或企业,要想在最大程度上释放“学习人”的学习力(把员工的知识资源转化为知识资本),采取与其人性特点相对应的管理策略才是最合时宜的。对于“学习人”的管理,要以人为本,坚持环境创设、激励性管理、个性化发展、人与组织共同成长原则,构建一种学习动力机制,才能真正提高激励力,从而创造出一种先进的生产力即学习力,成为大学文化建设的内动力、自动力。在笔者看来,激发“学习人”的学习动力不是哪一个单一的因素就可以决定的,而是在多种因素

共同作用下的结果,可以用公式表示为

$$P=f(E,M,L,T)$$

式中,f 表示一种函数关系;P(power,学习动力);E(environment,企业的环境氛围、价值理念);M(motivation,人们在工作过程中受到的激励);L(leadership,领导方式);T(train,对所有人员的培训)。

(一)以人为本,营造学习型文化氛围

以“学习人”为本,重视人在大学文化建设与发展过程的作用,把人作为管理活动的核心,通过组织和成员本身营造出一种多元化的学习型文化氛围,帮助教职员工与学生树立学习型价值观,是提高组织绩效的必然前提,也是实现教职员工和学生自身发展与组织全面发展的必然要求。

学习型文化氛围主要包括:①知识共享的文化氛围。在大学中通过构建专业知识库、实行场景学习与实践、组建学习型团队、建立传帮带、开展知识技能竞赛、创建知识交流论坛、完善知识补偿机制等多种形式为组织成员创造自由的知识交流平台和空间,鼓励知识共享,推动隐性知识显性化、显性知识成果化,为每一位员工都有机会成为终生学习者提供动力和可能。②鼓励创新的文化氛围。在现代市场经济体制日益完善背景下,大学之间的竞争进入白热化阶段,是否具有创新意识和能力已成为决定大学能否快速发展、长足持续发展的关键因素。大学领导层通过搭建创新平台,完善创新机制,加强教职工、学生多向度的内外、上下交流,鼓励他们不断创新、探索、试验和冒险,并宽容创新失误,允许其失败、犯错,把创新试验过程中的错误当作学习的良机,必将有益于增加组织中进行流转的知识黏性,增强他们对新知识新技术的吸纳功能,提升组织的学习力和竞争力。③崇尚危机的文化氛围。组织学习的“智障”之一就是“能力陷阱”,是指由于自身过去的成功导致盲目的自信,使组织脱离未来的变化,学习能力下降。为了避免成功之后的失败或者提前避免成功之前的失败,组织必须崇尚危机:在制定战略规划时,引入外部专家进行危机分析;定期邀请外部大学甚至政府、企业来进行危机评估,或者成立专门的危机管理部门;通过模拟危机情景、解析著名危机案例甚或人为地引入混乱等方式,开展危机教育培训,增强员工危机意识。

(二)与时俱进,构建学习型激励机制

人的需求会随着社会的发展而不断变化,零散、缺乏弹性、以物质激励为主的传统激励手段已经无法再满足“学习人”多层次的需求。在现代大学中,只有与时俱进,以科学的理论为指导,进行系统的调查、分析、设计、评估、反馈,在把握教职员工和学生共同的和个性的心理预期基础上,构建与“学习人”

需求相匹配的学习型激励机制,对"学习人"进行人性化和个性化激励,才能真正提升激励力,激发其工作热情。

学习型激励机制主要包括:①愿景激励。愿景是指建立在个体及其组织共同价值取向基础之上,能激励人努力为之奋斗的关于组织未来长期性、战略性的发展目标。它能使组织所有人产生成就感、信任感、归属感,增强组织凝聚力、向心力,为个人与组织共同成长和长远发展提供强大的精神动力和情感支撑。因而大学应积极引导、合理授权,让教职员工和学生参与到大学愿景的制定过程并对契约上的内容与组织达成一致,形成正式承诺,使个体愿景驱动力与组织愿景驱动力有机结合,推动个体学习转化为组织学习,铸造他们的共同行为(每个人都成为创造任务和完成任务的平等参与者),为个体"自由而全面发展"与组织绩效目标的实现找到精神上的"契合点",最大限度地激发每个人的创意和创造力。②权利激励。传统的激励机制更多的是对组织所属人完成任务的嘉奖或者说是对其履行义务的一种肯定,却忽视了从权利的角度对他们进行奖励。所谓权利激励,是指管理者通过权利的让予,让组织所属人获得更多的知情权、参与权、管理权,引导他们进行自我管理、自我改造,使他们潜在的积极性显性化,在更大程度上点燃他们的工作激情。权利与义务具有一致性,组织所属人的权利越大,需要承担的义务也就越多,在某种程度上能激发他们的责任感和使命感。权利激励其实是一种正激励。③竞争激励。社会资源是有限的,这就决定了竞争在人类社会中的不可避免性。正当的竞争,能有效激发"学习人"自身活力,克服人类本身所固有的惰性,强化其所特有的"知识本领恐慌",激励其持续不断地学习。在大学内部建立切实可行的竞争机制,例如完善组织所属人的学习绩效考核机制、知识专利保护机制和专利入股机制、奖励优秀学习型榜样师生、建立健全组织所属人晋升渠道以及学习奖惩机制等,使博弈双方激励相容,可以有效激活组织内部机构和个体,打破员工对私有知识的保护性行为,产生"鲶鱼效应"。

(三)坚持权变,创新学习型领导思维

一个成功的大学领导者,是一个懂得权变的领导者。"学习人"在工作中的行为受到多重因素的影响,不仅包括经济因素,还与个人情感、家庭生活、组织管理理念、组织价值观念、社会变迁等因素有关。对于"学习人"的管理,需采取一种动态的形式,即领导者应根据具体情境,创新学习型领导思维,选择最适宜的领导风格。

从领导者自身的角度来说,要想成为一名学习型领导者、全面提升其领导力,需要不断进行"五项修炼",使自己具备多种优秀素质(以人为本的价值观、自信、乐观、真诚、正直、自我牺牲),掌握多种领导技能(持续学习,杰出的沟通能力,自我反思、自我批判,建立信任;合理授权,构建愿景,创新,危机处理,恰当的“自我暴露”),增强领导魅力和行为建构能力。从领导者与下属互动的角度来看,学习型领导者需要:①重视人。组织中的领导者必须高度重视人的作用,把人当作重要的资本来进行管理,积极与师生员工进行心智模式的转换,建立和完善具有“人文精神”的情感互动式沟通渠道,真诚倾听师生员工的心声;营造“无权术”文化氛围,合理放权,让师生员工进行自我管理、自我约束;打破现有身份的划分,实行全员参与式管理,让更多师生员工平等地参与组织文化建设、愿景构建、战略目标规划等组织管理活动。这些举措不仅可以增强员工的自我满意度,还可以为组织利用所有人的智慧进行创造提供可能。②服务人。领导者不仅要重视人、善于用人,还要学会服务人。针对“学习人”不同层次的需求,从经济利益、人际关系、发展推动等不同角度,探索建立共同和谐的利益分配关系,主动维持下属的工作—家庭平衡,配置先进的软硬件设施,有计划、有组织、有特色、有目的地构建师生员工的学习能力培养机制(如“回炉”深造、出国进修、参与重大课题研究),给予人性化的关怀和个性化的激励。③发展人。“学习人”不再是简单地追求某一方面的目标,而是懂得追求事业、家庭生活、社会关系等各方面的和谐与统一,注重生活品质的提高。领导者要把促进师生员工的“自由而全面地发展”摆在与大学整体绩效目标同等重要的地位,给予师生员工一定的自由度和自主权。自由度意味着不要对他们的工作给予过多的规定和限制,即所谓“最少的说明原则”,系统必须具备一定的“空间”,以利于创新;建立学习事业部,协调师生员工之间、师生与各部门以及内外部之间的学习关系,指导他们制订个人发展计划,并为其实现提供权力帮助,使学习成为每一名师生员工自觉的行动和良好的习惯;优化组织结构,使其呈现扁平化、网络化、员工导向性、可重构性形态;建立健全师生员工科学的发展和晋升体系,实施合理且灵活的薪酬、福利制度,让他们能够明晰自己在组织中的发展前景。

(四)开拓创新,建立学习型培训体系

彼得·圣吉论述的学习型组织包括辅导的范式,并用它作为人的快速成长的标杆力量。辅导即培训,它是组织通过采取多种形式,投入一定的人力、物力和财力,有计划地对组织成员进行旨在提高工作绩效的知识传授、技能训练以及行为引导活动。

以促进师生员工共同成长和组织全面发展为宗旨,建立一个“全面提升员工学习力为核心”的现代学习型培训体系,把培训作为“学习人”实现自我超越和大学整体绩效目标实现特别是大学文化建设的推动力,对于师生员工的自身发展和大学的长远发展具有建设性意义。①开拓创新,采取多元培训模式。

大学在培训过程中不能局限于采取单一的培训模式，而要充分利用自身资源和现代网络技术，建立一种多元的培训模式。例如，大学与企业结合，以大学为主；大学成立专门的培训事业部；大学之间的联谊培训；雇佣专业的培训公司；岗位轮换制、交流制；重点培训、全员培训；网络在线培训平台开发，利用互联网技术拓宽知识层次、培训渠道；人员驻外适应性培训等。②整合资源，建立培训保障机制。大学不仅要在观念上重视对成员的培训，还需要整合人力、物力、财力，为培训提供完善的保障。在培训讲师体系建设上，一方面要鼓励内部管理人员、优秀员工成为“导师”，建立柔性“师徒制”，不断为师生员工创造学习机会，促进相互间的对话；另一方面，从大学外部选取优秀的培训师，从专业的角度发现和解决大学和师生存在的问题，对大学的发展理念、战略规划等提出建设性意见。在培训课程体系建设上，一方面引入通用课程和其他大学的先进课程；另一方面，针对不同的培训对象（管理者、专业技术人员、普通员工）、培训层次（初级、中级、高级）、培训类型（岗前、在职、专题、晋升）、培训方式（教学、实践），自主开发适合本大学的培训课程。③以人为本，健全培训配套机制。师生员工培训工作是一项系统的、复杂的工程，不仅需要多元的培训模式、完善的保障机制，还需要以人为本，健全培训配套机制，主要包括培训管理机制、评估机制和考核机制。在大学内部设立职工培训委员会或者职工再教育委员会，对教育培训的相关工作进行专门的指导、监督和管理；在职工培训委员会下设立专门的评估部门，联合实施培训的部门和接受培训的职工，采用科学的、先进的、有针对性的评估方式，对培训课程（目标、内容、可行度、授课方式）、培训讲师（个人魅力、道德品质、专业技能、讲课技术）、培训组织情况、员工反馈情况（参与度、满意度、培训效果）等贯穿于整个培训活动过程的内容进行有效的评估和反馈；健全培训考核机制，重点是对师生员工接受培训后学习力提升的情况进行考核，并与个人绩效相挂钩，强化他们主动学习的行为，进而提升员工的学习能力、实践能力和创新能力。

综上所述，任何一种人性假设都是在某一特定历史时期的现实人性背景下提出的，与社会经济文化发展状况密切相关，并不存在一种适合任何时代、任何人的人性假设。在积极构建大学文化以及学习型社会这一大背景下，“学习人”的出现是个体发展的必然结果，也是社会发展的必然要求。无论是大学还是政府企业部门的管理者，要想对“学习人”进行有效的管理，必须以“学习人”为本，在充分了解其人性特点基础上，构建学习动力机制，积极引导其在工作中学习、在学习中工作、在工作中创新、在创新中发展、在发展中超越。

参考文献

[1] 俞文钊.管理的革命:创建学习型组织的理论与方法[M].上海:上海教育出版社,2003.
[2] 邱昭良.学习型组织新实践:持续创新的策略与方法[M].北京:机械工业出版社,2010.
[3] 彼得·圣吉.第五项修炼:学习型组织的艺术与实务[M].郭进隆,译.上海:上海三联书店,1998.
[4] 陈国权.学习型组织的过程模型、本质特征和设计原则[J].中国管理科学,2002,10(4).

(原文发表于《太原大学学报》2014年6月第2期)

社会实践活动促进大学生就业长效机制构建的探索

李秀萍　于海夫

摘　要　当前我国高等教育已由精英化进入大众化，大学生就业形势日益严峻。大学生参加社会实践活动不仅能增加社会阅历，开阔视野，也能够提升自身就业能力，促进自身顺利就业。当前大学生社会实践活动内容缺乏针对性和对实践活动评价方式的单一性，在一定意义上影响了社会实践促就业的实际效果。针对社会实践促进大学生就业长效机制构建进行深入的探索与实践，是当前教育工作者面临的一个重要课题。

关键词　社会实践　促就业　长效机制

一、社会实践活动对促进大学生就业的作用

1. 社会实践活动有助于大学生树立正确的择业观

社会实践活动是指大学生参加学校组织的社会活动，或者在课外时间有目的、有计划、有组织地走出校园、走向社会、认识国情一系列活动的总称。它为学生提供了理论学习应用于实践的机会，能够引导学生走实践成才的道路，使学生在实践中成长，从而最终为学生顺利就业奠定基础。在经济迅猛发展的今天，很多大学生对社会了解较少，不了解当前社会最需要什么。同时，目前我国高等教育已由精英化进入大众化，很多学生不能很好地正视自己，自我认识往往与真实水平有一定的偏差，从而常会导致择业的失败。美国加利福尼亚大学高级研究员约翰·奥布雷·道格拉斯 2012 年在《社会研究》上撰文指出，680 万中国应届大学毕业生中，1/4 的人未能及时找到工作。而高校通过预先充分调研，根据当前社会需求，结合学生的兴趣爱好和专业特长，有针对性地成立团队组织大学生参加社会实践活动，能够让学生更加清晰地认识自我，找到实现价值与兴趣、技能的结合点，同时学生可以了解本专业的地位和未来的发展趋势，进一步细化自己的职业定位，更好地明确自己今后的努力方向，这对于大学生树立正确的择业观具有非常重要的意义。

2.社会实践活动有助于提高大学生的综合就业能力

社会实践活动对提高大学生综合素质有一定的促进作用,主要表现在以下几方面:第一,人际交往能力。大学生在参与社会实践活动中,为了解决所面临的各式各样的问题,将会主动地对自己的沟通交流方式进行分析和调整,从而谋求一种恰当的沟通方式以建立和谐的人际关系。同时,在实际沟通中,也可以通过别人对自己行为所产生实际效果的反应对自身行为做出判断和评价,从而不断调整自身的工作方法,迅速建立较强的人际交往能力。第二,适应社会的能力。马克思说:"社会是人们交互作用的产物。"相对独立、封闭的校园生活容易使大学生对社会缺乏完整的认识,对社会认知的思维容易出现局限性,看问题经常以偏概全。借助社会实践活动平台,大学生在向实践单位提供科教、文化、卫生服务,或者开展日常志愿服务、技术支持、科学预研过程中将会更多地接触社会,可以更直接地积累社会交往经验,促进社会责任感的提高,从而提高适应社会的能力。第三,组织协调能力。近年来,学生党员和学生干部已成为用人单位选人的重要参考条件,原因就在于他们具有一定的组织协调能力,能够更快更好地适应工作岗位的需要。除了学生在校担任学生干部提高这方面能力外,参与社会实践活动给大学生提供了快速提升组织协调能力的机会。社会实践活要求全体成员要全程参与、各负其责完成自己承担的角色,能够很好地锻炼学生的策划、组织、协调、管理等方面的素质,同时,也会提升学生团结协作、共同协作的能力。第四,创新能力。环境是人创新能力培养和提高的重要外部条件,大学生在社会实践过程中将知识应用到实践,同时又通过实践对自己的知识进行检验,能够培养学生突破原有知识范围,提高分析和解决问题的能力,在实地、实战练兵过程中起到提高创新能力的目的。

3.社会实践活动有助于增进大学生与用人单位的相互了解

社会实践活动中,大学生通过到企业参观、座谈,走访校友等形式,向企业宣传学校的同时,也对企业实力、招聘专业需求等方面做了全面了解,不仅从企业对人才需求的角度,了解到自己在校理论学习方面需加强的地方,同时还使自己增长了见识,积累了经验,开阔了专业视野,利于自己的发展更快适应社会的需求。另外,高校在专业关联度较大的企业建立大学生就业见习基地或者社会实践基地,也拉近了学校和企业的距离,给大学生预就业提供了广阔的平台。

因此,大学生参加社会实践活动,对自身更快地适应社会,增强自身素质,提升就业能力具有重要的意义。目前,怎样把社会实践与大学生就业进一步有机结合起来,构建大学生社会实践活动促进就业的长效机制是当前教育工作者面临的一个重要课题。

二、高校社会实践活动现状分析

1.对社会实践活动资金投入不足，受益面偏小

参加社会实践活动是大学生最直接认识、了解、服务社会的重要途径。但是目前，从高校层面来看，还存在学校领导、相关职能部门对社会实践工作的认识不足，他们相对更加重视学校师资队伍和学科建设，而相对忽视社会实践建设和校园文化建设，对社会实践活动的投入支持力度不大，人力、物力、财力等必备条件受限。从地方政府、企业层面来看，大部分单位没有从科教兴国的高度认识大学生社会实践活动促进就业的重要性，导致应付性地对待学生社会实践活动，没有针对性地安排适合提升学生综合素质的实践环节，使实践活动的直接效果大打折扣。从学生层面来看，实践队员多由学生党员、干部和有一定特长的学生等作为主体组成，学生参与面相对较窄，这种模式离社会对大学生整体就业素质提升的需求有很大距离。以上因素都影响了大学生社会实践活动的开展效果，弱化了实践育人的功能。

2.社会实践活动内容缺乏针对性，专业特色不明显

当前，许多高校在社会实践活动开展过程中，没有充分认识到社会实践活动是学校教育的拓展和延伸，从而没有针对性地设定实践内容。高校社会实践活动现行的主要模式是利用暑假时间集中组织少部分的学生到相关单位实践，另外大多数学生自行分散实践。在集中组织实践方面，大部分实践队的实践内容主要是简单的座谈和参观，深入到操作单元进行实际操作的机会很少，对企业文化了解不深；在分散实践方面，学生主要是围绕农村教育、民主法制建设、家乡新变化等方面进行社会调查，过程简单，对学生就业能力提升相对较小，致使社会实践教育与课堂教育脱节，达不到社会实践促就业的初衷。

3.社会实践活动评价形式单一，机制不完善

高校对社会实践活动的评价，是对整个实践工作的总结和思考。当前，高校对大学生参加社会实践的考核往往是交一篇实践报告或总结，根据材料内容来总结实践活动、评选先进，这种评价方法过于单一，不能全面真实地反映大学生社会实践的实际状况，很大程度上影响了大学生参加社会实践活动的积极性。另外，对社会实践总结过程中形成的成果，后续深层次、长时间的宣传交流工作较少，不能很好地扩大实践活动效果，使更多人从实践活动中受益，存在重先进评选，轻效果宣传的弊端，对于通过大学生社会实践活动提升人才培养质量，促进学生就业作用得不到充分发挥。

三、构建长效机制的途径与方法

1. 加强思想认识,以制度化做好实践活动顺利开展的保障

随着社会的不断发展及大学生就业难问题的凸显,很多高校共青团组织将促进大学生就业作为实践活动的主要主题之一,在开拓就业市场,提高学生就业素质,促进大学生就业工作中具有重要的作用。只有学校领导、各职能部门、企业单位高度重视,才能形成自上而下、齐抓共建的局面,保障多元化的资金投入渠道,为大学生就业工作的平稳有效开展保驾护航。一方面,高校应制订相关的政策,以制度化来确保学校对社会实践活动财力的投入,扩大学校的拨款比例,使活动经费有充足的保证。另一方面要按照双向受益原则,积极与实践单位加强沟通,争取它们对学校实践活动的资金支持,既解决了实践活动资金不足的问题,又为相关企事业单位做了很好的宣传,从而达到双赢的效果。

2. 加大对实践活动的指导,增强学生就业能力的培养

科学规范的管理和对学生合理的指导是确保社会实践活动顺利开展,扩大其促进就业效果的重要保障。一是高校要建立结构合理、涵盖不同专业领域的指导教师队伍,针对不同学生个性化的专业指导,从而使学生能够有计划、有目的、有针对性地开展实践活动,有助于较快提升自己的就业素质;二是高校团组织与就业指导部门进行沟通,建立参与实践活动学生的就业情况表,通过取得的就业实践效果对学生参与实践活动提供更多的参考,提升学生参与社会实践活动的积极性。

3. 利用产学研合作契机,以项目化来实现社会实践成果的最大化

各高校都有特色专业,学校社会实践活动要抓住高校内重大科研项目的转化机遇,教师和学生利用社会实践活动走出校园,开展技术攻关和管理咨询等活动,或者参与部分科研成果转化项目,直接帮助企业转化为现实生产力,既可以密切校企之间的关系,又可以体现高校在行业发展中的重要作用,能够赢得企业对高校的尊重和对大学生综合素质、就业能力的认可。所以,做好大学生社会实践活动与学校科研转化的有机结合,是大学生为企业“做贡献”的同时促进大学生就业的有效途径。

4. 完善社会实践活动的评价机制,扩大实践促就业效果

构建科学、客观的社会实践评价体系,首先应明确评价工作的目标,对社会实践进行评价的目的说到底是为了实现人才实践能力培养的目标,不是简单的奖惩性评价或评定几个等级。一是各社会实践队内部组织交流、评选,进行量化考核,展示实践活动在促进就业素质提升方面的效果和作用,进一步做

到实践队员的二次共同提升。二是高校团组织要加强答辩评审，增进工作交流。针对不同类型的社会实践队建立相应的考核标准，邀请相关专业的老师、相关企业人力资源部门负责人对其进行评价，切实把实践效果好的团队和个人评选出来的同时，加强了不同类型实践队伍之间的交流。三是加强后续的成果宣传，实现实践成果最大化。各级团组织可以通过邀请先进团队和个人做报告、组织座谈会等形式分享经验、交流心得，也可以通过视频录制、宣传板展示等更直观、更具有冲击力的宣传方式加大宣传力度，扩大宣传效果，提升广大同学对实践活动促就业的认识，激发其他学生在后续参与实践活动的积极性。

在就业竞争压力不断增大的新形势下，如何提高学生的就业质量是绝大多数高校重中之重的工作，社会实践促进就业是一项特殊而重要的系统工程，是服务人才培养工作的重要组成部分，任重而道远。社会实践作为高校育人的有效载体和实现途径，作为高校教学工作的有机组成部分，虽然得到了高校师生和社会双方的认同，但是相对于社会实践在高等教育中应当承担的责任而言，还远未达到应有的广度和深度，高校应更加注重在社会实践中发挥自身的主导作用，突出社会实践对促进大学生就业的核心作用，使社会实践真正成为大学生将理论知识转为实践活动的有效载体。

参考文献

[1] 马克思，恩格斯. 马克思恩格斯选集：第四卷[M]. 北京：人民教育出版社，1995：320.

[2] 龚涛，徐建军. 深化大学生社会实践的思考[J]. 现代大学教育，2010(4).

[3] 冯林，张崴. 大学生科研能力评价机制的探析[J]. 黑龙江教育，2008(Z1).

（原文发表于《中国电力教育》2014 年第 20 期）

大学生创业实践队创业可行性分析报告
——“西工大在校大学生赴浙江义乌 5·20大学生城市生存挑战赛”

政策研究基金项目组

随着社会经济的不断发展和社会就业压力的不断增大，创业一词已成为人们意识中较为普及的词汇了。许多的人都在为实现自己的梦想和人生价值而努力创业，有成功的，有失败的，也有在艰难中前行的。纵观创业领域的一些数据和资料，我们也不禁可以得出这样一个残酷的结论：创业之路艰难，创业成功更加难。这是经济社会发展和社会竞争的必然结果。为了更好地提升学生的创新思维，电子信息学院面向全校招募了20名大学生组成实践队，到浙江义乌进行“5·20大学生城市生存挑战赛”(即每人每天20元钱，挑战目标为在浙江义乌顺利生存5天，并以合法方式通过自己劳动尽一切可能保本盈利)。

越来越多的学校和组织展开了关于在校大学生的创业的一系列活动，尤其是一年一届的挑战杯创业计划大赛更是将其推向了高潮。对于这种形式，我们不应该盲目追随，而是应该有相对冷静的分析与思考。

首先不同于商人，作为学生这个相对特殊的身份，大学生创业受到了社会众人的关注。在校大学生在背负学业的压力去创业，这种行为应不应该鼓励？在校大学生相比其他的创业者，他们的创业又具有怎样的劣势和优势？对于在校大学生的创业，社会又持着怎样的立场？在校大学生的创业之道究竟通往何处？目前的社会环境适不适合大学生创业？我想这些都值得我们去思考。下面我们将结合此次城市生存创业挑战赛对大学生创业的可行性进行一些思考与分析。

我们认为目前大学生想创业主要是出于以下几个想法。

(1)实现自己的人生理想，自古以来立业在中国传统文化中占有很重要的地位，每个人都渴望成功，而拥有自己的事业向来就被看作是成功的一种标志。

(2)现在的社会形式决定了大学生已经不能完全被称作是人才，大学生毕业之后面临的严峻形势决定了大伙盲目地同挤独木桥并不是一个明智的做法。

(3)每个人都有自己不同的特长，有的人适合科研，有的人适合社交，有的人适合做领导，越来越多的大学提倡我们多元化化发展，作为大学生我们应该正视自己的优缺点，从而选择最适合自己发展的道路。

7月13日上午在义乌市共青团委办公室我们听取了义乌就业局黄云龙局长针对大学生创业所做的专题报告，在报告中，我们知道义乌是怎样由一个名不见经传的小县城成为享誉全球的小商品批发商城，同时也对创业有了更为清晰的认识。

(1)是大胆的创新精神，浙江自古就是出商贾富豪的胜地，曾有人对这一现象做出了相关调查，并由此得出了一些结论，其中最重要的原因是，浙江人有大胆的创新精神。在那个特殊的年代，义乌人创造了“鸡毛换糖”的经典创业案例，可这种做法在当时的国家大环境下是被坚决禁止的，于是乎一个年轻妇女在生活实在不能维持的情况下，直接找到了县委书记，并说出了自己要做一些小生意的想法，时任书记实在不忍看到自己的百姓生计不能维持而自己却无能为力，于是他顶着压力，默认了年轻妇女的行为，也是从此以后，义乌人真正地走上了通往富裕的道路，在这条道路上，义乌人先后经历了“鸡毛换糖”“摆地摊卖小商品”“开店批发小商品的”3个阶段，在这3个阶段，既有政府的大力支持，也有义乌人自己形成的一种文化，在以后的几天，我们发现做生意已经是深入义乌百姓血液里的文化意识，例如我们其中一个队员在一个餐馆打工的几天里，每天被店主7岁的儿子拉到繁华街市去卖猫，刚开始，这位队员对这种小儿科的做法很是不屑，因为他觉得没人会来理会几只不知道从哪捉来的小野猫，可事实证明他错了，在那几天，他们平均每夜能卖出去一只小猫，虽然赚的不是很多，但毕竟只是一个7岁的小孩，能有如此做法，并敢于实现，这样的胆识正是我们所缺少的。反观在校的大学生，在学校待惯了，大多数人只有些天马行空的想法，却没有一个去实现。

在关于大学生创业的调查报告中，有74.5%表示有创业的想法，但只有18.5%的同学有创业的计划。这充分说明了想创业的人虽多，但是真正去做，拿出资金投资的人却很少，在接受调查的同学中未经创业或已经创业但失败的人占5.2%。而创业成功的仅仅不到1.6%。这告诉我们，创业不是挂在嘴边就可以的，一定要有计划性和可操作性。这件事教会我们，有什么想法，就赶紧去实现，别前怕狼后怕虎地畏首畏尾不敢做，趁着年轻，去多做些事，成功的话最好，如若失败，总结教训，从头再来。这正是义乌人给我们的启示。

(2)是创业，尤其是大学生创业，很多时候都是因为一时的冲动，没有经过深思熟虑，更没有经过大量的市场和社会环境的调查分析。同时，大学生缺乏创业必备的综合素质,没有专业的技能和指导,对市场动向把握不准,过于追逐创新而偏离实际,资金匮乏,因此很多大学生创业的激情在一刚开始就被种种挫折与困难浇灭,最终失败而告终,创业需要勇气和毅力,但这样的勇气和毅力都必须建立在个人较高的创业素质和能力之上,否则也只能算是蛮干。通过在义乌这几天的实践,我们意识到了这样一个问题,创业不是自己想象的当老板,没有那么多的自由,凡事不是光动动嘴就行,而是亲力亲为,天天从早到晚,没有文娱,既乏又单调,吃不了苦就不要走这条道。义乌市有很多自主创业成功的案例,在街上你可以看到许多名牌车,用当地人的话说叫作奔驰比出租车多,但即使是这样,路边一个搬运工可能就是哪个公司的老板。他们不会因为拥有财富而停止劳动,这也是义乌持续繁荣十几年的一个重要原因。

如果真的想创业,首先必须得形成一种正确的创业意识,创业不是动辄投资几百万去完成大项目,而且我们也没有那个资本,退一步讲,那样也不叫创业。我们必须从小的方面的做起,或者开一个小店,一点一点地做起,慢慢积少成多,这是一个漫长且艰苦的过程。黄云龙局长说到这样一个现象:在义乌,如果你需要,一个开宝马的老板可以为了赚钱,没有丝毫反顾地骑三轮车把你拉到你要去的地方,只是为了赚那点钱,这在义乌很常见!这种意识恰恰是我们很多人缺少的!

另外要有很好地沟通能力,现代社会,不善于沟通将失去许多机会,同时也将导致自己无法与别人的协作。你我都不是生活在孤岛上,只有与他人保持良好的协作,才能获取自己所需要的资源,才能获得成功。要知道,现实中所有的成功者都是擅长人际沟通、珍视人际沟通的。只有创业项目能很好地服务于社会,得到社会人的认可,社会才会回馈给你财富,在这个过程中,我们必然要与社会上形形色色的人打交道,一个人能够与他人准确、及时地沟通,才能建立起人际关系,而且是牢固的、长久的,进而能够使得自己在事业上左右逢源、如虎添翼,最终取得成功。比如开个餐馆,你怎样才能请到最符合本地人口味的厨师,如何让蔬菜供应者总给你提供既新鲜又便宜的蔬菜,这些都需要你有良好的沟通能力,俗话说得好:话有三说,巧说为妙,只有巧说,才能让与你交谈的人感到你的诚心,从而达到双赢。强烈的预计性和对客观现实准确的洞察力,说实话,这个不是一朝一夕就可以拥有的。

我们队伍中有一个队员在这几天在一家五金店做搬运工,他的任务是帮助老板每天装货卸货,货物按件记,共有4种规格,分别是130斤,155斤,180斤和205斤,这位队员基本一天要卸货装货将近70件,每天过手的货物将近5吨重,可以说工作量是非常大的,尽管他已经可以算得上是本次实践队中力量上的佼佼者了,在工作的第二天,这位队员的小臂依旧肿了起来,导致无法继续工作。事后，这位同学说，这次活动他收获了坚持，磨炼了意志，但更重要的是他明白了一件事，即使是最简单的体力活，最底层的没有任何技术含量的工作一样需要学习和经验。比如说在五金店做搬运，仅仅是搬螺丝，螺丝分有各种不同的型号，在学校的机械制图课上，我们学习了各种不同型号的规格，但到了实际的工作中根本分不清型号，只有让熟练的工人带他去取。那位来自宝鸡的工人给他说的一席话让他受益匪浅，那个工人说，大学生好，大学生脑子活，学什么都快，但你刚毕业，一来什么都不懂，二来你没有启动资金，怎么办，就像搬螺丝，也别告诉任何人你是大学生，就踏踏实实地到五金店给人家搬螺丝，搬上两年，平常留个心，型号怎么分，库房怎么管理，从哪进货又怎么寻找销售渠道，等真真正正掌握着这些了，一旦有机会，翻个身你就是老板。如果你仅仅是白手起家什么都不会，用头破血流的方式在坎坷中成长，且不说你是不是能成功，即便成功，你走的也是最远的那条路。

我们学院一直宣传的理念是先就业再择业后创业，对于大学生刚刚出校门就自主创业，当以稳重为主。毕竟刚刚毕业的大学生往往社会经验不足，掌握的大都只是一些书本上的理论知识，并且大学生创业的氛围在全国范围内来讲还欠缺火候，相关的政策也不尽完善，作为缺乏经验的学生我们的经营能力还得不到社会认可。假如没有经由充足的准备就创业，很可能会以失利告终。假如大学生真的就想把创业作为自己的人生目标的话，最好也是很早就要有所准备，切莫到了大三大四临近毕业了才开始考虑这个问题。而作为大学生，我觉得最现实的方式应该是先就业，用你职业生涯的前几年去完成资本的积累，包括你的人脉关系，将来所要从事行业的规则与细节，有方向性的发展，同时保持对机会的敏感性，不错失和放过机会，才是适合大多数大学生的创业之道。

在“五一”的时候我们还进行了一次培训，虽然只有两天但大家仍收获颇丰，例如其中一组选择利用 6 人手中的共 240 元钱做起了小生意，从康复路进货拿到小寨去买。现在回想起来在两天的创业过程中，虽然最终有一些盈利，但存在的问题很多，主要包括以下几点：一是同行业的竞争压力大，通过两天的观察，我们发现小寨有不少以摆摊为生的人，其中不乏还有老年人，大学生，大家所卖的商品都比较类似，在一定程度上造成了竞争。二是缺乏市场经验和竞争经验。没有做出一份很好的市场调查，只是盲目地做着自己的经营。在招揽客源上，缺乏经验和必备的技能。与城管周旋的能力有待提高。

不过也有不少值得总结的地方，首先相对其他组，该组选择的商品成本较低，不会造成很大的经济压力。在整个成本中，他们都是以最低价批发商品，坐公交车往返，省去了不少的运输费。摆摊不需要特定的房间，又可以省去一笔租赁费。同时,在价格上,他们也尽量以常人可以接受的价格出售,大大增加了利润空间。尽管被城管抢去了一些,但也没有给他们带来很大的损失。二是客户群体比较明确,针对性比较强。考虑到小寨的主要人群,他们把目标瞄准了年轻一代。年轻人喜欢小饰品,又肯花钱购买,加之他们的商品又都物美价廉,比较实用。比如扇子,西安那几天很热,逛街时带把扇子,是很好的选择,当时他们的扇子还被一位摆地摊的同行买走。三是队员的乐观,团结与坚持,这应该是他们这次能够取得成功的最主要原因。虽然西安的天气很闷很热,城管很凶狠,但他们依然能够乐观面对,在摆摊与躲避城管的同时还可以自娱自乐,聊天,开玩笑,给枯燥的生活带来一丝乐趣。所有队员团结一致,坚持不懈,才换回了他们最终活动的成功。

而反观这组在义乌的活动中的表现,五一在西安的计划并不尽如人意。

首先义乌是小商品的集散地,市内有众多小商品批发商城。你无法以更低的价格取到货,而且 4 个人共计 400 元的总资产远远达不到进货价格最低限 1 000 元,而批发商又不允许赊账。不难发现,启动资金是决定大学生创业能否实现的先决条件之一。

其实摆地摊,经营小饰品,并没有很好结合大学生自身的特点。相比社会上其他阶层的创业者,大学生还是具有相当的优势的。例如,学习能力强,具有一定专业知识,充满创业激情,有干劲,思维灵活,新想法多等。选择创业项目应当最大限度结合大学生自身的这些优势。如果撇开这次时间有限的城市生存挑战,我想我们应该挑选一个更具特色,更适合自身的项目。

结合这次大学生创业问卷调查,大多数创业的大学生会选择向亲朋借款,银行贷款,寻找投资等。所以大学生创业往往选择启动资金少的项目。可见缺乏启动资金以及后续的投入资金对于创业是一大制约。我想这一问题的解决有赖于政府提供一些鼓励性的资金扶持政策。过分高估自我、缺乏社会关系、缺乏管理经验、重义轻利、合作伙伴选择不当等等都是大学生创业所必须面对的问题。

就学校内的创业来讲,目前流行以下几种方式。

(1)校内兼职打工,有人做兼职代理,像每年开学都会有一些大二大三的学生去做电话卡的生意,他们大多采用的是可以赊账的方式,也就是说你来帮厂家卖,如果你卖不出去那么你还可以退卡。这种方式成本小,灵活性大,不失为一种为自己赚取盈利的有效方式。

(2)做淘宝网店,利用周末的时间去市里批发一些小商品,在网上销售。在义乌,黄云龙局长举了一个很好的例子,在你的价格上没有什么竞争优势的时候你一样可以做买卖,例如在义乌举办的创业大赛上,第一名就是靠做电子商务起家的，为了降低价格吸引买家，他甚至价格低于成本价，那么他赚些什么呢？他赚包裹费，他跟邮递公司签订合同，每年靠邮局的优惠政策可以返利50万的资金。同样作为学生，他比别人更懂得变通，这就是成功所必需的能力

同时，一个好的创业项目往往在符合国家的政策和法规的条件下，在必要的时候，我们还需要去好好分析国家大的方针政策，只有这样，我们才能更多地得到政策的支持，从而为自己的创业铺平道路。在义乌，很多创业的大学生在开网店，而且成功的案例不少，很重要的一点是这个项目是义乌政府重点支持和建设的，这样给开网店的人免了很多税收，也降低了创业的成本。国家现正在大力支持和建设物联网，并且有很多的优惠政策，我们完全可以朝着这个方面去发展。

建议创业准备流程：

(1)理清思路，明确定位：即我是什么，我能做什么，我要做什么。

(2)自我检查：即按标准商业计划书进行编写本项目商业计划书，将企业人财物供产销所有要素都规划进行。

(3)找人挑刺：即对你想做的行业较熟悉且能为你保持商业秘密的人对你的方案进行可行性论证。

(4)组建团队、合作伙伴确定合作原则。

(5)制订企业经营计划与实施计划。

在校创业主要是一个学习、实践的过程，别指望能一举成功，更不能急功近利地把创业理解为挣快钱、挣大钱。这些或失败或成功的创业尝试都会对今后的发展带来帮助。也不要幻想自己一番豪言壮语就能打动别人，脚踏实地地做些实事才是关键。

创业是一个很长的过程，既是一个完善自己的过程，也是一个融入社会、认知社会的过程。以我们自身的创业经历来看，无论遇到什么困难，都要保持乐观精神，只有乐观，只有不断地坚持与奋斗才可能走出低谷，奔向成功，而这也恰恰是人生最大的财富。

作为参加过实践创业的大学生，我们感受颇深，创业难，创好业更难。除了机遇对于创业者来说是极其重要的外，创业者自身的素质和综合能力以及对市场的分析、了解也是极其重要的，它直接关系并决定创业的最终结果。

创业需要个人的综合素质，同时也需要坚定的信念和决心。创业之路注定不平坦，崎岖坎坷。每一个创业者都必须要有对理想的坚定执着和对创业的坚定决心，才能够克服在创业过程中的种种挫折，坚定地继续创业之路。如果一个创业者没有这样的精神高度，无法在心理上战胜自己，就更不可能在一

次次挫折与失败中不断挺身奋进,不屈不挠。创业需要一种精神的支撑和牵引,让你无所畏惧,为理想而翻山越岭,赴汤蹈火。与此同时,创业者必须要具备一定的市场辨识能力,通过对市场的考察,决定创业项目,针对群体,避免盲目投资。

综上所述,创业对于大学生来讲是一条漫长且艰难的路。我们首先必须要对自己有一个较为清晰和清醒的认识。要知道自己的优势在哪里,自己的不足又在哪里。要有一个完善的,具备可操作性的计划,这是创业的先决条件。其次要具备创业的意识,凡是有想法就要去做,亲力亲为,有毅力,不放弃。要学会接受失败并从失败中总结经验,才能不断前行。

关于我国高校数字化教育教学资源发展策略的思考

王　聪　初建杰

摘　要　教育部非常重视教育教学资源的建设与共享，高等教育改革在“十二五”迅速发展进程中，特别是随着信息技术水平的提高，迫切需要教育教学的质量与之相适应并协调发展。加强和完善高校数字化信息建设，充分发挥资源环境的共享机制，使各高校立足地域特点，准确把握教育教学的资源优化策略及发展方向。

关键词　高等教育　数字化　资源库

一、我国数字化教育教学资源共建共享现状及发展意义

为全面贯彻落实《国家中长期教育改革和发展规划纲要（2010－2020年）》提出的“加快教育信息化进程”要求，教育部决定开展教育信息化试点工作，这也是党的十八大报告中多次提到的核心内容，尤其要加快推进信息技术与教育教学、管理、科研的深度融合，提升教育信息化整体水平，让广大师生切实感受到教育信息化的成效。

我国高校面临飞速发展的信息时代和培养高素质全面人才的需要，教育教学面临资源标准不一、重复建设和利用率不高等问题，迫切需要加快优质资源搭建的步伐。由此，我国高校的教育教学资源共享涉及多方面，对于各个学科专业或研究方向的获取信息量基本上来自于互联网及其衍生形式。各类专题教育网站及学习资源库的搭建、网络课程的建设、国家级精品课程的考评、学习平台的管理、数字图书馆的建设、国内外远程视频，如会议、答疑、授课等，这些都是辅助教育教学的不同方法，对高校教育的改革和发展产生或多或少的影响。无论教育教学资源的种类和范围怎样界定，教育机构和社会系统间的信息沟通、教育学术组织和高校间的信息交流、学校内部学院和职能部门间的信息对接，都是高校数字化教育教学资源共建的内容，其目的都是要达到资源的区域有效共享。

目前，教育不均衡问题仍困扰教育事业的健康发展。除教学“硬件”的均

衡配置,“软件”即优质师资的均衡更为关键。教育信息化是促进优质教育资源共享,推动教育均衡发展的有效途径。高校为了搭建数字化校园环境,购置相应软硬件设备,为教育教学资源的引进、开发、存储、利用和共享提供服务,对于高校信息技术的发展来说,资源的认知和有效利用成为探索教育信息化环境建设、优质教育资源共建共享与应用、教育管理信息化等方面的发展关键。

二、优质资源建设面临的问题

1.资源的管理

目前国内高校的网络教育教学资源建设中,教育资源建设者普遍提供资源管理平台和所谓大容量的资源库,作为资源服务内容,往往倾向于本校资源的开发和使用,虽然一定程度上短时间满足区域范围内资源的需要,但缺少与外部资源的联系、交流和对接,资源建设的认识角度单一,对教育资源的分类缺乏统一的标准,容易导致各种资源的凌乱和重复建设,不符合信息化长远发展规律,网络共享互联的功能与优势在资源建设中没有得到充分体现,最终出现资源逐渐匮乏,并且在宏观上难以形成正确的教育引导。

随着教育教学网络化的发展,相关资源的产权界定问题越来越敏感,对于网络平台下教育资源的传播和共享没有做出更明确和具体的界定。资源的复制成本极低和传播速度快,在实践上更体现出资源来源的可追溯性,尤其像远程教育这种不可预制的资源形态,更加大了合理使用资源和管理资源的难度。

2.资源的需求

多样的教育教学资源产品的数据的“量”和资源的“质”,一旦安装到高校资源库,必须符合教育教学使用的基本要求,为一线教学、科研、实验提供强有力的数字素材保障。例如,在国内一些区域教育资源中心的文献资源建设过程中,检索和查询的步骤非常多,从登录到认证,再到确认,常出现IP限制,并需要登录小同的系统,系统之间缺乏互操作,界面视图和讲授逻辑不符合正常的习惯性认知思维,书籍文献在品种和数量上供应不足,各大高校之问图书馆在文献资源建设上缺少沟通与交流,造成资源的极大浪费。另外,高校教育教学资源的评审不能只注重任务的完成和审核结果的取得,而忽视受教者对全学习过程各环节的需要。

考虑到资源来源的准确与速度,充分发挥商业开发与教育自主完善的各自优势,高校对引进资源进行选择、重组和使用,引导教育资源的建设走产业化的道路,努力实现教育教学资源建设的可持续发展,并保证教育资源运营的规范化和高效性。这种产业化机制可以实现合理的计费制度、公平的淘汰机制，鼓励制作者向高水平接近，并快速向全社会推广。

三、高校教育教学资源的发展特点

为整合高校优质教育教学资源，教育部每年在部分高校启动特色教育资源库建设项目，初步形成适合我国高校特点的区域特色教育资源库建设模式，以“提升教学科研水平、培养大学生人文素养、提高学习型社会的公民素养、传承中国文化遗产的文化战略”为价值目标，以特色教育教学资源专题建设为核心，服务大学生人文素养教育和文化创意产业发展。

各高校发展侧重点和文化底蕴的不同影响高校教育资源的分配，也影响资源共享和缩小东西部教育差距的可行性。近几年，教育部组织各高校，尤其是具有资源应用特长的高校搭建国家级精品课程资源库网站，并建立与国外高校部分视频公开课资源的链接等。全球化的共建共享资源使得数字化这一特点有利于高等教育的发展，而不会成为阻碍因素。美国斯坦福大学一半以上的本科教学课程为在线或数字化多媒体形式呈现，英国开放大学通过远程在线教育提供硕士学位。相信目前的数字化教育教学资源发展过程中存在的问题只是暂时的，也需要全社会的响应和支持。未来我国高校资源必将拥有全新的教育教学模式和理念，资源建设计划周密，网络平台功能齐全，文献资料信息量大，数字信息传输快、渗透性强，全面易用的操作系统，以及丰富的在线交互式教育资源，能够满足任何人随时随地的个性化教育需求，共建共享必将对提高全民族的文化教育水平有着深远影响。

四、几点策略分析

逐步形成教育信息化在促进教育公平、提高教育质量、建设学习型社会、推动教育教学改革等方面的有效模式和体制机制，总结和推广成功经验，全面提升教育信息化发展水平。

1. 资源开发、应用和共享并重

发挥高校教学与科研结合的优势，建立系统激励制度、通过协调资源开发的标准、资源应用的环境，形成一定的组织架构，建立有效的教育教学资源建设途径，达到有价值资源的共享。并在此基础上进行资源的合理分配，各地域教育资源各有特色，根据高校的实际情况，进行具体的数字化教育教学资源建设，时挖掘数字化传统教育教学理念及文化的资源，形成开放统一的平台。

2. 资源标准以资源需求者为主体

各高校根据各自优势进行分工和协作，联合搜集本高校相关学科专业的精品课程资源，制作相对系统类别的精品课程库，资源库之间尽可能形成互操作、互交换和访问数据，打破地域限制，以满足广大在校学生的不同需求，并适应现代大学生综合素质提升的需要，以区域性数字化教育资源共享来提高我国网络教育水平。

3. 提升高校文献图书的网络化程度

高校图书馆是教育教学资源扩展共享途径的又一强大资源库，各高校可以通过联合编目、统一对接、馆际互借的形式，增加网络图书量。采取优势互补等措施，建立方便检阅、扩展性好、高安全、远程访问良好的网络环境，使师生能快速有效地检索到所需要的教学资源，真正实现文献资源的共享。

4. 适应国家教育教学改革的新标准

根据国家教育教学改革的新要求，充分发挥政府、教育机构、学校、企业和社会力量各自的优势，支持跨校对接、多方合作及利用各种社会资源，选择有代表性的高校带动，统筹兼顾教育发展水平悬殊的学校，以实际需求为导向，立足于为各级各类教育改革与发展提供有力支撑，推动信息技术在教育教学、教育管理和服务等方面的创新性应用。参考国外先进的资源内容表现形式，从收集资源转向制作资源，以研究性学习专题的形式完善资源，提供教育信息技术的培训和应用信息反馈等服务，侧重于数据库管理资源应用环境的建设，建立节约型社会和终身教育体系，丰富区域性教学和科研的资源总量，加速我国教育信息化进程。

5. 多元与规范的多媒体资源

教育教学类的资源尤其处于高校环境下，应时刻注意信息的规范性问题，资源必须对受教者的身心发展起到正确的引导作用，且要符合教学大纲和课程标准，有利于激发学习兴趣。将各类媒体形式融入资源的获取途径中，在科学地、清晰地展示资源类别体系结构的同时，也要实时根据信息技术发展水平，增强资源的展示效果，使资源“引导学习”的角色持续健康的发展。

建立有效的教育资源评审机制，规范资源的建设管理行为，提高审核结果的准确性和可靠性。在微观层面上，需要确定资源评审的操作指标，评价指标的制定要突出其教育特性和新课程标准下对资源建设的要求，并要以素质教育和创新教育为根本出发点。

参考文献

[1] 祝智庭. 中国基础教育信息化进展报告[EB/OL]. http://www.etc.edu.cn/Index.htm.

[2] 路秋丽，魏顺平. 网络教育资源标准及标准应用的调查分析[J]. 中国电化教育，2005(7)：81-87.

[3] 李进.我国教育改革发展的方向与路径[J].教育发展研究,2011(3):I0003.

[4] 张虹,等.美国大学信息技术发展十大热点问题[J].电化教育研究,2007(11):84-89.

[5] 胡瑞文.2020年我国基本实现教育现代化展望[J].教育情报参考,2009(5):10.

(原文发表于《中国教育技术装备》2013年第3期)

数字化教育教学优质资源共建共享的新进程

——关于高校精品视频公开课建设的思考

王　聪　初建杰　刘　林

摘　要　我国教育教学资源的共建共享，目前正处于积极探索和尝试应用阶段。基于"数字校园"开放性的顶层设计理念，作为高等教育改革实践的新形式，视频公开课对于资源的聚集和交换、高校开放课程的自主开发和引进、课程质量的提升颇具意义。通过分析优质资源应用平台的搭建和制作标准的形成，结合高校地域特点、发挥学科特色，探讨了集结、传播和运用开放教育资源优势，促使视频公开课体系成为国际教育教学资源共享服务的支撑点。

关键词　高等教育　信息技术　视频公开课　资源共享

党的十八大报告中有 19 处表述提及信息、信息化、信息网络、信息技术、信息安全等相关词汇，可见国家对远程教育现状和未来的重视。2012 年全国教育工作会议强调：教育信息化是教育理念和教学模式的深刻变革，是促进教育公平、提高教育质量的有效手段，是实现终身教育、构建学习型社会的必经之路。随着国内各高校特色课程视频纷纷闪亮公开，在校大学生及社会各阶层群体逐渐显示出对高等教育教学资源的极大需求和关注。数字知识传播在提升教育观念和内容、教育者角色和管理方式的同时，也在引导转向新媒介、高质量、学术气质浓厚的课程公开化模式体验，以促使各地高等院校资源链快速形成。

一、优质资源搭建的客观要求

1. 建设理念与思路需要切实的政策指导

《教育信息化十年发展规划(2011－2020 年)》提出：利用先进网络和信息技术整合资源，构建高效实用的高等教育信息基础设施，开发整合各类优质教育教学资源，建立高等教育资源共建共享机制，推进高等教育精品课程、图书文献共享、教学实验平台等信息化建设，提升高校教师教育技术应用能力，推进信息技术在教学中的普遍应用。这是教育信息化建设的大好发展机遇。伴随新课程标准与规范实施的推进及大众反馈，高等教育创新表现为知识的发现、整合和传播，视频公开课有了新的界定及科学性的价值导向，这种在遵守知识共享许可协议的前提下，通过互联网以零门槛向社会提供的优质教育资源，其建设和开放，是大学优质教育资源发展的创新途径。

国务委员刘延东同志在 2012 年 9 月 5 日全国教育信息化工作电视电话会议中首次强调：坚持以应用为导向，以促进信息技术与教育教学融合为核心理念，形成了从顶层设计到重点工作的推进思路。而对于高校在资源建设的过程中要坚持把握明确的原则：在网络基础设施建设方面要立足长远、全面覆盖、保障安全、注意体验，在系统建设方面要顶层设计、覆盖业务、共享数据、服务为先。由于各校校情不同，发展历史不同，很难有统一的建设模式和应用类型，如何解决各校所面临的实际问题，是建设过程中的难点，各校应结合自身实际情况寻找适合自身发展的建设模式，模式与机制的创新是建设成效的保障，重在稳中求实，最终使信息化建设要合理规划、措施到位、效果明显。

2. 在移动互联趋势下拓展高校数字资源的需求空间

国内各大网站相继推出国内外部分高校的特色课程视频后，在校大学生及社会各阶层群体，逐渐显示出对高等教育教学资源知识的极大需求和认可。这种新媒介、高质量、学术气质浓厚的课程公开化模式，促使各地高等院校资源链联合建设的形成，具有存在和发展的价值。根据《教育部关于国家精品开放课程建设的实施意见》，在试点高校建设基础上，包括“211”工程高校及少量具有鲜明学科特色优势的高校，2012 年将建设 350 门精品视频公开课，“十二五”期间，我国“高等学校本科教学质量与教学改革工程”将立项建设 1 000 门精品视频公开课。这对于中国教育教学资源的品质和数量提出了更高要求。

2011 年，各大网站出现与国内名校合作开办网络公开课的事例，目前，全球包括哈佛、耶鲁、麻省理工学院等 200 多所高等教育机构和相关教育组织，利用自主、开放、高品质的教科材料组成课程或形成系列的学科讲座，并提供超过 20 种语言环境下 14 000 门课和各校高品质的教学视频、课件及教案，致力于促进全球共享学习教育资源。同年国内高校加入国际开放课件联盟（OCWC），这对国内高等教育发展、全社会教育受众的覆盖范围、我国优质教育教学资源建设提出新挑战，迫切需要建立我国高校自己的精品视频公开共享资源。

受到世界名校公开视频免费课程的影响，国内极少量精品视频公开课根本无法满足上千所高校学生及公众自主学习需求，迫切需要国内优质教育教学资源的传播方式和共享效率在中国特色开放课程的背景下活跃展开，促使资源更广泛地利用。“中国大学视频公开课”推出至今，从学科覆盖度到选题细化度均逐步提升，这给我国高等教育发展、全社会教育受众覆盖范围及优质资源积累带来新契机，迫切需要建立特色化精品视频公开共享资源库，需要在线学习方式的指引增加学习内驱力和资源利用率。数字教育资源是现阶段能够较快推动优质资源均衡配置的现实选择，如图 1 所示。处理好资源共建共享中的有效关系，是帮助广大学习者平等、有效使用信息技术的基础工程，也是贯彻国家课程标准，提高教育质量，培养自主学习、终身学习能力的有效手段。

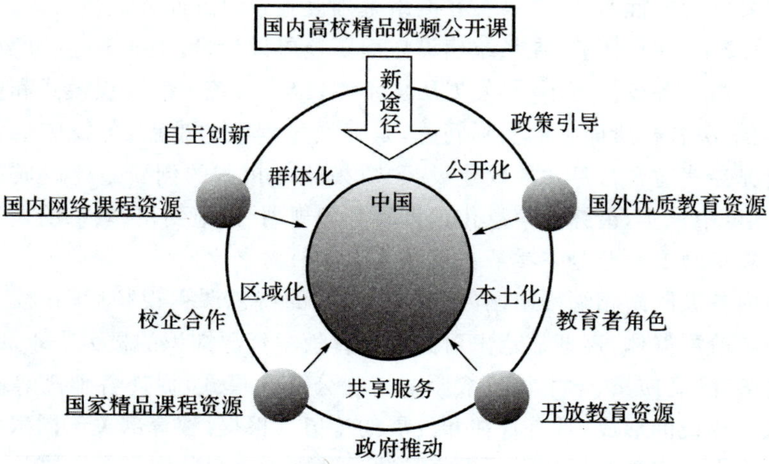

图 1　我国教育教学网络资源共建共享关系分析

二、促进课程资源持续搭建的相关因素

1. 名师资源需要挖掘

学科建设常以名师来体现先进的教育理念和精湛的效学水平，我国名校名师一定程度上属稀缺资源。鼓励院士、高校名师、学术名家主讲视频公开课，师资团队可利用协作、培训、评审、结合科研成果展示来激励教师，旨在培养青年助教在课程建设中积极投入配合教学，以发展后备力量。面对大学课程中存在的专业学术特点，需以引导为主凸显其实用性的灵活授课方式，深入浅出地讲解和示范教学模式与学生互动，突显扎实的学术功底，保证视频课堂的现场教学效果。公开网络环境下的教学质量，容易引起教师在教学环节中深层次的认知，体现大学的社会责任和文明传承担当。

2. 课程资源需要设计开发

我国启动国家精品课程建设项目已近十年，大学信息化程度和社会认知度提高使精品网络课程早已无法满足预期拓展知识的需求。各校专业特长不同，择优遴选建设对象，设计符合课程特色的教学内容，避免一些基础课程从教材到习题几十年如一日的雷同，课程资源需系统完整、多样实用，适合网络公开传播共享，保证课程高效使用和可持续建设与更新。现今，高质量开放教育资源的视频制作和传播已开始发挥社会公众效应，推进教学内容更新和教学方法改革，更多大学将会自愿参与、共同保证“本土产品”专业学术的积累，这是学习共享型社会的基础需求。

3.传播形式需要定位

视频公开课的服务职能使其潜在受众既有大众传播特点，又有现代传媒专业化分众接收特点，和日常上课有所区别，集中的优质资源具有传播知识、弘扬文化的内在优势，以视频应用为突破口，重在发掘大学课堂文化与学府前沿的创新，以选同类课程中具有影响力和较强示范性为原则，关注社会受益广、覆盖面宽的学科领域，内容精练、选题新颖、形式活泼。可根据学科、专题等组织满足某一类或几类受众对专业知识的特定需求，注重激发学习兴趣和启发即时思考。

4.高等教育共享服务体系需要规范

支持开放教育资源应从多方入手，政策引导高校及教师参与建设，加大人才和资金投入，形成开放而思辨的教学方式，教师引领学生思考，遵守学术规范，履行“传道、授业、解惑”的责任。其一，强化学习支持服务，开发课程和学习应用并重，公开课导向选择学习模式更有利于评价和反馈，在教学模块上指导用户如何查找资源，对其再利用、修改、共享、选择使用工具，阶段性优化教学策略。其二，课程的申报、建设、评审、公开、授权等相关事宜，要建立多元的动态反馈机制，其推动手段要有务实的态度。另外，公开课虽然免费面向全社会，但必须明确服务对象，使其民主化目标的教育价值体现到最大化，才能保证可持续发展。

5.资源应用和共享模式需要探究

网络视频公开课是高教信息化发展下的产物，也是开放课程的内容之一。大学课程向公众社会引导是文明程度上的进步，立足我国基础文化知识，将国内外名校公开课的精髓和我国教育教学理念结合创新，最终形成教育多层次、多类型的优质课程教学资源共建共享体系，也是现代社会所需要的精神积淀，为高校师生和社会学习者提供优质课程教学资源。一方面，大学课程都有其自身学科领域体系，需要渐进式学习，公开课将名师名课放在公开网络环境下，充分展示了学校先进教育理念、鲜明学科特色和精湛教学水平，使之与精品资源共享课相辅相成，在服务主体、面向对象、宗旨上有所明确和针对性；另一方面，作为高校所在地域范围内的文化沉淀而具体表象的延伸，视频公开课已不是教师个人教学形式或教研行为,它凝聚学科专业团队的教学智慧,体现了校际资源的交流形态,强化了大学课堂在知识的共建共享上形成的社会意义,发挥校、省、国家三级联动的精品课程框架的示范和辐射效应,一定程度上加快了弥补文化断层和改善应试教育现状。

三、视频公开课应强调"精品"

精品视频公开课是"国家精品开放课程"的重要组成部分,以高校学生为服务主体,高校一线资深名师讲座,挖掘优质课程资源并面向社会公众免费展示,将学术讲座、科研实验、多学科方向专业知识汇集,确保课程含金量,致力于真正的精品资源。

1.课程实体资源的价值获取

我国现已形成国家、省、校三级精品课程基础体系。对全社会来说,教育部鼓励发挥高校文化传承创新功能,使网络上涌现出来的开放教育资源能够最大限度地发挥其自身的效能。课程的发展要在观摩、评议中逐渐被认可和接受,以体现其研究价值。目前已上线课程多为传承我国历史文化和人类文明成果的内容,文化传承、知识传播与社会热点问题应注重结合,按照知识问题的多学科模式来组织内容,容易引起社会关注度。知识面的扩展和辐射,可以从不同层面培养学生发现问题和解决问题的发散式的思辨能力,学生自主选择受教的同时,又可把基础知识、多元解读与价值引导有机融合,使获取知识与发掘课程具有最积极的意义,体现课程效果的延续性。

2.形成标准的因素分析

视频公开课所强调的"精品",说到底就是"精选"的学科内容、"精致"的课程编排、"高品质"的讲授和"精良"的后期制作,缺一不可。由国家遴选要求不难看出,课程注重中国传统文化类、民族知识类、科学技术类和社会热点类课程的建设,其推选标准是全面客观的,如图 2 所示。比如教师讲课方式、思想个性和人格魅力的体现这一因素较受关注,语言表达上可显风趣幽默,但要有严谨的学术氛围和文化气质,在公众面前集中展示高等教育理念、教学艺术、高校形象、教师风采等水准,甚至代表地方教育行政主体的教学成就和教学水平,久而久之容易形成可看性、观赏性、凸显教学个性的鲜明符号。各年龄、各地域、各阶层的受教育者随时随地重复利用资源,无受限看到名师讲授的经典课程,是受教育者与历史、文化以及社会相互沟通了解的过程,也包括对高校数字化资源制作水平的考验,以及对选择课程传播知识导向和规范的审核。

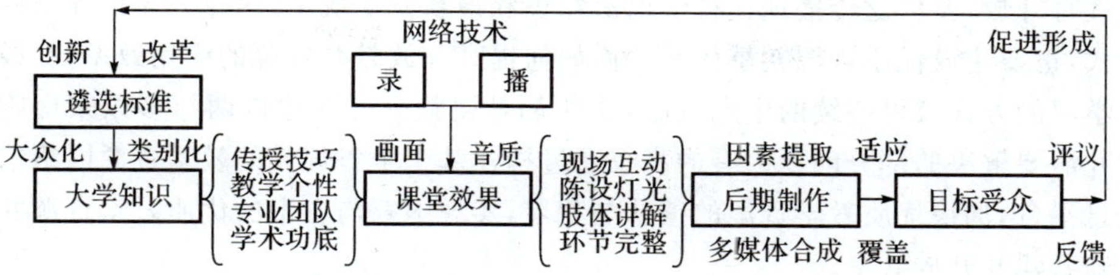

图 2 精品视频公开课的塑造环节因素分析

3. 形成“精品”的关键问题

教师形象塑造和传播技能对课程效果具有重要影响。一些高校将院士、学者、学科领军人选为主讲教师，他们的专业素养和在特定领域具有的实战经验，结合所参与项目、课题、设计作品系统解剖其原理，既具专业性又具吸引力。视频传播信息的连续性、直观性和真实性，要求主讲教师不仅有精湛的专业造诣和教学个性，也不乏巧妙的语言表达能力、各种传播符号的驾驭技能和特有的人格魅力。一定程度上，良好的政策导向和激励机制会让学校和老师拿出更多时间和精力深入研究。

课程选择重在影响力大、受众面广。以大学生文化素质教育课程为主，重点建设哲学、历史、文学、艺术等中国传统文化类和新能源、新材料、核辐射、高速公路等相关的科学技术类以及生态环境、社会诚信、社会保障、食品安全等社会热点类素质教育课程，兼顾其他公共课、技术课、专业基础课，其领域也可交叉渗透地讲授。

后期制作是点睛之笔。依据“制作标准”的要求，视频公开课制作应基本具备电视专题片的拍摄技术，达到音像教材出版标准。主讲课堂环境背景应色彩明快、场地规模适中，可以适当点缀与课程相关陈设，主讲人着装整洁得体，语言精练，时间控制上把握知识重点的节奏起伏，言简意赅于深度与浅显之间，互动自然得当，机位、镜头抓取具连续感，后期编辑字幕、合成设计规范严谨又不失新颖活泼，校对尤为重要，最终形成画面与心灵交互、解说与思想碰撞，雅俗共赏的视听享受。

建立完善的课前辅导和课后跟踪服务体系。站在大学课程的理性高度，网络公开课更强调从教材、课堂教学到课后评价的教学过程的完整性，并在参与、互动、内容丰富、呈现形式艺术等方面更鲜明。如老师注重更新课前辅导环节，在团队协作下，有序组织课后的反馈活动，使教学活动完整、持续。

四、正确发挥导向作用的几点建议

国内高校教育工作者在新课程建设中逐渐体现出理念的转变，推动高等教育开放,要广泛传播现代科学前沿知识和最新科研成果,构建人才培养新模式,也要建设优质资源共享体系。而如何提高开放教育资源的应用效率,在线学习的方式及可持续的生态机制,这些都是视频公开课建设两年多以来面临并需要解决的部分问题。有的高校通过构建基于全省规模的教学资源网络信息平台,加快优质教学资源的整合与积聚,实现国家与省市的优质教学资源共知共建和开放共享。

教育资源的进一步拓展,除数字化搭建,还包括工具和平台以及不断在应用中生成的内容和方法。作为高校教育技术与信息化教学研究工作者,需要不断汲取和积累先进教育理论,以发展的眼光、超前的服务意识,把实现现代化高等学府的使命及社会责任,与学校的可持续建设结合起来。我校(西北工业大学)是“九五”首批进入国家“211”工程立项建设、“十五”进入国家“985”工程重点建设的院校。在新课程改革背景下,结合我校“三航”特色,积极配合国家精品开放课程建设,发挥各学科专业特长和学校一贯秉承的协调发展的研究型、多科性和开放式的科学技术大学的办学理念,在以往精品课程、示范课程、专业教研基地等建设基础上,反思并创新视频公开课程的展示及效用,学校应该定期提供开放教育资源理论、技术方面的报告或培训,使优势学科、优质教育成果能够通过信息技术及时与大众分享。2012 年年底之前,我校信息中心在学校的组织协调下做出了 2013 年度主要针对视频公开课、资源共享课程建设工作方案,搭建了全新的现场录制、后期制作的软硬件设备环境,包括主讲现场灯光改造、服务器升级、高清摄像机、视频切换台、监视器、移动投影幕、服装化妆、AE 设计素材等,得到了学校和各相关部门的大力支持。

1.优化教育服务理念,加大学校政策引导

资源建设需要强大的后期投入和源源不断的服务支持,增强将现有资源转化成支持在线学习的优质网络课程的意识。“一站式个性化”服务将成为网络公开课建设的重点,目前,我校以充足的课程资源和网站呈现,与国外名校视频公开课进行从基础设施到技术手段方面的对比,逐渐缩小差距,弥补如上线课程数量、知识覆盖面、更新速度,授课方式等不足。今年学校第一批视频公开课于 6 月正式录制制作完成,8 门面向导论类、专业基础类、管理类的课程将上报国家送审,其中,“航空技术发展与应用”“材料科学导论”“走进机械制造”等课程代表了西北工业大学优秀学科特色课程的呈现。另外,评审结果也是教学名师、教学成果奖评定的必需条件,发挥高校文化传承创新功能的同时促使高校教师敬业、精业,以形成良性的政策引导。

通过教学视频的公开,优质教育资源的共享和数字化教育技术水平的提升得以逐步实现,我校在公开课搭建策略中,以国家课程评审标准为参考,视频公开课与即将并行的资源共享课一并纳入学校整体资源管理站点，使不同权限通过各数据入口进入，经过学期考核，形成阶段性指标评价报告，利于统筹控制、优化管理。

2. 围绕高教质量根本，在数字校园的建设实践中协调发展

教育部规划将在“十二五”期间，建设 1 000 门精品视频公开课，其中 2011 年建设首批 100 门，2012 年至 2015 年建设 900 门。“中国大学视频公开课”首批上线形成的良好开端，带动了各高校课程建设的积极性，也形成良好的示范作用。但在建设中，切忌急于求成，明确建设的最终目的是将服务放在受教育者最方便获取的地方，用最快捷的方式主动将信息传递给受教育者，及时采集和响应用户的反馈和需求，加快新课程步伐的同时，打造一批能够真正引领先进文化的新课程资源和新技能资源，对其进行科学评价，并做合理预期，针对目标受众的真正需求，创造大众化的教育共享环境，为“数字教育云服务平台”奠定基础。

目前，很多高校已经将知识资源平台的搭建划入校园数字化进程的重中之重，也认识到资源的整合与开发、管理、服务之间的协调关系。作为高校信息化建设的参与者，肩负着培养创新人才的历史使命，不但自身认识要把握最新动向，还要探索自主学习模式和研究改革教学管理的细节问题，协助创新教育教学方法，提供给师生贴切的思路。在所有信息化教学、宣传或采编课程数据的活动中，配合教务部门及各学院，帮助促进教学与科研互动，及时把科研成果转化为教学内容，注重学习过程考查和学生能力的体现，致力形成创新型网络化教务教学体系化知识资源服务环境，推进协同创新用好资源（质量因素）、配置资源（改革因素）以及拓展资源（发展因素），寻求高等教育的根本。

五、结语

截至 2012 年 10 月底，已上线的 126 门中国大学视频公开课呈现于公众。中国大学视频公开课已近两年，应当明确，大学视频公开课顺应了高等教育发展的历史潮流，社会的反馈无不在向大众展示着高等学府真正的教学实力。我校将在这样的契机下，与各高校一同步入数字化教育教学优质资源共建共享的新进程。

参考文献

[1] 加快教育信息化建设步伐推动教育事业跨越式发展. http:llwww. moe. edu. cn/publicfiles/business/htmlfiles/moe/moe_838/201209/141670. html[DB/OL]. 2012. 9.

[2] 何克抗. TPACK 一美国“信息技术与课程整合”途径与方法研究的新发展[J]. 电化教育研究,2012(5):5-10.

[3] 贯义敏. 国际高等教育开放课程的现状、问题与趋势[J]. 现代远距离教育,2008(1):31-34.

[4] 中国教育新闻网. 视频公开课引领教学改革[EB/OL]. http:/paper.jyb.cn/zgjyb,htmV2012—05,07/content._65778.htm.

[5] 任鹃,宋保维,王晓娟. 高校精品课程建设的探索与实践[J]. 西北工业大学学报:社会科学版,2008(4):89-91.

(原文发表于《西北工业大学学报(社会科学版)》2013 年第 2 期)

高校英语教学信息化技术创新与实践策略

王　聪　刘天方

摘　要　大学英语教学目标定位是整个大学英语系统工程的基础和根本。基于现代高等教育教学模式的日益发展和当今社会对人才培养的需要，先进理念的注入和新信息技术的应用从实践角度显得尤为重要。针对目前国内部分高校"教、学两难"情况，根据大学英语教改需求和大学生知识获取途径，分析信息化教学的功能构成因素，优化改进传统的教学方法，分析适合"本地化"特点，并结合通用网络教学系统的教学实践策略，得出基于目标适应性的教学模式。以"Team Working"概念为指导，与最新的信息技术相结合，形成交互式应用教学课件，并提出相应实施策略。

关键词　Team Working　信息技术　大学英语　网络教学系统

世界上超过1/3的人不同程度地掌握了英语。英语在政治、经济、文化、教育和信息交流中扮演着重要角色。大学英语教学中应创新运用信息技术，培养创新思维，提升实践能力与增强知识获取意识，注重主动性与协作性。如果有充分的主动性聚合，其力量是强大而持久的。高校教育应充分利用团队协作的导向，挖掘资源、转化信息，应用于最基础的大学英语课程教学。

一、大学英语教学需求与分析

大学英语教学是高等教育的一个有机组成部分，大学英语课程是大学生一门必修的基础课程。早在2007年，教育部公布《大学英语课程教学要求》，建议大学英语课程设计应充分考虑听说能力的培养，应大量使用先进的信息技术，开发和建设各种基于计算机和网络的课程，为学生提供良好的语言学习环境与条件。同时提出，对英语教学开展评估，采用课内外活动记录、网上自学记录、学习档案记录、访谈和座谈等多种形式.以便对学生学习过程进行观察、评价和监督，促进学生有效地学习，并包括期末课程考试和水平考试。此外，应全面考核教师的教学态度、教学手段、教学方法、教学内容、教学组织和教学效果等。由此可见，英语教学不仅是简单的教学问题，更直接影响到国家科技、经济的发展乃至改革开放质量的提高。

大学英语是以外语教学理论为指导,以英语语言知识与应用技能、跨文化交际和学习策略为主要内容,并集多种教学模式和教学手段为一体的教学体系。大学英语教学的目标主要是培养英语专业学生的综合应用能力及非英语专业学生用于查阅外文文献资料的能力。大学英语教学的对象和主体是学生,其专业和兴趣需要更多地重视大学英语教学目标定位中的个性化和多元化。因此,专业和兴趣主导的教学目标定位更适合目前大学英语课程的设置,具体分析组织功能,由教材监控下的数字化课程内容、课程设计团队的分工合作、教学手段与效果的过程管理三项构成。

二、信息化教学的功能构成

信息化教学是以现代教学理念为指导,以信息技术为支持,应用现代教学方法的教学。在信息化教学过程中,要求观念、组织、内容、模式、技术、评价、环境等一系列构成因素信息化。

信息化教学模式建立在建构主义理论基础之上。明确以学生为中心,在教师创设的情境、协作与会话等学习环境中充分发挥自身的主动性和积极性,对当前所学的知识进行意义建构并用所学解决实际问题。如教师帮助学生主动获取信息,学生成为知识信息加工的主体,通过情境创设、问题探究、协商学习等以学生为主体的过程,学生利用媒体及相关技术作为解决实际问题的认知工具,用来查询资料、搜索信息,进行协作学习和会话交流。

这里强调的"情境教学""协作关系""互动设计""资源转化"是英语教学过程的关键功能因素,并需要体现在信息化教学的整个过程中。

三、"Team Working"的引入与优化

长期以来,传统的教学模式推动、高校重科研轻教学的导向、教学评价体系的不合理等问题使得现代高校英语教学呆板、被动、滞后。尽管英语地位重要,占用学时多,但效果并不是太好,而且许多教学资源也被浪费,缺乏形成良性循环的教学模式。国内的设计教育已逐步重视 Case Study(案例分析)的教学方法,但仍把学生个体作为教育客体,这既不利于学生协作精神和创新能力的培养,也难以适应现代设计 Team Working 的时代特征。

1. 团队协作模式

"Team Working"(团队合作)教学模式有着高效和有序的鲜明特征。将学生作为个体的 Team 来培养,在 Team 内部充分发挥学生的团队创造力和团队协作精神,主要包括 Team Building(团队组建)、Team Role Adjusting

(角色调整)、Team Rule Controlling(规则控制)和 Team Training(团队训练)以及 Team Working(团队工作)教学模式等。在国内本地化教学的可行性,在利用多媒体技术实现同步标准美语发音的技术上实现外语创新教学形式。例如,学生可以被交叉混编为几个 Team,经过竞选,每个 Team 有自己的 Team Leader(领导)和 Team Spokesman(发言人),在 Team Leader 的主持下,每个 Team 确定自己的 Name(名称)、Motto(格言)、Rule(规则)并设计自己 Team 的 Logo(标志)。在经过简短的训练之后,这些 Team 就展开基于竞争的 Team Working 的学习。

每个 Team 内的规则和机制不尽相同,其内部的团结协作也为了获取更多的荣誉而不断自我调整以达到最佳。课堂上回答问题的不是"个人",而是代表 Team 的 Spokesman,其他成员也可以补充回答,以体现本 Team 的真实水平。每位学生完成的不是相同的作业,而是 Team 内部根据每个成员的情况自行分配的子任务。专业外语的成绩首先是 Team 的成绩,然后是在此之下的个人的成绩,每位学生的成绩都和所在 Team 的表现息息相关。

通过实践,每位学生的英语能力都得到很好的锻炼,在获取到实实在在知识的同时,也培养了如何向别人在碰撞中学习,如何团结协作,如何发挥团体的最大效能。

2. 课件的适应性优化

为了生成学生学习的主动性、能动性,西北工业大学大学英语从第 1～4 学期为必修基础课,共 240 学时,16 学分,根据《大学英语课程教学要求》规定的各项指标,培养学生的英语综合应用能力,特别是听说能力、自主学习能力、综合文化素养等。采用分级教学,根据《大学英语课程教学要求》规定的一般要求、较高要求和更高要求的分层次要求,按课程群设置,分为基础级课程群、中级课程群、高级课程群和自选课程群。

教材上选用外语教学与研究出版社发行的《新视野大学英语》系列教材和《新编大学英语》读写教材为主导,自编教辅材料和教材《新编大学英语》1～4 册教学课件,以及《大学英语听说教程》(国防工业出版社)等为辅。

3. 多环节的教学创新策略

采用具有西北工业大学多年教学特色的多媒体网络教学模式,即网络视听说教学＋多媒体读写译教学＋小班口语教学的教学模式,网络课程突出视听说专项训练,多媒体课堂突出读写译教学,小班面授突出口语教学。另外,为了发挥课程群的最大效果,在课件中由教师亲自收集或制作多媒体素材,尽可能多地展示相关图文资料,注重英语与其他知识领域内在联系,扩大学生的知识面和培养主动兴趣。

充分利用网络资源,培养学生自主查询、搜索、思考、持续、归纳、应用学习的能力,根据课程内容,在课堂上采用 Role Play(角色扮演)和 Play Game(做游戏)的形式来强化知识印象。

四、网络教学系统的应用实践

西北工业大学在2008年建设了以网络教学系统为平台的“大学英语教学改革示范基地”,其中包括《新视野大学英语》网络教学系统、《东软在线英语》测试系统、大学英语精品课、新编大学英语等应用模块,如图1所示。

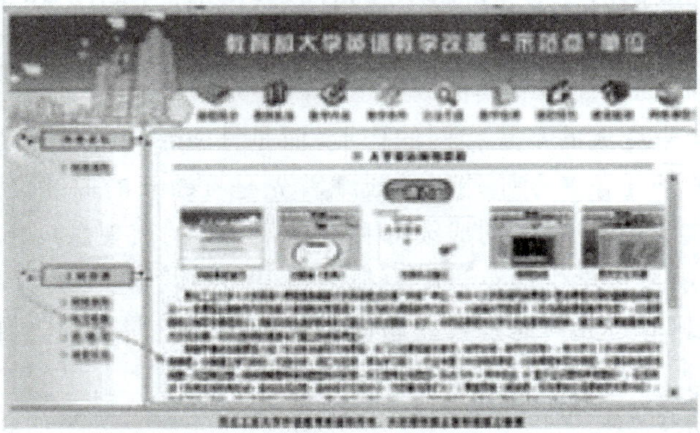

图1 大学英语网络课程平台

此平台与校园信息化教育教学的其他内容(learning system、高校教育资源库、资源中心、校外优秀资源、VOD)集成在一起,充分与教育技术的相关应用融合实践,已创造高利用率的学习环境,如图2所示。

图2 信息化教育教学平台——“翱翔学堂”

西北工业大学大学英语课程是教育部大学英语教学模式改革的“样板”单位，其中大学英语网络课程是该课程内容的重要组成部分之一。本课程主要教学内容包括《新视野大学英语》(作为听力课程教学内容)、《新编大学英语》(作为阅读课程教学内容)、口语课程讲义和写作课程讲义，同时采用先进的机考形式建立分级试题库。此外，该网络课程突出学生技能素质的培养，建立“第二课堂基地”和“西方文化长廊”，并针对教师的需要专门建立教师备课室，以便促进协作交流，如图3所示。

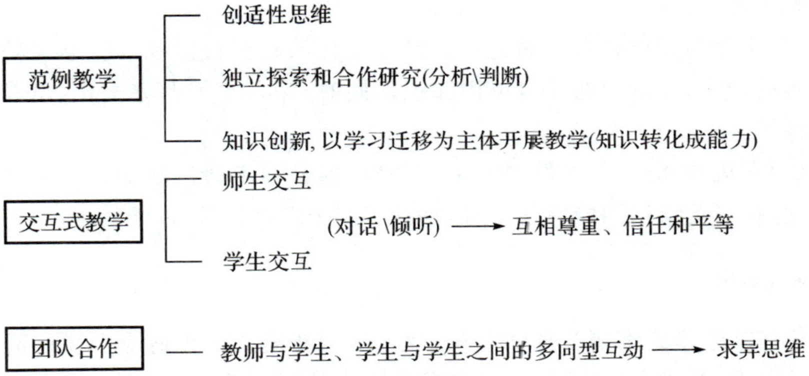

图3　教学过程协作交流分析

在具体教学应用实践中，“课程介绍”模块针对听、说、读、写的不同环节设置；“单元学习”采取分别建立学习目标、句型分析、词汇与短语、语法学习的模式；“作业布置”则针对阅读课程、对话课程和写作课程，包括选择题、完型填空题、阅读理解题等客观题型和问答题、作文题等主观题型，各占50%，其中包含16套作业试题和其他题目；“在线测试”采用在线机考形式，系统随机生成试卷，自动进行在线评分，内容量无限扩大；“课堂录像”收纳了阅读课、写作课和口语课教学实录片段供学习参考；“参考资料”重点推荐文字、图片、相关教学网站链接等；“课外学习”提供VOA，BBC等教学视听内容和外国文化影视经典片段的学习。

五、信息化教学特色设计

信息化教育教学的研究必须从理论和实践两个维度对构建模式和实践问题展开。各个高校对人才培养的要求也在逐步提高，但都离不开以素质教育理念、新课程改革思想为指导，以现代学习理论为基础，以信息技术为支持。从教学模式创新的角度出发，对于大学英语课程，结合基于资源的主题教学模式＋基于问题的情境化教学模式＋基于网络协作学习的个性化智能教学模式,充分体现其教学特色。

(1)多媒体视听教学。强调英语教学的听说读写课程,建立精品课堂、视听空间、对话频道、写作天地,运用流媒体与视频技术进行教学。

(2)强调技术支持。运用 ASP,FIREWORKS,DREAMWEAVER,Flash 等技术进行网站技术设计,突出教学的互动性、持续性。

(3)个性化分级策略。针对大学英语四级教学目标,建立分级教学平台,学生可以自主选择适合自己水平的英语教学,逐渐形成学习信心,有助于教学目标化进行。

(4)文化与知识并行。通过建立西方文化长廊栏目以及对教学课件文化性内容的设计,使学生在获得英语知识的同时,深入了解西方文化,培养文化修养。

(5)促进技能运用:开辟网上第二课堂,促进学生通过参加各种全国性英语活动,提高英语运用能力与学习积极性,利于跟踪教学、反馈效果。

六、结语

任何教学模式都要与教学实践相结合,创新模式能否适应学生的需求和教师的要求,关键在于实践,并要根据具体情况不断调整。从理论高度发挥信息化技术的能效,充分发挥高新技术对教学的辅助功能,形成复合型人才培养模式研究教学体系。

参考文献

[1] 张一春.教师教育技术能力建构:信息化环境下的教师专业发展[M].南京:南京师范大学出版社,2007.

[2] 郎非.流媒体网络教学平台构建关键技术[J].长春工业大学学报:自然科学版,2012(1).

[3] 李天龙,马力.高校青年教师信息化教学能力发展现状与对策研究[J].现代教育技术,2013,23(6):34-37.

[4] 何克抗,林君芬,张文兰.教学系统设计[M].北京:高等教育出版社,2006.

[5] 王卫军.教师信息化教学能力发展策略研究[J].电化教育研究,2012(5):103-109.

[6] 高惠莉.计算机多媒体教学常态化探究:基于大学英语多媒体教学的实证研究[J].中国电化教育,2013(2):83-88.

[7] Gu Yueguo. Computer-Assisted Language Learning: the State of the

Art with Special Reference to the Chinese Context[J]. 英语电化教学，2008(2):3-13.
[8] 李艳平.信息技术与大学外语课程整合中的主要变量关系研究:大学英语教师教育技术培训视角[J].现代教育技术.2010(10):93-96.
[9] 熊生贵.新课程:教学创新新视点[M].成都:四川大学出版社,2004.
[10] 曹超.中国计算机辅助语言教学30年回顾与展望[J].外语与外语教学,2009(8):39-42.
[11] 赵敏娜.培养学生创新能力:美国高校课堂模式发展动向[J].宁波大学学报,2003,25(3):82-85.
[12] Scott T W, Tiessen P. Performance Measurement and Managerial Teams [J]. Accounting, Organizations and Society, 1999(24):263-285.
[13] Jones G, George J. The Experience and Evolution of Trust: Implications for Cooperation and Teamwork[J]. Academy of Management Review,1998(23).
[14] Blanchard K D, Eunice P C. How to Get Your Group to Perform Like A Team [J]. Training & Development Journal, 1996, 5(1):34-37.
[15] 李晓文,王莹.教学策略[M].北京:高等教育出版社,2000.

(原文发表于《中国教育技术装备》2014年第20期)

基于学院制的高校预算管理机制研究

盛其杰

摘　要　本文在分析我国高校预算管理现状，归纳分析国外大学预算管理先进经验后认为，我国高校预算管理改革应当分两个阶段：第一阶段为全面预算管理阶段，阐述了基于学院制的全面预算管理体系的特征，构建了高校全面预算管理框架体系，探究了运行机理；第二阶段为问责预算管理阶段，在借鉴国内外高校问责评价经验的基础上，提出从教学、科研、财务和声誉四个方面考核高校预算管理的执行结果，选择了22个关键指标作为问责考核的指标体系，并对如何推进我国高校问责预算管理提出了具体建议。

关键词　学院制　高等学校　预算管理

世界一流大学普遍采用学院制管理模式。学院制度与大学制度相伴相生，已成为现代大学最主要的内部组织结构形式和管理方式。目前，我国高校虽然从形式上实行了校→院→系三级管理，但财权、人权、重大事权仍集中在学校，尤其财权下放不到位，分布不合理，距离真正意义上的学院制还有相当差距，在一定程度上制约了学科发展。因此，研究我国高校财务管理存在的问题，为高校构建适应学院制发展要求，有利学术质量提升的财务管理环境与新模式具有理论与现实意义。随着我国高等学校教育体制改革的不断深化，预算管理作为高等学校财务管理的重要组成部分，它既是高等学校年度事业计划和工作任务的货币表现，也是学校组织各项财务活动的前提和依据。高等学校预算是指高等学校根据事业发展计划和任务编制的年度财务收支计划。顺应财务管理体制的变化，转变预算管理机制已成为我国高等学校财务管理改革的重大课题。

一、我国高校预算管理现状及问题分析

(一)我国高校预算管理发展历程

从总体上看,我国高校的预算管理改革大致经历了以下 4 个阶段。

第一阶段,计划经济条件下单一的财政拨款收支预算。预算的内容仅仅包括财政拨款收支情况,预算外资金的收支不纳入学校财务预算范畴。在计划经济体制下,教育经费拨款全部国家全包,经费支出由国家安排。学校将国家拨付的预算经费按国家规定的支出项目,进行分解分配,落实到校内各部门;财务部门按照财经规章制度审核报销,年末上报决算。

第二阶段,市场经济条件下由单一的财政拨款收支预算向校级综合财务预算的过渡。预算的内容扩大至学校能够安排统一使用的所有收入(基建拨款除外)。随着经济体制改革的深入,特别是教育体制改革进程加快,国家在逐渐加大对教育投入的同时,相应地赋予高校一定的倾斜政策,相继颁发了鼓励高校开展社会服务等办法多渠道筹措资金的一系列政策法规。高校经费来源由单一的财政拨款向多渠道、多元化筹资格局发展。随着经费使用自主权的不断扩大,高校逐渐认识到应当把校级可控财力最大限度地集中起来,全部纳入预算,以更加有力地支持学校发展。

第三阶段,提出了全面预算管理的概念。1996 年国家出台了《事业单位财务规则》,接着又颁布了《中华人民共和国预算法》,把预算工作纳入法制轨道,并突出了预算工作的财务管理中的核心地位,新颁布的《高等学校财务制度》赋予了高等学校预算管理以新的含义,提出了预算编制“大收入、大支出”的原则。

第四阶段,部门预算改革。自 2000 年以来,我国已逐步建立社会主义公共财政体系,改革传统的功能预算为部门预算。部门预算则是以部门为基础,对部门内的各项资金再按功能、按预算科目把各项支出内容细化分解到具体支出项目。高等学校作为国家事业单位的重要组成部分,其预算管理受中央预算管理的控制和制约,所以部门预算的改革将对高校的预算管理产生意义深远的影响。现行的高校预算并不能完全体现部门预算改革对基层单位预算的要求,高校预算工作中存在着预算时间短、预算范围不全、预算内容不实、预算约束力不强、预算执行不了、上报的部门预算与校内执行预算不对接等问题。因此,我们必须依据公共财政理论,规范高校预算管理体系,构建新的预算管理模式,以适应新财政体制管理的需要。

(二)我国高校预算管理现状

1.组织机构设置

学校党委常委会是学校预算管理的最高权力机构,负责审议并批准学校预算及调整预算。

学校财务处具体负责预算草案的测算、编制、执行和监督等工作,其主要职责:负责编制部门预算草案;负责编制学校综合财务预算草案;负责预算的下达并组织预算的执行;负责结合学校事业发展的具体情况提报预算调整建议;督促各预算收入单位和缴款单位完成上缴任务,监督各责任单位管好用好资金,提高资金使用效益;及时报告预算执行情况。

各学院、部、处等单位是本部门预算的责任主体。负责根据学校的要求组织编报本部门年度预算建议方案,落实本部门的预算收入和支出计划,严格控制本部门的预算执行,坚持"一支笔"审批。

2.预算编制原则

(1)预算编制总原则。《高等学校财务制度》中明确指出:"高等学校编制预算必须坚持'量入为出,收支平衡'的总原则,收入预算坚持积极稳妥的原则,支出预算坚持统筹兼顾、保证重点、勤俭节约的原则。"

(2)预算编制一般原则:科学性原则;完整性原则;统一性原则;公开性原则。

(3)预算编制具体原则:谨慎性原则;统筹兼顾,保证重点;勤俭节约原则;动态平衡原则。

3.预算编制程序

按照实际工作程序,高等学校预算编制程序划分为"一上""一下""二上""二下"4个阶段。各阶段的具体职责如下:

"一上"阶段:每年11月底前,各预算归口管理部门(有关职能部、处)根据学校具体要求结合本部门(或系统)的具体情况提出下一年预算建议方案,报主管校领导审批后,汇总至财务部门。

"一下"阶段:每年12月中旬,财务部门在各预算归口管理部门上报的预算建议数的基础上,经测算提出预算控制建议数,经主管校领导批准后,向各预算归口管理部门下达。

"二上"阶段:每年12月底前,各预算归口管理部门按照下达的预算控制数编制本部门(或系统)的经费预算。

"二下"阶段:下一年寒假前,财务部门将汇总编制的学校综合财务预算草案,报学校党委常委会进行审议,批准后执行。

4.预算编制内容

高等学校预算编制内容主要包括以下两方面。

(1)收入预算。高等学校收入预算包括财政拨款收入、预算外资金收入、其他收入。其他收入包括上级补助收入、事业收入、事业单位经营收入、附属单位上缴收入和其他收入等。

(2)支出预算。高等学校支出预算包括基本支出和项目支出。

基本支出:人员经费、日常公用经费。人员经费包括人员支出和对个人和家庭的补助支出。

项目支出:基本建设类项目、行政事业类项目和其他类项目。

基本建设类项目,是指按照国家关于基本建设管理的规定,用基本建设资金安排的项目。

行政事业类项目,是指中央级行政事业单位由行政事业费开支的项目。主要包括国家批准设立的有关事业发展专项计划、工程、基金项目,专项业务项目,以及大型修缮、大型购置、大型会议和其他项目。

其他类项目,是指除上述两类项目之外的项目。主要包括用科技三项费用、农业综合开发、政策性补贴、对外援助、支援不发达地区等资金安排的项目。

5.预算编制方法

随着高等学校各种收入的多样化,预算所涉及内容呈现多样性,决定了预算编制方法的多样化。目前我国高等院校采用的预算编制方法很多,主要有基数法、零基预算法、滚动预算法、弹性预算法等等。这几种方法是相互联系的,在实际编制预算时,各高校可以根据自身发展需要,有的放矢,综合采取各种方法。

(三)当前我国高校预算管理中存在的主要问题

1.预算管理缺乏战略定位

随着高校财务改革不断深化,在预算管理方面,要求做到全口径预算。这就要求高校必须切实加强预算管理,努力增收节支、提高资金使用效益,促进学校事业又好又快发展。但高校缺乏主动理财意识,往往导致工作局面很被动,主要体现:①高校预算缺乏战略思维,全局观念淡薄;②各部门对预算缺乏统筹规划;③责任意识不到位,资金浪费现象严重。

2.预算编制过程缺乏科学管理

(1)难以做到全口径预算。全口径预算从理论上讲,应当反映学校资金收支全貌。但是在实际工作中,各类办学收入、校内有关服务收入、图书教材折扣费、上缴学校的各项对内对外服务收入、出租学校资产设备收入、变卖仪器设备收入等都有可能成为截留对象,形成部门小金库,逃脱预算管理的监控。

(2)预算编制方法不科学。目前在高校预算编制一般都采用增量法,这种方法简单方便,但容易固化高校资金在不同部门之间的分配格局,基数加增长的编制方式还促使各部门想方设法扩张预算规模,制约了学校合理配置资源能力的发挥。

(3)预算编制周期不合理。预算编制公历年度周期和学校学年周期交叉,给预算编制和执行来难度,不符合高校实际情况。例如:每年9月份开学时所收学费,应当用于整个学年的开支,不能在年末予以结转。这种情况不仅增加了预算编制难度,而且年终决算数据也难以准确反应。

3.预算缺乏刚性

在发达国家预算一经法定程序通过即成为法律性文件,必须严格执行。其预算的刚性主要体现在编制过程的科学民主,学校预算委员会由各多方面人士组成,反映了不同方面的诉求,同时也接受学校各方面的监督。而我国高校预算编制基本是由财务部门一家负责,预算编制缺乏科学的标准,特别是在一些项目经费分配上,经常靠感觉核定支出,既不准确又严重影响到预算安排的公平和透明度。这种过程的不严肃导致了预算缺乏刚性,调整预算、追加预算的情况经常发生,甚至先施工后立项再追加预算也成为家常便饭,严重影响了预算的权威性。

4.预算控制体系不健全

高校预算控制包括事前控制、事中控制、事后控制。但是目前高校通常在三四月份才开始预算的编制,到5月份上级部门的批复才下达,等到预算指标分配到各院系时已经快到第三季度了,成了事后预算;事中没有制定有效的控制制度;事后对于预算执行情况的分析不够详细,对以后年度预算的指导性不够。要加强预算控制,必须建立起有效的预算控制系统,如果没有一个有效的预算控制系统,再好的预算计划也难以达到预期的目的。在目前高校预算管理中,尚缺乏完整的预算控制体系,难以令高校的预算管理部门对预算执行过程中由于受到各种主、客观因素影响造成的变化进行快速反应。

5.预算缺乏绩效考评

预算绩效评价工作是预算管理体系中的一个重要环节,它是对高校内部各级责任中心预算执行结果的考核和评价,有助于各个部门按照成本效能、效益效能、水平效能原则优化配置资源。但是目前,很多高校对这一环节缺乏足够的重视,对预算最终执行情况没有进行必要的考核、总结,有的高校即使考核,也仅限于对预算完成情况进行考核评价,对预算执行的效果没有考虑,这必然将导致预算管理流于形式,无法起到应有的效果。

二、国外及中国香港高校预算管理现状及启示

发达国家和地区高校的办学历史较长，在实践中形成了比较健全的预算管理体系。同时这些国家和地区市场经济发达，管理制度比较完善，高等学校在适应市场经济方面积累了丰富的经验。因此，其高校预算管理的经验对我国有重要的借鉴意义。

(一)美国高校预算管理主要经验

美国高等教育无疑代表了当今世界高等教育发展的最高水平。其高等教育的杰出代表——研究型大学——一直是国内学者热衷研究的对象。美国高等教育的办学模式和管理体制千差万别，但总的来看，公立大学的财务管理体制比较完善，尤其是预算管理。其主要特点如下。

1. 专门的预算管理机构

预算办公室负责管理学校的预算性资源，通过科学预算，最有效地利用有限资源支持学校的教学、科研和公共服务活动；随时向学校管理部门提供准确、及时和有意义的预算和财务信息；提供财务政策和实践以及管理和分析工具、方法，为学校提供高质量的财务咨询；管理学校及各单位预算的制定过程。

2. 有严格的预算编制程序

美国的高等学校认为预算编制的过程是学校规划事业发展的过程，所以高校预算有严格的预算编制程序。如图 1 所示。

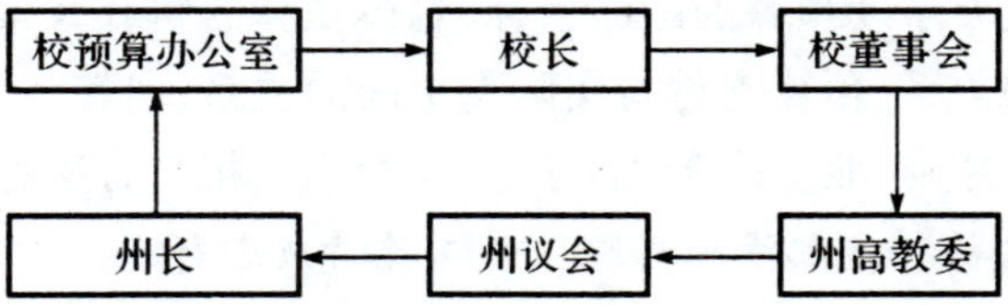

图 1　美国高校预算编制程序

美国高校预算年度一般为每年 7 月 1 日到次年 6 月 30 日，预算要提前一年编制，即每年 4 月份开始编制下一年度预算，层层审查论证，不断完善，最后报到州长，州长最迟必须在每年 6 月份确定各高校下一年度预算，州长批准的预算具有严肃性和强制性，各高校必须无条件遵守，高校收入预算节余可以结转下一年度使用。

3.“优先保障”的预算制定原则

在制定预算时有一个非常重要的原则。即预算中要优先体现校长的愿望，即当年学校优先发展和保证的重点项目，以使有限资金发挥最大的效益，促进学校发展。

4.参与度比较高

在预算制定过程中,一般会应用参与法、咨询法等方法鼓励部门和员工参与预算,有的学校还专门成立了由员工组成的预算和财务重点项目委员会来推荐校园的重点项目和相应的预算方案。

5.预算分析中使用"同等院校"的概念

美国高等院校进行预算决策分析时,同等院校的实际应用是一个重要的组成部分。院校可以在考虑办学宗旨、教育和一般支出等因素的基础上选择对等的、类似的同等院校,作为参考点来评价高校的决策等。

6.预算的调控作用

预算是学校对可用资源进行宏观调控的经济杠杆,对于那些有社会需求、有发展前景的项目增加预算,对那些失去社会需求或是评估成绩差的项目减少预算来保证学术的正确发展方向。

(二)澳大利亚高校预算管理主要经验

澳大利亚大学遵守市场经济的基本规律,努力研究高等学校预算管理体制,在大学内部有非常明确的、细致的预算管理制度。其科学性、先进性很值得我国高校借鉴。

1.预算实施的严肃性和权威性

预算工作先由五名工作人员组成工作小组撰写草案,由九名专家组成预算建议顾问委员会,该委员会向分管校长和执行委员会提出建议。其具体内容包括年度及滚动发展年度预算的战略目标、总体预算的财政政策与结构、计划目标与预算之间的关系、预算支付与实际支出间的关系、回答各拨款单位的要求及评价拨款优先原则、准备预算时间表、与学校当局相关的其他有关事项等。

2.预算资金的科学配置根据院系的工作绩效进行

大学在进行预算资金分配改革时,在考虑到学院人员、学生规模等因素的基础上,学校再根据各学院和各科系的年度发展绩效进行考核,确定资金的分配和管理。

3.预算资金科学配置的主体是学院

强调资金分配与工作体系挂钩,给院长和系主任以充分的人事、财务和管理的自主权。学校将院系的资金按一定的方法切块分配给院系,完全由院系自主决定使用。

(三)英、德等国家高校预算管理主要经验

英国和德国在高等学校财务及预算管理方面的特点主要体现在以下几方面。

1. 科学、规范的拨款机制

英国于1992年成立了高等教育拨款委员会。它是一个非官方机构，负责分配国家高等教育经费，其经费来源是政府拨款。这样，学校可以不因经费而受政府政治干扰，在学术上有很大自由度。根据英国国家法律，学校的经费由政府确定额度，但学校的学科建设、人事、教学等内部管理问题，政府无权干涉。高教委员会根据对各高校教学与科研的评估情况进行拨款，具有合理性和透明度。

2. 多渠道的资金筹措机制

根据英、德高等学校的经验，学校除了从国家政府获得拨款外，学校还充分发挥自有资源优势，建立多渠道资金筹措机制。如争取国家科研经费，主动面向市场，与大、中企业建立科研合作关系，增加企业对高校的经费支持；同时，在英、德一向坚持计划内全日制学生不收费的国家，近些年在高等学校经费不足的情况下，已开始向学生收取部分费用；而且，为节约开支，学校对校内各教学、科研单位使用的房产和大型设备等实行有偿使用制，按规定收取费用，这样可以大大减少资源的无效占用、节约开支，充分发挥现有资源的使用效益。

3. 规范的财务预算管理

根据英、德等国的经验，坚持综合财务预算，以收定支，不搞赤字，提高预算的严肃性。学校建立必要的预算编制机构，结合本校实际，合理确定预算编制的原则和程序，以确保预算的科学性。而且，高校必须实行财务集中管理，即只允许学校开设银行账户，各二级学院和其他单位不得开设银行账户，做到财力集中；同时，为增加二级单位的自主权，对预算经费及课题经费的支配权可适当下放，学校财务负责对各项支出的监督，严禁超预算支出；对大型设备采购采用招标制，以降低采购成本、节约开支、防止舞弊，逐渐推行“集中采购制”。

(四)中国香港高校预算管理主要经验

香港地区现有高校共8所，香港政府对高等教育十分重视，高等学校在预算管理方面也积累了先进的经验。

1. 预算分配有专门的机构负责

香港高校的预算分配一般由专门的机构来负责。比如，香港城市大学成立了预算委员会(中文大学称为资源调配委员会)，作为学校预算管理的决策机构。其主要职责是制定3年政府拨款申请，制定校内资源分配模式，核定各部门年度用款总额。并且召开3个月一次的例会以讨论预算执行情况，对执行过程中发生的问题及时做出决策，对预算项目的调整与否进行讨论并做出决策等。

2.预算分配采用以程式为基础的资源调配模式

大部分香港高校预算分配上采用了以程式为基础的资源调配模式,学校总收入按一定的比例切块。例如,香港城市大学按5%的机动费(3%校长储备及2%特别储备,以应对非常开支的需要)、65%学术及科研经费、30%行政及学术支援经费来切块;总教学预算中按教学80%、科研20%切块。教学预算中各课程的资源分配主要以学分数(或学生数)为主要基数来分配,同时考虑的因素还有教职员薪金及部门运作开支、电脑及各项资讯开支、专科教学设备开支(如专项实验室)以及绩效综合指数等。科研预算主要考虑以下两个因素:纯科研预算是根据部门中的研究人员数目来制定,应用研究预算是根据部门中的教职员人数来制定。

3.预算程序实行两上两下,部门自主权较大

预算编制的整个程序体现了两上两下的要求。财务处通过对香港政府三年拨款计划和学校的总体发展规划、教学发展计划进行分析,提出学校预算的分配草案,供预算委员会讨论。预算草案要经听证会评核,听证会成员包括校长、预算委员会成员、部门主管等。经听证会评核、预算委员会讨论以后,通知并落实各部门编制详细的部门预算。财务处再根据各部门的预算方案,调整学校综合预算。学校的预算分配方案一般都要经过预算委员会、管理议会批准后才能执行。对于特定拨款的预算,需要时,还要经特别小组评审,校董会审批。学校资源分配强调财权与事权的有机结合,管理重心下移,决策权下放。各部门在部门预算额度内可以自行安排使用,具有很大的自主权。部门预算在年中可以调整,节余经费可以滚存。

(五)发达国家和地区高校财务预算管理的特点及启示

1.预算管理的特点

总结市场经济发达国家和地区高校预算管理的经验,主要有以下特点:

(1)预测准确,滚动预算。学校建立滚动预算机制,每年学校的预算建立在三年不断滚动发展的基础之上,同时留有一定数量的不可预见费用,以应对突发事件的发生。

(2)程序严格,科学民主。学校财务部门根据以往年度预算执行情况和下一年度事业发展的资金需求提出新年度预算初步方案,由学校预算委员会执行主席分别召集学校学术委员会和预算委员会,对财务部门提出的预算草案进行广泛讨论和征求意见,提交校董事会讨论通过。

(3)方法得当,公平合理。学校预算一般可将经费分为人员经费和公用经费。国外大学根据历年的支出情况分析、各项支出在预算中都占有相对固定

的比例，形成了相对稳定性和科学性的经费分配方案。在计算院系经费指标时主要依据是学生数和培养成本系数，根据不同专业的不同培养成本，制定经费分配等级系数，保证预算分配公平合理。

(4)公开透明，主动监督。学校预算草案向全校公布，广泛征求意见。每个教职工和学生都可以对学校预算发表意见，财务部门汇总各种意见和建议后修订预算。学校预算正式通过后，也必须向全校公布，便于接受全校教职工监督。

(5)法定预算，刚性管理。学校预算经董事会讨论通过后，由学校财务管理部门严格执行，任何人都无权随意增减，如遇特殊情况确实需要调整预算，必须按法定的程序办理。

(6)校内监督，校外监管。学校预算制定主要是预算委员会，预算执行主要是学校财务部门，而预算执行监控除了要受到预算委员会和广大教职工的制约外，还要受到社会上会计师事务所等监督审计部门的监管。学校的年度决算必须详细说明学校经费收入和支出的情况、预算执行情况，分析经费使用的效果，阐明节余和赤字的原因，交会计师事务所等社会部门审计。

2. 几点启示

(1)预算编制、执行与监督相分离。香港地区和国外高校一般都成立校预算委员会，专门行使预算编制职能；预算执行由财务部门具体实施。预算监督除学生和教职工外，还有校部监督部门和校外社会中介机构等。这样做的优势：一是预算编制具有全局性，预算编制机构全面掌握政策与标准，容易统一预算编制思想；二是避免各单位预算编制时出现争预算、争指标的现象，有利于加强管理，提高效率；三是有利于加强内部制衡，避免财务部门既负责预算编制，又负责预算执行、分析等情况的出现。

(2)加强预算信息公开透明程度。国外高等学校预算草案和定稿都向全校公示，而我国高校预算成了单位内部机密，甚至有的主管领导都不清楚全校的预算情况。部分高校所谓的预算公开也只是像“三公经费”那样晒一晒而已，没有做到公开透明。这种做法极不利于对预算的监督管理。高校的所有利益相关者都有对预算的知情权，预算公开透明只会更加有利于科学决策，有利于学校管理，有利于事业发展。

(3)加强预算的精细化管理。香港地区和国外高校基本实行滚动预算，年度预算基本上提前一年开始编制，编得早，编得细，论证充分，执行严格，几年后要办的事进行提前规划，按程序列入预算。而我国高校实质性的预算编制工作已经到了上年末甚至是下年初。有的高校甚至等到财政部门在年初正式批复预算后，才编制校内预算。这种无预算运转了几个月甚至半年多的现象司空见惯,谈不上预算编制的精细化管理,这种现象应当从根本上予以扭转。

(4)严格预算程序,强化预算控制。香港地区和国外高校预算都要经过比较严格的程序,预算一经确定不得调整。确实需要调整的,必须经过严格的审批程序。而在我国高校虽然有程序规定,但追加预算、调整预算现象常常发生,没有形成刚性约束。因此,我国高校必须严格执行预算程序,强化预算控制。

三、我国高校预算管理机制变革的影响因素

(一)高等教育财政管理体制的影响

在现行高等教育财政管理体制下,高校不仅实现了资金来源渠道的多元化,而且也实现了高校由被动执行的附属地位向理财主体地位的转变。资金来源渠道的多元化使得高校的收入预算不再是单一的"一条途径、一本账";自主办学的机制使高校打破了过去"经费靠国家""平衡靠财政",一切由国家大包大揽的旧的办学模式,打破了"重拨款、轻收入""重分配、轻管理""重花钱、轻效益"的"三重""三轻"的陈腐观念,重新确立了"重收入""重平衡""重效益"的"三重"新观念。这些变化使得高校在完成事业发展计划和工作任务的同时,必须加强预算管理,强化预算控制,以保证学校事业持续、稳定、健康的发展;这些变化要求高校必须更新观念,认清形势,建立起全口径预算管理体系,在预算执行过程中,一方面要积极组织投入,挖掘增产增收的潜力,大力培植新的财源;另一方面,从高校内部加强预算管理,优化校内资源配置,提高资金使用效率。在此格局下,高校必须建立有效的预算管理体系,运用新理念、新方法对高校的预算收支进行科学、合理的分配和使用,使高校的预算管理对学校的事业发展、经济生活等起到保障和促进作用。

(二)财政预算管理体制的影响

由于我国高校预算管理与财政预算管理体制紧密相关,因此,财政预算管理体制的改革对高校预算管理改革也起到了推动作用。具体而言,财政预算管理体制的改革对高等学校预算管理的影响可以归纳为以下几方面。

1.预算管理方式要求由目标管理向过程管理转变

过去的预算管理强调的是预算分配,属于目标管理;部门预算强调部门行使职能过程中的预算全程管理,突出预算的事前控制,实现预算向微观管理层次的延伸,其实质是过程管理。

2.预算管理体制方面,强调职能、事权和预算管理权的三统一

部门预算是"一个部门一本预算",更加透明、民主,同时强调预算的严肃

性。高校在编制预算时自主权限更大，但是，预算一旦编制完成、审批后，必须严格执行，强调部门职能、单位事业与预算管理权利的统一。

3.预算框架方面的要求

高校支出预算原来划分为事业支出预算、经营支出预算和基本建设预算等，部门预算改革后要求高校将支出预算划分为基本支出预算、项目支出预算，支出分人员支出、公用支出、对个人和家庭的补助支出；项目支出分发展性专项和建设性专项。

4.编制方法、编制程序方面的要求

基本支出预算采用定员定额分配为主（特殊核定为辅）的编制方法，项目支出预算采用建立项目库和项目评审制择优安排。由原先的财务部门包办预算编制，到各职能部门自主编制，共同参与，经过上下结合的过程而编制。

四、基于学院制的全面预算管理体系构建

目前，我国高校正在逐步深化学院制管理体制改革。但是，在实际运行过程中，运行机制的不完善、事权和财权分配的不合理，使学院制的内涵发生了偏移，表现为管理重心过高、权力主要集中于校级决策层及其职能部门等。学校管理重心下移是大学实施有效管理的趋势。那么财权下放后，如何构建新的全面预算管理体系将是必须解决的问题。

(一)基于学院制的全面预算管理体系的特征

全面预算通过全方位、全过程、全员参与编制和实施预算，将学校的业务流、资金流和信息流重新进行了整合，从而优化了学校资源配置，提高了资金使用效率。全面预算管理体系具有4个主要特征。

(1)全面预算管理是对高校全部业务活动进行的全过程的预算管理。全面预算管理的“全面性”主要体现在：①预算内容的全面性，即全面预算必须包括高校全部经济活动的收支情况；②预算管理的全员参与性，全面预算强调以人为本和全员参与原则，在预算管理的过程中，要引导和鼓励广大教职工参与预算的编制和执行监督，培养他们的参与意识和成本控制意识，形成全员参与预算管理的氛围。

(2)事权与财权相统一的原则。在以学院制为基础的全面预算管理体系中，学院处于核心地位，学校将事权和财权同时赋予各预算责任中心，各责任中心的预算由收入预算和支出预算构成，形成了全面预算。这里，支出预算是各部门在预算年度开展教学科研活动的数量化表达，即部门履行事权的数量化描述，而收入预算则是财权的具体表现，也是事权的实现条件和约束条件。

(3)基于学院制的全面预算管理是一种硬约束机制。基于学院制的全面

预算管理体系,从其功能系统看,部门收入预算是编制支出预算的前提和约束条件,对部门的支出行为起着限制作用。也就是说,执行部门履行其事权所发生的各项支出必须在其可获得的收入范围内。从这个意义上讲,全面预算是由收入预算和支出预算构成的完整的控制系统,它较好地实现了财权与事权的统一,变预算"软约束"为"硬约束",提高了预算的严肃性和约束力。

(4)全面预算管理建立在学院制管理体制的基础上,以学院为中心进行财权下放,实现了学校办学经费的分配和再分配,充分说明了学院是学校的办学主体,体现了以教学科研为中心的办学理念。

(二)基于学院制的全面预算管理体系的框架

学院制管理体制是以学科或学科群为基础划分学院,在校、系(或所)之间增加学院一级的责、权、利相统一的独立管理实体,并依据事权与财权相统一的原则建立的以学院为中心的校、院、系三级内部权力结构和运行机制。学院制以学科关系为基础,以行政权力和学术权力在校、院、系进行的合理分配为主要内容,以事权和财权相统一为实现条件,是一种新型的高校内部组织结构。

全面预算管理是指在赋予学院事权的同时也赋予其财权,通过财权(收入权)的下放将学院的支出行为限制在可获得的收入范围内,促使学院达到收支平衡。基于学院制的全面预算管理是以学院为枢纽,来实现资金的分配与再分配。这样,不仅学院的业绩与教学工作量挂钩,而且非教学科研部门的工作业绩也与教学科研工作量挂钩,从而充分调动了各方面办学的积极性和创造性,能够更好地实现高校的办学宗旨。

基于学院制的全面预算管理体系是将预算管理、内部控制、会计核算有机地统一起来,真正实行"集中式分权管理"模式。同时,应该明确学院作为相对独立的管理实体,其自主理财的权力必须受到学校理财主体的制约。学院自主理财的相对性主要体现在:①"统一领导",即学院必须遵循学校内部的财务管理制度和有关规范,要将学院预算纳入学校统一的财务计划中,学校有权统一调配资源;②"集中核算",即学院的所有收支活动统一通过校级财务进行核算,自主理财权和核算权要分离,以确保学校财力的集中;③"分权管理",即财务的管理权限只设学校和学院两级,校级、院级在明确事权与财权的前提下,履行各自的权利和义务;④"专项调控",即除了学院自主理财的经费之外,学校还设立各类专项经费,如学科建设、实验室建设等,用于特定项目的支出。专项经费主要是根据学校发展规划、学科布局,对学校重点扶持对象进行划拨,采取学院申报、专家论证、学校统筹的方式,进行专项投入,以保证学校稳定发展。

从学院制管理机制的运行层面看，它降低了管理重心，缩小了管理幅度，有利于提高管理效率；从学科建设的层面看，学院下设若干个系，有利于实现不同学科的交叉，加强教师之间的学术交流，提高教学科研水平，促进学科建设；从责权利的制衡关系看，在事权与财权统一的原则下，以学院为枢纽形成相互制约的责任链，有利于规范各部门的行为，充分调动各方办学的积极性和主动性，提高预算管理的有效性。

（三）基于学院制的全面预算管理体系的运行机理

基于学院制的全面预算管理体系与传统预算管理体系的重要区别在于，在全面预算管理体系框架下，学校内部的各级预算均由支出预算和收入预算构成，学院在预算管理体系中处于中心地位；而传统预算对于校级以下的基层部门只编制支出预算，收入权集中于校级。因此，全面预算的核心问题是财权的下放，即收入权在学校内部各级层之间的分配。通过收入分配赋予各基层部门理财自主权，同时也赋予其履行事权的责任。

按照这一基本思路，学校预算资金分配可由图2表示。高校预算资金流程和经费分配以校院的经费分配为主线，以校处的专项资金分配为辅线，以学院为枢纽，实现对教学辅助部门、职能处室的资金分配，并借助内部市场实现向后勤服务部门经费的再分配。

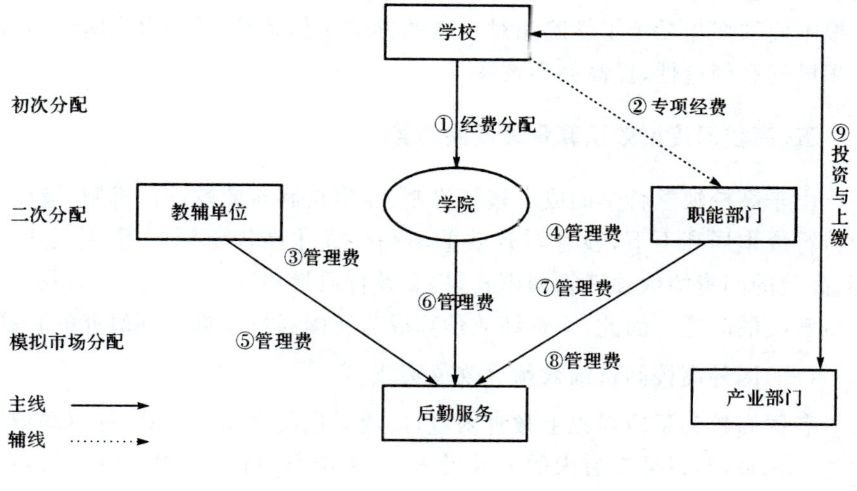

图2　高校预算资金分配图

第一次分配包括：①校院之间的经费分配，主要采用比例分配法将年度财政拨款和学费收入在校院之间进行初次分配;②专项资金和学校用于宏观调控的资金由学校直接拨付到相应的职能部门,由各职能部门负责管理使用,如“211”工程建设资金、重点大学建设资金、外事费、离退休人员各项费用等。

第二次分配是以学院为主体,以学院初次分配获得的资金为基数,向教学辅助部门和各职能处室进行的再分配,具体分配按照事先核定的分配率(按学院总收入的一定百分比)进行。这样,可以将非教学科研单位的工作业绩与学校的教学科研业绩挂钩,提高办学效率。

模拟市场分配是将学校后勤部门与后勤服务(主要指水、电、暖和维修服务)使用部门之间的关系通过内部市场转化为经济关系。后勤部门按照学校价格管理委员会核定的内部服务收费标准向各内部使用单位收取服务费,由此形成了后勤部门的主要经费来源,学校不再向后勤部门核拨经费(专项资金除外)。

由初次分配、二次分配和模拟市场分配三个层次形成的预算资金分配流程,使学校内部原有的资金划拨关系转化为经济关系,它是高校实行全面预算管理体制的核心内容和基础。

以学院制为基础的全面预算管理体制,将学院与各职能部门之间的关系通过预算资金的分配、使用和考核确定下来,使学院与各职能管理部门之间的关系由过去的学院从属于管理部门,转变为现在的管理部门服务于学院。这一根本性的变化赋予了学院相对独立的办学主体地位,有利于调动各方办学的积极性和创造性,提高办学效率。

五、高校问责绩效预算管理发展趋势

由于高校缺乏科学的成本核算机制、竞争机制与绩效评价机制,造成了高校运行成本居高不下,教育财政效益不高。优化高校资源配置,建立科学合理、高效的问责绩效预算管理模式,提高教育质量和资金效益是当前我国高校亟待解决的问题。因此,问责绩效预算成为我国高校预算管理研究的新趋势。

(一)国外高校问责绩效预算改革实践

各国高校为了应对以上教育困境,广泛采取问责绩效预算、问责绩效管理的方法和举措,以便在有限的公共投入下,解决财政困境,提高教育效益。主要采取了以下措施。

(1)扩大高校的办学自主权。近年来,各国政府纷纷出台法规以界定大学的法律地位,使大学真正成为具有民事权力和民事责任的法律实体,使大学拥有更多的自主权,提高使大学自主决策的能力,并对决策的后果负责。如1988年英国教育改革法案明确规定了现有的高等教育机构是拥有自主权利的法人实体。各国政府还通过下放课程设置权、资金使用、调配和留存权、人事聘任和解聘权、一定的收费决定权等方面的权利提高大学自主决策、自主筹划的能力，减少政府在高等教育领域过多的干预。

(2)构建严格的问责制度。在放权的同时，建立严格的问责制度。分权给各国政府通过实施合同制方式，在大学与政府之间建立一种契约关系，代替之前的监护关系、行政关系，以契约的形式强制大学承担政府期望大学要承担的责任，促使学校提高科研、教学的效率、效益。

(3)引入高等教育绩效拨款方式。为了解决财政危机，各国政府按照成本分担理论的高等教育成本补偿机制，强调高等学校经费来源的多元化，同时，各国开始进行高等教育拨款方式的改革。一个重要的方向(趋势)是把产出或绩效拨款机制引入高等教育资源的分配中，更多关注高校的产出或绩效。绩效拨款背后的理念：让大学提高效率，将结果导向和顾客中心的理念植入高等院校；把资金分配与教育生产联系起来，以使那些培养更多学生和质量更高的学校得到更多的资源；避免学业标准受到侵蚀；使高等教育财政资源的分配机制更简单、公平、透明和自主；促进大学之间的质量竞争。例如美国肯塔基州用绩效指标来衡量政府的财政拨款。澳大利亚在高等教育公式拨款模式中，近年来倾向于绩效拨款方法。采用此方法使得大学能够通过提高教学和科研绩效来改变所获得的拨款量。就经常性拨款中的科研部分来说，如果高校能够提高竞争性科研能力或者增加教师的学术出版数量或者拥有更多的博士生，那么就能够获得更多的拨款份额。

(4)强化产出和结果控制，极力降低大学运行成本，提高绩效。许多大学以“效率”为核心，以成本和产出(结果)为主要决策因子。许多大学在开设课程和进行科研选题时，一改以往首先考虑学科和知识发展需要的做法，而将成本和产出作为决策的首要因素。在教师聘用上，比以往更多地聘用兼职教师，以降低成本，通过绩效评价、激励等措施提高教师工作效率。同时，在评价的过程中也侧重于成本和产出的测量，一项课程的成功与否，很大程度上取决于课程所产生的效益。另外，在制度建设方面，引入和完善成本计量制度、绩效评估制度，以利于决策的施行。总之，对成本的敏感，对产出的重视，已经开始体现在大学运行中的每一个环节。

各国高校开展问责绩效预算管理也存在一定困难，绩效管理关键是绩效指标体系的设计。由于各国考核标准难以制定，相关绩效指标定性标准不易把握和难以量化，限制了问责绩效预算的应用范围和程度。但是，绩效拨款模式将会越来越多地被尝试、发展与完善。问责绩效预算一定程度上解决了高校财政危机，优化了高校资源配置，对推进高校稳定协调、快速发展，提高高校教育质量和效率具有重要的意义。

(二)国内外高校绩效指标体系设计

绩效预算、绩效管理作为公共管理的核心内容,自新公共管理运动后,不仅在政府部门得到普遍采用,而且在大学中也得到广泛采用,并成为政府制定教育政策、分配学校经费和加强高校管理的重要手段。而实施问责绩效预算和绩效管理的主要方法,就是建立高校绩效评价指标体系。

1. 西方国家高校绩效指标体系简介

1985 年英国的贾勒特报告(Jarratt Report)将高校的问责绩效指标分为内部指标、外部指标和运行指标三类。其中,内部指标主要反映学校方面的特征;外部指标反映高校所设置的学科适应社会经济的情况;运行指标则反映学校办学资源使用和运行效率情况,如单位成本、教职工的工作量、仪器设备图书馆的利用率等。

1986 年,英国副院长与校长协会和大学拨款委员会(CVCP/UGC)联合工作小组将问责绩效指标分为输入指标、过程指标和输出指标三类。其中,输入指标是指高校可利用的资源、人力和经费情况,体现高校现有的办学条件和办学实力;过程指标是指高校办学过程中有关资源的使用率、管理行为和组织行为情况;而输出指标则指高校通过办学科研等活动,最终取得的成绩与产出。

在美国,高等教育绩效指标体系主要是作为政府教育拨款的一个参考因素。最有代表性的是肯塔基州的高等教育绩效指标体系,该体系包括教育质量、教育培养、机会均等、经济发展和生活质量、协调与倡议精神五大类 25 个指标。

其他具有代表性的绩效指标体系是由凯夫和卡梅伦等人经过深入研究提出的 14 个精选的绩效指标。这些指标分为两类:一类是关于教学的指标,包括:①入学质量;②学位结果;③生均成本或师生比;④附加值;⑤回报率;⑥浪费率和未完成率;⑦毕业时或五年后的就业率;⑧学生和同学评价。另一类是关于科研的指标,包括:①研究学生的数量;②出版物及专利等;③科研质量;④科研收入;⑤同行评价;⑥声誉排行。

在实证方面,美国是最早对高校问责绩效进行定量评估并排名的国家。1983 年,《美国新闻与世界报道》率先推出全美大学排名。在此后每年的排名中,该杂志通常选用学术声誉、招生选择性、师资力量、财政资源、保持率、学生满意程度等多项指标。整个评价过程以问卷调查的方式进行,每项指标赋予相应的权重,最后以各学校的总得分降序排列。

英国的《泰晤士报》和《泰晤士报高等教育副刊》于 1986 年开始推出英国

大学排名。他们通常选用的指标有入学标准、学生/教师比率、取得博士学位的教师数量、图书馆经费、政府对研究的资助、合同研究、毕业生就业、研究生占学生百分比、外国留学生占全部学生百分比等。这些指标并不是固定的，而是每年根据具体的情况做相应的调整，每一项做加权处理，换算成等值分后排名。

《明镜》周刊于1989年末首次公布了德国的大学排名。它的评估方法是对德国的各大学按专业，例如数学、物理、化学、经济学、教育、法学等进行评分，然后将各专业的得分相加形成总得分，最后按总得分排名。

在加拿大，《麦克林》杂志自1991年起每年对国内各大学进行评价和排名。

《麦克林》确定的评价指标通常是学生概况、课堂情况、师资状况、财务状况、图书馆、学校声誉等。《麦克林》将所有被排名的大学分为三类：含医学院、博士研究所类大学，综合性大学，四年制大学。评价结果按三类大学分别排名。

2.国内高校绩效指标体系研究现状

国内比较完整和系统的研究是2000年教育部会同南京大学承担，由世界银行资助的“高等学校财务评价指标体系”研究课题。课题组通过广泛的调查研究，在全面分析了高等教育的基本情况、高校理财的宏观背景以及高校财务管理的基本问题的基础上，精选了反映高校的综合实力、财务运行绩效和财务发展潜力3个子指标体系共38个指标。自1999年以来财政部要求各高等院校在决算报表中要报送有关高校财务综合实力、财务运行绩效、财务发展潜力三大方面共计30个指标。

2003年，财政部教科文司首先进行了《中央级教科文部门项目绩效考评管理试行办法》尝试，对教科文部门项目进行绩效考评，明确了考评范围、原则、依据、内容、组织实施及考评结果应用，第二十条特别强调项目考评结果是财政部确定教科文部门以后年度项目和安排项目支出预算的重要依据。随之，各级地方财政部门相继出台项目支出绩效考评管理办法并付诸实践。

2005年，财政部颁布了《中央部门预算支出绩效考评管理办法(试行)》，将考评范围从项目支出扩大到部门预算支出，随后，各省市也相继出台了各自的预算支出绩效考评管理办法。2009年，财政部颁布了《财政支出绩效评价管理暂行办法》，对相关内容进行了修订。

2009年发布于《中国教育新闻网—中国教育报》，中央教育科学研究所高等教育研究中心组织研究提交的《中国高等学校绩效评价报告》就认为：“对72所教育部直属高校绩效评价的研究表明：影响高校绩效的主因是资源有效利用”，在文中也运用“产出/投入”数学模型，将72所教育部直属高校近3年数据,代入专家讨论筛选出14项投入指标和16项产出指标来计算高校绩效,通过投入产出比,得出了72所高校初步的排名,达到绩效考核的目的。该项目研究结论如下:绝对评价得分高的学校,绩效评价不一定高,绝对评价得分低的学校,绩效评价不一定低。绩效评价对丰富高校评价的内容和方式、合理配置高校资源有重大意义。该研究项目数据统计显示,有近半数高校2006—2008年"投入多,产出少",显得"高耗低产";另有29所高校"产出高于投入";还有7所高校投入和产出的排名一致,"投入产出相当"。整体绩效得分前3名的高校分别是清华大学、北京大学、东北大学。

目前对高校的评价与排名大都是绝对评价,重视高校投入或产出的绝对产量,这样的评价在长时期内发挥了推动高校提高办学实力的作用。但绝对评价也存在着明显的缺陷,它不关注高校发展的条件和发展效益。该项目对高校的绩效评价则是依据产出与投入之比对高校进行的相对评价,但绩效评价并非替代绝对评价。

该项目对高校绩效评价的主要特点有四:第一,高校绩效评价是在投入绝对量和产出绝对量间进行效益值的转化,淡化了绝对存量的评价分量,重视被评对象取得产出绝对量时所获得的发展条件差异性,具有相对公平性。第二,高校绩效评价是对高校一定时间内的投入与产出进行评价,而不是某个时点上的评价,能够较为全面地反映一个相对时期内高校办学效益的变化情况,可以体现或反映高校的发展过程及其积累,重视过程性。第三,高校绩效评价是基于投入—产出理论的评价,既关注高校办学的绝对"成绩"和"效果",更关注办学的相对"效益"或"效率"。第四,高校绩效评价是指向办学资源配置与利用的有效性分析,不指向对高校的绝对分等。

该项目运用文献分析法,经专家讨论筛选的高校绩效评价指标见表1。

表1 教育部直属高校绩效评价指标

序号	专家筛选的最初投入指标	专家筛选的最初产出指标
1	校本部教职工总数	当量在校生数
2	博士学历教师占专任教师比例	当量学历在校留学生数
3	副高以上比例	百篇优秀博士学位论文数
4	研究与发展全时人员数	国内学术刊物发表论文数
5	社科/科技活动人员数	国外学术刊物发表论文数
6	科研经费总额	国际学术会议提交论文数
7	教育经费总额	出版专著数
8	其他经费拨款	国家最高科学技术奖特等奖数
9	本年度完成基建投资总额	国家三大科技奖一等奖数

续 表

序　号	专家筛选的最初投入指标	专家筛选的最初产出指标
10	固定资产总额	国家三大科技奖二等奖数
11	实验室(实习场所)面积	省部级科学研究与发展成果奖数
12	图书册数	国家级项目验收数
13	图书馆面积	鉴定成果数
14	教室面积	发明专利授权数
15		技术转让当年实际收入金额
16		专利出售当年实际收入金额

(三)我国高校问责绩效评价指标体系构建

我国高校问责绩效指标体系可以使用平衡计分卡评价体系和关键绩效指标体系相结合的方法。借鉴国外高校的经验，首先将我国高校的战略目标划分为教学绩效、科研绩效、财务绩效、声誉绩效等四大层次。然后在这四大层次中选取共 22 个关键绩效指标，对预算执行结果加以衡量，构成了表达高校预算导向的绩效指标体系，见表 2。

表 2　高校问责绩效评价指标体系

绩效层次划分	序　号	关键绩效指标
教学绩效	1	生师比
	2	生均事业支出
	3	教职工人均经费
	4	教育支出占总支出比重
	5	人员经费占总支出比重
科研绩效	6	教师人均科研经费
	7	科研经费年增长率
	8	人均科研成果产出率
	9	科研成果转化收益率

续 表

绩效层次划分	序　号	关键绩效指标
财务绩效	10	学校年经费增长率
	11	学校自筹经费占总收入比重
	12	捐赠收入占总收入比重
	13	对外投资收益率
	14	固定资产年增长率
	15	事业基金年增长率
	16	资产负债率
	17	现金支付能力
声誉绩效	18	生源质量排名
	19	毕业生就业评价排名
	20	校友捐赠排名
	21	国内外学术知名度和影响排名
	22	国内外社会知名度和影响排名

1.生师比＝当量学生数/教师人数(年平均人数)

当量学生数＝本科人数＋硕士研究生人数×1.5＋博士研究生人数×2

这一指标说明高校人力资源的利用效率,在保证教育教学质量的前提下,生师比越高,说明学校办学效益越好。但从目前提高教育教学质量的大趋势看,我国大部分“985”工程高校普遍要求生师比控制在一定范围以内,防止教育质量下滑。

2.生均事业费支出＝本年事业支出数/当量学生数

通常,学校层次越高、实力越强,培养学生所需的经费就越多。但在同等条件下,假设忽略学生培养质量上的差异不计,生均培养经费越少,反映学校的办学成本越低,提高办学效益的状况越好。

3.教职工人均经费额＝学校总经费收入/教职工平均人数

学校总经费收入＝科研经费＋教育经费＋其他经费

该指标说明每个教师分摊的总经费。这一指标从平均量上说明教职工的事业发展能力,说明管理水平和运营效率。随着学校事业的发展,相应地人均获取经费的能力增强。不同类型的学校,可能在人均获取经费上有一些差别,但同类型学校则具有可比性。

4.教育支出与事业支出的比重=全年教育支出总额/全年支出总额

用全校教育支出除以全校支出总额,可以体现学校对教育事业发展的支持力度,同时也反映了学校资金的使用效率。

5.人员经费占总支出的比重=(教学支出中的人员经费支出+业务辅助支出中的人员经费支出+行政管理支出中的人员经费支出+后勤支出中的人员经费支出+学生事务支出中的人员经费支出+其他支出中的人员经费支出+离退休保障支出中的人员经费支出+科研支出中的人员经费支出+经营支出中的人员经费支出)/全年支出总额

在学校的全部经费支出中人员经费比例越高,公用经费比例就越低,真正用于事业发展的部分就越少。由于各高校在人员结构方面有较大的差别,人员经费的比重具有不可比性,但在同等规模可比基础上,降低人员经费比重是提高管理水平和效益的体现。

6.教师人均科研经费=科研收入总额/(教学人员+科研人员)

该指标反映学校教师获取科研经费的能力和规模,同时也反映学校财务的管理水平,与学校财务的良性循环有较大关联。

7.科研经费年增长率=(本年科研收入总额-上年科研收入总额)/上年科研收入总额

科研经费包括科研经费拨款和科研事业收入,这一指标可以说明学校年度科研事业的增长状况。科研经费一般可按来源分为纵向和横向两类。纵向经费的增长反映从各级政府或上级获取经费的状况;横向经费来源渠道则说明了高校参与社会经济建设,服务于社会方面的能力。分析科研经费的年度增长比例,反映了学校科研事业的发展速度。

8.人均科研成果产出率=(科研论文+专利成果)/(教学人员+科研人员)

该指标反映了高校教师人均科研成果的创造水平。在具体衡量时,不同水平的高校可以有不同的要求。进入“985”工程的高校要求衡量高水平论文(被SCI、EI、SSCI检索)数量,尤其是在国际重要学术刊物上公开发表的学术论文数、具有重要影响因子的刊物论文数、被引次数较高的论文数和发明专利数作为主要评价依据。

9.科研成果转化收益率=科研成果转化收益额/投入科研总经费额

该指标反映高校投入科研的总费用中,最终转化为科研成果而创收的水平。这与学校无形资产管理是否科学,是否具有健全统一的无形资产管理体制关系较大。

10.学校年经费增长率=(本年学校收入总额-上年学校收入总额)/上年全校收入总额

学校收入包括财政拨款、教育事业收入、科研事业收入、上级补助收入、经营收入和其他收入等。该指标反映了学校年经费增长水平,是学校总体实力和发展潜力的反映。

11.学校自筹经费占总收入比重=学校自筹经费收入/学校收入总额

学校自筹经费收入反映了高校多渠道集资办学的规模和效益,主要包括学费收入、教学服务收入、科研服务收入、其他服务收入、校办产业收入、投资收益,以及奖教金、奖学金等捐赠和赞助收入。该指标反映学校对国家的依赖程度、学校自我筹措资金的能力以及努力程度。这一指标越高,说明自我积累和自我发展能力越强。

12.捐赠收入占总收入比重=捐赠收入/学校收入总额

捐赠收入指高校通过教育基金会收到的社会捐赠。该指标反映了社会对高校的认可和回报,特别是校友的回报反映出了学校所培养人才的社会地位和贡献。

13.对外投资收益率=对外投资收益/对外投资年初和年末的平均数

该指标反映了高校年度对外投资活动的效果,它是高校积极盘活资产,努力组织投资活动的成果,是衡量学校经济管理工作中对外投资工作绩效的重要指标。

14.固定资产年增长率=(本年固定资产总额—上年固定资产总额)/上年固定资产总额

该指标在一定程度上反映学校的资产增长速度。资金规模相当的学校,资产的年增长率高,说明教学、科研的硬件条件有较好改善,财务支出结构较优、效果较好,有利于学校的长期发展。

15.事业基金增长率=(事业基金年末数—事业基金年初数)/事业基金年初数

该指标反映学校实际可支配的净结余资金增长速度。指标越大,反映学校资金收入满足支出需要的程度越高,财务运行效果越好,学校发展所需经费的保障性越强。

16.资产负债率=负债总额/资产总额

该指标反映学校的资产负债状况,可以衡量学校利用债权人提供资金开展业务活动的能力,也可以体现债权人提供资金的安全保障程度。一般来说,学校的资产负债率越小,说明学校的净资产越多,财务风险越小。资产负债率并不是越小越好,在具备偿还保障的前提下,学校应适度举债,积极筹集资金来促进教学事业的发展。

17.现金支付能力=(现金年末数+银行存款年末数)/本年月均支出数

该指标反映的学校现有货币资金可用于维持学校事业支出的时间,指标越大,可维持时间越长,资金紧张程度就越小,反之则资金紧张程度较大,学校筹集资金的紧迫性就越大。

18.生源质量排名

该指标反映社会、考生、家长对高校的认可程度,生源质量是高校培养优秀人才的根本,该指标排名越靠前说明社会认可度越高。

19.毕业生社会评价排名

该指标反映了高校所培养人才的质量水平和贡献程度,排名越前说明培养质量越高,贡献越大。

20.校友捐赠排名

该指标反映校友对母校的回馈程度,同时也反映了学校人才培养质量。

21.国内外学术知名度和影响排名

该指标反映了高校在国内外有较高的学术知名度和影响力,其学科在国内所处于地位。

22.国内外社会知名度和影响排名

该指标反映了国内外的用人单位、学生家长对高校所做出的评价,反映了高校当前在社会上所具有的知名度和声誉。

六、推进高校问责绩效预算管理改革的建议

高校问责绩效预算管理依赖于其所处的内外部环境,构建科学合理和行之有效的相关配套措施,营造环境是高校实施问责绩效预算的关键。

1.积极试点,稳步推进

部门预算管理是绩效预算管理的前提和基础。自2000年以来,我国高校已全面实施了部门预算改革,实行了全口径预算管理,实现了基本支出按定员定额标准编制,项目支出按综合预算滚动管理,这为实施绩效预算提供良好的基础。

但是,部门预算并不等于绩效预算。从这几年高校实施部门预算来看,由于受政府财力的限制,财政部门对高校下达的预算控制数并不完全按照定员定额下达,更不是按照绩、效与预算统一的原则下达,而是根据政府财力可能予以框定,多少仍带有"基数加增长"的预算模式。但是,根据财政部的预算改革的总体思路,政府预算改革的目标是建立科学规范的绩效预算。目前,财政部已就绩效预算管理问题提出先试点、后推广的思路,如教科文司在2005年

工作要点中提出：要积极推进绩效考评工作，尝试对有关教科文事业单位（如高等学校）开展机构绩效考评的试点工作，为逐步实行对教科文经费类别或部门进行绩效考评、实施绩效预算奠定基础。

财政部的政府预算改革思路已比较明朗，高校预算编制应当按照财政部的改革思路，根据高校的功能和特点，客观分析现行高校部门预算存在的问题，研究高校部门预算改革和完善办法，积极探索高校实施绩效预算的可行性和具体实施的步骤、措施等，在基础工作比较好、财务预算管理比较规范的高校进行绩效预算改革的试点，不断总结经验并不断加以改进，为高校部门预算逐步向绩效预算发展创造条件。在试点改革成功的基础上，制定相应的高校绩效预算管理的具体步骤和措施，在内外部条件成熟时予以推广。

2. 完善法规，创造环境

绩效预算与传统的预算不同，与现行的部门预算也有很大差别，它需要根据设定的绩、效目标核算耗费成本，并根据绩效成本编制预算。这就不仅要求高校必须树立投入产出、成本效益意识，正确地核算和计算办学成本，而且需要有科学规范的高校财务制度和会计制度予以明确规定，特别是要明确规定高校财务预算工作的绩效预算、绩效管理的要求，设计绩效考核评价指标体系，实施便于绩效成本核算和为绩效预算管理提供信息的高校会计制度与报告制度。现行的高等学校财务制度和高等学校会计制度并不能满足高校实施绩效预算管理的条件。为此，应从以下三方面改革现行的高校财务会计制度及其他相关的制度。

(1)改革现行的高校财务制度，明确提出高校绩效预算管理的目标、任务和方法；建立一套科学规范、操作性强的高校绩效考核评价指标体系，为考核评价高校的绩效预算管理提供客观依据；建立高校绩效成本核算与绩效成本管理制度，明确高校绩效成本范围、核算规程和核算方法，指导和规范高校的绩效成本核算行为。

(2)改革现行的高校会计制度，根据绩效预算管理的要求，首先应改革高校会计核算基础，将现行的收付实现制改为权责发生制；其次应改革高校会计核算科目，特别是应设置反映绩效成本核算和对办学支出进行跨期摊配的会计科目，以便高校正确地核算办学的绩效成本；再次应改革高校的会计报表体系，增加反映高校办学绩效和绩效成本耗费情况的报表。

(3)与绩效预算管理相关的规章制度，包括涉及高校人才培养、科学研究和社会服务的相关管理制度，高校的经济责任制度，高校内部控制制度等。

3. 深化高校体制改革，规范预算管理，提高办学绩效

推行绩效预算除了要具备外部条件外，关键是高校内部要进一步深化管

理体制改革，为绩效预算的实施创造条件。具体包括以下几方面。

(1)进一步完善高校财务治理结构，规范高校的财务预算管理。完善的财务治理结构是任何组织实施有效的财务预算管理的根本保证。近年来，随着科教兴国、人才强国战略的实施和高等教育从精英教育向大众化教育的发展，国家对高校的经费投入逐年加大，高校的办学规模和经费规模也逐年增加，高校功能多、内部利益主体多、财务关系复杂，加上财权配置不合理、约束与监督机制不健全，使高校近年来在财务预算管理方面存在着预算约束软化、重复建设重复购置、办学资金损失浪费、办学绩效低下等问题，甚至存在违法乱纪的现象，必须通过构建科学规范的财务治理结构和财务监督管理机制，从源头上杜绝财务预算管理方面存在的问题。在此基础上，建立科学合理的、符合高校实际和管理需要的财务预算管理体制和运行机制，达到维护财经秩序、规范财务预算行为、提高办学绩效的目的。

(2)进一步建立健全经济责任制度和奖惩制度，使高校及高校内部各办学单位真正为办学绩效负责。高校经济责任制度虽然贯彻实施多年，但高校办学资源的损失浪费、办学绩效低下的责任并没有真正去追究。而要推行绩效预算管理，除了在高校及高校内部树立投入产出、成本效益观念外，应当进一步建立健全经济责任制度和严格的绩效责任考核评价与奖惩制度，使各院系、各部门乃至各级领导、各级人员真正地为高校的办学绩效负责。

(3)根据高校的办学特点和管理需要，科学设计绩效目标和绩效指标体系。各高校的办学条件和办学目标，使学校办学具有不同的特点和管理要求，这就要求各高校应当按照绩效预算管理原理，科学设计符合本校实际和管理需要的绩效目标和绩效指标，以便实施绩效管理，绩效目标既不能定得过低也不能定得过高；绩效指标设计方面应把握完整性、系统性和可操作性原则，以便考核评价，便于绩效预算的编制和管理。

第四，建立相应的绩效预算管理机构，配备必要的人员，组织绩效预算的实施和管理。绩效预算管理是一项综合管理工作，与传统的管理有很大的差别，各高校应当对原有机构进行改革与整合，设置绩效管理机构，配备业务精干、管理能力强的人员，真正负起绩效预算、绩效管理的责任。

七、结语

本文从机制层面对我国高校财务管理改革进行了探讨和研究，在分析我国高校预算管理现状，借鉴国外大学预算管理先进经验后认为，我国高校预算管理改革应当分两个阶段：第一是全面预算管理阶段，论文对基于学院制的全面预算管理的特征进行了分析，构建了框架体系，探究了运行机理。第二是绩效预算管理阶段,其关键在于建立绩效评价指标体系。在借鉴国内外高校绩效评价经验的基础上,提出了以教学绩效、科研绩效、财务绩效和声誉绩效为四大层次,具体包含22个关键绩效指标的我国高校绩效评价指标体系,并对如何推进我国高校绩效预算管理提出了具体建议。

参考文献

[1] 杨园.关于我国高等学校预算管理的研究[D].天津:天津大学硕士学位论文,2007,

[2] 李丹.论我国高等学校预算管理[D].北京:首都经济贸易大学,2005.

[3] 孟庆鹏.中美高等学校财务管理比较[D].西安:长安大学,2008.

[4] 张东军.我国高校预算管理改革研究[D].北京:中国农业大学,2004.

[5] 徐宁.国外高校和香港地区高校预算管理的特点和启示[J].中国轻工教育,2011(3).

[6] 张翠萍.高校预算管理浅论[J].黑龙江高教研究,2004(2).

[7] 杨晓华.基于绩效评价的高校预算管理研究[D].太原:太原理工大学,2007.

[8] 董玲,陈昭怡.基于学院制的全面预算管理体系[J].山西财经大学学报:高等教育版,2006(9).

[9] 孙贵聪.西方高等教育管理中的管理主义述评[J].比较教育研究,2003(10).

[10] 朱昌发.高等教育财政拨款体制的国际比较[J].经济研究参考,2004(60).

[11] 毕家驹,董秀华.英国、法国、荷兰和丹麦的高等教育评估体系[J].中国高等教育评估,1997(4).

[12] Cave, Matin, Hanny, Stephen and Kogan. The Use of Perforamce Indicator In Higher Educcation: A Critcal Analysis of Developing Practice[M]. Jessica Kingsleg Publishers Ltd,1988.

[13] 王占军,瞿斌.美国、英国大学排名及特点[J].科研管理,2001.

[14] 杨周复.施建军,大学财务综合评价研究[M].北京:中国人民大学出版社,2002.

[15] 刘玉光,高等学校绩效预算管理研究[D].厦门:厦门大学,2007.